U0567407

国家社科基金
后期资助项目
GUOJIA SHEKE JIJIN HOUQI ZIZHU XIANGMU

断裂与重建

帕多瓦的马西留与现代秩序的构造

陈广辉 著

创于1897
商务印书馆
The Commercial Press

图书在版编目 (CIP) 数据

断裂与重建 : 帕多瓦的马西留与现代秩序的构造 /
陈广辉著 . —北京 : 商务印书馆，2024
　ISBN 978-7-100-23949-3

Ⅰ.①断⋯　Ⅱ.①陈⋯　Ⅲ.①马西留—政治哲学—
思想评论　Ⅳ.① B503.9

中国国家版本馆 CIP 数据核字（2024）093153 号

权利保留，侵权必究。

断裂与重建

帕多瓦的马西留与现代秩序的构造

陈广辉　著

商　务　印　书　馆　出　版
（北京王府井大街 36 号　邮政编码 100710）
商　务　印　书　馆　发　行
南京新世纪联盟印务有限公司印刷
ISBN　978-7-100-23949-3

2024 年 8 月第 1 版　　　　开本　700×1000　1/16
2024 年 8 月第 1 次印刷　　印张　19½

定价：98.00 元

国家社科基金后期资助项目
出版说明

后期资助项目是国家社科基金设立的一类重要项目,旨在鼓励广大社科研究者潜心治学,支持基础研究多出优秀成果。它是经过严格评审,从接近完成的科研成果中遴选立项的。为扩大后期资助项目的影响,更好地推动学术发展,促进成果转化,全国哲学社会科学工作办公室按照"统一设计、统一标识、统一版式、形成系列"的总体要求,组织出版国家社科基金后期资助项目成果。

全国哲学社会科学工作办公室

谨以此书纪念《和平的保卫者》出版 700 周年

目　录

第二编　法治优越性与现代法权秩序的兴起

第三编　分离与融合的政教新秩序

第四编　现代道德与权利秩序的探索

序　一

吴增定

对于绝大多数中国读者来说,甚至对于很多专业的哲学研究者来说,帕多瓦的马西留都是一个相当陌生的名字。作为中世纪基督教世界的一位伟大的政治哲学家,马西留的光芒一直被笼罩在托马斯·阿奎那和但丁等思想巨人的阴影之中,以至于他的名字仅仅出现在少数专业的政治哲学史教科书和研究著作之中,很少为非专业的读者和研究者所知。诚然,马西留为后世留下了很多宝贵的思想遗产,如"政教分离""人民主权"和"共同意志"等等。自16世纪之后,这些思想在现代世界得到了广泛的接受和传播,并且已经成为现代政治的基本原则。然而,后人在提到这些思想的时候,更多地想到博丹、霍布斯和卢梭等现代政治哲学家,而不是马西留。

那么,马西留究竟是何许人也?为什么他的政治哲学思想一方面对后世产生了重要的影响,另一方面却又在很大程度上被后人淡忘了?围绕着这两个问题,陈广辉博士的新著《断裂与重建:帕多瓦的马西留与现代秩序的构造》向我们展示了马西留作为一个伟大的政治哲学家博大精深的思想世界。笔者有幸在该书正式出版之前先睹为快,并且根据自己的阅读谈一点粗浅的学习体会。

从《断裂与重建》一书中,我们可以得知,马西留作为西方中世纪晚期的一位重要政治哲学家,具有一种承上启下的关键地位。诚如该书"导论"中所说:"他的思想上承亚里士多德、奥古斯丁和索尔兹伯里的约翰,后接库萨的尼古拉、马基雅维里、霍布斯、斯宾诺莎和卢梭,是西方中世纪晚期政治思想发展中的关键枢纽。"当然,该书的学术价值不仅仅是详细地梳理了马西留的政治哲学思想来源及其对后世的影响,而且更在于将这些历史性的叙述都指向马西留本人的一个核心问题意识:如何在一个混乱无序的中世纪晚期政治世界中建构一种可行的政治秩序?

说到中世纪晚期西方世界的政治危机,我们马上会想到世俗国家和教会的权力之争。这一看法虽然是老生常谈,但也的确符合历史事实。根据法国政治哲学家皮埃尔·马南(Pierre Manent)的经典看法,西方中世纪晚期的政治危机的源头可以追溯到罗马帝国时期帝国与基督教教会的关系。最初,当基督教成为罗马帝国的国教之后,无论是教皇还是教会本身,在政治上都从属于罗马帝国和皇帝的统治。但是,在西罗马帝国的后期,随着帝国在政治和军事上的日益衰落以及北方蛮族的不断侵吞,帝国与教会之间的裂痕也逐渐加深。以奥古斯丁为代表的主流基督教神学家不但在意识形态上将教会与罗马帝国进行切割,而且反过来颠倒二者之间的统治关系。奥古斯丁明确地区分了"上帝之城"和"世俗之城",前者是属灵或精神的信仰世界,后者是代表原罪和堕落的尘世,因此前者的地位当然高于后者。在奥古斯丁看来,罗马帝国作为一个"世俗之城"仅仅拥有"尘世权力",而罗马教会作为"上帝之城"在世俗世界的代表体现了一种"精神权力",因此罗马帝国应该服从罗马教会的诫命,而不是反过来统治后者。

奥古斯丁关于"上帝之城"与"世俗之城"或"精神权力"与"尘世权力"的二元区分,一方面论证了罗马教会相对于世俗国家的神学优越性,另一方面也埋下了中世纪政治危机的祸根。教会虽然自认为信奉"上帝的归上帝,凯撒的归凯撒",并且否认自己是一个世俗的政治实体,但由于它把自己看成是一种代表"上帝之国"的精神权力,因此它认为自己既有权利也有义务干涉世俗国家的统治。这导致在中世纪欧洲的几乎所有国家都出现了一种无法化解的、结构性的矛盾,其中的主要矛盾是罗马教会和诸多世俗国家的权力斗争,而次要矛盾则是在罗马教会干涉下的国家之间以及国家内部的世俗政治冲突。在罗马教会所在的意大利,这种政治危机和冲突尤其严重。当时,几乎所有的意大利城邦和国家都爆发了拥护神圣罗马帝国的吉伯林派(Ghibellino)和拥护罗马教会的圭尔夫派(Guelfo)之间的持久冲突。这场冲突始于但丁之前,中经马西留的时代,直至马基雅维里时期,历经几个世纪都没有终结的迹象。

诚如陈广辉在《断裂与重建》中所说,在马西留之前,以但丁为代表的意大利政治哲学家就一直在思考政治危机的解决之道。但丁在其名著《帝制论》中提出了一种新的二元区分,即普世的帝国和普世的教会。与奥古斯丁不同,但丁并不认可教会高于帝国,而是认为它们两者都来自上帝,因此是彼此独立的。用陈广辉的话说:"帝国本身是自足的,它的存在不依赖于教会,帝国的权威也不来自教会的授权,政教权威分别掌握在皇帝和教皇手中,教皇不具有直接干预皇帝统治权威的充足权力。"但是,但丁的二元论并不彻底,因为他仍然承认教会和教皇拥有精神权力。而按照《圣经》和基督教的教义,精神权力当然高于尘世权力。这样一来,教会和教皇就仍然拥有干涉尘世权力的权利。换言之,但丁并没有在政治哲学上彻底解决世俗国家与教会的关系问题。

正是在这个宏大的问题视域之下,《断裂与重建》一书展开了对于马西留的政治哲学思想的分析和思考。当然,本书不是以教科书的方式泛泛地介绍马西留的政治哲学思想,而是将他与阿奎那和奥卡姆的相关思想进行比较,由此突出他的政治哲学思想的独特性和深刻性。就中世纪的政治哲学思想光谱而论,如果说阿奎那和奥卡姆分别处于对立的两极,那么马西留则是站在一种相对中间的立场。他们在政治哲学上的分歧主要体现在对于亚里士多德主义的不同态度上。众所周知,自从亚里士多德的哲学传入西方基督教世界之后,它便成为基督教经院哲学的核心内容。阿奎那作为中世纪最伟大的亚里士多德主义者和经院哲学的巅峰,将亚里士多德的目的论形而上学同《圣经》和基督教教义融合在一起,发展出了一种关于"存在的类比"思想以及与之相关的关于存在的等级秩序,它就是著名的思想史家洛夫乔伊所说的"存在巨链"。这个"存在巨链"的顶端是造物主上帝,包括人在内的所有其他存在物或被造物都处于不同的等级秩序,而教会和教皇作为一种精神权力构成了上帝和世俗世界之间的中介。因此,在阿奎那看来,教皇和教会的地位当然高于世俗国家,并且有权利干涉后者。

与之相反,奥卡姆作为中世纪晚期的一个极端唯名论者彻底否定了阿奎那的"存在的类比"原则,反过来坚持一种"存在的单义性"原则。在奥卡姆看来,宇宙万物并不符合一种类比意义上的存在等级秩序(或"存在巨链"),而是一种同质化的存在,或者说,它们只有量的区别,而没有质的区别。在有限个体和作为绝对、无限和神圣意志的上帝之间,没有任何可以沟通二者的中介。真正具有实在性的存在物仅仅是有限的个体,它们在存在论上并无高下和优劣之分,而是直接从属于上帝。这就意味着,每个人都可以凭借自己的信仰直接面向上帝,无须教会和教皇的中介。因为无论是教会还是教皇都是一种有限的个体存在物,并不比其他个体更拥有信仰和真理的优越性。真正能够代表上帝之权威或神圣意志的只有世俗国家和君主,而不是教会与教皇。正是在这个意义上,奥卡姆不仅反对"教皇无误论"和"公会议无误论",而且彻底否定教会和教皇在人与上帝之间所起的中介作用。

相比之下,马西留的立场刚好处在阿奎那和奥卡姆之间。一方面,他同奥卡姆一样坚持了"存在的单义性"原则,反对阿奎那式的传统亚里士多德主义目的论和"存在的类比"原则,否认从有限个体到上帝之间的存在等级

3

秩序。由此,他进一步否定"教皇无误论"和教皇的中介作用,坚持认为教会是世俗国家的一部分,而不是一种凌驾于世俗国家之上的精神权力。在这一点上,马西留不仅反对中世纪亚里士多德主义的集大成者阿奎那,而且同但丁也有很大的分歧。但丁虽然也同马西留一样强调尘世权威的自主性,但他仍然将教会看成是在世俗国家之外的独立实体,由此预设了帝国与教会、皇帝与教皇的二元论。这就不可避免地为教会和教皇干涉世俗国家的政治生活提供了正当的理由。相反,马西留依据"存在的单义性"原则,不仅否认教会是独立于和高于国家的政治实体,而且反过来把教会看成是国家的一部分。更具体地说,马西留认为一个国家包含了两个部分,即统治部分和教士部分,前者处理的是公民的尘世行为,后者处理的是公民的内在行为。这样一来,马西留就同自奥古斯丁、阿奎那直至但丁以来的关于国家和教会的二元论思想传统切割了。用《断裂与重建》一书中的话说:"马西留公民共体论预设的政教关系不再是教阶论和二元论所预设的'国家-教会'的二元实体关系,而是国家之中的'统治部分-教士部分'的关系,国家和教会的权力关系不再是'尘世权力-精神权力',而是'强制性权力-非强制性权力'的国家内部关系。"毋庸置疑,马西留的这一思想开启了现代性的"政教分离"原则之先河。

但另一方面,马西留也没有走到奥卡姆的那种极端唯名论立场。从他与奥卡姆的论战中我们也可以得知,马西留并没有完全接受存在的单义性原则。反过来说,他在一定程度上保留了亚里士多德的目的论和存在的类比性原则。马西留把国家称为"公民共体",这一点绝非偶然。因为在他看来,国家虽然是由公民个体组成的,但是它作为一个整体并非所有公民个体的单纯总和,而是代表了某种比公民个体更高的存在,或者说体现了一种更高的目的。用马西留本人的话说,"随着这些共同体的逐渐增长,人的经验在增加,更完美的生活技艺、规则和模式被发明出来,共同体的诸部分也得到进一步划分。最终,那些对活着和活得好(vivere et bene vivere)来说必要的东西,通过人的推理和经验走向成全,并且人们称之为城邦的完美共同体被建立起来"。

基于这种目的论和类比性的原则,马西留在否定教皇无误论的同时,也坚定地捍卫了"公会议无误论",而不是像奥卡姆那样对于"教皇无误论"和"公会议无误论"都予以否定。根据马西留的目的论前提,公民个体本身是有限的,会犯错误,而教皇作为一个有限个体不可能永远无误,因此教皇无误论是不可能成立的。但是,由公民个体组成的整体,无论是公会议,还是作为最高共同体的国家,都是一种完美的存在,犯错误的可能性更小。就基督教而言,假如教会在本质上是代表全体信徒的公会议,那么它就不会犯错。在这个意义上,马西留仍然承认基督教的公会议是真正和唯一的中介。

由此可见,马西留作为一个政治哲学家的独特之处就在于,他对阿奎那的类比性原则和奥卡姆的单义性原则这两个极端作出了一种创造性的调和与综合。一方面,马西留部分程度地接受了奥卡姆的唯名论立场和存在的单义性原则,否定了阿奎那所确立的那种自上而下的等级秩序(即"存在巨链")。他认为一切存在的秩序都是自下而上地建立的,因为共体是由个体组成的,它的完美目的来自个体基于意志的同意,而非理性的思考。另一方面,马西留也部分程度地接受了阿奎那的类比性原则,保留了一种目的论,即整体不仅高于部分,而且是部分的目的。基于这种类比性原则和目的论,马西留不仅肯定了公会议的中介作用,而且对于国家的本质作了一种全新的理解。正是这一思想奠定了马西留作为一个伟大的政治哲学家的地位。

根据整体高于部分的目的论原则,马西留将国家的本质以及权力的正当性基础看成是"公民共体"(civium universitas),也就是由"一切参与政治共同体的个体组成的合众为一的普世整体"。公民共体不仅将国家的所有阶层都纳入自身之中,而且超越了任何特殊阶层,无论是世俗的阶层,还是宗教阶层和团体,也就是教士阶层或教会。公民共体是国家的唯一权力来源,因为它代表了所有公民的共同意志。换言之,公民共体不仅是国家的真正立法者,而且是唯一的主权者。在这个意义上说,马西留的政治哲学思想,尤其是他的公民共体学说的确开启了现代的"人民主权"原则之先河。

但是,从后来的影响史来看,马基雅维里、霍布斯和卢梭等早期现代政治哲学家所真正继承的并不是马西留,而是奥卡姆的政治哲学思想。早期现代政治哲学的几个核心原则,如个人主义、自然权利、社会契约等,都来自奥卡姆的唯名论立场和存在的单义性原则,因为后者的核心精神就是仅仅肯定个体的实在性,否定任何形式的共相、存在的等级秩序以及个体与上帝之间的中介。霍布斯就是一个经典的例子。作为一个 17 世纪的唯名论者和反亚里士多德主义者,他同奥卡姆一样认为只有个体才是真实的存在,而一切所谓的共相都是一种虚构。从政治哲学上说,霍布斯预设了人的一种自然状态,也就是前国家或前政治的状态。在自然状态中,每个人都是自足和排他的个体,拥有自我保存的自然权利。所谓国家不过是自然状态中的人通过契约和授权而建立的,其目的仅仅是维持和平、保护每个人的自我保存的自然权利。

相比之下,马西留的政治哲学思想在现代世界却失去了影响力,以至于逐渐为人所淡忘。他的政治哲学思想中与奥卡姆具有共识的部分,如国家作为真正和唯一的主权者、政教分离等,早已成为现代政治哲学思想的一部分,因此没有人把它们看成是马西留的独特思想贡献。而他不同于奥卡姆的那些思想,譬如公民共体等,被霍布斯等早期现代政治哲学家视为亚里士多德主义目的论和存在的类比说的残余,并且遭到抛弃。

事实上,当马西留接受(哪怕仅仅是部分程度地接受)了奥卡姆的存在的单义性原则,并且用它来批判"教皇无误论"和"教权至上"思想时,他或许并没有认识到的一点是:存在的单义性原则所隐含的个人主义思想必定会引发一场现代政治哲学的革命,而这场革命也会冲破和颠覆传统亚里士多德主义目的论和存在的类比说的一切束缚。尽管以卢梭为代表的18世纪政治哲学家重申了人民主权和公意等思想,但很少有人会把它们同历史上的马西留关联起来。毕竟卢梭的政治哲学的前提仍然是霍布斯的个人主义,而后者的思想源头正是奥卡姆,而不是马西留。

当然,所有这些事实并不能成为我们忽视马西留的理由。因为任何严肃的政治哲学研究都不应该以成败论英雄。马西留的政治哲学思想虽然在今天并不广为人知,但他毕竟在中世纪那个特殊的时代针对当时的政治危机作出了最深刻和全面的哲学思考。他的很多思想成就,如"政教分离""人民主权"和"共同意志"等,早已融入现代社会的政治话语和实践之中,尽管人们对此日用而不自知。撇开这一点不论,他对于亚里士多德主义的目的论思想的继承与革新,对于阿奎那的存在的类比原则和奥卡姆的单义性原则的创造性融合,对于公民共体、立法、政治与宗教之关系等相关问题的精辟分析,都值得任何专业研究者和业余读者反复阅读和思考。

以上就是我阅读陈广辉《断裂与重建》一书的一点心得体会。至于该书中更多精彩和深刻的分析与思考,在这篇短短的序言中无法再展开,只能留给读者去阅读和欣赏。

陈广辉在北大哲学系攻读博士期间,跟随我潜心精读了包括柏拉图、亚里士多德、奥古斯丁、阿奎那、马西留、奥卡姆、笛卡尔和斯宾诺莎等西方古今哲学家的不少经典著作,最后以马西留的政治哲学思想为选题完成了一篇优秀的博士论文。博士毕业之后,他一直潜心于马西留和中世纪政治哲学思想的相关研究,并且完成了一部高质量的书稿。尽管这部书稿仍然延续了博士论文的研究课题,但无论是思考的深度还是广度都较以往大大地推进了。当初,我虽然鼓励和建议他研究马西留的政治哲学,但颇为惭愧和遗憾的是,我本人对马西留的思想只有泛泛的了解,却没有深入的研究。不过,阅读陈广辉的这部书稿却在相当程度上弥补了我的遗憾。我相信,任何一个严肃的读者都会从这本书中获得重要的思想收获。此外,我也相信并期待陈广辉将来能有更多关于中世纪政治哲学思想的优秀研究成果问世。

序 二

吴功青

　　帕多瓦的马西留无疑是西方历史上一位重要的思想家。面对 14 世纪甚器尘上的教权和王权之争，马西留极大地提升了世俗政治的唯一合法性，对中世纪晚期乃至现代西方的政治产生了深远影响。诚如 J. A. 瓦特(J. A. Watt)在《剑桥中世纪政治思想史》中所言："这个前提的意义(即世俗政治的唯一合法性)是革命性的，马西留带着它远离了但丁的二元论世界(彼此协调的权力的逻辑、混杂着对精神权力的自治性尊敬，以及同意它拥有一定的优先性)，而接近于霍布斯的世界。"① 不同于但丁寻求世俗权力和精神权力的平衡的"二元论"，马西留的方案是彻底一元论的，从根上斩断了教会干涉国家的可能。就此而言，与其说马西留是一名中世纪思想家，不如说他是一名现代思想家。也正是因此，传统的西方学界高度评价和重视马西留，相关的翻译、注疏和研究成果层出不穷。遗憾的是，长期以来国内学界对于中世纪政治思想的研究比较乏力，对于马西留的政治思想缺乏足够的重视。自然而然地，学界在理解从但丁到马基雅维里、霍布斯的政治思想演变时，时常遭遇抵牾而无法贯通。这种现状十分不利于国内中世纪哲学和政治思想史的发展。

　　可喜的是，广辉博士的工作极大地弥补了这一缺憾。在人大哲学院攻读硕士期间，他跟随张志伟教授学习康德哲学，打下了扎实的德国古典哲学功底。在我的课程上，他相继学习了但丁、皮柯和彼特拉克的著作，对中世纪和文艺复兴哲学产生了广泛的兴趣。博士期间，他跟随北京大学哲学系的吴增定教授研究马西留，取得了令人瞩目的成就。四年时间里，他不仅根据拉丁原文翻译了马西留最重要的作品《和平的保卫者》(已由商务印书馆

---

　　① J. H. 伯恩斯主编：《剑桥中世纪政治思想史：350 年至 1450 年》(下)，郭正东等译，北京：生活·读书·新知三联书店，2009 年，第 574 页。

7

出版),而且围绕该书撰写了一篇高质量的博士论文。进入苏州大学哲学系工作之后,他反复沉潜,用了两年多的时间修改和完善了博士论文。摆在面前的这部作品——《断裂与重建:帕多瓦的马西留与现代秩序的构造》就是广辉博士长期辛苦工作的成果。在此,我首先要向广辉博士表示祝贺并为他长期以来的坚持和努力以及他取得的成果感到欣慰和骄傲!

马西留研究殊为不易。一方面,国内学界对马西留的介绍很少,基础性的原文和研究文献非常匮乏;另一方面,作为一名原创性思想家,马西留的政治思想是在中世纪晚期复杂的哲学、神学和政治语境中展开的,与历史上各种各样的传统纠缠在一起。要想对马西留的思想进行深入研究,不仅要有熟读原文和二手文献的能力,还需要对哲学、神学甚至是法学领域的知识有全面的把握,对中世纪晚期的各种思潮有清晰的梳理。好在广辉博士成功地克服了这些困难,交出了一份令人满意的答卷。在我看来,作为国内第一本系统研究马西留的著作,《断裂与重建》一书至少具有下述三个优点。

一是广阔的思想史视野。广辉博士的新著以马西留的政治思想为研究对象,但绝不是就马西留研究马西留,仅仅局限于马西留思想自身,而是把马西留放在一个中世纪政治思想的总体语境中,以古今之变为着眼点,考察马西留的政治思想对于中世纪和现代社会的意义。副标题"帕多瓦的马西留与现代秩序的构造"可谓理解全书总体意图的题眼。广辉博士关心的是马西留如何通过以人民为中心的公民共体论(第一编),构建出现代法权、政教和权利的新秩序(第二、三、四编)。为此,广辉博士把这种思想史的意识贯穿在每个具体问题之中。比如,在讨论马西留的自然法权学说时,广辉博士细致地考察了古代和早期中世纪的自然法权学说;在讨论人性论时,广辉博士又细致地考察了亚里士多德和奥古斯丁的人性论。这种思想史写作的方法,有利于对马西留的思想进行更加准确的定位,完整地把握马西留思想的历史脉络,从而最大限度地凸显出马西留思想的现代价值。值得一提的是,广辉博士这样做的时候,既不局限于古代和中世纪的立场,也不简单地迷恋某种现代立场,而是始终客观地对思想的发展作出自己的评价。比如最后一编,在谈论权利和事实的分野时,广辉博士肯定了"断裂说"对于世俗政治的意义;但他同时也看到,如何在一个完全属人的世界构造权利将是一个困扰现代哲人的巨大难题。在思想史研究中,这种不偏不倚的眼光是十分难能可贵的。

二是整体性的研究意识。如果说,思想史研究关注的是纵向的维度,追求的是历史的纵深,那么整体性关注的则是横向的维度,追求的是思想家自身的内在结构。近20年来,国内的学术研究越来越专业,话题和主题越来越小。很多学者习惯于围绕一个小的主题展开细致的研究,往往忽略了这个主题在思想家本人那里的意义。广辉博士的新书虽然是国内学界对马西留的第一份研究,具有试验性和开创性的特点,却完全没有沾染上这个毛病。全书共四编,每编若干章节,无一不是环环相扣。其中,"公民共体论"堪称全书的根本出发点。作者有意识地把这一部分放在最显眼的位置上,借此成功地导出马西留的"新中介";又以此为基础,相继考察了马西留的自然法权、政教关系以及权利和道德的观念,将马西留的政治思想全面铺展开来。完整地读完此书,读者把握到的并非马西留思想的某一个面向,而是一个有着内在体系和结构的思想整体。这对于我们深入把握中世纪政治思想是十分有利的。

三是哲学研究和政治思想研究范式的结合。诚然,政治哲学研究的题中之义就是用哲学的方法研究政治思想。一个所谓的政治思想家,往往并非只是用政治的眼光思考,而罔顾哲学。但凡我们能冠名为政治思想家的人物,或者他本身就是哲学家,政治思想只是他全部思想的一部分,或者虽然他不是哲学家,但他的政治思想受到哲学的深刻影响。马西留无疑属于后者。或许他没有留下多少纯哲学的著作,但他的这些政治哲学作品却是在亚里士多德主义、唯名论等多种哲学思潮的影响下形成的。因此,我们要想比较好地把握马西留的政治思想,就必须对它的来龙去脉和哲学基础进行清楚的梳理。可以说,广辉博士的这本新著在这方面做得非常出色。以第一编"公民共体论与新中介的诞生"为例,作者不仅详细考察了马西留的唯名论背景,从而解释了马西留对"教皇无误论"的批驳,而且认真对比了马西留和奥卡姆的唯名论,凸显了马西留自身残留的亚里士多德主义立场。恰恰是唯名论和亚里士多德主义的这种奇特糅合,使得马西留在解构教皇权威的同时又重构了所谓的"新中介",主张一种新型的"公会议无误论"。这种哲学研究和政治思想研究深度结合的方法,有利于从根本上澄清马西留思想内部的矛盾和张力,也有利于我们从一个更高的视野出发来看待马西留思想的得与失。

综上,广辉博士的新著《断裂与重建》虽然只是国内马西留研究领域的拓荒之作,却已经具备了很高的水准和学术价值。相信随着它的出版,会有越来越多的学界同仁对这个领域产生兴趣。毋庸讳言,作为作者的第一本专著,《断裂与重建》也有很多可以继续完善的地方。全书的四编虽然相互关联,但它们之间的内在联系似乎还需要进行更多说明;第二编在讲解自然法权的历史时,对于经典自然法的介绍相对薄弱;第三编在论述马西留的政教关系时,对中世纪晚期的各种政治思想的交代不够充分(比如但丁的"二元论",被作者放到导论部分了);最后一编中,作者对于马西留对现代政治的贡献讲得不够具体;如此等等。相信这些问题,会随着作者研究的不断细化而得以解决。假以时日,广辉博士一定能贡献出更好的研究成果来！我期待着,也请读者一起期待着。我也衷心地希望,各位读者能和我一样从这本书中有所收获。

再次祝贺广辉博士！

2024 年 2 月 20 日星期二

中国人民大学人文楼 615

导论　帕多瓦的马西留
与中世纪晚期的政教理论

本书着眼于帕多瓦的马西留（Marsilius de Padua）与现代秩序的构造，将马西留的思想道路概括为"断裂与重建"，这一断裂与重建之路意味着对亚里士多德主义"类比之路"与唯名论"单义性之路"的双重融合。托马斯·阿奎那（Thomas Aquinas）用类比原则建立起上帝与人之间的中介，奥卡姆的威廉（William of Ockham）用单义性原则取消了上帝与人之间的中介，马西留则试图用中介的断裂与重建来对抗奥卡姆的解构神学，重构出以人民为中心的新中介，结果却在更深的意义上扩大了上帝与人之间的距离，大大增强了尘世权威的自足性。从"断裂与重建"这一思路出发，本书旨在探讨马西留如何重新理解个体与共体、教会与国家、上帝与世界之间的关系，如何将法权、政教和道德秩序重构为理性与意志双重根基的善好秩序，又如何用共体、法权、职权、贫困等概念讲出现代秩序下个体的不足与拯救。在马西留的笔下，从宗教中解放出来的自由个体，最终进入国家法团之中，恰是这样的处境激发出个体在国家之中寻找拯救的确定性并积极筹划生活的意义。

中世纪中期以降，国家和教会的政教关系成为西方政治哲学和政治实践的核心主题，围绕着这一主题，中世纪晚期逐渐形成教阶论和二元论两种政教理论：教阶论宣称教会代表的精神权力（spiritualis potestas）高于国家代表的尘世权力（temporalis potestas），所以国家应当服从于教会的权威；二元论宣称国家和教会、尘世权力和精神权力是彼此分离和独立的，所以国家的政治权威是自足的。然而，教阶论在宣称精神权力高于尘世权力的同时，预设了精神权力和尘世权力的二元并存，即国家和教会各自掌握着不同种类的权力；二元论在试图论证尘世权威的自足性时，肯定了教会对精神权力的垄断，即教会仍然掌握着能够威胁尘世权威自足性的精神权力。因此，国家和教会的二元政教关系成为以教阶论和二元论为代表的中世纪晚期政教理论的共同理论预设，正是基于这一共同理论预设，二元论的反教权逻辑同样能够被教阶论用来辩护教权,这导致二元论者将始终无法彻底地实现反教权论的目标。

　　作为中世纪晚期最具原创性的政治哲学家之一,帕多瓦的马西留在《和平的保卫者》(*Defensor Pacis*)①一书中提出的公民共体论(theory of universitas civium)为尘世权威的自足性奠定了坚实的基础,它不仅革命性地超越了中世纪晚期的传统政教理论,而且昭示了近代主权学说和政教分离学说的诞生。换句话说,马西留在理论上突破了中世纪晚期的二元政教关系,根除了教会对尘世权威自足性的威胁,建构出以公民共体是人民立法者为中心的中世纪晚期人民主权理论和政教分离理论,由此酝酿出一个更加现代的道德、权利、政治、神学和法学等秩序。

　　帕多瓦的马西留是西方政治哲学史上最重要的哲学家之一。他的思想上承亚里士多德(Aristotle)、奥古斯丁(Augustinus)和索尔兹伯里的约翰(John of Salisbury),后接库萨的尼古拉(Nicolas of Cusa)、马基雅维里(Machiavelli)、霍布斯(Hobbes)、斯宾诺莎(Spinoza)和卢梭(Rousseau),是西方中世纪晚期政治思想发展中的关键枢纽。一方面,他融合了亚里士多德哲学和唯名论思想,发展出以人民为中心的政治哲学,决定性地扫清了教权对尘世生活的障碍;另一方面,他对于身心关系、法权和主体性问题的重新理解,塑造出了一个与中世纪传统截然不同的伦理-政治形态。在此基础上,马西留推进了但丁(Dante)的二元论,酿造出一个更为现代的国家理论以及政教分离体系。历史地看,马西留哲学对于文艺复兴哲学和早期近代政治哲学产生了深远的影响。20 世纪 50 年代以来,在阿兰·格沃斯(Alan Gewirth)、约瑟夫·坎宁(Joseph Canning)等人的推动下,英美国家、欧陆国家(法国、德国、意大利、西班牙、荷兰、比利时等)以及亚洲国家(日本、韩国等)迎来了马西留哲学的广泛复兴,至今这股"马西留热"仍方兴未艾。

　　本书的写作基于以下三方面的考虑。其一,21 世纪以来,在西方学界内部,越来越多的学者开始自觉检讨政教分离理论的历史脉络,对马西留的

---

①　Marsilius von Padua, *Defensor Pacis*, herausgegeben von Richard Scholz, Hannover: Hahnsche Buchhandlung, 1933. 中译文根据舒尔茨编辑的《和平的保卫者》拉丁本直接译出,论、章、节的划分亦依据此本。中译文也参考了布雷特英译本(Marsilius of Padua, *The Defender of the Peace*, translated by Annabel Brett, Cambridge: Cambridge University Press, 2005,简称布本)、格沃斯英译本(Marsilius of Padua, *Defensor Pacis*, translated with an introduction by Alan Gewirth, Toronto: University of Toronto Press, 1992,简称格本)和瓦索利意译本(Marsilio da Padova, *Il Difensore della Pace*, a cura di Cesare Vasoli, Torino: Unione Tipografico-Editrice Torinese, 1960,简称瓦本)。以下对该书的引用简称:*DP.* 如无特殊说明,本书在引用《和平的保卫者》时将随文依次标出论、章、节,引用除《和平的保卫者》外其他著作或文献时将通过脚注依次注出。

哲学展开专门研究,取得了许多有益的成果,但是至今仍未有一部专门研究马西留政教分离思想的专著。其二,迄今为止,国内学界虽然发表了几篇马西留研究论文,但仍停留在有限的介绍和研究阶段,尚未有一部马西留研究的专著。其三,随着国内中世纪晚期政治哲学研究的兴起,学界越来越希望出现一本专门研究中世纪晚期政治哲学的专著。基于此,推出一部关于马西留政教分离思想的专著以飨国内政治哲学学界正当其时。

有鉴于此,本书将从四个方面展开。其一,澄清马西留的公民共体论所针对的中世纪晚期政教理论,依次梳理政教理论的起源、发展和顶峰三个阶段;其二,论证公民共体论带来了一场以人民为中心的存在论革命,在《和平的保卫者》中,马西留试图建构一个不受精神权力束缚的尘世领域,而公民共体构成该尘世领域的唯一立法者,成为一切尘世权力的唯一来源;其三,分析马西留的宗教批判学说以及政教分离和融合的双重性,马西留一方面主张政治和宗教、精神权力和尘世权力的分离,另一方面创造性地将教会纳入国家之中,由此建立起"人民-国家/教会"的人民主权秩序;其四,确立公民共体论对近代主权学说和政教分离原则的昭示作用,充分揭示马西留政治哲学在古今政治哲学转变中的关键角色。

第一节　帕多瓦的马西留与《和平的保卫者》

一、马西留与《和平的保卫者》的历史争论和地位

马西留及其著作《和平的保卫者》在西方政治哲学史上经历过极大的争论。一方面,哲学研究者通常将马西留视为西方政治哲学史上少数具有原创性的政治哲学家[①],但是历史研究者经常否认马西留在西方政治哲学领域的原创性地位[②],这意味着当代历史学家和政治哲学家在面对马西留

[①]　Alan Gewirth, *Marsilius of Padua: The Defender of Peace, Vol. I: Marsilius of Padua and Medieval Political Philosophy*, New York: Columbia University Press, 1951, p. 3; Herbert B. Workman, *Christian Thought to the Reformation*, New York: Charles Scribner's Sons, 1922, p. 218.

[②]　Alan Gewirth, *Marsilius of Padua: The Defender of Peace, Vol. I: Marsilius of Padua and Medieval Political Philosophy*, p. 5; R. W. and A. J. Carlyle, *A History of Mediaeval Political Theory in the West, Vol. VI: Political Theory from 1300 to 1600*, New York: Barnes & Noble, 1936, III. 9; Charles Wellborn, "Marsilius of Padua: A Modern Look", *Journal of Church and State*, 1962 (2): pp. 191-204.

的政治思想时展现出截然不同的研究方式和研究态度[①];另一方面,《和平的保卫者》曾经长期被视为马西留和其朋友让丹的约翰(John of Jandun)共同完成的著作[②],因为《和平的保卫者》一度被视为政治阿维罗伊主义(political Averroism)的范例,"《和平的保卫者》是我们所能期待的最完美的政治阿维罗伊主义的范例"[③],让丹的约翰作为一个阿维罗伊主义者(Averroist)一度被猜测是《和平的保卫者》第 1 论中的政治阿维罗伊主义内容的作者[④],而且 1327 年教皇约翰二十二世(John XXII)在教令 *Licit iuxta*[⑤] 中将马西留和让丹的约翰视为《和平的保卫者》的共同作者并且对二者施以绝罚[⑥],所以马西留作为《和平的保卫者》单独作者的身份一度受到质疑。[⑦]

但是,这些争论无法否认马西留及其著作《和平的保卫者》的复杂形象和独特地位。首先,公民共体论不仅被视为中世纪晚期的人民主权论[⑧],而

---

① Joseph Canning, *Ideas of Power in the Late Middle Ages, 1296—1417*, Cambridge: Cambridge University Press, 2011, p. 82.

② Vasileios Syros, *Marsilius of Padua at the Intersection of Ancient and Medieval Traditions of Political Thought*, Toronto: University of Toronto Press, 2012, p. 16.

③ Étienne Gilson, *La philosophie au Moyen Age: Des Origines Patristiques a la Fin du XIVᵉ Siècle*, Paris: Payot, 1944, p. 692. 译文参考 Étienne Gilson, *La Filosofia nel Medioevo dale Origini Patristiche alla Fine del XIV Secolo*, presentazione di Mario dal Pra, Firenze: La Nuova Italia Editrice, 1973, p. 829。关于马西留和阿维罗伊主义者的关系,参见 Alan Gewirth, *Marsilius of Padua: The Defender of Peace, Vol. I: Marsilius of Padua and Medieval Political Philosophy*, pp. 39-40。阿维罗伊主义正是 1277 禁令的主要谴责对象,当时反对以阿维罗伊主义为代表的亚里士多德主义的斗争主要发生在马西留所在的巴黎大学。关于 1277 禁令的具体内容,参见 *Condemnation of 219 Propositions*, translated by Ernest L. Fortin and Peter D. O'Neill, in *Medieval Political Philosophy: A Sourcebook*, edited by Ralph Lerner and Muhsin Mahdi, with the collaboration of Ernest L. Fortin, New York: The Free Press, 1963, pp. 335-354。

④ Vasileios Syros, *Marsilius of Padua at the Intersection of Ancient and Medieval Traditions of Political Thought*, p. 24; Francesco Maiolo, *Medieval Sovereignty: Marsilius of Padua and Bartolus of Saxoferrato*, Groningen: Eburon Delft, 2007, pp. 167-168.

⑤ 学界通常以教令开头的几个拉丁单词作为该教令的标题(例如 *Licit iuxta* 是该教令的前两个单词),所以教令名通常不做翻译,翻译过来反而容易给研究者带来阅读上的不便。只有特别重要且为学界经常讨论的教令才会提供通用的译名,例如《一圣教谕》(*Unam sanctam*)。

⑥ John XXII, *Iohannis XXII. Papae Declaratio haereseos Ludewici (Oct. 23, 1327)*, in *Constitutiones et acta publica imperatorum et regum (Tomus VI, Pars I: 1325—1330)*, edited by Jacobus Schwalm, Hannoverae Impensis Bibliopolii Haniani, 1914—1927, Nr. 361, pp. 265-266.

⑦ George Garnett, *Marsilius of Padua and 'the Truth of History'*, Oxford: Oxford University Press, 2006, pp. 18-20; Alan Gewirth, "John of Jandun and the *Defensor Pacis*", *Speculum*, 1948 (2): pp. 267-272.

⑧ Serena Ferente, "Popolo and Law: Late Medieval Sovereignty in Marsilius and the Jurists", in *Popular Sovereignty in Historical Perspective*, edited by Richard Bourke and Quentin Skinner, Cambridge: Cambridge University Press, 2016, pp. 96-114.

且构成了近代政治哲学以来的主权学说、人民革命学说和政教分离原则的重要理论资源[1];其次,马西留对中世纪晚期的使徒贫困(apostolic poverty)争论、精神权力和尘世权力的论战,15 世纪的公会议运动(the conciliar movement)和 16 世纪的宗教改革运动(the Reformation)等宗教和政治事件产生了深远的影响[2];最后,马西留不仅直接影响了奥卡姆和库萨的尼古拉[3],而且间接影响了让·博丹(Jean Bodin)、霍布斯、约翰·洛克(John Locke)和卢梭等人的政治学说。[4]

从当前的史料和研究成果来看,马西留的生平事迹存在着模糊和有争

[1]　Bettina Koch, "Marsilius and Hobbes on Religion and Papal power: Some Observations on Similarities", in *The World of Marsilius of Padua*, edited by Gerson Moreno-Riano, Turnhout: Brepols Publishers, 2006, pp. 189 – 209; M. J. Wilks, *The Problem of Sovereignty in the Later Middle Ages*, Cambridge: Cambridge University Press, 2008, pp. 84 – 117; Janet Coleman, *A History of Political Thought: From the Middle Ages to the Renaissance*, Oxford: Blackwell Publishers, 2000, pp. 166 – 167.

[2]　Roberto Lambertini, "Poverty and Power: Franciscans in Later Medieval Political Thought", in *Moral Philosophy on the Threshold of Modernity*, edited by Jill Kraye and Risto Saarinen, Berlin: Springer, 2005, pp. 141 – 163; Sharon Kaye, "Against a Straussian Interpretation of Marsilius of Padua's Poverty Thesis", *History of Philosophy Quarterly*, 1994 (3): pp. 269 – 279; J. A. Watt, "Spiritual and Temporal Powers", in *The Cambridge History of Medieval Political Thought: c. 350—c. 1450*, edited by J. H. Burns, Cambridge: Cambridge University Press, 1988, pp. 367 – 423; Paul E. Sigmund, Jr., "The Influence of Marsilius of Padua on XVth-Century Conciliarism", *Journal of the History of Ideas*, 1962 (3): pp. 392 – 402; James Sullivan, "Marsiglio of Padua and William of Ockam I", *The American Historical Review*, 1897 (3): pp. 409 – 426; Otto Friedrich von Gierke, *Political Theories of the Middle Age*, translated with an introduction by Frederic William Maitland, Cambridge: Cambridge University Press, 1900, p. 5; Bert Roest, "Representative Bodies in Medieval Religious Orders: A Discarded Legacy?", in *New Perspectives on Power and Political Representation from Ancient History to the Present Day: Repertoires of Representation*, edited by Harm Kaal and Daniëlle Slootjes, Leiden: Brill, 2019, pp. 37 – 51.

[3]　William of Ockham, *A dialogue, Part III, Tract I, On the Power of the Pope and Clergy*, in *A Letter to the Friars Minor and Other Writings*, edited by Arthur Stephen McGrade and John Kilcullen, translated by John Kilcullen, Cambridge: Cambridge University Press, 1995, pp. 118 – 229; Nicholas of Cusa, *The Catholic Concordance*, edited by Paul E. Sigmund, Cambridge: Cambridge University Press, 1991, pp. 197 – 212; J. G. Sikes, "A Possible Marsilian Source in Ockham", *The English Historical Review*, 1936 (203): pp. 496 – 504; Roberto Lambertini, "Ockham and Marsilius on an Ecclesiological Fallacy", *Franciscan Studies*, 1986 (46): pp. 301 – 315; Paul E. Sigmund, Jr., "The Influence of Marsilius of Padua on XVth-Century Conciliarism", pp. 395 – 402.

[4]　Janet Coleman, *A History of Political Thought: From the Middle Ages to the Renaissance*, pp. 154 – 168; Felice Battaglia, *Marsilio da Padova e la Filosofia Politica del Medio Evo*, Firenze: Felice Le Monnier, 1928, p. 96; Alessandro Passerin d'Entrèves, "La fortuna di Marsilio da Padova in Inghilterra", *Giornale degli Economisti e Annali di Economia*, Nuova Serie, Anno 2, 1940 (3/4): p. 151.

议的地方。① 学界主流认为,马西留在 1275 年到 1280 年间出生于意大利帕多瓦的迈那蒂尼家族(the Mainardini)。自 1183 年以来,意大利帕多瓦一直是自治的贸易城市,但是到了马西留出生的时候,意大利帕多瓦的神职人员腐败严重,这导致意大利帕多瓦成为反抗教权的重要城市。马西留早年在帕多瓦大学跟随阿巴诺的彼得(Peter of Abano)学习医学,并且从阿巴诺的彼得那里学习到了亚里士多德的自然哲学、盖伦和希波克拉底的医学。随后,他前往巴黎大学,并于 1313 年左右成为巴黎大学校长。

当时的巴黎大学既是亚里士多德研究中心,也是 13 世纪晚期到 14 世纪早期一些最重要的政治神哲学家学习的地方,这些哲学家包括:托马斯·阿奎那、罗马的吉尔斯(Giles of Rome)、巴黎的约翰(John of Paris)和彼埃尔·杜布瓦(Pierre DuBois)。在他求学期间,欧洲正发生教皇和国王的激烈斗争,即 1296—1303 年教皇本尼法斯八世(Boniface VIII)和法王美男子菲利普(Philip the Fair/Philippe IV)关于神职人员是否应当纳税和神职人员是否应当接受尘世审判的斗争。

1314 年,维特尔斯巴赫家族的巴伐利亚的路德维希(Ludwig the Bavarian)当选神圣罗马帝国皇帝,但是七个选帝侯中的两个选帝侯否认选举结果并且倾向于选择哈布斯堡家族的候选人,从而导致帝位之战爆发。1316 年,在阿维尼翁,雅克·杜埃斯(Jacques Duèse)当选教皇并被赋予约翰二十二世之名,而在那不勒斯,方济各会(Fran ciscans)总会任命切塞纳的米迦勒(Michael of Cesena)为方济各会总执事。1317 年,教皇约翰二十二世否认巴伐利亚的路德维希的帝位,并且宣布帝位空缺(imperial vacancy),由此

---

① 关于马西留的生平事迹,参见 Marsilius of Padua, *Defensor Pacis*, Introduction; Francesco Maiolo, *Medieval Sovereignty: Marsilius of Padua and Bartolus of Saxoferrato*, pp. 161 – 175; George Garnett, *Marsilius of Padua and 'the Truth of History'*, pp. 1-48; Janet Coleman, *A History of Political Thought: From the Middle Ages to the Renaissance*, pp. 138-139; Alan Gewirth, *Marsilius of Padua: The Defender of Peace, Vol. I: Marsilius of Padua and Medieval Political Philosophy*, pp. 20 – 23; Joseph Canning, *A History of Medieval Political Thought, 300—1450*, London, New York: Routledge, 1996, p. 154; Baldassare Labanca, *Marsilio da Padova: Riformatore Politico e Religioso del Secolo XIV*, Padova: Fratelli Salmin, 1882, pp. 5-43; Riccardo Battocchio, *Ecclesiologia e Politica in Marsilio da Padova*, prefazione di Gregorio Piaia, Padova: Istituto per la Storia Ecclesiastica Padovana, 2005, pp. 15-30; Vasileios Syros, *Marsilius of Padua at the Intersection of Ancient and Medieval Traditions of Political Thought*, pp. 15-18; C. Kenneth Brampton, "Marsiglio of Padua: Part I. Life", *The English Historical Review*, 1922 (148): pp. 501-515; C. W. Previte-Orton, "Marsilius of Padua and the Visconti", *The English Historical Review*, 1929 (174): pp. 278-279; William J. Courtenay, "University Masters and Political Power: The Parisian Years of Marsilius of Padua", in *Politische Reflexion in der Welt des Spaten Mittelalters/Political Thought in the Age of Scholasticism: Essays in Honour of Jurgen Miethke*, herausgegeben von Martin Kaufhold, Leiden: Brill, 2004, pp. 209-223。

宣称教皇代行掌管帝权并且将北部意大利地区（regnum Italicum，该地区的主权名义上属于神圣罗马帝国皇帝）的统治权交给那不勒斯国王安茹的罗伯特（Robert of Anjou）。教皇的这一举措不仅导致巴伐利亚的路德维希后来直接远征意大利，而且直接侵害了米兰的马泰奥公爵（Matteo Visconti of Milan）的利益，所以 1319 年马泰奥公爵派遣马西留作为使节前往法王查理四世（Charles IV of France）的宫廷进行游说来达成反教皇联盟。在此之前，1318 年，马西留受到教皇约翰二十二世的青睐，但是在马西留访问罗马和阿维尼翁后，他发现了教廷的腐败，从而和教皇决裂。

　　1324 年 6 月 24 日，马西留在巴黎匿名发表《和平的保卫者》，但是该书随即就遭到了焚毁，直到 1326 年他才公布自己的作者身份，并且和让丹的约翰一起逃往巴伐利亚的路德维希皇帝的宫廷中寻求庇护。1324 年到 1326 年，马西留在巴黎完成《帝国的变迁》（De translatione Imperii）一书，该书试图表明帝国变迁的主体是罗马人民而非罗马主教，并且罗马主教对皇帝的加冕只是象征性的而并不具有实质性意义。1327 年初，马西留跟随路德维希进军意大利半岛，在此期间，路德维希任命马西留负责起草他在罗马一系列行动的相关文件，同年 10 月 23 日，教皇约翰二十二世在教令 Licit iuxta 中绝罚马西留和让丹的约翰并且列举出二者的五条异端主张。1328 年 1 月 17 日，路德维希在罗马被贾科莫·科罗那（Giacomo Colonna）以罗马人民的名义加冕为神圣罗马帝国皇帝，路德维希同时在罗马任命了一个新的教皇——伪教皇尼古拉斯五世（Antipope Nicholas V），由此与阿维尼翁的教皇约翰二十二世形成抗衡。但是路德维希的胜利是短暂的，1328 年到 1329 年，教皇约翰二十二世联合反帝力量将路德维希赶出了意大利，马西留也随之离开了意大利。

　　1339 年到 1341 年，马西留完成生命中最后一本著作《和平的保卫者（小本）》（Defensor minor）。

　　1343 年，教皇克莱门特六世（Clement VI）在教令 collatio 中报告了马西留的死亡，学界由此推测马西留死于 1342 年到 1343 年间。

　　1363 年，《和平的保卫者》被翻译为法文和意大利文。1377 年，威克里夫（Wycliffe）被教皇谴责，并且教皇将威克里夫的错误部分归为马西留思想在牛津的影响。1535 年，威廉·马歇尔（William Marshall）在英国出版了《和平的保卫者》修订本，1558 年，该修订本被特伦特公会议（the Council of Trent）列入《禁书目录》（Index Librorum Prohibitorum）。

二、《和平的保卫者》的章节结构

《和平的保卫者》全书一共分为三论：第1论共19章，进行政治论证，用理性的方式揭示出和平与战争的一般原因，表明公民共体是尘世中一切强制性权力的唯一来源，是建立地上和平、结束地上战争的唯一动力因（上帝直接在地上建立的上帝国除外），而一切反抗公民共体的个人或组织都是破坏地上和平、引起地上战争的一般原因；第2论共30章，进行宗教批判，用信仰的方式揭示出由教权引起的和平与战争的独特原因，表明教权是破坏地上和平、挑起地上战争的独特原因，论证尘世中的神职人员仅仅拥有一种非强制的精神劝诫权，由此否定以教皇为首的所有神职人员的教权，彻底摧垮教权论和二元论所论证、调和的精神权力，将中世纪晚期政治哲学理论与实践中的精神权力严格限制在天国之内；第3论共3章，对前两论做了简要的总结。

第1论主要利用亚里士多德政治哲学的思想资源，论证国家的起源与四因、法律的双重特征与动力因、法治与选举的必要性、国家的最高统治部分在数量上的一与其必要性、立法者与统治者的关系。具体划分如下。

第1章：概述全书整体意图，指出和平之好、战争之恶，呼唤皇帝结束战争、保卫和平。第2章到第9章：分析国家的多种含义、起源、四因，国家各个部分的划分，政体种类的一般划分（节制的和欠缺的）和特殊划分（君主制、贵族制、民主制等亚里士多德式政体种类），建立君主制与其他政体的模式。第10章到第13章：列举"法律"的多重含义，表明强制力（首要特征）和正义（次要特征）是法律的双重特征，立法对于国家长治久安来说是必要的；表明尘世法的首要动力因或立法者是公民共体或人民，论证公民共体或人民比任何个体或组织都要完美，强调人民的"主权者"地位。第14章到第16章：分析完美统治者的品质或禀赋（不仅拥有公民共体授予的统治权，而且拥有明智等统治德性），论证统治者的一切权力都来自公民共体，并且选举制优于继任制。第17章到第18章：探讨"城邦或国家的最高统治部分数量上的一及其必要性"，利用政治有机体学说，将公民共体、统治部分和教士部分分别类比为国家的灵魂、心脏和非统治部分。其中，公民共体作为国家的灵魂构成了国家一切权力的来源，统治部分作为国家的心脏构成了国家其他部分运动的动力来源并且成为国家在数量上为一的根据，教士部分（教会）作为国家的非统治部分只是国家内部一个不具有任何强制性权力的普通部分。正如统治者的设立和运作都取决于公民共体，对统治者的斥责、约束和废黜同样取决于公民共体，即公民共体有权斥责、约束和废黜统治者。

第 19 章：总结第 1 论的观点，引出第 2 论关于国家和平与战争的独特原因。

第 2 论的宗教批判堪比霍布斯在《利维坦》后半部分的宗教批判，甚至比霍布斯还要激进和彻底。在第 2 论中，马西留利用原初教会的特征，批判教权对尘世权威的干预，否定以教皇为首的教阶制，宣称一切神职人员在本质职权方面的平等关系，主张教会应遵守方济各会宣扬的贫困观念，批判教皇对充足权力（plenitudo potestatis）的非法攫取。具体划分如下：

第 1 章：概述第 2 论的意图。第 2 章：界定本论所涉及的核心术语，比如"教会""审判者""精神的"和"尘世的"。第 3 章到第 11 章：按照经院哲学的基本论证方式，马西留先提出教权论的论点和论证，再一一加以反驳，表明一切神职人员都不应当拥有统治职权，也不应当接受这种统治职权（回应"君士坦丁的赠礼"）。此外，马西留认为拥有强制力的绝罚权只掌握在天国的基督手中，神职人员在尘世中拥有的绝罚权只是非强制性的劝诫权，而这世上能够审判和约束异端的权力只属于有信仰的公民共体授权的统治者，即基督徒统治者。最后引出本论接下来的贫困主题。第 12 章到第 14 章：集中论述方济各会和教皇之间的贫困争论。马西留通过区分"法权""所有权""占有权"、"个人的"和"共同的"、"富有的"和"贫困的"等术语，表明基督和使徒没有对任何尘世物的法权，只有单纯的事实使用。由于包括教皇在内的所有神职人员都是基督和使徒的继任者和模仿者，所以神职人员应当自愿保持法权上的贫困状态，放弃对教会财产和一切尘世物的法权。通过法权和事实的断裂，马西留不仅论证了方济各会所主张的贫困不是一种事实上的贫困，而是一种法权上的贫困，而且试图在抽空教权根基的同时塑造一个以人为中心的权利世界，实现尘世政治的自足性。第 15 章到第 22 章：马西留利用《圣经》经文和圣徒阐释，表明使徒们在本质职权上的平等关系，进而推出罗马主教和其他主教、教士在本质职权上的平等关系，并且指出罗马主教和罗马教会在何种意义上、出于何种原因拥有了相对于其他主教和教会的首要性和优先性。此外，马西留站在公会议主义的立场上讨论设立神职人员、决定教义的权威归属问题。第 23 章到第 26 章：区分"充足权力"的八种含义，分析罗马主教（教皇）如何一步步为自己非法攫取不属于他的充足权力，正是这种非法攫取本身构成了意大利常年遭受并且在马基雅维里时代仍然遭受战乱之苦的独特原因，也成为所有基督教国家发生动乱的独特原因。第 27 章到第 30 章：处理前面章节遗留的问题。

第 3 论概述前两论的核心观点，表明公民共体授权的统治者是和平的保卫者。

第二节 中世纪晚期的政教理论：
教阶论、二元论和公民共体论

在西方政治思想史上,中世纪晚期的政教理论占有重要地位。它既完成了中世纪中期以降关于尘世权力和精神权力、王权和教权关系的论证,也昭示了近代关于国家和教会关系的政教分离学说。[①]

20世纪以来,研究中世纪晚期政教理论的文献汗牛充栋。有关这一理论的诸多命题,诸如中世纪晚期政教理论和近代政教分离学说的关系、教权论者和反教权论者之间的论争、尘世权力和精神权力的冲突等,大多得到充分而深入的讨论。[②] 然而,纵观已有的讨论,亦存在明显的不足:学界对中世纪晚期政教理论的讨论,要么局限于个别政教理论家的思想内部,要么局限于不同政教理论之间的差异,对不同政教理论之间的关联缺乏足够的关注。结果,我们既不能系统地考察中世纪晚期的政教理论,又不能找到一条将不同政教理论关联起来的统一性线索,从而无法从整体上看到它在西方政治思想史中的重要位置。

有鉴于此,本节试图从"充足权力"这一概念出发,综述并反思中世纪晚期的政教理论。一方面,中世纪晚期政治哲学经历了对"充足权力"概念的建构、修正和重构三个阶段,形成了三种政教理论:教阶论、二元论和公民共体论。另一方面,这三种政教理论在阐述充足权力的同时深刻揭示了权力本身的性质,并且从不同的角度宣称权力的绝对性和自足性,最终昭示了近代主权学说的诞生。

一、教阶论和"充足权力"概念的建构

约瑟夫·坎宁断言,"权力"是把握中世纪晚期政治哲学的核心概念[③],

[①] Alan Gewirth, *Marsilius of Padua: The Defender of Peace, Vol. I: Marsilius of Padua and Medieval Political Philosophy*, pp. 315-317; D. E. Luscombe, "The State of Nature and the Origin of the State", in *The Cambridge History of Later Medieval Philosophy: From the Rediscovery of Aristotle to the Disintegration of Scholasticism 1100—1600*, edited by Norman Kretzmann, Anthony Kenny and Jan Pinborg, Cambridge: Cambridge University Press, 1982, pp. 757-770; Charles Howard McIlwain, *The Growth of Political Thought in the West: From the Greeks to the End of the Middle Ages*, New York: The Macmillan Company, 1932, p. 313.

[②] Roberto Lambertini, "Poverty and Power: Franciscans in Later Medieval Political Thought", in *Moral Philosophy on the Threshold of Modernity*, edited by Jill Kraye and Risto Saarinen, Berlin: Springer, 2005, pp. 141-159; H. S. Offler, "Empire and Papacy: The Last Struggle", *Transactions of the Royal Historical Society*, 1956 (6): pp. 21-47.

[③] Joseph Canning, "The Role of Power in the Political Thought of Marsilius of Padua", *History of Political Thought*, 1999 (1): p. 21.

阿兰·格沃斯同样指出,中世纪晚期的很多思想家都以"权力"作为其政治哲学著作的标题。[1] 中世纪晚期政教问题的关键则在于如何理解"充足权力"概念。

自基督教诞生之日起,早期罗马教廷为了争取基督教会权威的自主性,提出"教会自由"(libertas ecclesiae)概念来捍卫教会具有独立于政治权威的自主性,"'教会自由'的固执捍卫者同其前人们一样,相信精神权力对尘世权力的独立是一条公理"[2]。但是,早期罗马教廷不仅追求"教会自由",而且试图将一切权力纳入自身之内,从而建立起教阶体系,"教阶思想的本质:尘世权力不享有自治;一切权力都在属灵的至高性中成为统一体"[3]。基于此,教皇列奥一世(Leo I)在一封信中首次提出"充足权力"概念来阐释教阶思想,此后经过几任教皇和教令法学家的发展,教皇英诺森三世(Innocent III)系统使用了"充足权力"概念来论证教皇在教会中的首要性和其权力的充足性。[4] 1302年,教皇本尼法斯八世发布教令《一圣教谕》,该教令声称罗马主教掌握精神权力和尘世权力,进而宣称平信徒要服从于神职人员、神职人员要服从于罗马主教、尘世权力要服从于精神权力的统治,由此将建立在充足权力之上的教阶论发展到了顶峰。虽然《一圣教谕》在理论上将教权论的逻辑推到了顶峰,但是它在实践上并没有发挥其应有的作用。因为教皇本尼法斯八世在发布该教令的第二年就屈辱地死去了,而且后来的教皇克莱门特五世(Clement V)在教令 Meruit 中放弃了《一圣教谕》的主张。此外,教皇克莱门特五世在1305年当选为教皇后,并没有去梵蒂冈就任,而是选择将教廷从梵蒂冈迁到了阿维尼翁,这导致此后几十年教廷都处在法国王权的影响之下。[5]

正如沃格林(Eric Voegelin)敏锐捕捉到的:"《一圣教谕》的观念应当放在一个智识讨论的环境中理解,其中最重要的文献是罗马的吉尔斯所撰写的《论教权》(De ecclesiastica potestate)……《一圣教谕》的大部分关键表述似

---

① Alan Gewirth, *Marsilius of Padua: The Defender of Peace, Vol. I: Marsilius of Padua and Medieval Political Philosophy*, p. 8.

② J. A. Watt, "Spiritual and Temporal Powers", p. 367.

③ Ibid., p. 369.

④ 关于充足权力的产生和发展史,参见 Francesco Maiolo, *Medieval Sovereignty: Marsilius of Padua and Bartolus of Saxoferrato*, pp. 187–197; Takashi Shogimen, *Ockham and Political Discourse in the Late Middle Ages*, Cambridge: Cambridge University Press, 2007, pp. 160–163。

⑤ Joseph Canning, *Ideas of Power in the Late Middle Ages, 1296—1417*, pp. 13–35; James E. Wood, Jr., "Christianity and State", *Journal of the American Academy of Religion*, 1967 (3): pp. 259–262.

乎逐字照搬了这本论著的第一卷。"①所以《论教权》构成了令教阶论发展到顶峰的《一圣教谕》的理论来源,它也被沃格林视为"西方第一本关于权力本身的论著"②。正是在《论教权》中,罗马的吉尔斯系统建构了作为教阶论基础的"充足权力"概念。

《论教权》第 1 卷主张教皇同时拥有精神权力和尘世权力"两把剑",第 3 卷则将教皇所拥有的这种权力称为充足权力。在罗马的吉尔斯看来,"充足权力存在于某个行动者中,该行动者能够在没有第二因(causa secunda)的情况下做出伴随着第二因能够做出的事情"③。这里的第二因是指自然秩序下的动力因模式,比如太阳照射石头,使得石头发热,那么太阳构成石头发热的第二因,因为太阳和石头之间产生的动力因模式属于自然因果模式,太阳照射石头产生的发热现象属于自然现象。但是,如果太阳没有照射石头,石头却发热了,或者说,石头在没有第二因的情况下发热了,那么在罗马的吉尔斯看来,石头发热现象不属于第二因造成的自然现象,而是属于某位"行动者"在没有太阳的情况下做出伴随着太阳能够做出的超自然现象,这位"行动者"无视自然因果法则,直接越过太阳对石头产生了发热效果。就此而言,这位"行动者"构成石头发热的第一因(causa prima),而这种因果力就是充足权力。因此,从距离来看,第二因更为直接真实;但从效力上来看,第一因更为强大。没有第一因,第二因不能存在也不能被理解。④

所以一位拥有充足权力的"行动者"不仅能够做出以其自身为第一因的事情,而且能够无视第二因,直接对以第二因为动力因的事情产生作用。此外,充足权力包含不同类型的权力于自身之中,一个人拥有充足权力意味着他能够使用充足权力中的任何一种权力并且不受后一种权力的使用限制。所以充足权力是指一种绝对权力,它能够打破动力因的自然运行方式,对包含于其中的一切权力所施加的事物进行"在没有第二因的情况下"的直接干预。

---

① 沃格林:《政治观念史稿(卷三):中世纪晚期》(修订版),段保良译,上海:华东师范大学出版社,2019 年,第 44 页。以下引用皆采用此译本,中译文引用时,有所改动。

② 沃格林:《政治观念史稿(卷三):中世纪晚期》(修订版),第 49 页。

③ Giles of Rome, *Giles of Rome's On Ecclesiastical Power: A Medieval Theory of World Government*, a critical edition and translation by R. W. Dyson, New York: Columbia University Press, 2004, III. 9, pp. 360-363. 中文引用的原文均为笔者从 Dyson 编译的拉丁文本直接翻译出,同时参考 Dyson 编译的英文翻译。编码和页码皆采用 Dyson 编译码。

④ 第一因和第二因的关系,关涉到基督教宇宙论的内在性和超越性问题,同时指涉上帝的内在性和超越性问题,参见吴功青:"内在与超越:奥古斯丁的宇宙目的论",《哲学研究》2020 年第 11 期,第 96—104 页;Vasileios Syros, *Marsilius of Padua at the Intersection of Ancient and Medieval Traditions of Political Thought*, pp. 106-108.

罗马的吉尔斯指出,上帝正是这样一位"行动者",他拥有的正是绝对的充足权力,因为上帝是万物的终极动力因,他可以在无视万物的第二因(种子因①)的情况下直接干预万物的生成,"的确,他借着马[种子因]产生马,但是如果他意愿并且当他意愿时,他能够不用种子做这件事[产生马]"②。老马(种子因)产生小马属于自然现象,遵循的是自然因果法则,所以老马构成小马的第二因。但是由于上帝作为造物主创造了自然秩序,从而能够直接干预自然秩序,所以如果上帝"意愿并且当他意愿时",他能够越过老马直接产生小马,从而构成小马的第一因。所以上帝拥有充足权力,他能够凭借自己的意愿对万物行使支配权,从而超越万物遵循的自然受造秩序。

然而,罗马的吉尔斯并没有止步于此,他的目的在于利用上帝的充足权力来证成教权。因为在他看来,使徒彼得是基督在尘世的代理人,基督授权彼得在尘世中代表自己行使其拥有的权力,由于教皇是彼得的继任者(罗马教廷宣称彼得是第一任教皇),所以教皇继承了基督授予彼得的权力,而这种权力正是《论教权》第1卷反复提及的精神权力和尘世权力,也正是《论教权》第3卷第9章界定的充足权力,"就教皇拥有一切权力被包含于其中的权力而言,我们说他拥有充足权力"③。既然教皇拥有充足权力,那么按照充足权力的特征,在精神事务上,教皇既可以借着教会的教阶秩序去拣选主教或其他神职人员,也可以按照自己的意愿越过教阶秩序直接拣选主教或其他神职人员。所以类比于万物在上帝的充足权力下的自然受造秩序,教阶秩序则是信徒在教皇的充足权力下的自然受造秩序,它服从于教皇的权力意志,教皇成为教阶秩序之上的"上帝"。④ 此外,教皇的充足权力在精神事务上的充足性同样体现在尘世事务上,即教皇在其认为必要的情况下有权干预尘世事务并且能够绕过尘世统治者对尘世事务进行直接审判。⑤

所以在罗马的吉尔斯看来,教皇在类比的意义上继承了上帝的充足权力:教皇同时拥有精神权力和尘世权力,他能够在无视尘世统治者的情况下直接成为尘世事务的第一动力因,进而在上帝的授权范围内拥有至高无上的权力。这意味着,以教皇为首的教廷掌握着一种准政治性的精神权力,它的意志决定着国家的政治权威,所以政教权威都集中在以教皇为首的教廷

---

① Giles of Rome, *Giles of Rome's On Ecclesiastical Power: A Medieval Theory of World Government*, Ⅲ.9, pp. 364-365.

② Ibid., Ⅲ.9, pp. 362-363. 如无特殊说明,[ ]均为笔者所加,以保持句子意思通顺。

③ Ibid., Ⅲ.9, pp. 362-363.

④ Ibid., Ⅲ.9, pp. 362-365.

⑤ Ibid., Ⅰ.4, pp. 20-21.

手中,政权成为教权的附属,国家成为教会的附庸。

综上,基于"充足权力"概念,以罗马的吉尔斯为代表的教阶论者建立起以教皇为首的神职人员构成的"上帝-教皇-人"教阶体系,教皇成为上帝和人之间的中介,作为上帝权力在尘世中的唯一代表,垄断尘世中的一切权力。因此,教阶论的目的并不是精神权力和尘世权力相互独立,而是精神权力高于尘世权力,以及尘世权力依赖于精神权力而存在。在教阶论的权力关系中,不仅教皇在教会内部享有最高权力,而且尘世权威的自足性始终受到教权的干预。

二、二元论对"充足权力"概念的修正

针对教阶论的"充足权力"概念,中世纪晚期的反教阶论者通常利用二元论来修正这一概念。以但丁为例,但丁在《帝制论》(*De monarchia*)第 3 卷中利用二元论从神学和历史两大维度系统反驳教阶论。①

1. "两个大光"和"两把剑"

但丁的神哲学反驳是通过重新解释《旧约》"两个大光"②和《新约》"两把剑"③这两个《圣经》中的故事得以实现的。

《帝制论》第 3 卷第 4 章处理了"两个大光"的《圣经》典故。在但丁看来,教权论者主张作为太阳和月亮的两个大光分别象征着精神权力和尘世权力,并且尘世权力之光需要得到精神权力之光的授权,"正如作为小光的月亮,除非接收来自太阳的光,否则自身没有光,同样地,尘世权力除非接收来自精神权力的光,否则不具有权威"④。所以象征尘世权力的帝国同样需要接收象征精神权力的教会的权威,否则帝国将不具有权威,这意味着只有教会的权威是自足的,帝国只有依附于教会才能获得自身的统治权威。针对教权论的神学解释,但丁指出,虽然月亮接收来自太阳的充足的光,但是这种接收活动并不意味着月亮依赖于太阳而存在,因为"我们必须牢牢记住,月亮的存在是一回事,它的力量是另一回事,而且它的功能也是另一回事"⑤,所以月亮的存在、力量和功能是三种不同的东西,而且月亮就自身来说具有独立的存在、力量和功能,只不过就更好地表现自身的存在、力量和

---

① 关于但丁的二元论,参见吴功青:"帝国、教会与上帝——但丁的'二元论'及其理论困境",《学海》2016 年第 5 期,第 170—177 页。

② 《创世记》,和合本,1:16:"于是神造了两个大光,大的管昼,小的管夜,又造众星。"

③ 《路加福音》,和合本,22:38:"请看! 这里有两把刀[剑]。"中译文引用时,略有改动。

④ Dante, *Monarchy*, translated and edited by Prue Shaw, Cambridge: Cambridge University Press, 1996, III. 4, p. 69. 以下引用皆采用此译本。

⑤ Dante, *Monarchy*, III. 4, p. 72.

功能而言,月亮会接收来自太阳的充足的光,所以象征尘世权力的小光并不因为接收来自象征精神权力的大光而欠缺自足性。同理可知,"尘世王国不能将自身的存在归因于精神王国,它的权力(也就是它的权威)不能,而且甚至它的功能在绝对的意义上也不能"①。所以尘世王国不能将自己的存在、权力和功能归之于精神王国,它只是从精神王国中接收了更有效的运行的能力而已。这意味着,虽然教会能够使得帝国的运行更加有效,但是帝国本身是自足的,它的存在不依赖于教会,帝国的权威也不来自教会的授权,政教权威分别掌握在皇帝和教皇手中,教皇不具有直接干预皇帝统治权威的充足权力。

《帝制论》第 3 卷第 9 章处理了"两把剑"这一《圣经》中的典故。但丁的对手们将这两把剑看作精神权力和尘世权力的象征,并且认为彼得拥有这两种权力,所以彼得的继任者从彼得这里接收了这两种权力,而教会是彼得的继承者,因此教会同时拥有这两种权力,这两种权力在教会那里是统一的。所以帝国要想获得尘世统治的权威,必须得到教会的授权。然而,在但丁看来,关于"两把剑"典故的这种寓意解经既违背基督的意图,也违背具有非反思个性的彼得②的意图。但丁给出的理由主要有两个:其一,两把剑的故事发生在逾越节的筵席上,基督要求 12 个门徒出去买剑,因此基督要求的剑不是 2 把,而是 12 把,并且基督的意图是让他们买剑自保,而非用这两把剑象征两种权力;其二,彼得说话耿直,经常不加思考地说出一些东西,所以他经常遭到基督的责备,但是在两把剑的故事中,基督对他的回复只是"够了",并没有责备彼得,所以从基督没有责备彼得这一方面来看,彼得领会了基督的意图,即买剑自保,因此我们从彼得的话中并不能得出彼得关于这两把剑的象征意图。所以在但丁看来,教阶论者一直持有的"双剑论"在论证的一开始就违背了《圣经》的基本意图。但是,这两把剑真的没有什么寓意吗?但丁在否定了教阶论者将这两把剑看作精神权力和尘世权力象征的同时,认为可以把它们看作基督的语言和行为,作为基督的门徒,必须时刻配备着两把剑,遵守和模仿基督的语言和行为。在但丁看来,将这两把剑看作基督的语言和行为的解释才是对《圣经》文本的一种正确的寓意解释,因为这种解释符合基督的意图。

但丁通过重新解读这两个《圣经》中的故事,反驳了教阶论者试图将精

---

① Dante, *Monarchy*, III. 4, p. 72.

② 关于彼得的个性,但丁提供了《圣经》中的几个故事:彼得认耶稣为基督、耶稣预言受难和复活、耶稣显荣、耶稣在海面上行走、预言彼得不认主、耶稣为门徒洗脚、耶稣被捕、耶稣复活、耶稣向门徒显现。

神权力和尘世权力进行一元化理解的努力,表明尘世权力不同于精神权力,尘世权力并不直接来自精神权力,即帝国权威不直接来自教会。然而从但丁对于这两个故事的寓意解释来看,他表面上是对二元论原则的神学辩护,但是在论证方式上却是一种理性的论证和对神学故事的去神圣化。因此,虽然从表面上来看,但丁对这些《圣经》中的故事进行了新的寓意解释,在神学上为尘世权力摆脱精神权力的束缚作了辩护,但是这也是对教阶论的一次理性上的反驳,因而是更加有力的反驳。

2. "君士坦丁的赠礼"

但丁在《帝制论》第 3 卷第 10 章对"君士坦丁的赠礼"这一历史事件进行了重构,由此构成了他从历史维度对二元论的辩护。

《君士坦丁的赠礼》属于教会伪造文件,它收录于 9 世纪中叶的《伪伊西多尔教令集》(*Pseudo-Isidori Decretales*),该教令集假托塞维利亚的伊西多尔之名,收录了原初教会和公会议时期的大量真实和伪造的材料。《君士坦丁的赠礼》宣称君士坦丁大帝将帝国西部政权赠予以教皇为首的教会,教会则借此主张自己掌握神圣罗马帝国的帝权和其他尘世统治权。在但丁的时代,教阶论者经常利用《君士坦丁的赠礼》来为神权政治理论提供历史确证,由于《君士坦丁的赠礼》当时还没有从文献学和语文学上被证伪(直到 1440 年才由洛伦佐·瓦拉证伪),所以但丁本人并没有明确质疑它的真实性。

然而,但丁从理性的角度出发,对"君士坦丁的赠礼"这一事件背后所暗含的神学政治思想的论证结构进行了三段论式的梳理:

> 大前提:属于教会的东西,只有征得教会同意才能合法拥有。
> 小前提:罗马主权者的权威属于教会。
> 结论:除非教会同意,否则无人可以拥有罗马主权者的权威。[①]

但丁指出,这个论证的关键在于小前提,因为大前提是自明的,而小前提依赖于"君士坦丁的赠礼":按照君士坦丁大帝的赠礼,教会掌握帝国西部的统治权,所以罗马主权者的权威属于教会。也就是说,在历史上,君士坦丁大帝已将罗马主权者的权威交给了教会,所以罗马主权者的权威属于教会的东西,任何人只有征得教会同意才能合法拥有罗马主权者的权威。但是,在但丁看来,"君士坦丁的赠礼"这一历史事件从赠予者(君士坦丁大帝)和接

---

① Dante, *Monarchy*, III. 10, p. 81. "大前提""小前提""结论"为笔者所加,以标示句子逻辑和顺序。

受者(教会)两方来看都是不恰当的、违背理性的。

首先,从赠予者一方来看,但丁认为,"无人有权借自身职权做出与其职权相冲突的事情"①,由于皇帝的职权在于使人类遵从一个单一的意志,而分离帝国的行为(君士坦丁的赠礼行为)使得人类社会处于分裂的状态,因此君士坦丁的赠礼违背君士坦丁作为皇帝的职权,所以就皇帝的职权而言,他无权将帝国西部的统治权交给教会,这个赠礼对于君士坦丁来说是不恰当的。但丁接着指出,教会和帝国的基础不同,教会的基础是基督,而帝国的基础是人权,既然教会不能做违背其基础的事情,即不能违背基督的教导,那么帝国也不能做违背其基础的事情,即违背人权的事情。由于君士坦丁的赠礼等同于毁灭自身,与人权相冲突,因此君士坦丁不得通过赠礼的方式分离帝国。此外,帝国的司法权(jurisdictio)优先于皇帝的审判(judicium),并且皇帝的审判来自司法权,因此他的审判不能违背司法权,而君士坦丁转移帝权的赠礼行为损害了帝国司法权,所以他无权进行这种赠礼。②

其次,从接受者一方来看,但丁认为,教会不应当接受尘世的东西,因为《圣经》明确规定教会必须保持贫困,即使教会接受君士坦丁的赠礼,它也只能成为这种赠礼的管理者而非所有者,即教会不可拥有任何尘世物的所有权,否则将违背基督和使徒的贫困主张,所以教会不应接受这种赠礼。③ 值得注意的是,但丁对于"君士坦丁的赠礼"这一历史事件进行了重新反思,而奥古斯丁则是对罗马城的陷落进行了反思,从形式上来看,两个人对于这两个事件都是持反对的态度,并且都对这两个事件进行了反驳。但是,奥古斯丁的论证目标是削弱甚至否定象征尘世权力的地上之城(罗马)的地位,而但丁的论证目标则是抬高和肯定地上之城的地位,"奥古斯丁否认异教罗马、诋毁维吉尔、拒绝把现世幸福当作一种合法的人类'目标'的观念。但丁自己努力去强调的,不仅是新生的罗马帝国,而且还有地上赎回的政治生活的梦想,在这样的努力中,但丁不得不抵制的正是奥古斯丁具有权威的否决"④。两者的论证各自都有一定的道理,一方面,奥古斯丁贬低地上之城的神圣性,认为地上之城只有从教会那里才能够获得自身权威的来源,但丁

---

① Dante, *Monarchy*, III. 10, p. 81.

② Ibid., III. 10, p. 82.

③ 这里涉及中世纪晚期方济各会的贫困主张,下文将具体展开。

④ 霍金斯:《但丁的圣约书:圣经式想象论集》,朱振宇译,北京:华夏出版社,2011年,第222页。关于奥古斯丁和但丁的关系,参见 *The Dante Encyclopedia*, edited by Richard Lansing, London, New York: Routledge, 2010, pp. 71-72。

则认为作为地上之城的罗马自身就有存在的必要，在《帝制论》前两卷中，但丁的论证目标之一就是要证明罗马作为世界帝国的象征，具有神圣性和自身存在的必要性；另一方面，但丁和奥古斯丁一样，并没有否定教会在灵魂救赎上的重要地位，人的灵魂救赎比现世幸福要重要得多，只是但丁比奥古斯丁更加重视人的属肉身的一面。

在但丁看来，上帝才是尘世权力的直接来源，教皇并不构成上帝和皇帝之间的中介。但丁对此给出了三点论证。

第一，如果教会是帝国权威的来源，那么帝国权威应在教会之后存在，但帝国权威实际上在教会之前就已经存在了（这一点可以通过基督的诞生和死亡以及君士坦丁的赠礼得到证实），因此教会不是帝国权威的来源。①

第二，如果帝国权威来自教会，那么这将违背教会的自然（本性），因为在但丁看来，教会的自然是指教会的形式，而教会的形式就是基督的生活（即基督的言行），既然基督用自己的言行表明自己并不关心尘世之事，那么教会授予帝国权威的行为（比如教皇为皇帝加冕的行为）将违背基督的言行，即违背教会的自然，所以帝国权威不应来自教会，教会不能干预帝国权威。②

第三，人是联结可朽事物与不朽事物的桥梁，是灵肉二分的动物，这使得人同时拥有可朽事物与不朽事物的自然（本性），而自然被安排着朝向自身的终极目的，所以人同时拥有可朽事物的终极目的和不朽事物的终极目的，即人同时拥有尘世幸福（可朽事物的终极目的）和永恒幸福（不朽事物的终极目的），

> 但丁的"地上乐园"与天上乐园对立，拥有自治和独立的功能。但丁论辩说，人，由一个可朽的身体和一个不朽的灵魂组成，在所有受造物中，唯有人享有一个居间的地位，"好比是地平线，在天地之间居中"。由于这种二元性，人在所有受造物中，注定具有双重的目的。③

人的这种双重目的性只有通过谋求和平的途径得以实现，"人需要双重目的对应的双重引导：也就是说，至高的教皇引导人走向与启示真理相一致的永

---

① Dante, *Monarchy*, III. 13, p. 87.
② Ibid., III. 15, pp. 89-91.
③ 恩内斯特·康托洛维茨：《国王的两个身体》，徐震宇译，上海：华东师范大学出版社，2018年，第597页。以下引用皆采用此译本，且引用时有所改动。

恒生活,皇帝引导人走向与哲学的教导相一致的尘世幸福"①。因此,但丁通过区分人的可朽本性和不朽本性,以及可朽事物的终极目的和不朽事物的终极目的,断定上帝命令教皇和皇帝各司其职,即二者根据上帝的意志各自负责人的永恒幸福和尘世幸福,所以维护世界和平的皇帝是由上帝亲自选定的,帝国权威不是来自教皇而是直接来自上帝。因此,虽然精神权力高于尘世权力,但是这并不能推论出尘世权力隶属于精神权力,因为只有上帝同时拥有精神权力和尘世权力,而教皇只是上帝的代理人,所以上帝的权柄不能全部转移到上帝的代理人身上,否则上帝的代理人将拥有与上帝一样的权力。就上帝构成精神权力和尘世权力的直接来源而言,代表精神权力的教皇和代表尘世权力的皇帝是彼此独立的,皇帝仅仅服从于上帝的权威。

如前所述,罗马的吉尔斯在承认上帝的充足权力的基础上类比论证了教皇的充足权力,但丁同样承认上帝的充足权力,但是和罗马的吉尔斯不同,但丁不仅否认基督将充足权力全都交给了彼得,而且否认教皇继承了上帝的充足权力,并且从基督的言行和人的双重本性的角度论证了尘世权力和精神权力的二元性。也就是说,但丁的二元论修正了作为教阶论基础的"充足权力"概念:保留上帝的充足权力,排除教皇的充足权力。

然而,但丁的二元论毕竟承认以教皇为首的神职人员掌握着强制性的精神权力,这意味着教皇的职权是被高度认同的,教皇仍然能够通过行使精神权力达到干预尘世权力的效果(比如教皇能够利用绝罚权将尘世统治者驱逐出整个基督教团契之外,由此解除基督徒臣民对统治者的政治服从义务,威胁尘世权威的自足性),所以教阶论没有被二元论彻底驳倒,二元论并不能彻底捍卫尘世权威的自足性。

二元论之所以无法消除教阶论带来的权力之争,是因为它将国家和教会视为两个不同的实体,并且每个实体都拥有专属于自己的目的,这导致尘世社会存在着两种隶属于不同实体之下的强制性权力,由此形成以上帝为权力最终来源、国家和教会分别隶属于两种不同权力领域、以皇帝为代表的尘世统治者和以教皇为首的神职人员分别掌握两种职权的自上而下的二元等级秩序。由于这种等级秩序承认精神权力优先于尘世权力,所以它既可以用来支持反教权论者,也可以用来支持教权论者:反教权论者借着上帝作为权力最终来源的逻辑,将两种权力的统一性归到上帝而非教皇职权之下,由此建立起"上帝-教皇/统治者-灵魂/身体"的二元论等级秩序;教权论者借着教皇的基督代理人身份和精神权力的优先性地位,将两种权力的统一

---

① Dante, *Monarchy*, III.16, p.92.

性纳入教皇职权之下,由此建立起"上帝-教皇-人"的教阶论等级秩序。[①]

因此,二元论既是反教权论的理论根据,也是反教权论不彻底的根源,它在将尘世权力的来源直接归于上帝的同时保留了神职人员在精神层面的充足权力,这导致教权论者依然能够在反教权论者的二元论中建立起干预尘世权力的教阶论等级秩序,所以尘世国家的政治自主性无法在二元论中获得比较彻底的辩护,二元论对充足权力的修正无法彻底根除教权对政权的干预。在二元论的逻辑之下,政教关系的张力仍然是巨大的。[②]

三、马西留的公民共体论对"充足权力"概念的重构

既然二元论没有真正瓦解作为教阶论基础的充足权力,那么如何彻底审视和重构充足权力、瓦解教阶论的权力根基将成为摆在中世纪晚期反教权的政教理论家面前的一大难题。帕多瓦的马西留在《和平的保卫者》中提出的公民共体论恰恰是要解决这一难题。为了理解公民共体论如何瓦解教阶论的权力根基,我们首先应当简要厘清公民共体是什么,其次分析公民共体论所预设的权力关系,最后论述公民共体论对充足权力的重构。

从词源学的角度来看,公民共体(universitas civium)由"公民"(civis)和"共体"(universitas)两部分组成:"公民"是指成年男性公民,"参与政治共同体并且根据自身的地位参与统治或议会或司法部分的人"(I.12.4)。需要注意的是,公民共体中的公民不仅包括亚里士多德定义的公民,而且包括被亚里士多德纳入奴隶范围之内的手工劳动者,所以马西留政治哲学中的公民权是宽泛意义上的,他将公民权延伸到一切成年男性,从而昭示了现代政治中的"人民"(populus)概念[③]。"共体"是指许多特殊个体合众为一的普遍或普世,它虽然由个体组成,但是超越了个体的特殊性和有限性,实现了一种普遍性和完美性[④],虽然就共体的普遍性而言,马西留的共体概念类似于但丁的人类共体概念:

> 人类种群,或说在量的意义上的人性,在但丁看来就好像一个人,
> 一个单一的、包含所有人的共同体,一个普世合众体,或者"某种整全

---

①　J. A. Watt, "Spiritual and Temporal Powers", pp. 367–423.

②　Alan Gewirth, *Marsilius of Padua: The Defender of Peace, Vol. I: Marsilius of Padua and Medieval Political Philosophy*, pp. 14–18.

③　关于亚里士多德和马西留在公民和公民权问题上的差异,参见 Vasileios Syros, *Marsilius of Padua at the Intersection of Ancient and Medieval Traditions of Political Thought*, pp. 48, 76–78。

④　关于个体和共体的关系,下文将具体展开。

体"（quoddam totum），诗人称之为"人类共体"（humana universitas）或"人类共同体"（humana civilitas）。鉴于"universitas"是用来指称合众体惯用的法律-技术词汇，而"civilitas"（尽管在法律术语中也有出现）则具有某种附加的色彩：人的普世公民身份，他的公民思维，他的人性教养甚或教育。①

康托洛维茨指出，在亚里士多德的影响下，但丁为这个共体赋予了道德-伦理目的，"《帝制论》整体意图的大前提，是但丁在亚里士多德的启发下，赋予人类共同体一个道德-伦理的目的，该目的乃是'在自身之中的目的'，与教会平行，因而独立于一个拥有自身目的的教会……共体是一个'道德和政治体'，与教会这个奥秘之体平行"②。但是，马西留首要关心的不是共体的道德-伦理目的③，而是共体的非道德-伦理性的功能目的，这导致马西留在承认共体普世性的同时并没有像但丁一样从道德-伦理的目的论中推导出人类共体，而且他根本不关心人类共体和帝制的问题，在马西留的公民共体论中，共体的普世性只扩展到国家范围内的统一性。④因此，马西留的公民共体是指在一个特定的政治共同体内，一切参与政治共同体的个体（公民）组成的"合众为一"的普世整体。

在《和平的保卫者》第1论第12章，马西留断定公民共体是立法者：

让我们根据亚里士多德在《政治学》第3卷第6章的真理和建议来说，立法者或法的首要和恰当的动力因是人民或公民共体或其强力部分（valentior pars），他通过选举或在全体公民集会中（in generali civium congregacione）由言语表达出来的意志，凭借尘世的处罚或惩罚，命令或决定在人类公民行为方面应做或不做某事。（I.12.3）

此外，公民共体借着立法者的身份制定表达其意志的法律，并通过选举产生行使统治部分（pars principans）职权的统治者（I.5.7，I.15.3）。所以在国家之中，公民共体垄断一切尘世权力，统治者依法保卫公民共体的和平与安全。

———————

① 恩内斯特·康托洛维茨：《国王的两个身体》，第607—608页。
② 同上书，第603页。
③ Alan Gewirth, *Marsilius of Padua: The Defender of Peace, Vol. I: Marsilius of Padua and Medieval Political Philosophy*, p.51.
④ Ibid., pp.127-129.

就尘世权力掌握在尘世统治者（通过公民共体的意志授权）手中而言，马西留延续了但丁《帝制论》对皇帝掌握尘世权力的论述，因为二者都肯定尘世权威的自足性，强调统治者掌握尘世权力。但是，马西留和但丁最大的分歧在于，马西留并没有将教会视为国家之外的独立实体，反而将教会视为国家的一部分。如前所述，但丁在《帝制论》第 3 卷对帝权自足性的捍卫始终预设了帝国和教会、皇帝和教皇的二元实体关系，这使得教会始终是国家的"例外状态"，这种例外状态反过来使得国家在政教问题上难以摆脱教权的干预。

和但丁的二元政教理论不同，马西留在正式确立公民共体的立法者身份之前，首先扭转了二元政教关系：统治部分和教士部分都是国家的组成部分（I.5.1），其中统治部分处理公民的尘世行为（I.5.7），教士部分处理公民的内在行为（I.5.11），所以二元论预设的国家和教会的"实体-实体"关系变成了国家一元实体之中的统治部分和教士部分的"部分-部分"关系。

这意味着，马西留公民共体论预设的政教关系不再是教阶论和二元论所预设的"国家-教会"的二元实体关系，而是国家之中的"统治部分-教士部分"的关系，国家和教会的权力关系不再是"尘世权力-精神权力"，而是"强制性权力-非强制性权力"的国家内部关系。由于公民共体是国家各个部分的动力因（I.7.3）和立法者，并且公民共体授权统治者掌握唯一的强制性权力，所以教士部分应当服从于统治部分，"统治者应当根据人数、能力和其他诸如此类的东西来确定符合这些部分或职权的人员、数量和质量，这样诸部分就不会因为彼此的过度不节制而瓦解政体"（I.15.10）。因为只有这样，国家各个部分才能保持一种和谐秩序，"统治者将使得城邦的每一个部分保持应有的本性，并且保护其免受伤害和不义；因为如果它们中的任何一个遭受或承受伤害，那么伤害应当通过统治者的行为得到治愈，而施害者则通过忍受惩罚［得到治愈］"（I.15.11）。这意味着，作为教士部分的教会非但没有强制性的精神权力，反而应当服从于掌握尘世权力的统治者，进而服从于作为尘世权力来源的公民共体。沃格林总结道："反教皇的《和平的保卫者》出类拔萃，它第一次召唤至高无上之尘世国家组织的观念，其激进作风与吉尔斯《论教权》召唤至高无上之教皇权力的观念时不相上下。"①

就此而言，马西留的公民共体论超越了中世纪晚期二元政教关系：二元政教关系立足于亚里士多德主义关于身体-灵魂的划分，将国家和教会的关系类比为身体和灵魂的关系，从而利用身体-灵魂的道德-伦理目的论解释

---

① 沃格林：《政治观念史稿（卷三）：中世纪晚期》（修订版），第 90 页。

模型来论述政教关系,但是这种理论既无法确保尘世政治的自主性,也无法实现国家和平与教会和平;在马西留的政治有机体学说中,中世纪晚期政治哲学中国家和教会的二元实体关系转化为国家一元实体之中的统治部分和教士部分的部分–部分关系,即二元政教关系中的国家和教会不再是身体和灵魂的关系,而是身体之中的心脏和其他部分(器官)的关系。这意味着,教会不再扮演传统政教关系中掌握着强制性精神权力的灵魂角色,而是仅仅成为国家身体中的教士部分,进而被纳入国家之中。二元政教关系中的灵魂角色被交给了公民共体,所以公民共体而非教会赋予了统治者以尘世权力,统治者借着公民共体的授权对包括教会在内的所有国家组成部分实行政治统治。正是在这个意义上,《和平的保卫者》被称为"第一本……将教会视为国家一部分的著作"①。

基于《和平的保卫者》第 1 论建构的政教关系,马西留在《和平的保卫者》第 2 论中系统阐释了充足权力的多重含义,解构罗马的吉尔斯关于教皇充足权力的教阶论,将作为教阶论基础的充足权力纳入公民共体的立法权之中,实现了从教皇的充足权力向公民共体的充足权力的转化。

在《和平的保卫者》第 2 论第 23 章,马西留列举了"充足权力"一词的八种含义:

> I. 充足权力按照其语词的含义或力量是并且可以被理解为这样一种权力,即能够随心所欲不逾矩地做任何行为和事情的权力。
>
> II. 充足权力可以被更切题地理解为这样一种权力,借此准许一个人对任何一个人、任何一个在人类力量的范围内或者可以指向人们的使用的外物行使任何一个他自己自愿的命令行为;或者还可以被理解为这样一种权力,借此准许行使刚刚提到的任何一个行为,尽管不是对任何一个人或者每一个受制于人类力量的物;或者进一步被理解为这样一种权力,借此准许的不是对任何一个人和每一个受制于人类力量的物行使每一个行为,而是行使特定种类或模式规定的行为,但根据的是意志的每一次冲力。
>
> III. 充足权力可以被理解为这样一种权力,即对地上所有统治者、民族、共同体、集体和个人的最高强制司法管辖权;或者还可以被理解为对其中一些人的最高强制司法管辖权,但根据的是意志的每一次冲力。

---

① Charles Howard McIlwain, *The Growth of Political Thought in the West: From the Greeks to the End of the Middle Ages*, p. 313.

Ⅳ. 它可以被理解为这样一种权力,即只针对所有神职人员的上述或者按照上述模式的最高强制司法管辖权,并且在教会职权方面按立他们所有人、剥夺或废黜他们以及分发教会尘世物或恩惠的权力,或者按照上述模式的权力。"

Ⅴ. 它可以被理解为,教士在各个方面将人从罪与罚中捆绑和解救的权力以及绝罚、禁行与和解的权力。

Ⅵ. 它可以被理解为这样一种权力,借此准许按手在所有应领受教会品级的人的头上,以及授予或禁止教会圣礼的权力。

Ⅶ. 它可以被理解为这样一种权力,即解释《圣经》意思的权力,尤其是在那些关乎救赎必要的事情上,以及界定或确定真假意思、健康不健康意思的权力,规定所有教会礼仪的权力,普遍地发布有关遵守此类规定的强制性诫命或者带有诅咒威胁的诫命的权力。

Ⅷ. 充足权力可以被切题地理解为这样一种权力,即教士普遍地对于地上所有民族和省份的灵魂照料权。(Ⅱ.23.3)①

显然,马西留列举的这八种充足权力既是对尘世权力和精神权力的进一步阐释,也是对罗马的吉尔斯所建构的充足权力的展开。马西留在列举完这八种充足权力后,紧接着就一语道破了充足权力的重要特征:"就上述的每一种划分而言,充足权力还可以被理解为这样一种权力,即不受法律规定的权力,非充足的权力则是受人法和神法规定的权力。"(Ⅱ.23.3)"不受法律规定的权力"意味着这种权力不受现有秩序的规定,掌握这种权力的人能够越过现有法律框架和秩序。马西留的这种论述正是罗马的吉尔斯对于充足权力的建构。

但是,与罗马的吉尔斯将充足权力归于教皇的意图不同,马西留完全否认教皇对这八种充足权力的占有,甚至主张它们既不属于教皇,也在某种意义上全都不属于任何神职人员(除非神职人员获得公民共体的授权)。(Ⅱ.23.4)在马西留看来,前两种充足权力仅仅属于基督或上帝,"刚刚提到的前两种模式的充足权力,除了属于基督或上帝外,绝不属于罗马主教、任何教士或非教士"(Ⅱ.23.4),并且教皇通过非法手段一步步篡夺了本不属于他的后六种充足权力(Ⅱ.23.5—9)。正是通过对后六种充足权力的非法篡夺,教皇肆意干预尘世统治者的尘世事务,从而造成了尘世国家陷入混乱和分裂(Ⅱ.23.10—11),"罗马主教们通过这种逐渐而隐秘

① 罗马数字 Ⅰ—Ⅷ 均为笔者所加,以下皆同。

的转换,断言自己拥有后六种含义的充足权力,借着这些权力,他们在尘世秩序中犯下了无数暴行,违背了神法、人法以及任何拥有理性的人的正确判断"(Ⅱ.23.13)。

马西留否认教皇掌握充足权力的一个重要论证在于,他断定教皇是会犯错误的。我们知道,罗马的吉尔斯在《论教权》第 3 卷对教皇充足权力的论证建立在第 1 卷的"教皇无误论"之上:因为教皇永远不会犯错误,所以教皇应当掌握充足权力。但是,马西留断言,只有上帝不会犯错误,教皇是会犯错的,"至于哪些人的罪应被赦免,哪些人的罪应被保留,唯独上帝不会对此是无知的;唯独上帝既不被败坏的情感所推动也不会不公正地审判任何人。然而,教会或教士,不论他是谁,甚至是罗马主教,都不会如此。因为这些人中的任何一个都能够犯错误或者倾向于败坏的情感或者二者兼而有之"(Ⅱ.6.9)。这意味着,神职人员不是神,不具有教会宣扬的那种完美性,他们并没有权力定人的罪,否则将会出现诸多冤假错案:

> 正如经常可能发生的那样,假设某个罪人虚假地、不正当地忏悔了自己的过错,由于教士的无知或恶意或者二者兼而有之,他得到了赦免和祝福;再假设有人向教士充分地、正当地忏悔了自己的罪,但教士由于无知、恶意或者二者兼而有之拒绝赦免他的过错和祝福他:难道前一个虚假认罪之人的罪得到赦免,而后一个真正忏悔之人的罪得到保留了吗?我们必须坚定地、毫无疑问地说,不是这样的。因此,克里索斯托对《约翰福音》第 20 章"你们要受圣灵,你们赦免谁的罪……"那段经文这样说道:"教士、天使或大天使都不能影响上帝所赐的任何东西。教士分配的是他的祝福和手;因为这是不公正的,即那走向信仰的人由于他人的邪恶而在我们救赎的象征上受伤害。"哲罗姆对《马太福音》第 16 章"我要把天国的钥匙给你……"那段经文说了同样的话,他这样说道:"一些不理解这段经文的人披上了法利赛人的傲慢,以为自己能够惩罚无罪之人、解救有罪之人,而与上帝同在的,不是教士的判决,而是被告的生命。"紧随这段话,大师在第 18 段第 6 章补充了以下这段值得注意的话:"因此,这里也清楚表明了,上帝不总是跟从教会的判决,教会(即其中的教士)有时通过欺骗和无知进行判决。"他在第 8 章补充道:"事实上,有时被派到外面的人(即教士判决为教会之外的人)是在里面的;而(根据真理)一个在外面的人似乎(通过教士的错误判决)被留在了里面。"(Ⅱ.6.9)

因此,一旦教皇掌握充足权力,教皇就可以按照自己的意愿合法地越过教阶秩序直接拣选主教。但由于教皇会犯错误,所以教皇可能会因自己的错误或邪恶而任免一些无知者充当主教,"罗马教皇通过充足权力将大量教职(高级、中级和低级的)授予那些愚蠢的或对神谕一无所知的人(要不是罪犯就好了!),无论是他的亲戚,还是他不认识的人,包括男孩和婴儿"(II. 24.10)。既然这些当选的无知主教并不精通福音法,那么一旦作为羊的普通信徒跟随这些虚伪的牧羊人(主教),基督教团契将面临巨大的危害,"教会的奥秘体因充足权力而在其首要质料或成员方面(一言以蔽之,尤其在教长方面)处处受到感染并濒临毁灭"(II. 24.11)。

在马西留看来,教皇的充足权力打破了基督赋予教会的神圣秩序,进而破坏了基督的奥秘体(corpus misticum):

> 当我们谈论这个身体的样式(它应当包括其成员的应有的次序和位置)时,这个身体在仔细观察它的人看来将是一个畸形的怪物。因为谁会否认,一个动物的身体,其四肢与头直接相连,是奇怪的并且无益于适当的功能?因为如果一根手指或一只手直接连到头,缺乏其应有的位置,那么它将缺乏适当的德能、运动和功能。然而,如果手指与手、手与臂、臂与肩、肩与颈、颈与头通过适当的关节相连接,那么情况就并非如此。因为身体以这种方式呈现出其得体的样式,它的头能够以这种方式将适当的德能传递给其余成员,它们根据自己的性质和次序一个接一个地传递下去,由此它们能够实现适合于自己的功能。的确,这就是教会和任何尘世政权都必须注意的样式和方式。因为普世的牧者或统治者不可能在他自己所有的省份中直接监察和引导个人行为,相反,他若要以得体的方式完全实现这些任务,就必须得到执事们[部长们]的帮助,后者按照应有的次序代他具体执行它们;事实上,教会的身体以这种方式安排时才能得以维持和长进。(II. 24.12)

头和手之间需要躯干的过渡,如果头和手直接连接,那么这将造成身体的扭曲,而教皇对教阶秩序的跨越则颠覆了教会应有的秩序(即马西留认为的教会秩序),造成作为基督身体的奥秘体的扭曲,"罗马教皇所允许行使的充足权力摧毁了这个身体的整个秩序或样式"(II. 24.13),所以教皇的充足权力仅仅满足的是教皇自己的利益,而非整个教会和信徒的利益。基于此,马西留在这一章痛批当时的罗马教廷已经沦为鸡鸣狗盗之徒的聚集地:

　　如果信徒们照我所要求的那样把眼睛(他们的眼睛长期以来被这些主教中的绝大多数人的诡辩的真诚面纱遮蔽了)转向这些主教;如果他们踏上罗马教廷——或者更确定地说是(因为我说的是实话)商贩之"家"和"盗贼"的可怕巢穴——的门槛,他们将清楚看到,它已经成为每一个恶棍和商贩在精神事务和尘世事务上逃避惩罚的避难所,而那些远离教廷的信徒也会从许多值得信赖的信徒的故事中学到类似的东西。因为除了来自各地的买卖圣职者外,在那里还能找到什么呢?除了辩护律师的喧嚣、诽谤者的侮辱和对公正者的冲击外,还有什么别的呢?在那里,无辜者的公正要么岌岌可危,要么(如果他们无法用价格买到它的话)被拖延太久,以至于他们由于精疲力竭和无尽的骚扰而最终被迫放弃他们的公正和悲惨的诉讼。因为在那里,人法从高处轰鸣,而神圣的教导是沉默的或者极少发声;在那里,有很多文件和计划处理的是入侵基督徒省份、用武力和暴力夺取它们以及从那些合法守卫它们的人手中夺走它们的事务。但是那里根本没有对赢得灵魂的关心和建议。(Ⅱ.24.16)

　　就此而言,教皇不仅没有充足权力,而且不应掌握充足权力。既然教皇不配持有充足权力,那么谁才是充足权力的真正持有者呢?为了回答这个问题,我们必须再次回到《和平的保卫者》第1论。如前所述,一切尘世权力都掌握在公民共体手中,作为教士部分的教会只是国家的非统治部分,所以以教皇为首的神职人员掌握的仅仅是非强制性的精神劝诫权,即神职人员的职权在于提供救赎的知识、劝诫信徒归信基督。如果神职人员的精神劝诫权想要获得强制力,那么它必须获得作为立法者的公民共体的授权,否则精神劝诫权将仅仅是非强制性的。就精神权力而言,虽然作为充足权力之质料的精神事务掌握在拥有救赎知识的神职人员手中,但是作为充足权力之形式的强制力掌握在公民共体手中。[1] 这意味着,只有公民共体有权强制执行捆绑、绝罚和教义解释等精神权力。因此,当公民共体论将教会纳入国家之中时,教阶论宣称的充足权力一并被纳入国家之中,从而构成国家之中的一种权力,由于公民共体是立法者和国家的动力因,那么充足权力自然就落在了公民共体手中,公民共体才是并且应是充足权力的真正持有者。

　　格沃斯认为,虽然《和平的保卫者》第1论和第2论的方式和角度不同,

---

① Frans-Willem Korsten, *A Dutch Republican Baroque: Theatricality, Dramatization, Moment, and Event*, Amsterdam: Amsterdam University Press, 2017, p.51.

但是两论针对的对象都是建立在充足权力之上的教权论，所以两论以不同的方式从不同的角度解构和重构充足权力，其目的在于通过解构教阶论和二元论的解释路径，重构充足权力背后的权力概念和政教关系，由此建立起对教会和国家、教权和尘世权力的新的解释路径。[1] 坎宁则提醒我们注意，虽然马西留在《和平的保卫者》中进行解构和重构的充足权力并不符合现实中的教权，但是马西留抓住了教权论的核心主张，这使得他在摧毁教权论主张的同时提出了"关于权力的性质以及在政治共同体统治中的权力角色的新理论。在某种程度上，马西留的权力观念通过教皇的充足权力概念得以加强"[2]，所以马西留在《和平的保卫者》中试图建构一个能够根治建立在充足权力之上的教权对尘世权力的干预的权力理论，由此提供解决尘世权力和精神权力之争的第三条解释路径，即"尘世权力对精神权力的完全控制"[3]。所以《和平的保卫者》整本书都可以被视为马西留对充足权力的解构和重构的思考成果，充足权力不仅是马西留反思教权论和其之前的反教权论的出发点，而且构成了马西留建构自身政治哲学理论的根本出发点。

综上，马西留的公民共体论在破除教阶论和二元论所预设的"国家-教会"二元实体关系的同时，解构了作为教阶论基础的充足权力，将充足权力纳入公民共体之中，从而将教皇的充足权力重构为公民共体的充足权力。借着充足权力，公民共体不仅建立和修正行使统治部分职权的统治者，而且通过统治者去规范行使教士部分职权的神职人员，从而一方面有权干预尘世事务，另一方面有权干预精神事务。因此，在马西留的公民共体论中，充足权力既不属于教皇，也不属于统治者，而是属于公民共体，即属于人民。人民才是并且应是充足权力的真正持有者。

四、从充足权力到主权

围绕着"充足权力"概念，中世纪晚期的政教理论经历了三个阶段：从绝对充足权力的教阶论到政教二元实体关系的二元论，再到国家一元实体关系的公民共体论。教阶论立足于论证教权的至高无上性，主张尘世权力和精神权力都掌握在教皇一人手中；二元论试图将尘世权力从教皇的充足权

---

[1]　Alan Gewirth, *Marsilius of Padua: The Defender of Peace, Vol. I: Marsilius of Padua and Medieval Political Philosophy*, pp. 12–13, 48–49. 关于《和平的保卫者》中理性和信仰的关系，格沃斯总结为"分离""一致"和"对立"这三重关系，参见 Alan Gewirth, *Marsilius of Padua: The Defender of Peace, Vol. I: Marsilius of Padua and Medieval Political Philosophy*, pp. 68–77.

[2]　Joseph Canning, "The Role of Power in the Political Thought of Marsilius of Padua", p. 26.

[3]　Alan Gewirth, *Marsilius of Padua: The Defender of Peace, Vol. I: Marsilius of Padua and Medieval Political Philosophy*, p. 9.

力中剥离出来,主张帝权独立于教权,教权的充足性仅仅是就精神权力而言的,由此削弱教权、加强帝权;公民共体论彻底扫清教皇的充足权力,将教会纳入国家之中,将强制力从教权中剥离并且赋予了公民共体,从而将教权转化为非强制性的精神劝诫权,由此一切权力都归于公民共体或人民。

从中世纪晚期政教理论的三个阶段中,我们发现,充足权力从教皇手中转移到人民手中,即教皇的充足权力转变为人民的立法权。与教皇的充足权力一样,人民的立法权也是绝对的。这一转变的背后是政教关系的重大转变:"国家-教会"二元实体政教关系不足以扫除政教冲突,因为二元实体政教关系始终承认在尘世间存在着两种不同种类的强制性权力,所以强制性权力的二元实体特征决定了国家和教会无法在教皇(教阶论)或上帝(二元论)的至高性中得到稳固的合一,权力的二元性无法实现政教的真正和解。公民共体论的一大创新或贡献在于,它抛弃了"国家-教会"的二元实体政教关系,选择了国家之中的"统治部分-教士部分"的"部分-部分"一元实体政教关系,从而否定教权和政权的二元性,主张政教的一元性,由此彻底瓦解了教权对尘世政权的干预,实现了政教在公民共体作为唯一立法者的国家之中的和解。

中世纪晚期的政教理论昭示了近代主权学说的诞生。因为充足权力意味着一种绝对的权力,该权力能够突破现有的政治秩序和教阶秩序从而直接干预后两种秩序,所以充足权力构成了中世纪晚期的"主权",任何持有充足权力的人都将是充足权力适用范围内的"主权者"。正如以霍布斯主权学说为代表的近代主权学说断定主权是唯一的、至高的、独一无二的[1],不仅作为教阶论基础的充足权力断定了教皇权力的至高无上性,而且二元论和公民共体论同样继承了教阶论的这一论述,即将充足权力视为自足的和至高无上的权力。所以中世纪晚期政教理论在对充足权力进行建构、修正和重构之后,最终发展出人民掌握至高无上的立法权的"主权"思想,公民共体论的人民"主权"思想也不再局限于中世纪晚期的二元政教关系,而是建构出相似于近代主权国家的政教模式。既然教会被纳入国家之中,那么宗教就不再构成干预政治建构的首要因素,这为近代主权学说的诞生扫清了传统政教关系的障碍。从充足权力到主权,仅有一步之遥。

---

[1]　Hobbes, *Leviathan: With Selected Variants from the Latin Edition of 1668*, edited with Introduction by Edwin Curley, Indianapolis: Hackett Publishing Company, 1994, II. 18–19.

第三节 帕多瓦的马西留是一位亚里士多德主义者吗？

在《和平的保卫者》第 1 论中，马西留大量引用亚里士多德的哲学文本，而亚里士多德在《和平的保卫者》中出现的次数仅次于《圣经》[1]，因此，马西留的公民共体论至少在字面意义上深受亚里士多德哲学的影响，这也使得马西留自早期近代以降就被称为"更像亚里士多德主义者而非基督徒"[2]。

因此，公民共体论究竟在多大程度上超越了中世纪晚期政教理论，这是一个充满争论的问题。如果亚里士多德政治哲学参与建构了公民共体论的核心部分，那么当公民共体论为解决充足权力问题提供了新的解释路径时，公民共体论中的亚里士多德主义因素和中世纪晚期政治理论中的亚里士多德主义因素的区别是什么，以及公民共体论是否会同样遭受二元论所遇到的困境？如果亚里士多德政治哲学没有参与建构公民共体论的核心，那么马西留大量引用亚里士多德政治哲学的意图是什么？

众所周知，亚里士多德是欧洲中世纪晚期学者们共同的思想资源，巴黎大学甚至成为欧洲中世纪晚期亚里士多德主义的中心，当时的绝大多数学者都可以被称为亚里士多德主义者，这足以看出亚里士多德在欧洲中世纪晚期学者心目中具有崇高的地位。

卡利·奈德曼指出，虽然亚里士多德主义构成了中世纪理智共同体的共同理论资源，但是亚里士多德主义的含义和界定是十分模糊和充满争议的。[3] 其中一种严格的解释认为亚里士多德主义要求对亚里士多德核心文本的充分使用和接受，一种宽泛的解释认为亚里士多德主义只要求对亚里士多德文本的简单引用。[4] 前者意味着一位亚里士多德主义者必须忠实于亚里士多德的文本并且利用亚里士多德的学说来建构自己的核心理论；后者意味着一位亚里士多德主义者只需要引用但无须忠实于亚里士多德的文本，并且无须利用亚里士多德的学说来建构自己的核心思想。

---

[1] 格沃斯总结了马西留在《和平的保卫者》中引用前人思想的次数，即《圣经》>亚里士多德>奥古斯丁（55 次）>安布罗斯（42 次）>哲罗姆（38 次），参见 Alan Gewirth, *Marsilius of Padua: The defender of Peace, Vol. I: Marsilius of Padua and Medieval Political Philosophy*, p. 37。经笔者粗略统计，《和平的保卫者》引用亚里士多德文本的次数超过 120 次。

[2] Cary J. Nederman, "The Meaning of 'Aristotelianism' in Medieval Moral and Political Thought", *Journal of the History of Ideas*, 1996 (4): p. 572.

[3] Ibid., pp. 563-585.

[4] Ibid., p. 564.

　　奈德曼认为这两种解释都是不充分的,因为这两种解释都建立在文本主义的基础之上,即亚里士多德主义者使用共同的亚里士多德的文本并且都围绕着亚里士多德的文本展开,但是文本主义的困境是很明显的。

　　首先,亚里士多德的《尼各马可伦理学》①和《政治学》②直到 13 世纪才被翻译为拉丁本,也就是说,1200 年左右西方基督教世界才开始出现《尼各马可伦理学》部分的拉丁文,"《尼各马可伦理学》的第一个译本出现在 12 世纪,但只涵盖了第 2 卷和第 3 卷(Ethica Vetus),第二个译本,仅仅包含第 1 卷(Ethica Nova)以及一些段落,直到 13 世纪初才出现"③。1250 年左右出现《尼各马可伦理学》完整的拉丁本,1260 年多明我会修士穆尔贝克的威廉(William of Moerbeke)翻译出《政治学》的完整拉丁本④,这意味着在《尼各马可伦理学》和《政治学》被翻译为拉丁本之前,亚里士多德的道德和政治哲学对中世纪学者的影响主要是通过编本的形式展开的,所以我们不能仅仅从文本出发去考察欧洲中世纪亚里士多德主义的含义。

　　其次,欧洲中世纪晚期亚里士多德的文本并不是准确的,即欧洲中世纪晚期亚里士多德作品的拉丁本并不完全忠实于亚里士多德作品的希腊本,甚至当时亚里士多德作品的拉丁本在一些关键文本翻译上曲解了亚里士多德的真实意图,比如穆尔贝克的威廉在翻译《政治学》1252b17"村落是……不仅仅为了日常需要的缘故的第一个共同体"时漏译了"不仅仅",这导致马西留错误地认为亚里士多德将村落视为第一个共同体(I.3.3)。⑤ 所以我们不能仅仅从欧洲中世纪晚期学者对亚里士多德文本的引用中考察中世纪晚期亚里士多德主义者和亚里士多德在文本上的关联性。

　　最后,由于欧洲中世纪晚期亚里士多德作品拉丁本的不可靠性,我们无

---

　　① Aristotle, *Nicomachean Ethics*, translated, with introduction, notes, and glossary, by Terence Irwin, Indianapolis: Hackett Publishing Company, 1999. 中译文参考亚里士多德:《尼各马可伦理学》,廖申白译注,北京:商务印书馆,2003 年。中译文引用时,有所改动。

　　② Aristotle, *Politics*, translated, with introduction and notes, by C. D. C. Reeve, Indianapolis: Hackett Publishing Company, 1998. 中译文参考亚里士多德:《政治学》,颜一、秦典华译,载苗力田主编:《亚里士多德全集》(第九卷),北京:中国人民大学出版社,1994 年。中译文引用时,有所改动。

　　③ 王晨:"伦理视野下的中世纪亚里士多德主义",《伦理学术》2019 年第 2 期,第 50 页。

　　④ "佛莱芒的多明我会修士穆尔贝克的威廉便是把希腊文译成拉丁文的最伟大的翻译家……穆尔贝克从希腊抄本译出了除《前分析篇》和《后分析篇》之外的几乎所有亚里士多德著作。"(爱德华·格兰特:《近代科学在中世纪的基础:其宗教、体制和思想背景》,张卜天译,北京:商务印书馆,2020 年,第 40—41 页)

　　⑤ Cary J. Nederman, *Community and Consent: The Secular Political Theory of Marsiglio of Padua's Defensor Pacis*, Washington: Rowman & Littlefield Publishers, 1995, pp. 32–41.

法严格证明亚里士多德主义以亚里士多德文本为基础。[①]

欧洲中世纪晚期亚里士多德主义之所以不能仅仅从文本主义的角度去考察，是因为欧洲中世纪晚期亚里士多德主义不仅仅以亚里士多德本人的学说为思想来源，而且包含斯多亚主义（Stoicism）、罗马法、基督教学说和阿拉伯亚里士多德主义等思想资源。此外，虽然亚里士多德主义学说共享了亚里士多德主义之名，但是其并不是统一的学说，甚至是互相对立的学说，比如同样被视为亚里士多德主义的托马斯主义和阿维罗伊主义就是势不两立的，其中托马斯的亚里士多德主义学说能够被当时的教会视为正统，阿维罗伊的亚里士多德主义学说在当时却被视为异端，甚至托马斯本人也曾公开斥责阿维罗伊主义为异端。[②] 爱德华·格兰特（Edward Grant）指出，1277禁令反驳的对象正是亚里士多德主义：

> 罗马的吉尔斯在 1270 年到 1274 年间所著的《哲学家的谬误》（*Errors of the Philosophers*）一书集中体现了这种冲突的激烈程度。吉尔斯在书中搜集了亚里士多德、阿维罗伊、阿维森纳、加扎利、肯迪、迈蒙尼德等非基督教哲学家著作中的一系列错误……1277 年，教皇约翰二十一世指示时任巴黎主教的唐皮耶进行调查。在神学顾问的建议下，唐皮耶在 3 月的 3 周之内宣布对 219 个命题进行谴责。神学权威所谴责的这些条目是匆匆写就的，缺乏秩序和一致性，但其中许多都与科学和自然哲学有关……1277 年受谴责的 219 个命题大多数都与亚里士多德的自然哲学直接相关。[③]

显然，1277 禁令谴责的亚里士多德主义并不是托马斯的亚里士多德主义，而是阿维罗伊的亚里士多德主义，所以欧洲中世纪晚期亚里士多德主义不能仅仅从引用亚里士多德文本的角度去界定。

那么，就道德和政治思想而言，什么是欧洲中世纪晚期亚里士多德主义呢？奈德曼认为，亚里士多德主义在道德和政治思想中的含义应当是就如

---

① Cary J. Nederman, "The Meaning of 'Aristotelianism' in Medieval Moral and Political Thought", pp. 566-568. 相关讨论，参见 Roberto Lambertini, "La Diffusione della *Politica* e la Definizione di un Linguaggio Politico Aristotelico", *Quaderni storici*, Nuova Serie, 1999 (34): pp. 678-680。

② 关于托马斯主义和阿维罗伊主义的争论，参见 Francesco Maiolo, *Medieval Sovereignty: Marsilius of Padua and Bartolus of Saxoferrato*, pp. 162-164。

③ 爱德华·格兰特：《近代科学在中世纪的基础：其宗教、体制和思想背景》，第 101 页。中译文引用时，有所改动。

何实现人类善而言提供了一种特定的必要的知识[1]，所以欧洲中世纪晚期亚里士多德主义在道德和政治思想的层面上提供了关于尘世幸福和尘世生活的知识，虽然亚里士多德主义者在具体论证和意图上存在着很多分歧，但是对尘世幸福和尘世生活的亚里士多德式的论断，而非仅仅对亚里士多德文本的引用，构成了他们共同的道德和政治哲学出发点。

马西留的公民共体论正是延续了亚里士多德关于尘世幸福和尘世生活的论断，所以马西留在多个世纪以来被称为亚里士多德主义者。但是，公民共体论的核心论证是否受到了亚里士多德的影响，马西留在什么意义上是一位亚里士多德主义者，这些问题并不是自明的，甚至当代很多学者挑战马西留的亚里士多德主义者身份。这不仅涉及马西留是否是一个亚里士多德主义者，而且涉及《和平的保卫者》是否提供了一套系统的政治哲学学说。

国外学者对这些问题的研究可以分为两派：

第一派以康纳尔·康德伦[2]和列奥·施特劳斯[3]为代表，他们都从根本上否定马西留的亚里士多德主义者身份，主张《和平的保卫者》第 1 论是为了实现论战的效果才使用了亚里士多德主义这一思想武器，甚至康德伦直接针对马西留解决尘世权威问题的公民共体论，分别指出了公民共体和公民共体中的强力部分、强力部分的数量和质量的两种歧义[4]，由此主张当代学者忽视了马西留公民共体概念的歧义性，所以任何试图构建马西留政治哲学体系的做法都不符合马西留的写作意图。

第二派以奈德曼[5]、安娜贝尔·布雷特[6]、坎宁[7]为代表，他们承认马西留在《和平的保卫者》中提供了一套系统的政治哲学理论。然而，他们认为虽然马西留在尘世权威的自足性方面继承了亚里士多德的政治哲学遗产，但是他在很多关键环节上（比如城邦背后的人性论基础、城邦的起源、城邦

---

[1]　Cary J. Nederman, "The Meaning of 'Aristotelianism' in Medieval Moral and Political Thought", pp. 564-565.

[2]　Conal Condren, *The Status and Appraisal of Classic Texts: An Essay on Political Theory, Its Inheritance, and the History of Ideas*, Princeton: Princeton University Press, 1985.

[3]　Leo Strauss, "Marsilius of Padua", in *History of Political Philosophy (Third Edition)*, edited by Leo Strauss and Joseph Cropsey, Chicago: The University of Chicago Press, 1987, pp. 276-295.

[4]　Conal Condren, *The Status and Appraisal of Classic Texts: An Essay on Political Theory, Its Inheritance, and the History of Ideas*, pp. 194-195.

[5]　Cary J. Nederman, *Community and Consent: The Secular Political Theory of Marsiglio of Padua's Defensor Pacis*.

[6]　Annabel S. Brett, "Issues in Translating the *Defensor Pacis*", in *The World of Marsilius of Padua*, pp. 91-108.

[7]　Joseph Canning, *Ideas of Power in the Late Middle Ages, 1296—1417*.

的动力因等等)并没有遵循亚里士多德的教诲,尤其在公民共体作为解决尘世权威问题的核心政治主张上,马西留完全突破了亚里士多德政治哲学的框架,所以马西留在根本上不是一位亚里士多德主义者,"根据奈德曼,《和平的保卫者》不是一本亚里士多德主义著作"①。这意味着,他们在承认马西留仍然在某种意义上受到了亚里士多德政治哲学的影响的基础上,否认亚里士多德对马西留政治哲学产生了决定性的影响。

这些论辩主要聚焦在两个争论上:《和平的保卫者》第1论是否构成马西留完成反教权任务的必要环节;亚里士多德主义是否构成公民共体论的必要因素。

一、《和平的保卫者》第1论是否构成马西留反教权论的必要环节

奈德曼在《论帝国著作:〈和平的保卫者(小本)〉和〈帝国的变迁〉》②"编者导言"中指出,马西留在1341年完成的《和平的保卫者(小本)》中只引用了一次亚里士多德③,并且《和平的保卫者(小本)》略去了《和平的保卫者》第1论的政治论证④,这似乎暗示着,马西留只需要进行《和平的保卫者》第2论的宗教批判就能够完成反教权的任务,即《和平的保卫者》第2论的宗教批判足以实现反教权的任务,因而马西留在《和平的保卫者》第1论中试图构建的公民共体论对于他的意图来说似乎是不必要的。既然公民共体论不是马西留反教权论的必要环节,那么亚里士多德主义是否构成公民共体论的必要因素也将变得无关紧要。

此外,乔治·加内特指出,现代学者基本上都是站在现代性的视角上将马西留看作近代政治哲学的先驱人物并且认为马西留对当代政治哲学同样具有启发意义,从而将马西留解释为共和主义者或帝制主义者⑤,所以他批判当代学者对马西留的非历史性研究,主张回到马西留及其著作《和平的保卫者》的历史语境中去研究活生生的马西留。他根据教皇约翰二十二世谴责马西留为异端的教令,指出《和平的保卫者》第2论才是马西留的核心,

---

① Roberto Lambertini, "La Diffusione della *Politica* e la Definizione di un Linguaggio Politico Aristotelico", p. 680.

② Marsiglio of Padua, *Writings on the Empire: Defensor minor and De translatione Imperii*, edited by Cary J. Nederman, Cambridge: Cambridge University Press, 1993. 以下对马西留《和平的保卫者(小本)》的引用将简称:*DM.*。

③ *DM.*, 13. 7.

④ 关于《和平的保卫者》和《和平的保卫者(小本)》之间的关系和争论,参见 Cary J. Nederman, "From *Defensor pacis* to *Defensor minor*: The Problem of Empire in Marsiglio of Padua", *History of Political Thought*, 1995(3): pp. 313-329。

⑤ George Garnett, *Marsilius of Padua and 'the Truth of History'*, pp. 8-13.

"《和平的保卫者》的危险性在于第 2 论"①,并且教皇约翰二十二世的继任者克莱门特六世同样关注的是第 2 论,所以第 1 论的政治论证对于马西留的反教权论来说是不必要的,《和平的保卫者》第 2 论而非第 1 论才是马西留的真实意图。

但是,格沃斯认为《和平的保卫者》第 1 论是必要的,因为第 2 论的宗教批判仅仅证明了教皇和神职人员不能且不应当拥有强制性精神权力,但是这并不能确保国家的政治自主性,即国家的政治自主性要求一个独立于宗教批判的政治论证,否则尘世权力始终受到教权的干预,所以马西留在进行第 2 论的宗教批判之前首先进行的是第 1 论的政治论证,即政治论证构成了马西留完成消除教皇对尘世政治干预的任务的必要环节。② 此外,格沃斯认为第 1 论和第 2 论的逻辑是一致的,即两论都是围绕着结构和重构充足权力展开的,并且第 2 论的反教权逻辑建立在第 1 论的公民共体论框架之上,甚至公民共体论贯穿第 1 论和第 2 论而非仅仅展现在第 1 论。③ 塞雷娜·费伦特赞同格沃斯的看法④,主张"第 1 论……为第 2 论的反教皇和反教会论战提供了哲学基础"⑤。坎宁同样主张第 1 论对第 2 论起到的是奠基性作用,进而表明"第 1 论的政治理论(在我们阅读第 2 论记起来的时候)解释了为什么教皇的充足权力并不具有合法性"⑥。

关于这一个争论,有三点值得澄清。

首先,虽然《和平的保卫者(小本)》只有一处文本引用了亚里士多德,略去了《和平的保卫者》第 1 论的政治论证,并且从文本上看,《和平的保卫者(小本)》更像是对《和平的保卫者》第 2 论的压缩总结,但是这不能证明《和平的保卫者》第 1 论是不必要的,因为《和平的保卫者(小本)》仍然保留了第 1 论政治论证的结论,即《和平的保卫者》第 1 论关于公民共体论的结论仍然被《和平的保卫者(小本)》保留下来了,所以政治论证的缺失不能证明第 1 论的非必要性。

---

① George Garnett, *Marsilius of Padua and 'the Truth of History'*, p. 23.

② Alan Gewirth, "John of Jandun and the *Defensor Pacis*", pp. 267-272.

③ Alan Gewirth, *Marsilius of Padua: The Defender of Peace, Vol. I: Marsilius of Padua and Medieval Political Philosophy*, pp. 249-255.

④ Serena Ferente, "Popolo and Law: Late Medieval Sovereignty in Marsilius and the Jurists", pp. 96-114.

⑤ Ibid., p. 98.

⑥ Joseph Canning, *Ideas of Power in the Late Middle Ages, 1296—1417*, p. 83. 关于《和平的保卫者》第 1 论和第 2 论的关系及其争论,参见 Francesco Maiolo, *Medieval Sovereignty: Marsilius of Padua and Bartolus of Saxoferrato*, pp. 184-186。

其次,马西留在《和平的保卫者》第 1 论第 1 章区分了造成国家动乱和纷争的一般原因和独特原因,并且指出独特原因是亚里士多德不曾观察到的原因:

> 虽然这种疾病的初始因有多个(其中不少是相互关联的),并且最卓越的哲学家在政治科学中几乎阐述了所有这些通常可能发生的原因,但是除了这些原因之外,还有一个独特且相当隐秘的原因,它导致罗马帝国过去长期并且仍然处在苦难当中。该原因拥有巨大的蔓延性,倾向于无差别地渗入所有其他政权和国家,甚至已经因自身的贪婪而试图侵入大多数国家。亚里士多德及其同时代或更早一些的其他哲学家都没能观察到它的起源和种类。(I.1.3)

虽然马西留接下来表明自己的计划是考察独特原因,"我的计划在于只展现这种争执的独特原因。因为我没有必要重复那些被亚里士多德处理的原因的数量和本性;然而对于这个[独特]原因,不仅亚里士多德没能观察到它,而且在亚里士多德之后能够观察它的人还没有着手界定它"(I.1.7),并且从表面上来看,《和平的保卫者》对独特原因的考察似乎只出现在第 2 论而非第 1 论,但是通过对《和平的保卫者》第 1 论的细致分析,我们发现,第 1 论并没有停留于"重复那些被亚里士多德处理的原因的数量和本性",而是借着亚里士多德的哲学理论(尤其是道德和政治哲学理论)既分析了造成国家动乱的一般原因(即政治论证)又澄清了造成国家动乱的独特原因,所以《和平的保卫者》第 1 论也在马西留的写作计划之内。

最后,根据马西留在《和平的保卫者》第 1 论第 1 章提出的全书结构来看,第 1 论和第 2 论不是分离的关系,而是有机地结合在一起:

> 在第 1 论,我将通过人类才智发现的可靠方式来证明我的意图,[该方式]建立在对于任何不被自然、习俗或堕落情感所败坏的心灵来说自明的命题之上。在第 2 论,我将通过建基于永恒之上的真理见证、圣徒(真理解释者)以及其他在天主教信仰方面受认可的圣师的权威,确认我相信已经得到证明的东西:以便这本书能够自己立得住,不需要任何外部的验证。同样地,我将攻击与我的结论相反的谎言,并且揭露对手们极力隐藏的诡辩。在第 3 论,我将从前述明显可靠的结论中推导出公民们(无论统治者还是臣民)应当注意的一些相当有用的结论或教训。(I.1.8)

所以《和平的保卫者》第 2 论只是"通过建基于永恒之上的真理见证、圣徒(真理解释者)以及其他在天主教信仰方面受认可的圣师的权威"确认第 1 论已经证明的东西,这意味着马西留的真实意图不仅展现在第 2 论之中,而且展现在第 1 论之中,第 2 论用信仰的方式对教权论主张的充足权力展开宗教批判,第 1 论则用理性的方式通过对尘世权威自足性的政治论证展开对教权论主张的充足权力的批判。

也就是说,马西留完成反教权的任务需要两个必要环节:对尘世权威自足性的政治论证和对教权的宗教批判,而宗教批判建立在政治论证之上,所以第 1 论和第 2 论这两个环节对于马西留来说都是必不可少的。综上,《和平的保卫者》第 1 论构成了马西留完成反教权任务的必要环节。

二、亚里士多德主义是否构成公民共体论的必要因素?

如果马西留公民共体论的核心部分需要借助于亚里士多德主义才能完成,那么亚里士多德主义将构成马西留公民共体的必要因素,否则我们将需要重新界定马西留在何种意义上能够被称为一位亚里士多德主义者。

当前西方很多重要的马西留研究者,诸如奈德曼、布雷特、坎宁、瓦西利奥·西罗斯①等人,几乎一致认定马西留在关涉公民共体论的一些核心问题上并没有遵循亚里士多德的教诲,指出亚里士多德主义没有参与建构公民共体论的核心部分,由此反驳前人对马西留是一位亚里士多德主义者的断定。

但是,《和平的保卫者》第 1 论广泛援引亚里士多德的文本却是不可忽略的事实,甚至在《和平的保卫者》第一次对"公民共体"概念进行界定的地方,马西留依据的仍然是亚里士多德《政治学》的相应文本(I. 12. 13),所以弗朗切斯科·迈洛在综述马西留是否是一位亚里士多德主义者的各种争论时指出:"我们必须承认,《和平的保卫者》中提及亚里士多德的内容太多,以至于不允许我们断定马西留没有以某种方式致力于一般意义上的亚里士多德主义原则。"②

就马西留的公民共体论而言,坎宁总结出当代研究存在的四种解释路径。

以昆廷·斯金纳为代表的共和主义路径关注《和平的保卫者》第 1 论,

---

① Vasileios Syros, *Marsilius of Padua at the Intersection of Ancient and Medieval Traditions of Political Thought.*

② Francesco Maiolo, *Medieval Sovereignty: Marsilius of Padua and Bartolus of Saxoferrato*, p. 186.

主张马西留以帕多瓦城市为原型建构了以公民共体为人民立法者(humanus legislator)的政治哲学,所以当时的政治实践构成了马西留理论构造的现实根据。①

以米歇尔·威尔克斯为代表的帝制主义路径关注《和平的保卫者》第2论,主张马西留的人民立法者是皇帝而非公民共体,所以马西留构造出了一套与但丁《帝制论》相似的帝制主义解释思路。②

以加内特为代表的天意历史路径(the providential-historical interpretation)关注《和平的保卫者》第2论与《和平的保卫者(小本)》,主张马西留写作《和平的保卫者》的目的是呈现出尘世权力和精神权力的天意历史,由此才能彻底澄清引起国家动荡的独特原因,所以宗教批判才是马西留的真正意图。③

以坎宁自己为代表的权力路径关注《和平的保卫者》第1论和第2论,主张马西留通过权力的合法行使的方式来实现和平,并且马西留彻底清理教权对尘世政治干预的关键在于重新界定权力及其性质,所以权力问题才是马西留的真正意图。④

因此,亚里士多德主义和马西留公民共体论的关系取决于亚里士多德主义在这四种解释路径的公民共体论中分别扮演着什么样的角色。如果这四种解释路径是彼此排斥的,那么这个争论将存在更多的解释,马西留的亚里士多德主义者身份也将充满着更多可能性;如果这四种解释路径在核心问题上是统一的,那么公民共体论的核心部分将能从这四种解释中推导出来,亚里士多德主义是否参与建构公民共体论的核心部分也将变得清晰起来。

关于这个争论,同样有三点值得澄清。

首先,虽然《和平的保卫者》对亚里士多德文本大量引用的事实不必然意味着亚里士多德主义参与建构了公民共体论的核心部分,但是亚里士多德文本在《和平的保卫者》中大量出现的事实究竟意味着什么,它究竟在多大意义上参与建构了公民共体论,这仍然是一个值得认真思考的问题,由于当下对亚里士多德主义和公民共体论的关系的讨论还远远不足以回答这一个问题,所以马西留是否是一位亚里士多德主义者仍然有很大的思考空间。

---

① Quentin Skinner, *The Foundations of Modern Political Thought, Vol. I: The Renaissance*, Cambridge: Cambridge University Press, 1978.

② M. J. Wilks, *The Problem of Sovereignty in the Later Middle Ages*.

③ George Garnett, *Marsilius of Padua and 'the Truth of History'*.

④ Joseph Canning, *Ideas of Power in the Late Middle Ages, 1296—1417*, pp. 81-106.

其次,正如《和平的保卫者》第 1 论和第 2 论看似存在着分歧实则是有机结合在一起的那样,上述四种解释路径同样是能够有机结合在一起的,即共和主义路径强调公民共体直接行使人民立法者的权力,帝制主义路径在强调皇帝是人民立法者的同时并没有否认皇帝只有以公民共体为其权力的最终来源才能够被称为人民立法者,天意历史路径只是将公民共体作为人民立法者的静态原理放在尘世权力和精神权力之争的动态历史之中加以考察,权力路径更是直接考察公民共体作为人民立法者这一原理背后的权力运行模式,所以这四种解释路径不是彼此排斥的,而是从不同的角度阐释马西留的公民共体论。

最后,既然这四种解释路径不是彼此排斥的,并且它们都承认公民共体为人民立法者这一基本原则,那么公民共体是人民立法者这一基本原则将参与建构公民共体论的核心部分,但是这一基本原则和亚里士多德本人的哲学以及欧洲中世纪晚期亚里士多德主义的关系是什么,马西留在建构这一基本原则时受到亚里士多德政治哲学多大的影响,这些问题目前对于考察马西留的公民共体论仍然有很高的思考价值。

因此,当前马西留研究者否定马西留是一位亚里士多德主义者的主流看法是值得商榷的,这种主流看法容易忽视掉马西留的公民共体论和亚里士多德主义之间细微而复杂的关系。本书将在具体展开马西留政治哲学的过程中,详细回答这个问题。

第四节　帕多瓦的马西留的哲学研究现状与本书框架

马西留的政治哲学受到了诸多思想家的影响,他对公民共体论的建构则直接来自对亚里士多德哲学(尤其是亚里士多德道德和政治哲学)文本的大量引用和建构。同时,马西留的政治哲学吸收了其他大量思想家或学派(诸如柏拉图、斯多亚学派、西塞罗、盖伦、奥古斯丁、阿维森纳和阿维罗伊等等)的思想资源,这些思想资源被马西留有机地加以使用结合来建构自己的公民共体论。此外,马西留在帕多瓦大学和巴黎大学的求学过程中,结交了很多阿维罗伊主义者和方济各会教士,这些经历同样为公民共体论的形成提供了丰富的思想资源。但是,无可置疑的是,亚里士多德政治哲学仍然是马西留建构公民共体论最重要的思想资源,同时也是学界对公民共体论产生的极大争论的焦点。

19 世纪意大利学者巴尔达萨雷·拉班卡在《帕多瓦的马西留:14 世纪

的政治和宗教改革家》一书中较早地系统阐释了马西留的政治哲学体系,他不仅梳理了马西留时代的政治格局及其和政治哲学的联系,而且详细分析了公民共体、公民共体中的整体和部分、国家和教会的关系。此外,拉班卡在该书少数几处提及亚里士多德政治哲学对马西留在《和平的保卫者》第 1 论关于国家问题的论证中发挥了重要作用,但是他没有详细讨论亚里士多德政治哲学如何参与建构马西留的公民共体论。①

和拉班卡相同,20 世纪上半叶的意大利学者费利切·巴塔利亚在《帕多瓦的马西留和中世纪政治哲学》一书中同样将重点放在《和平的保卫者》第 1 论和第 2 论关于国家和教会的论述上,梳理马西留的共体理论和其同时代政治哲学的关系,但是巴塔利亚同样忽视了亚里士多德政治哲学和公民共体论的关系。②

英美学界对马西留公民共体论的最早的系统研究者是格沃斯,他不仅在 1951 年翻译出版了《和平的保卫者》第一个完整的英译本,而且在《帕多瓦的马西留:〈和平的保卫者〉,卷一:帕多瓦的马西留和中世纪政治哲学》一书中首次系统呈现了马西留的整个政治哲学体系。③ 该书基本上奠定了当前英美学界的马西留研究格局,甚至对当前德国、法国、比利时和意大利学界的马西留研究都产生了深远的影响。格沃斯在这本书中系统梳理了马西留政治哲学的基本原则,表明马西留通过对立法者和统治者的区分提出了有别于亚里士多德特殊政体理论的一般政治理论(generic political theory),澄清公民共体论关涉的人民、国家、教会和充足权力等核心问题,强调公民共体论对亚里士多德政治哲学的突破。在格沃斯看来,亚里士多德的四因学说在马西留公民共体论中发生了根本性的转变,这导致人的自然本性、法的本质性特征、统治者的首要功能、国家和教会的关系以及权力的性质等都相应地发生了根本性转变。基于这些根本性的转变,格沃斯主张,马西留不能被称为亚里士多德主义者,公民共体论不是典型的亚里士多德主义理论,而是去道德和目的论的实证主义(positivism)政治理论。格沃斯的这一论断基本上奠定了当前学界对马西留的公民共体论及其与亚里士多德主义关系的整体认知,当前绝大多数马西留研究都是在格沃斯的研究框架之上进行的进一步批判性研究。

和格沃斯相同,奈德曼在《共同体和同意:帕多瓦的马西留〈和平的保卫

---

① 　Baldassare Labanca, *Marsilio da Padova: Riformatore Politico e Religioso del Secolo XIV.*

② 　Felice Battaglia, *Marsilio da Padova e la Filosofia Politica del Medio Evo.*

③ 　Alan Gewirth, *Marsilius of Padua: The Defender of Peace, Vol. I: Marsilius of Padua and Medieval Political Philosophy.*

者〉的尘世政治理论》一书中主要从实证主义角度论证公民共体论,表明马西留建立的政体理论是一般政治理论,强调公民共体的意志同意构成了尘世政治合法性的直接来源。① 与格沃斯不同的是,奈德曼不认为公民共体论是一种彻底的实证主义政治理论,反而主张公民共体论仍然在很多地方保留了亚里士多德的目的论解释路径,但是奈德曼仍然承认格沃斯关于公民共体论不是亚里士多德主义的基本论断。佛朗切斯科·麦奥罗则在《中世纪主权论:帕多瓦的马西留和萨索费拉托的巴尔托鲁》一书中肯定格沃斯对公民共体论的实证主义解释路径的同时,指出马西留在对统治者的德性等方面的论述中保留了亚里士多德的目的论解释路径,并且着重强调亚里士多德政治哲学和马西留公民共体论之间的关系仍然是值得思考的主题。② 瓦西利奥·西罗斯在《帕多瓦的马西留在古代和中世纪政治思想传统的交点》一书中延续了格沃斯的解释路径,表明马西留对亚里士多德目的论的挑战在于其用动力因代替目的因的解释模式,并且给予动力因以优先性,但是西罗斯同样没有延续格沃斯关于公民共体论是一种彻底的实证主义理论的论断。西罗斯在该书中指出,虽然马西留依赖于动力因作为阿基米德支点来探讨尘世生活的动力,但是马西留仍然延续了亚里士多德的目的因模式来解释诸如政治共同体的生成和发展、尘世生活的自然目的论和政治有机体比喻等问题。③

　　坎宁重点关注公民共体论中的权力问题。首先,坎宁在《13—14 世纪罗马法评注者们的国家观念》一文中指出,中世纪晚期罗马法评注家从罗马法传统中的万民法(ius gentium)中寻找理论资源,其目的在于表明地域性国家存在的合法性,即皇帝在法权上(de iure)对各个地区拥有主权,各个地区则在事实上(de facto)拥有独立于皇帝的统治权,所以国家和帝国本质上都是一样的地域性主体。马西留延续了这种论断,从而能够在《和平的保卫者》中淡化世界帝国问题,由此预示近代国家的诞生。坎宁在该文中同时指出公民共体论在公民共体和国家的同一性问题上延续了亚里士多德主义传统,进而表明亚里士多德关于人的自然政治性的论断间接影响了马西留。④ 其次,坎宁在《帕多瓦的马西留政治思想中的权力角色》一文中指出

---

① Cary J. Nederman, *Community and Consent: The Secular Political Theory of Marsiglio of Padua's Defensor Pacis*.

② Francesco Maiolo, *Medieval Sovereignty: Marsilius of Padua and Bartolus of Saxoferrato*.

③ Vasileios Syros, *Marsilius of Padua at the Intersection of Ancient and Medieval Traditions of Political Thought*, pp. 25-28.

④ Joseph Canning, "Ideas of the State in Thirteenth and Fourteenth-Century Commentators on the Roman Law", *Transactions of the Royal Historical Society*, 1983 (33): pp. 1-27.

格沃斯忽略了马西留的权力学说，表明权力的性质、实践和功能是马西留政治思想的核心，并且马西留在《和平的保卫者》中提供了系统的权力学说，基于此，坎宁在该文中系统分析了公民共体论对充足权力问题的解构和重构。[①] 最后，坎宁在《中世纪政治思想史：300—1450》[②]和《中世纪晚期（1296—1417）的权力观念》[③]中强调从中世纪晚期的权力观念史中定位公民共体论，他不仅表明马西留对公民共体、和平以及尘世政治自主性的论述都建立在权力合法性的论证之上，而且指出马西留和奥卡姆在处理权力和充足权力问题上的异同。

和坎宁相同，罗伯特·兰贝蒂尼在《奥卡姆和马西留论教会谬误》[④]《贫困和权力：中世纪晚期政治思想中的方济各会》[⑤]和《马西留和第2论中的贫困争论》[⑥]三篇文章中同样关注马西留和奥卡姆的关系，但是兰贝蒂尼更加关注马西留和奥卡姆在教会谬误争论和使徒贫困争论方面的同一与差异，由此指出马西留在否定"教皇无误论"的同时确立了"公会议无误论"原则，进而推动了公会议运动的发展。此外，兰贝蒂尼在《〈政治学〉的流传和一种政治亚里士多德主义语言的界定》[⑦]一文中基本上肯定了奈德曼在《中世纪道德和政治思想中的"亚里士多德主义"含义》[⑧]一文中对中世纪政治亚里士多德主义的含义以及公民共体论和亚里士多德主义的关系的判定。

加内特在《帕多瓦的马西留和"真理史"》一书中开创了对马西留政治哲学的天意历史解释路径：上帝通过直接和间接的方式在人类生活中展示自己的意志，这导致世界历史和救赎历史交织在一起，政教关系史则构成了一部天意历史。[⑨] 加内特认为，首先，在《圣经》叙述的不同历史阶段，政教关系也随之变化，其中尤为重要的一段天意历史是君士坦丁大帝的皈依和赠礼，这段历史构成了政教关系转变的核心事件；其次，马西留在《和平的保

---

① Joseph Canning, "The Role of Power in the Political Thought of Marsilius of Padua".

② Joseph Canning, *A History of Medieval Political Thought, 300—1450*.

③ Joseph Canning, *Ideas of Power in the Late Middle Ages, 1296—1417*.

④ Roberto Lambertini, "Ockham and Marsilius on an Ecclesiological Fallacy", pp. 301-315.

⑤ Roberto Lambertini, "Poverty and Power: Franciscans in Later Medieval Political Thought".

⑥ Roberto Lambertini, "Marsilius and the Poverty Controversy in Dictio II", in *A Companion to Marsilius of Padua*, edited by Gerson Moreno-Riano and Cary J. Nederman, Leiden: Brill, 2012, pp. 229-263.

⑦ Roberto Lambertini, "La Diffusione della *Politica* e la Definizione di un Linguaggio Politico Aristotelico".

⑧ Cary J. Nederman, "The Meaning of 'Aristotelianism' in Medieval Moral and Political Thought".

⑨ George Garnett, *Marsilius of Padua and 'the Truth of History'*.

卫者》中通过《圣经》叙事和历史叙事相结合的方式揭示了国家和教会的含义与性质的变化;最后,当代学者对马西留的非历史性的解释路径曲解了马西留本人的真实意图,即当代学者强行将马西留的政治哲学现代化(modernization),扭曲了马西留的真实目的。所以加内特不仅批评格沃斯在翻译《和平的保卫者》英译本时错误地将马西留的 civitas 和 regnum 都翻译为 state,忽略了 civitas 和 regnum 的差异以及 regnum 和 state 的差异,而且指出奈德曼在《共同体和同意》一书中片面地关注《和平的保卫者》第 1 论的尘世政治理论,忽视了《和平的保卫者》第 2 论的教会理论和天意历史。因此,加内特并不注重公民共体论和亚里士多德政治哲学的哲学分析,而是强调对公民共体论的动态历史解释。

　　作为加内特的学生,安娜贝尔·布雷特是《和平的保卫者》最新英译本的译者,她在《〈和平的保卫者〉翻译中的诸问题》一文中,延续了加内特在术语翻译问题上对格沃斯英译本的批评,指出格沃斯对 universitas civium 和 regnum 等术语的翻译没有准确表达出马西留的真实意图。[①]

　　和加内特相同,康纳尔·康德伦在《经典文本的地位和评估:论政治理论及其观念的继承和历史》一书中同样批判了马西留研究者试图构建马西留政治哲学体系的努力和意图[②],但是康德伦给出的理由不同于加内特。康德伦认为,马西留的《和平的保卫者》存在着省略歧义(ambiguity of ellipsis),而且马西留有意使用这种歧义性来实现论战的效果,这种省略歧义展现在作为公民共体论核心的"人民立法者"概念之中,即马西留不仅在谁是人民立法者的问题上存在着歧义,而且在作为人民立法者的公民共体问题上存在着双重歧义[③],所以康德伦认为马西留无意在《和平的保卫者》中建构一个系统的公民共体论,毋宁说,公民共体论只是反教权的工具。

　　和康德伦相同,列奥·施特劳斯在《帕多瓦的马西留》一文中认为:"我们甚至不应当期待在《和平的保卫者》中找到完整的政治哲学展示。这本著作进入视野是作为亚里士多德《政治学》的那个部分的一种附录。"[④]这意味着马西留的公民共体论不是完整的政治哲学,而是"与亚里士多德《政治学》中关于民主制的论证一样,都是临时的或暂定的"[⑤]。所以施特劳斯和

---

①　Annabel S. Brett, "Issues in Translating the *Defensor Pacis*".

②　Conal Condren, *The Status and Appraisal of Classic Texts: An Essay on Political Theory, Its Inheritance, and the History of Ideas*.

③　Ibid., pp. 194-195.

④　Leo Strauss, "Marsilius of Padua", p. 277.

⑤　Ibid., p. 284.

康德伦一样表示马西留的公民共体论只是反教权的临时工具。

塞雷娜·费伦特在《人民和法：马西留和法学家们的中世纪晚期主权论》一文中综合了坎宁和加内特的论证，表明马西留的公民共体概念延续了中世纪晚期罗马法学家关于人民同意（consensus populi）的论述，指出公民共体拥有不可转移的人民主权。此外，费伦特在该文中展示了公民共体论的共和主义解释路径，即将公民共体论放在当时的历史格局和理智共同体中加以考察，表明公民共体论受到诸多历史实践和思想资源的影响，而亚里士多德政治哲学不过是马西留政治哲学诸多思想来源中的一个。①

珍妮特·科尔曼在《政治思想史：从中世纪到文艺复兴》一书中延续了格沃斯和加内特关于一般政治理论的论述，但是科尔曼指出马西留是利用亚里士多德三段论（syllogisms）建立起了一般政治理论而非特殊政体理论，强调亚里士多德三段论成为马西留建构公民共体论的重要方法。此外，科尔曼注意到《和平的保卫者》第 2 论对公民共体论中关于使徒贫困问题的论证和方济各会中的圣灵派（the Spirituals）的主张有很大关联。②

布兰·蒂尔尼在《等级、同意和"西方传统"》一文中提出中世纪的政治哲学问题：统治者的权威来自其自身的内在品质还是人民的同意？蒂尔尼认为马西留公民共体论中的同意学说正是对这一问题的回应，并且指出马西留的前辈及其同时代的神哲学家也有类似的回答。③　此外，蒂尔尼在《13世纪的公会议理论》一文中梳理了马西留的公民共体论和教权论的关系，指出马西留公民共体论中的"统治部分"（pars principans）概念和教权论者奥斯迪恩西斯（Ostiensis）的"统治部分"（principalis pars）概念在结构上的相似性。④

路易吉·奥利维里在《帕多瓦的马西留〈和平的保卫者〉中的整体和部分》一文中分析了《和平的保卫者》的内在政治结构，梳理了亚里士多德《政治学》在多大程度上参与建构马西留的政治思想，尤其梳理了亚里士多德主义如何建构公民共体论涉及的整体和部分的关系。⑤

当代意大利学者里卡尔多·巴托奇奥在《帕多瓦的马西留的教会论和

①　Serena Ferente, "Popolo and Law: Late Medieval Sovereignty in Marsilius and the Jurists".

②　Janet Coleman, *A History of Political Thought: From the Middle Ages to the Renaissance*.

③　Brain Tierney, "Hierarchy, Consent, and the 'Western Tradition'", *Political Theory*, 1987 (4): pp. 646-652.

④　Brian Tierney, "A Conciliar Theory of the Thirteenth Century", *The Catholic Historical Review*, 1951 (4): pp. 415-440.

⑤　Luigi Olivieri, "Il Tutto e la Parte nel 'Defensor pacis' di Marsilio da Padova", *Rivista Critica di Storia della Filosofia*, 1982 (1): pp. 65-74.

国家论》一书中详细梳理了学界对马西留公民共体论的解释学问题(il problema ermeneutico),其中包括对巴塔利亚的"现代性"(la "modernità")解释和格沃斯的国家论中的"自然主义"(il "naturalism" della politica)解释的批判性反思。①巴托奇奥在该书中同样将重点放在对马西留公民共体论和其同时代政治哲学的关系上,与加内特相同,巴托奇奥尤其关注《和平的保卫者》第2论对教会问题的论述,也同样忽视亚里士多德政治哲学和公民共体论的关系。

国内学界一直有翻译和研究马西留哲学的传统。截至2023年,马西留主要著作如《和平的保卫者》《和平的保卫者(小本)》和《帝国的变迁》已有相应的中译本。②国内研究主要分为三大研究领域和趋势。

杨盛翔的《中世纪政治思想史上的有机体隐喻:修辞范式及其精神内核》③、张云秋的《马西留政治思想初探》④和赵卓然的《〈和平的保卫者〉中的医学与有机体论》⑤对马西留哲学中的有机体论做了概述式的考察,对国内马西留政治哲学的研究起到了重要的推动作用。李洪润等人翻译的《政治哲学史》中的"帕多瓦的马西利乌斯"⑥词条和娄林主编的《马西利乌斯的帝国》中的"马西利乌斯的帝国"⑦论题对马西留思想的全貌做了全景式的考察,促进了国内马西留哲学的研究。杨蒙的《和平的保卫者——浅议马西利乌斯的反教权观念》⑧和陈天一的《中世纪"和平的保卫者"——马西略的"教俗"权力斗争思想》⑨从历史视域出发,考察了《和平的保卫者》的写作背景、问题意识和核心主题,推动了国内马西留史学的研究。除此之

---

①　Riccardo Battocchio, *Ecclesiologia e Politica in Marsilio da Padova*, pp. 74-82.

②　《和平的保卫者》中译本参见帕多瓦的马西利乌斯:《和平的保卫者》,陈广辉译,北京:商务印书馆,2023年。《和平的保卫者(小本)》和《帝国的变迁》两本著作的中译本是以合并成一本书的方式呈现的,参见帕多瓦的马西利乌斯:《和平的保卫者(小卷)》,殷冬水、曾水英、李安平译,长春:吉林人民出版社,2011年。

③　杨盛翔:"中世纪政治思想史上的有机体隐喻:修辞范式及其精神内核",《学术月刊》2017年第8期,第98—110页。

④　张云秋:"马西留政治思想初探",《世界历史》1987第4期,第68—76页。

⑤　赵卓然:"《和平的保卫者》中的医学与有机体论",《文化研究》2017年第4期,第147—162页。

⑥　列奥·施特劳斯:"帕多瓦的马西利乌斯",载列奥·施特劳斯、约瑟夫·克罗波西主编:《政治哲学史》,李洪润等译,北京:法律出版社,2009年,第257—280页。

⑦　陆炎编译:"马西利乌斯的帝国",载娄林主编,《马西利乌斯的帝国》,北京:华夏出版社,2020年,第2—109页。

⑧　杨蒙:"和平的保卫者——浅议马西利乌斯的反教权观念",《前沿》2013年第18期,第159—160页。

⑨　陈天一:"中世纪'和平的保卫者'——马西略的'教俗'权力斗争思想",《宗教学研究》2017年第4期,第196—201,231页。

外,国内学界近年来还有数篇专业的马西留论文涌现,整体研究态势欣欣向荣。

但是,国内目前还没有对马西留的系统性研究成果,而且国内的极少数研究文献主要集中于政治和历史领域。

当然,马西留道德哲学晦涩而庞杂,在研究上有诸多难点。首先,马西留政治哲学既受西方古代和中世纪政治哲学影响,又有自己新的理解,许多概念需要仔细打磨,才能给出准确的中文翻译和解释,诸如 universitas civium、regnum、ius、dominium 等重要概念,目前的中译和解释都不太令人满意,需要改进;其次,马西留的宗教批判包含大量犹太教和基督教的背景知识,这要求研究者熟悉犹太教和基督教的历史和学说;最后,马西留政治哲学与 13—14 世纪自然科学的关系密切,他本人和当时许多科学家有过很多通信和生活交集,这要求研究者能够熟悉 13—14 世纪自然科学的背景和基本概念。要想准确把握他的道德哲学,研究者必须对于西方古代哲学和经院哲学有着扎实的积累。

本书以“断裂与重建:帕多瓦的马西留与现代秩序的构造”为题,力图在吸收西方学界成果的基础上,着力提升国内中世纪晚期政治哲学领域的研究水平,填补《和平的保卫者》中文专著研究的空白;通过整合中世纪晚期各种哲学流派,从唯名论和亚里士多德主义视角入手剖析马西留的公民共体论,挖掘马西留的独创性思想在古今政治哲学思想发展中所处的一个关键位置;通过深入分析《和平的保卫者》中的政教理论,着力检讨这一理论对于现代社会的意义以及它遭遇的理论现实困境,拓展政教分离原则的历史维度,同时为中世纪晚期政治哲学的研究提供现实视角;集中考察马西留哲学中的法学、道德哲学和权利哲学,探讨尘世权威的起源和限度,追溯现代主体性秩序构造的思想根源。

有鉴于此,本书以层次递进的方式分为四编展开:

第一编是“公民共体论与新中介的诞生”,共分为三章:“以人民为中心的公民共体论”(第 1 章)、“整体大于部分原则”(第 2 章)和“中介的崩溃与重构”(第 3 章)。第一编立足于《和平的保卫者》第 1 论第 12 章、第 13 章以及第 2 论第 6 章、第 20 章,深度阐释马西留的公民共体论,表明马西留确立起公民共体是人民立法者的“主权者”地位,将尘世中的一切强制性权力统合在公民共体手中,进而融合了亚里士多德主义的类比原则和唯名论的单义性原则:一方面,他的类比原则突破了亚里士多德-托马斯传统的类比原则,他取消了传统类比原则带来的自上而下的存在等级秩序,转而利用唯名论塑造出自下而上的存在等级秩序,即共体由个体组成,其完美性力量来自个体的意志同意;另一方面,他的单义性原则突破了唯名论传统的单义性原则,他取消了传统单义性原则带来的完全去中介的存在论思维模式,转而利用亚里士多德主义塑造出整体大于部分的存在等级秩序,即共体在量和质的双重维度上大于个体,量变同时能够引起质变。马西留用共体代替个体成为尘世新中介,构造出中世纪晚期版本的现代尘世秩序。

第二编是"法治优越性与现代法权秩序的兴起",共分为两章:"断裂与重建的法律秩序"(第 4 章)和"自然法权学说"(第 5 章)。第二编立足于《和平的保卫者》第 1 论第 10 章和第 2 论第 12 章,全面论述马西留的法学思想,表明马西留通过融合亚里士多德主义和唯名论:一方面确立法治是一切善好政体的必备特征,法治的优越性实质上是人民的优越性,同时意味着人民是真理的源泉,一切善好的秩序皆来自人民;另一方面提出了理性和意志共同作用下的自然法权(ius naturale)概念,在割裂自然理性和强制力之间的内在关联的同时,重建了自然法权的强制力特征,让有信仰的人民立法者成为自然法权的直接制定者。马西留将法权分为法和权,进而将自然法权分为自然法和自然权利,昭示了近代自然法和自然权利理论,预示了现代法权秩序的兴起。

第三编是"分离与融合的政教新秩序",共分为三章:"马西留的和平观"(第 6 章)、"自然欲求的人性论"(第 7 章)和"政教的分离与融合"(第 8 章)。第三编立足于《和平的保卫者》第 1 论第 2 章到第 5 章,表明马西留的和平观是一种以德性论为基调的和平观,他的人性论则是介于亚里士多德自然政治性和奥古斯丁自然社会性之间的自然欲求论。为了成全个体的自然欲求,马西留从权力、形式和质料的角度确立了公民共体、法律和统治者三者之间的关系,进而将国家和教会的二元政教关系转化为国家内部的统治部分和教士部分的关系:他一方面确立了政教分离原则,提出政权和教权、尘世和天国的二元断裂模式,避免教权对政权、天国对尘世的干预;另一方面重建了传统政教关系,将政教融合在公民共体的立法权之下,确保尘世权威的自足性。马西留在至高无上的立法权基础上重建了政教关系,这种重建可以看作对现代政教秩序的一次筹备。

第四编是"现代道德与权利秩序的探索",共分为两章:"道德秩序的双重真理根基"(第 9 章)和"马西留与贫困争论中的权利问题"(第 10 章)。第四编立足于《和平的保卫者》第 1 论第 14 章、第 16 章以及第 2 论第 12 章到第 14 章,从道德和权利两个维度探讨马西留道德哲学和权利哲学,表明马西留一方面提出道德秩序的双重真理根基论,试图在政治自足的国家法团中重建善好道德,进而塑造出一个能够应对中世纪晚期权力之争的道德世界;另一方面利用权利和事实的断裂说为方济各会的贫困主张奠基,并且试图彻底抽空教会的教权根基,塑造出一个以人为中心的权利世界,实现尘世政治的自足性。道德的双重真理根基论和权利的断裂说彰显的正是一个属人的世界的诞生,道德世界和权利世界同时是人为自己立法的自由世界。

第一编　公民共体论与新中介的诞生

第一章　以人民为中心的公民共体论

公民共体论针对的是关于教皇的充足权力的教阶论解释路径,而教阶论解释路径在《和平的保卫者》中被表述为教权论的准政治(quasi politica)主张:

> 罗马主教在法权上应得着一切强制司法管辖权或统治职权中最高的[司法管辖权或统治职权],尤其是在天主教的领域内,无论对罗马统治者还是对所有其他统治者、共同体、集体和个人,还是对尘世的人[都拥有最高司法管辖权或统治职权],同样地,更加对教士或主教、执事及其教团和个人[拥有最高司法管辖权或统治职权],无论他们处于何种状态。(II.1.3)

这一准政治主张赋予了罗马主教包括尘世权力和精神权力在内的充足权力,即罗马主教不仅拥有对一切尘世统治者和尘世之人的最高统治权,而且拥有对一切神职人员和平信徒的最高统治权。公民共体论的一个核心任务正是在于破除教权论的准政治主张,所以公民共体论在某种意义上是针对教皇的充足权力主张提出来的。

但是,公民共体论不仅仅要破除教权论的准政治主张,而且要建立起尘世权威自足性的政治主张,所以一破一立的双重任务构成了理解公民共体论的关键。

既然公民共体由公民和共体两部分组成,那么公民共体的真实意涵是什么? 公民共体论如何能够实现一破一立的双重任务? 对于这些问题的回答,将有助于我们把握马西留哲学思想在现代秩序构造中的位置。

第一节　公民共体的界定

一、公民概念

马西留在《和平的保卫者》第 1 论中对公民一词的界定是：

> 按照亚里士多德《政治学》第 3 卷第 1、3 和 7 章，我说公民，是指按照自身的地位参与城邦共同体、统治、议会或司法部分的人。这个描述将孩童、奴隶、外来者和妇女排除在公民之外，尽管排除的方式是不同的。事实上，公民的孩童是具有近似潜力的公民，因为他们只缺少年龄要求。(I. 12. 4)①

马西留延续了亚里士多德对公民的界定，即公民是参与政治共同体的人，这意味着不能参与政治共同体的儿童、奴隶、外邦人和妇女都不是公民。但是，亚里士多德认为人的自然政治性决定了城邦是一个自足的政治共同体②，那么公民应当过自足的政治生活而非过受制于必然性的生活③，由于包括农民和工匠在内的手工劳动者仅仅为城邦贡献了营养和感觉的功能，即他们仅仅过受制于必然性的生活而非自足的政治生活④，所以他将手工劳动者列入奴隶范围从而否定手工劳动者是公民⑤，甚至这些手工劳动者能够被划入自然奴隶范围内⑥，并且亚里士多德认为只有在极端民主制（平民制）中才会出现工匠参与政治共同体的情况。⑦

和亚里士多德不同，马西留不以有无德性来区分公民和非公民，而仅仅以是否参与政治共同体来区分公民和非公民，由于手工劳动者参与了政治共同体，所以马西留将公民权扩展到包括工匠在内的手工劳动者阶层，他在

---

① 马西留对亚里士多德文本的引用，参见亚里士多德：《政治学》，1275b18—20，1277b34，1283b42。

② 亚里士多德：《政治学》，1252b26—30，1253a2—4。

③ 同上书，1278a9—10。

④ 同上书，1278a5—12。

⑤ 亚里士多德将最大限度使用自己身体的人视为最具有奴性的人，参见亚里士多德：《政治学》，1258b35—38，1337b15—21。

⑥ 关于亚里士多德对自然统治者和自然奴隶的讨论，参见亚里士多德：《政治学》，1252a31—33。

⑦ 亚里士多德：《政治学》，1277a36—1277b3，1328b38—1329a1。相关讨论，参见 Alan Gewirth, *Marsilius of Padua: The Defender of Peace, Vol. I: Marsilius of Padua and Medieval Political Philosophy*, pp. 66, 176。

《和平的保卫者(小本)》中甚至认为工匠或其他劳动者比教士或智慧的人更能代表公民的界定。①

在马西留看来,德性不是衡量一个人能否参与政治共同体的标准,一个缺乏德性和知识的手工劳动者同样能够参政议政。当然,手工劳动者参与政治共同体的方式不同于明智之人参与的方式,因为行使国家统治部分职权的统治者要求明智等美德,"城邦中的司法和议会部分必须由明智之人组建"(I.7.1),所以手工劳动者并不适合成为统治者;神职人员同样不能由手工劳动者组成,因为"荣耀诸神和处理圣物的人,应当是这些远离激情且因年龄和举止庄重而说话更可信的人,而非那些从事卑鄙且低贱工作的工匠或雇工"(I.5.13)。这意味着,手工劳动者是以符合自身状态的方式被称为公民的,政治生活不只是统治性生活和其他需要德性和知识的生活,而是包含非德性和知识的生活,后者在马西留看来同样构成公民生活的有机组成部分。

因此,马西留在延续亚里士多德的公民概念的同时,将公民权扩展到包括农民和工匠在内的手工劳动者,这使得手工劳动者不仅是国家必要的组成部分,而且有权参与到政治共同体中。② 所以公民共体中的公民不仅包括亚里士多德意义上的公民,而且包括被亚里士多德纳入奴隶范围之内的手工劳动者。

二、共体概念

布雷特在《和平的保卫者》最新英译本关于术语翻译的注释中指出,从词源学的角度来看,universitas 来源于拉丁文的 unum(one) 和 verto(to turn),即"许多个体'变成一'或'作为一'"③,所以在罗马法和中世纪教会法中,共体是指由许多个体组成的一个法团(corpus/universitas),即"许多个体塑造出来的一个身体"④。

虽然马西留继承了罗马法和中世纪教会法对共体概念的界定,但是布

① *DM.*, II. 7.
② 关于亚里士多德和马西留在公民和公民权问题上的不同论述,参见 Vasileios Syros, *Marsilius of Padua at the Intersection of Ancient and Medieval Traditions of Political Thought*, pp. 48, 76-78; Fred D. Miller Jr., "Aristotle and the Origins of Natural Rights", *The Review of Metaphysics*, 1996(4): pp. 897-899.
③ *DP.*(布本), p. 50.
④ Ibid. 关于公民共体论中的法团主义(corporatism),参见 Alan Gewirth, *Marsilius of Padua: The Defender of Peace, Vol. I: Marsilius of Padua and Medieval Political Philosophy*, pp. 218, 264; Janet Coleman, *A History of Political Thought: From the Middle Ages to the Renaissance*, p. 137.

雷特认为,马西留的共体不仅仅是整体-部分关系中的整体(tota)(I.12.5),而且是普遍-特殊关系中的普遍或普世(universitas),所以如前所述,就共体的普世性而言,马西留的共体类似于但丁的共体概念,"人类种群,或说在量的意义上的人性,在但丁看来就好像一个人,一个单一的、包含所有人的共同体,一个普世合众体,或者'某种整全体'(quoddam totum),诗人称之为'人类共体'(humana universitas)或'人类共同体'(humana civilitas)。鉴于'universitas'是用来指称合众体惯用的法律-技术词汇,而'civilitas'(尽管在法律术语中也有出现)则具有某种附加的色彩:人的普世公民身份,他的公民思维,他的人性教养甚或教育"①。

值得注意的是,但丁在《帝制论》第1卷肯定了帝制的必要性,他受到亚里士多德启发,赋予人类共体为尘世中所有人提供尘世幸福的道德-伦理的目的,人类共体这一目的的实现最终需要依赖帝制和皇帝,"他的'人类共体'不仅包含基督徒或罗马教会的成员,而是被理解为所有人构成的世界共同体,包括基督徒和非基督徒。成为'人'而非成为'基督徒'是此世人类共同体成员资格的标准;为了普世和平、正义、自由和和谐,这一点要由哲人-皇帝来指导,在地上乐园达成尘世性的自我实现"②。所以但丁从共体的普世性推出人类共体并且最终导向帝制和皇帝。和但丁不同,虽然马西留在《和平的保卫者》中讨论帝制问题(I.19.10),但是马西留并不关心是否应当在尘世中建立起帝制。

> 对于全世界过着城邦生活的共体来说,是否有一个在数量上为一的最高统治部分是恰当的;或者在世界的不同地区(它们因不同的处所位置而几乎必然分离),尤其是在没有共同语言和风俗并且习俗相距甚远的地方,是否有不同的统治部分在任何时候都是恰当的,这也许是出于天理(causa celesti),以防人类的过度繁殖。这是一个需要理性审视的话题,但有别于我们当前的思考。(I.17.10)

马西留主张的是不同的民族、地区和时代适用于不同的统治形式,"一个群体在一个地区和时间内倾向于一种政体,接受一种统治职,另一个群体在另一个地区和时间内倾向于另一种政体,接受另一种统治职"(I.9.10)。因为

---

① 恩内斯特·康托洛维茨:《国王的两个身体》,第607—608页。
② 同上书,第605页。

马西留首要关心的不是道德-伦理目的①,而是共同体的非道德-伦理性的功能目的,这导致马西留在承认共体的普世性的同时并没有像但丁一样从道德-伦理的目的论中推导出人类共体,而且他根本不关心人类共体和帝制的问题,共体的普世性仅仅扩展到国家范围的统一性。② 所以马西留的共体既是法团意义上的整体也是普遍意义上的普世,共体的整体和普世特征决定了共体是许多个体组成的普世整体,但是这一共体不会扩展到但丁的人类共体。据此,雅克·韦尔热(Jacques Verger)道出但丁和马西留之间的关系:

> 和此前的吉伯林派一样,被放逐的但丁只能向皇帝发出呼吁,他于病入膏肓之际的 1315 年左右创作了《帝制论》——当时他的祖国是圭尔夫派当政。但是他对四面楚歌的意大利发出的痛苦的呐喊中没有一个行动纲领。这个行动纲领是由比马基雅维里早两个世纪的帕多瓦的马西留提出的,他在 1324 年描述了理想的和平保卫者的样子……他主张,政治必须脱离道德束缚,世俗事务脱离精神束缚;内心的规则和灵魂属于教会,社会主体和法律属于君主;因为社会本来就是合法的,根据时间和空间而不同,独立于教会的意志,或许还有上帝的意志。③

因此,从词源学的角度来看,公民共体作为公民和共体的结合,是指一切参与政治共同体的个体组成的"合众为一"的普世整体,由于公民共体不是人类共体而是仅仅限制在一个国家之内,所以公民共体组成的法团被称为国家法团。这是从公民和共体两个词的语义学分析中推导而来的公民共体概念,那么,马西留对公民共体概念的正面界定是什么呢?

第二节　公民共体、人民和强力部分

如前所述,马西留在《和平的保卫者》第 1 论第 12 章首次正面界定公民共体:

---

① Alan Gewirth, *Marsilius of Padua: The Defender of Peace, Vol. I: Marsilius of Padua and Medieval Political Philosophy*, p. 51.

② Ibid., pp. 127–129.

③ 雅克·韦尔热:"不同的价值标准与权利机构",载罗伯特·福西耶主编,《剑桥插图中世纪史:下册(1250—1520 年)》,李桂芝等译,济南:山东画报出版社,2018 年,第 136 页。以下引用皆采用此译本,中译文引用时,有所改动。

　　让我们根据亚里士多德在《政治学》第 3 卷第 6 章的真理和建议来说，立法者或法的首要和恰当的动力因是人民或公民共体或其强力部分，他通过选举或在全体公民集会中由言语表达出来的意志，凭借尘世的处罚或惩罚，命令或决定在人类公民行为方面应做或不做某事。(I. 12. 3)①

　　马西留对公民共体的这一界定不仅简练地澄清了什么是公民共体，而且在文本上直接呈现出亚里士多德政治哲学和公民共体理论的关联。根据这一界定，马西留提出了关于公民共体概念的两个核心特征：公民共体等同于人民或公民共体的强力部分；公民共体是立法者。

　　既然马西留将亚里士多德的公民权扩展到手工劳动者，并且公民共体是由亚里士多德意义上的公民和奴隶阶层的手工劳动者组成的普世整体，那么马西留的人民概念同样扩展了亚里士多德的人民概念，它不仅包括亚里士多德意义上的大众(plethos)或平民(demos)②，而且包括亚里士多德意义上的非平民阶层③。

　　也就是说，当马西留在《和平的保卫者》中延续亚里士多德对城邦的高贵(honorabilitas)和大众(vulgaris)两个部分的区分时(I. 5. 1)，他不仅没有遵循亚里士多德的教诲将大众排除在公民权之外④，而且没有遵循亚里士多德的教诲将人民等同于大众部分⑤，反而是将高贵部分和大众部分的公民统称为人民，这使得马西留的人民涵盖公民共体的全部而非仅仅等同于公民共体的大众部分，所以公民共体和人民的等同意味着马西留突破了亚里士多德的人民概念，人民而非非平民阶层的贵族和富人成为理解公民的首要

---

① Nos dicamus secundum veritatem atque consilium Aristotelis 3^0 Politice, capitulo 6^0, legislatorem seu causam legis effectivam primam et propriam esse populum seu civium universitatem aut eius valenciorem partem, per suam eleccionem seu voluntatem in generali civium congregacione per sermonem expressam precipientem seu determinantem aliquid fieri vel omitti circa civiles actus humanos sub pena vel supplicio temporali.

② 关于亚里士多德对大众和平民的理解，参见 Melissa Lane, "Popular Sovereignty as Control of Office-Holders: Aristotle on Greek Democracy", in *Popular Sovereignty in Historical Perspective*, edited by Richard Bourke and Quentin Skinner, Cambridge: Cambridge University Press, 2016, pp. 52-72, 67。

③ 与马西留不同，亚里士多德理解的人民是指平民而非行使统治部分职权的公民，所以在亚里士多德的政体划分中，作为平民的人民只有在民主制中才有统治权(kurios)，参见亚里士多德：《政治学》，1278b11—14。关于 populus 和意大利政治实践中的人民(popolo)的关系，参见 Serena Ferente, "Popolo and Law: Late Medieval Sovereignty in Marsilius and the Jurists", pp. 99-101。

④ Bettina Koch, "Marsilius of Padua on Church and State", in *A Companion to Marsilius of Padua*, p. 157.

⑤ 亚里士多德：《政治学》，1289b32—33。

概念。

至于公民共体等同于公民共体的强力部分,这一等同关系在《和平的保卫者(小本)》中得到了再次确证①,但是学界就如何理解这一等同关系产生了很多争论,而这些争论是由强力部分自身的性质决定的。②

从词源学的角度来看,穆尔贝克的威廉在翻译亚里士多德《政治学》时,将亚里士多德的 kreitton meros 翻译为 valentior pars,而 kreitton meros 字面意思是指"较强部分"(stronger part)③,即公民中占据主导性的部分,所以《和平的保卫者》格本、瓦本和布本三个译本分别将 valentior pars 翻译为"较重要部分"(weightier part)、"普遍部分"(parte prevalente)和"普遍部分"(prevailing part)。④ 本书结合几个译本的翻译和 valentior pars 的词源学含义,将 valentior pars 译为"强力部分",即能够发挥公民共体同等力量的部分,公民共体作为普世整体发挥力量的部分就是 valentior pars。

回到《和平的保卫者》第 1 论文本,马西留在第 1 论第 12 章有三处文本论述了强力部分,通过对这三处文本的分析,我们将澄清强力部分何以能够和公民共体等同。

一、量和质的双重维度

马西留在第一次正面界定公民共体后,紧接着界定了强力部分:

> 我说的强力部分,是指在法律得以产生的那个共同体中的人口数量和质量;上述公民共体或其强力部分要么自己直接立法,要么委托另一个人或另一些人去立法,后者既不是也不可能是绝对意义上的立法者,而只是相对意义上和特定时间内的立法者,并且要依据首要立法者的权威。(I. 12. 3)

这是马西留对强力部分的第一次正面界定,即从量和质的双重维度考虑

---

① *DM.*, I. 4.

② 学界对马西留公民共体的强力部分存在大量的讨论和争论,参见 Alan Gewirth, *Marsilius of Padua: The Defender of Peace, Vol. I: Marsilius of Padua and Medieval Political Philosophy*, pp. 92–93, 184–203;Conal Condren, *The Status and Appraisal of Classic Texts: An Essay on Political Theory, Its Inheritance, and the History of Ideas*, pp. 194–195。

③ Alan Gewirth, *Marsilius of Padua: The Defender of Peace, Vol. I: Marsilius of Padua and Medieval Political Philosophy*, p. 184.

④ 关于格沃斯和布雷特在强力部分的翻译上的差别,参见 Marsilius of Padua, *The Defender of the Peace*, Notes on the translation, pp. 50–51。

强力部分,表明强力部分不仅在数量上而且在质量上都是公民共体中最强的部分,否则强力部分"既不是也不可能是绝对意义上的立法者,而只是相对意义上和特定时间内的立法者"。这意味着,强力部分不是由"另一个人或另一些人"构成的特殊部分,而是完全等同于作为普世整体的公民共体。

1. 量的维度

就量的维度而言,公民共体的强力部分是指公民共体中的人数达到了能够发挥和公民共体同等力量的部分,即强力部分中的人的整体意志等同于公民共体中的人的整体意志,所以公民共体和强力部分的整体-部分关系不是国家和其各个部分展现出来的整体-部分的关系。

这意味着,国家的各个部分不能发挥和国家整体同等力量的功能,而是仅仅作为整体的一部分发挥着部分的力量,但是公民共体的强力部分能够发挥和公民共体同等的整体的力量,所以公民共体和强力部分的关系是整体-整体的关系。

马西留之所以要提及强力部分而不是只提及公民共体,是因为他意识到公民共体几乎不可能一致同意某个东西,"所有人很难或不可能一致同意一种观点,因为一些人天生发育有缺陷,出于独特的恶意或无知而不同意共同观点;但这些人的无理反对或否认绝不会阻碍或搁置公利。因此,制定或建立法律的权威只属于公民共体或其强力部分"(I.12.5)。这意味着,公民共体作为立法者表达的是卢梭式的公意而非众意,公意不是所有人达成一致的意志,而是共体实现公利的意志,所以共体就是公民中的强力部分。

马西留的这种论述,实质上延续了亚里士多德的人性论述:一方面,他肯定"所有人都欲求充足生活并且避免相反的生活"(I.13.2),表明充足生活属于人的自然欲求;另一方面,他承认有些人的自然本性是欠缺的,这些人不欲求充足生活并且阻碍共同体的建立,他们反对过政治生活,但是他们的人数极少,否则国家难以建立,"城邦中想要维持政体的部分必须强于不想维持政体的部分"(I.13.2)。所以马西留提出强力部分,以作为公民共体的替代方案,进而将不愿意过政治生活的极少数人排除出公民共体之外,表明一切参与政治共同体的个体组成的普世共体是指公民共体中欲求充足生活的强力部分。他甚至将这些极少数不欲求充足生活的人划入奴隶而非公民的范围,"那些不想维持政体的人应被算作奴隶而非公民"(I.13.2)。①

---

① 相关讨论,参见 James M. Blythe, *Ideal Government and the Mixed Constitution in the Middle Ages*, Princeton: Princeton University Press, 1992, pp.197-198。亚里士多德在《政治学》第 1 卷第 2 章将不参与城邦共同体的人排除在城邦之外,参见亚里士多德:《政治学》,1253a27—30。

值得注意的是,就量的维度而言,强力部分和公民共体不是代表和被代表的关系而是完全并列的关系,因为公民共体本身是不可被代表的①,即它作为普世共体是一个整体,不能被任何部分所代表。

所以强力部分不是代表公民共体而是指代公民共体本身,马西留提出公民共体的强力部分的目的在于对公民共体进行严格的限定,澄清公民共体的真实含义:一个不欲求充足生活的公民不能在严格的意义上属于公民共体,公民共体中的每一个公民必然欲求充足生活,公民共体的强力部分正是欲求充足生活的公民组成的公民共体。

2. 质的维度

就质的维度而言,公民共体的强力部分是指融合了高贵和大众两个不同部分的公民共体,也就是说,强力部分的力量是由不同阶层的人发挥出来的不同力量聚合而成的。

马西留之所以不仅考虑量的维度而且考虑质的维度,是因为马西留想要平衡量和质的关系,以免导致量和质的比例失衡。如果公民共体的强力部分只考虑共体中人的数量带来的力量,而不考虑这些人的质量即阶层带来的力量,那么大众凭借自身阶层的绝对数量就能够产生强力部分所要求的力量,但是这种完全由大众阶层组成的强力部分不仅不能等同于融合了高贵和大众两个阶层的公民共体,而且这一强力部分组成的政体只是欠缺的(viciatum)民主制。②

在马西留看来,民主制中的公民共体或其强力部分是大众或穷人的群众(multitudo)③,所以民主制中的公民共体或其强力部分仅仅考虑大众阶层的利益而不考虑其他阶层的利益,"民主制则是这样一种统治,在其中,大众或穷人群众在违背其他公民意志或同意,也没有按照适合的比例完全满足公利的情况下建立统治部分并且自己统治"(I.8.3)。④ 民主制的这一结果是由公民共体或其强力部分没有平衡好量和质的关系造成的。

就此而言,马西留政治哲学的核心任务不是澄清任何一种特殊的政体,而是试图寻找任何一种温和政体所具备的共同特征,以及在该特征之下的

---

① Alan Gewirth, *Marsilius of Padua: The Defender of Peace, Vol. I: Marsilius of Padua and Medieval Political Philosophy*, pp. 188-189。

② 亚里士多德同样从质的维度考虑民主制和其他政体,参见亚里士多德:《政治学》,1296b15—34。

③ 亚里士多德将群众分为四个主要部分:农民、大众手艺人、商人和雇佣劳动者,参见亚里士多德:《政治学》,1321a5—6。

④ 相关讨论,参见 Vasileios Syros, *Marsilius of Padua at the Intersection of Ancient and Medieval Traditions of Political Thought*, pp. 92-93。

公民共体应当具备的特征。

因此,强力部分和公民共体一样不仅考虑人的数量而且考虑人的质量,强力部分的力量不仅意味着人的数量带来的力量而且意味着根据人的阶层考虑的力量。由于强力部分和公民共体一样不仅包括高贵阶层而且包括大众阶层,所以强力部分的数量的增加能够带来质量的同等增加①,量和质的双重维度决定了强力部分和公民共体的等同。

马西留通过从量和质的双重维度对强力部分的考虑,进一步澄清了公民共体概念。也就是说,只有自愿加入政治共同体的成年男性才能够被纳入公民共体之中,才能够成为强力部分的一员。强力部分在量和质的双重维度上严格界定了公民共体。

二、政治实践的角度

在界定了什么是公民之后,马西留紧接着这样论述强力部分:"公民的强力部分必须按照政体的适当习俗来辨认。"(I. 12. 4)

格沃斯认为,马西留的这一处文本是从政治实践的角度来考虑强力部分,即根据当时不同地区的政治实践(尤其是意大利城市的政治实践)来考虑强力部分。虽然马西留没有具体说明从哪些地区的政体经验来考虑公民的强力部分,但是可以确定的是,意大利的帕多瓦、锡耶纳(Siena)和佛罗伦萨(Firenze)的政体经验属于马西留提及的"政体的适当习俗",因为这三座城市在当时都建立起了城市人民和城市议会之间的等同关系,例如帕多瓦的市政官(podesta)是由大议会(greater council)直接或间接选举产生的,而大议会则是由帕多瓦人民组成的"强力部分",所以帕多瓦的政治实践为马西留考虑公民的强力部分提供了经验。②

费伦特在《人民和法:马西留和法学家们的中世纪晚期主权论》一文中详细描述了神圣罗马帝国皇帝亨利七世的加冕和意大利帕多瓦城的政治实践。一方面,亨利七世在1308年当选为神圣罗马帝国皇帝,1310年前往意大利寻求教皇克莱门特五世的加冕,但是遭到教皇及其意大利同盟者的反对,1312年他接受了罗马人民的加冕,马西留的朋友、帕多瓦人文主义者阿

---

① Alan Gewirth, *Marsilius of Padua: The Defender of Peace, Vol. I: Marsilius of Padua and Medieval Political Philosophy*, pp. 194-195.

② Alan Gewirth, *Marsilius of Padua: The Defender of Peace, Vol. I: Marsilius of Padua and Medieval Political Philosophy*, pp. 196-198. 格沃斯指出,帕多瓦的 podesta 类似于《和平的保卫者》中的 pars principans,由立法者选出来执行立法者的法律并且接受立法者的监管,参见 Alan Gewirth, *Marsilius of Padua: The Defender of Peace, Vol. I: Marsilius of Padua and Medieval Political Philosophy*, pp. 23-24。

尔贝蒂诺·穆萨托(Albertino Mussato)记录下了皇帝加冕这一历史事件,穆萨托认为罗马人民有权反抗教皇并且罗马人民能够以共和国(respublica)的名义加冕皇帝。另一方面,1318 年,帕多瓦城受到维罗纳(Verona)领主(signore)坎格兰德·德拉·斯卡拉(Cangrande della Scala)的军事威胁,由于帕多瓦城内部的圭尔夫派和吉伯林派的内斗导致帕多瓦城的和平难以保卫,所以帕多瓦人民选举卡拉拉的雅各布(Jacopo da Carrara)为帕多瓦领主来行使帕多瓦的统治权,"尊贵而显赫的卡拉拉的雅各布勋爵被选为帕多瓦城和地区以及帕多瓦全体人民的保护者、保卫者、总督和首领"[1],并且雅各布的统治权一直被其后代延续至 1402 年。[2] 费伦特指出,马西留对于公民共体和强力部分的讨论,受到了这些政治实践的影响。

因此,从政治实践的角度来看,公民共体的强力部分发挥着一些城市或地区的议会的功能,而这些城市或地区的议会发挥着和人民同等的力量,所以公民共体的强力部分和作为人民的公民共体是等同的。

三、亚里士多德《政治学》的角度

在从政体实践的角度论述完强力部分后,马西留紧接着提出界定强力部分的第三处文本:"公民共体的强力部分……或者按照亚里士多德《政治学》第 6 卷第 2 章的观点来界定。"(I. 12.4)[3]这处文本表明,他对强力部分的界定延续了亚里士多德《政治学》的观点。根据马西留的引用,亚里士多德在《政治学》第 6 卷第 3 章(而非第 2 章)表明共和制(politeia)是从量和质的双重维度来考虑谁当统治者[4],一方面,就量的维度而言,共和制和民主制(平民制)一样,即是由量上的多数(pleion)人当统治者的政体,"当大众为了公共利益进行统治时,它被称为……共和制"[5]。这意味着,虽然民主制(平民制)是平民为了自己利益进行统治的政体,共和制是大众为了公共利益进行统治的政体,但是二者的统治主体都是在数量上占据优势的大多数人,它们的区别仅仅在于统治的目的或受益者不同而已。另一方面,就质

---

① Serena Ferente, "Popolo and Law: Late Medieval Sovereignty in Marsilius and the Jurists", p. 108. 关于卡拉拉的雅各布当选的完整公文,参见 F. M. Colle, *Storia Scientifico-letteraria dello Studio di Padova, vol. 1*, Padova: Minerva, 1824, pp. 29-33。

② Serena Ferente, "Popolo and Law: Late Medieval Sovereignty in Marsilius and the Jurists", pp. 106-110。

③ 根据《和平的保卫者》拉丁本和几个译本的校注,马西留在此处对亚里士多德《政治学》的引用应为《政治学》第 6 卷第 3 章。

④ 亚里士多德:《政治学》,1318a27—1318b1。

⑤ 同上书,1279a36—38。

的维度而言,共和制和寡头制一样,即根据财产(timema)的多少决定统治权的分配,根据富人和穷人双方财产的多少决定统治权的分配,其中拥有较多财产的一方拥有统治权。① 所以共和制是民主制(平民制)和寡头制的结合,即共和制是根据财产的多少决定的多数人的统治制度,就此而言,亚里士多德将共和制称为资产制。②

基于此,马西留延续了亚里士多德对共和制在量和质的双重维度上的界定,表明强力部分不仅关注公民的量而且关注公民的质。但是亚里士多德关注的质是指财产的质,与亚里士多德不同,马西留关注的质是指身份的质,即就高贵和大众的质的维度考虑强力部分。

马西留之所以不是用财产的多少而是用身份的高低来作为界定强力部分的质,是因为马西留被穆尔贝克的威廉的《政治学》拉丁本翻译误导了:穆尔贝克的威廉错误地将 timema 翻译为 honorabilitas,这导致马西留误以为亚里士多德是根据荣誉带来的身份的高低考虑共和制的,进而误以为共和制是指荣誉制③,所以马西留在参照亚里士多德《政治学》关于量和质的双重维度的学说时,误以为亚里士多德是在身份的高低而非财产的多少的质上界定共和制。基于这一文本上的误解,亚里士多德关于共和制的富人和穷人的质的区分转化为马西留关于强力部分的高贵和大众的质的区分。

但是这一文本上的误解并不妨碍马西留对亚里士多德关于量和质的双重维度学说的延续,亚里士多德通过对共和制的双重维度的论述,表明共和制中的富人和穷人两个阶层达成了量和质的平衡。与亚里士多德相同,马西留同样通过对强力部分的双重维度的论述,表明强力部分中的高贵和大众两个阶层同样达成了量和质的平衡。

因此,公民共体是高贵和大众两个阶层的人民组成的普世共体,这一普世共体也被称为公民共体的强力部分,因为只有参与政治共同体的人民才能发挥公民共体的力量,所以公民共体是指一切参与政治共同体的高贵和大众两个阶层的人民组成的普世共体,并且公民共体的力量是就共体中的人的量和阶层的质的双重维度加以考虑的。

---

① 亚里士多德:《政治学》,1318a32—38。

② 亚里士多德:《尼各马可伦理学》,1160a34—35, 1160b18—21。

③ Alan Gewirth, *Marsilius of Padua: The Defender of Peace, Vol. I: Marsilius of Padua and Medieval Political Philosophy*, p. 199.

第三节 公民共体是立法者

在公民共体的定义中,马西留将公民共体定义为立法者,立法者成为公民共体的最重要身份。既然这个定义来自"亚里士多德在《政治学》第3卷第6章的真理和建议"①,那么让我们首先回到亚里士多德《政治学》第3卷第11章中,寻找公民共体是立法者的亚里士多德主义因素,其次指出公民共体是立法者这一观点对亚里士多德政治哲学的突破,最后表明马西留将公民共体视为立法者的理论动机。

一、亚里士多德主义式的人民立法者证明

亚里士多德在《政治学》第3卷第11章认为:"这一观点——大众(plethos)而非少数最好的人(tous aristous oligous)应当拥有统治权(kurion)——似乎应当被持有,虽然它有问题,但是它可能也包含一些真理。"②亚里士多德在此表明,大众拥有统治权这一观点包含了一些真理,即大众比少数最好的人更适合拥有统治权。

如前所述,亚里士多德政治哲学中的人民或平民(demos)就是大众,所以在亚里士多德看来,人民作为大众应当拥有统治权。之所以这一观点包含一些真理,是因为人民作为一个集合体而非个体能够在对一些事务的判断上比少数智慧的人更好③,所以人民应当参与关于城邦事务的审慎(bouleusis)和判断。④ 这一点同样在《尼各马可伦理学》中得到了印证,亚里士多德在《尼各马可伦理学》中提出慎虑是一种理性的计算⑤,并且慎虑和抉择(prohairesis)一样⑥,慎虑关涉的行为是一个人自身能力范围内的行为⑦,即慎虑只是慎虑自己的事情而不是去慎虑他人或者超出自身能力范围之外的事情,这意味着人民能够更好地慎虑对自己而言最好的事情,而政治事务关涉到每一个人,属于每个人自己的事情,所以人民比少数智慧的人在人民自己的事情(政治事务)上拥有更好的慎虑,因此人民应当拥有统治权。

---

① 根据《和平的保卫者》拉丁本和几个译本的校注,马西留在此处对亚里士多德《政治学》的引用应为《政治学》第3卷第11章。
② 亚里士多德:《政治学》,1281a39—41。
③ 同上书,1281a41—1281b9。
④ 同上书,1281b30—31。
⑤ 亚里士多德:《尼各马可伦理学》,1112b18—27。
⑥ 关于亚里士多德对抉择的论述,参见亚里士多德:《尼各马可伦理学》,1111b5—1112a18。
⑦ 亚里士多德:《尼各马可伦理学》,1112a23—33,1112b34—1113a1。

马西留同样认为,作为人民的公民共体而非少数智慧的人更具有判断力,他给出了几个证明,其中有两个证明延续和扩展了亚里士多德的论证思路。

第一个证明:

> 制定或建立人法的首要人类权威绝对只属于那些能够产生最好法律的人。而这就是公民共体或代表整个共体的强力部分;因为所有人很难或不可能一致同意一种观点,因为一些人天生发育有缺陷,出于独特的恶意或无知而不同意共同观点;但这些人的无理反对或否认绝不会阻碍或搁置公利。因此,制定或建立法律的权威只属于公民共体或其强力部分。(I. 12. 5)

奈德曼对这个证明进行了简化:立法的首要人类权威仅仅属于那些能够制定最好法律的人,由于能够制定最好法律的人是公民共体或公民共体的强力部分,即一个人只有自己知道自己的利益是什么,所以关涉所有人利益的立法权威仅仅属于公民共体或公民共体的强力部分。[①] 对于大前提,马西留认为它是自明的,因为只有能够制定最好法律的人才配得立法权威,"最好的法律只产生于全体群众的听取和命令"(I. 12. 5);对于小前提,马西留延续了亚里士多德《政治学》1283b40—42 的论证思路,表明最好的法律意味着最公正的法律,其目的是实现公民的公共利益(commune utilitas),而这只能通过公民共体或公民共体的强力部分实现,因为公民共体的目标是公共利益,而且人越多越容易注意到法的缺陷,所以公民共体最能够制定最好的法律。此外,每个人都不会做伤害自己的事情并且能够在自己的事情方面有更好的慎虑,"法律的公利性更能被全体群众关注,因为无人有意伤害自己"(I. 12. 5),这导致公民共体制定的法律优于任何其他人制定的法律,即能够制定最好法律的人是公民共体或公民共体的强力部分,所以小前提成立。因此,公民共体掌握立法的首要人类权威。

第二个证明:

> 因为立法的权威只属于这样一个人,他立的法律将得到更好的或绝对的遵守。而这个人只是公民共体;因此立法的权威属于他。(I. 12. 6)

---

① Cary J. Nederman, *Community and Consent: The Secular Political Theory of Marsiglio of Padua's Defensor Pacis*, p. 77.

对于这个证明的大前提，马西留同样延续了亚里士多德《政治学》1294a3—4 的论证思路，表明如果法律不被遵守，那么它将是无用的，所以守法对于法的完美性来说是必不可少的，一个掌握立法权威的人制定的法律必然会得到遵守，否则他的立法权威无效，并且公民依法行事才能获得真正的政治自由，因为正如孟德斯鸠在《论法的精神》中所说的那样，"政治自由绝不意味着可以随心所欲。在一个国家里，即在一个有法可依的社会里，自由仅仅是做他应该想要做的事和不被强迫做他不应该想要去做的事"①；对于小前提，马西留指出，每个公民对法律的遵守取决于公民对法律的参与程度，"任何一个公民都会更好地遵守他们认为是自己施加给自己的法律；这正是通过全体公民群众的听取和命令制定的法律"（I. 12. 16），这意味着，公民共体遵守的法律必然是公民共体制定的法律，所以公民共体必然是那位使得法律能够被更好或绝对遵守的人。格沃斯指出，公民共体之所以会遵守自己立的法，是因为"自我立法对自由来说是本质的"②。也就是说，守法者必须同时是立法者才能够自愿服从法律，个体自由而非公共利益才是公民共体自愿守法的关键，所以守法取决于守法者对于法律的同意，这种同意在于守法者的意志自由，而意志自由的一大表现就在于法律是自己制定的，因此马西留的法律概念要求每个公民的意志参与。

为此，马西留借用一条古罗马法学谚语演化而来的教会法规——"触及所有人的东西必须受到所有人的认可"（quod omnes tangit debeat ab omnibus approbari）③——来说明这一点："人们聚集在城邦共同体之中，是为了追求对生活有利和充足的事情、避免相反的事情。因此，那些可能触及所有人的利益和伤害的东西必须被所有人知道和听取，以便他们能够追求有利的事情、抵制相反的事情。"（I. 12. 7）

之所以只有公民共体而非任何个人或少数人才能够制定出最好的法律，是因为"一个人可能由于无知、恶意或二者兼而有之而制定一部恶法，也就是说，他更多地考虑私利而非公利，因此可能令法律变得暴虐。出于同样的原因，它也不属于少数人；因为他们也可能会如前所述那样犯罪，从而制定一部为了某些人（即少数人）利益而非公利的法律，正如我们在寡头制中

---

① 孟德斯鸠：《论法的精神》（上卷），许明龙译，北京：商务印书馆，2012 年，第 184 页。

② Alan Gewirth, *Marsilius of Padua: The Defender of Peace, Vol. I: Marsilius of Padua and Medieval Political Philosophy*, p. 220.

③ 关于这一格言的多重解释，参见 Alan Gewirth, *Marsilius of Padua: The Defender of Peace, Vol. I: Marsilius of Padua and Medieval Political Philosophy*, p. 224。

看到的"(I.12.8)①。因此,守法的关键在于公民共体成为法律的制定者,当公民共体成为立法者时,公民共体将同时成为最好的守法者。在马西留看来,也只有公民共体成为立法者,法律才能彻底摆脱私欲的干扰,真正实现公利的目标。因此,立法权威属于公民共体,就像康德在《道德形而上学》中所说的那样:"立法权只能归于人民的联合意志……只有所有人的一致的和联合的意志,就每个人关于所有人,并且所有人关于每个人决定同样的事情而言,因而只有普遍联合起来的人民意志,才能是立法的。"②

值得注意的是,马西留的论证并没有区分事实判断和价值判断,他的事实判断同时就是价值判断。具体来说,当马西留在此论证公民共体是立法者并且掌握立法权威时,他并不仅仅是在事实层面上澄清只有公民共体才是立法者,而且是在价值层面上断定只有公民共体才应当成为立法者或者配得立法者身份,因为只有公民共体是最好的立法者,最好的法律出自且应当出自公民共体而非其他个人或集体。

所以马西留在公民共体是立法者的论断上延续了亚里士多德的论证思路,表明公民共体比少数智慧的人更应当成为立法者,并且公民共体最能够慎虑自己的事情并且最能够遵守自己制定的法律。

---

① 寡头制的特征就在于以资产的多寡作为统治权分配的标准,所以寡头政体实质上是富人统治的政体,而非少数人统治的政体,只不过现实生活中的富人常常是少数人,正如柏拉图在《理想国》550c8—d1 中所说:"根据对于财产的估值(τιμημάτων)而建立的政体,在它之中富人(πλούσιοι)进行统治,而穷人(πένητι)与统治权无缘。"当然,在柏拉图看来,与为了少数富人利益的寡头制一样,为了多数穷人利益的民主制同样是一种糟糕的政体,因为它们都是为了某些人利益而非公利的政体。显然,马西留在此延续了柏拉图的观点,强调好的政体或法律是为了公利而非某些人利益的政体或法律,无论这里的某些人是少数富人还是多数穷人。

② 康德:《道德形而上学》,载李秋零主编,《康德著作全集》(第六卷),北京:中国人民大学出版社,2007 年,第 324 页。这也是康德在《道德形而上学的奠基》中从意志的自律原则推导出来的理性存在者联合而成的目的王国。简单来说,意志的自律原则一方面否定从后天经验中寻求道德律的可能性,因为从经验中不能获得道德律所要求的普遍必然性和客观目的性;另一方面,自律原则摆脱了前两个原则所带来的不足,它表明理性存在者的意志与普遍立法者的意志的同一性,即意志就是法则,从而达到纯粹的无条件性,并由此构建了一个纯粹的目的王国。也就是说,从偏好中寻找最高原则被证明是失败的,因为意志受外物干扰所制定的律令仅仅是有条件的他律原则,只有将个人意志与普遍实践理性相结合才可以产生无条件的自律原则,从而达致目的王国。目的王国是指"不同的理性存在者通过共同的法则形成的系统结合"(康德:《道德形而上学的奠基》,载李秋零主编,《康德著作全集》(第四卷),北京:中国人民大学出版社,2005 年,第 441 页),一切理性存在者通过自由意志为自身立法从而建立目的王国,正是理性存在者的立法者的地位使其有资格进入这个目的王国,不管是作为这个王国的元首还是成员,"一个理性存在者的世界,作为一个目的王国,就以这种方式成为可能,而且是通过作为成员的所有人格的自己立法"(康德:《道德形而上学的奠基》,第 447 页)。

二、公民共体是唯一立法者

不可否认的是,马西留并没有完全遵从亚里士多德的学说,《和平的保卫者》在公民共体是立法者这一论断上存在三处突破亚里士多德式证明的地方。

第一,虽然亚里士多德认为"大众而非少数最好的人应当拥有统治权"这一观点包含一些真理,但是他也承认这一观点存在一些问题,并且这一观点只是包含一些真理而非全部真理,因为"这种多数人对少数卓越的人的优势是否能够存在于每一个人和每一个大众的情况中,这一点是不明确的……没有什么能够阻止我们所说的对于一些大众来说是真的"[①],所以亚里士多德并没有绝对肯定人民应当拥有统治权这一观点的真理性。在亚里士多德看来,人民掌握统治权仅仅是民主制的特征,而非其他政体的特征,这个特征正是亚里士多德特殊政体理论的有机组成部分。但是,和亚里士多德不同,马西留并不认为公民共体是立法者这一论断仅仅包含一些真理,他认为这一论断并不是仅仅适用于一些特殊情况,因为公民共体不仅是立法者而且是法的首要动力因,并且如前所述,立法权仅仅属于公民共体,所以亚里士多德的观点所包含的部分真理被马西留延续下来并且被马西留发展成普世真理,公民共体是立法者这一论断不仅包含一些真理而且包含全部真理。

第二,即使亚里士多德指出大众拥有统治权这一观点包含一些真理,他也没有承认大众应当行使统治职权,反而借用梭伦和其他立法者的观点,仅仅承认大众拥有参与慎虑和判断的权力,即大众能够选举统治职权但是不能自己行使统治职权,因为大众集合在一起能够在慎虑和判断上好于少数智慧的人,但是行使统治职权的人只能是少数智慧的人,一旦大众被单个对待,即大众中的单个人行使统治职权,那么大众中的每一个人在慎虑和判断上都不如少数智慧的人,所以大众不应当行使统治职权,大众只能拥有选举统治者的权力。[②] 但是,和亚里士多德不同,马西留不是将公民共体的权力限制在公民共体作为整体的慎虑和判断的权力之内,而是承认公民共体中的每个人都有权行使统治职权。因为如前所述,马西留的公民共体不是亚里士多德意义上的大众,而是包含高贵阶层和大众阶层两个阶层的人民,所以当亚里士多德否定拥有统治权的大众能够直接行使统治职权时,马西留

---

① 亚里士多德:《政治学》,1281b15—21。
② 同上书,1274a15—21, 1281b30—38。

则肯定拥有立法权的公民共体能够直接行使统治职权。然而，有一点需要澄清的是，当马西留肯定公民共体能够行使统治职权时，他实际上是就公民共体中的高贵阶层而言的，因为行使统治职权的人不仅要具有明智（prudencia）和道德美德（moralis virtus）这一内在习性①，"未来的完美统治者拥有两种内在的、本质上不可分的习性，即明智和道德美德，尤其是正义"（I. 14. 2），而且要具有武装力量这一外在器官，"除了上述那些习性和品质，一个特定的外部器官，即一定数量的武装人员，对统治者来说是必要的，它使得他能够凭借强制力量对叛逆和不服从的人执行他的公民判决"（I. 14. 8）。只有满足了这两个条件的人才有资格行使统治职权，一旦公民共体中的大众阶层被单个对待，那么大众阶层中的每一个人都将缺乏行使统治职权所需要的内在条件，所以公民共体中行使统治职权的人实际上来自公民共体的高贵阶层，这意味着在实际的操作层面上，马西留同样延续了亚里士多德的观点。但是，高贵和大众两个阶层毕竟被一同纳入了公民共体之内，大众阶层获得了和高贵阶层同等的公民权，甚至大众阶层更加能够指代公民共体，所以马西留在理论上保留了公民共体中的大众阶层行使统治职权的可能性。虽然在马西留的时代，这一理论上的可能性仅仅停留在潜能状态，但是在近代启蒙运动家的笔下，它将得到彻底的实现。

第三，正如布雷特在《和平的保卫者》英译本相关脚注中指出的，亚里士多德在《政治学》1281a39—1282b41 没有特别地讨论谁是立法者的问题，而是一般性地讨论了谁应当拥有统治权的问题，基于这一问题，他提出大众而

---

①　值得注意的是，美德一词在古希腊语中是ἀρετή，而ἀρετή一词含义丰富，其含义可以分成两个层面：一方面，就身体（σῶμα）层面而言，ἀρετή包含"卓越"的意思，例如一匹马跑得快，那么这匹马的身体功能是卓越的，我们可以称这匹马有ἀρετή，一旦这匹马断了一条腿，从而跑不快了，那么这匹马就失去了身体的卓越功能，从而失去了奔跑上的ἀρετή；另一方面，就灵魂（ψυχή）层面而言，ἀρετή包含"美德"的意思，例如一个人作战时很勇敢，那么我们可以称这个人的灵魂具有勇敢的ἀρετή，一旦这个人作战时胆怯或者鲁莽，那么这个人的灵魂就不具有勇敢的ἀρετή。显然，身体层面的ἀρετή所指向的是身体层面的力量（δύναμις），灵魂层面的ἀρετή所指向的是灵魂层面的知识（ἐπιστήμη）。苏格拉底、柏拉图甚至亚里士多德都强调ἀρετή在灵魂层面的含义，进而用知识去驯化力量，使得ἀρετή所蕴含的力量受到知识的限制，从而ἀρετή成为一种灵魂统治身体的东西。由于苏格拉底、柏拉图和亚里士多德采纳的是ἀρετή的美德含义，而美德指向的是灵魂层面的善好功能，所以他们认为，正义作为一种美德是内在于灵魂之中的善好功能，既然它存在于灵魂之中而非身体之中，那么很显然，正义作为灵魂的一种美德使得一个正义的人既不能被外部的力量伤害也不会去伤害他人。这意味着，一个人有没有美德，并不取决于外部力量，而是源于灵魂自身的运动。例如，一个人成为不正义的人，不能去责备外部环境的恶劣；同样地，一个正义的人并不会因为失去了一条腿而丧失了正义，从而成为不正义的人。因此，美德的获得和失去是灵魂自身招致的，不是外部力量所决定的，所以每个人要为自己的美德或邪恶负责。就此而言，马西留延续了苏格拉底、柏拉图和亚里士多德关于美德的内在进路思考。

非少数智慧的人应当拥有统治权这一观点。① 此外,如前所述,由于大众拥有的统治权被严格限制在了选举统治职权的权力之内,所以大众不是实际的统治者,而是控制谁应当行使统治职权的"主权者"(sovereign)。② 然而,大众是主权者,并不意味着大众是立法者,因为在亚里士多德看来,"统治者必须是立法者"③,既然大众不能直接行使统治职权,那么大众就不是立法者,所以马西留在《和平的保卫者》第1论第12章第3节引用的亚里士多德文本,不仅没有赋予大众行使统治职权的权力,而且没有区分开立法者/立法权和统治者/统治权。但是,和亚里士多德不同,马西留明确表明公民共体是立法者或法的首要动力因,这不仅意味着公民共体作为整体在慎虑和判断方面比少数智慧的人更好,而且意味着公民共体比少数智慧的人更应当成为立法者而非法的建议者。此外,之所以马西留将公民共体视为立法者而非统治者,是因为马西留明确区分了立法者和统治者,进而明确区分了立法权和统治权。这意味着,马西留不再从统治者/统治权的角度看待立法者/立法权,而是借着立法者/立法权-统治者/统治权的二分结构对亚里士多德政治哲学中的大众-统治者关系进行了解构和重构,由此建构出以公民共体是立法者为核心的中世纪晚期人民主权论。

综上,马西留延续了亚里士多德关于大众比少数智慧的人更应当拥有统治权的观点,并且将其扩展成公民共体理论的核心表达:"立法者或法的首要和恰当的动力因是人民或公民共体或其强力部分。"(I. 12. 3)基于亚里士多德对大众在慎虑和判断上比少数智慧的人更有优势的论述,马西留推导出公民共体比少数智慧的人更应当成为立法者,所以他论证出共体比个体更适合充当完美的立法者,公民共体是唯一立法者。

---

① *DP.*(布本), I. 12. 3, n. 3.

② Melissa Lane, "Popular Sovereignty as Control of Office-holders: Aristotle on Greek Democracy", pp. 59-63.

③ 亚里士多德:《政治学》,1286a22。相关讨论,参见 Alan Gewirth, *Marsilius of Padua: The Defender of Peace, Vol. I: Marsilius of Padua and Medieval Political Philosophy*, pp. 206-207, 234。

第二章　整体大于部分原则

　　既然共体是由许多个体组成的普世共体,即"许多个体'变成一'或'作为一'",那么公民共体在许多公民个体的基础之上变成了一个普世的公民共体,这一普世的公民共体进而被马西留正面界定为立法者或法的首要动力因。在马西留看来,之所以公民共体而非任何个体(不论是有智慧的个体还是大众阶层的个体)是立法者,是因为个体的有限性决定了不论个体多么智慧都无法实现自身的完美性,而共体拥有任何个体无法拥有的完美性,公民共体的完美性特征使得公民共体而非任何个体应当成为立法者。

　　但是,如果个体是有限的,那么有限的个体组合而成的共体何以能够是完美的呢? 共体如何能够超越个体的有限性从而获得一种个体不具备的完美性呢? 针对这一问题,亚里士多德认为大众作为整体并不是始终完美的,所以他认为大众拥有统治权这一观点只是包含了一些真理而非全部真理。但是,和亚里士多德不同,马西留关于公民共体是立法者这一论断建立在公民共体的完美性之上,而公民共体的完美性确保了这一论断不是包含一些真理而是包含全部真理,所以马西留主张公民共体是法的首要动力因或唯一立法者。

　　问题在于,马西留如何论证从个体的有限性到共体的完美性的过渡? 马西留对这一问题的解决不仅关系到公民共体是立法者这一论断的普遍有效性问题,而且关系到这一论断能否与唯名论的单义性原则相适应的问题。本章将从马西留对共体和个体关系的论证开始,引出中介的崩溃这一中世纪晚期神学上的大变革,最后通过对比马西留和奥卡姆在共体问题上的争论,深入讨论公民共体、个体和中介的关系,考察马西留如何构造出全新的中介。

第一节　共体和个体

　　马西留在《和平的保卫者》第 1 论第 13 章"论对上一章所述的一些反驳

及其解决,以及对上述命题的进一步澄清"中着重处理了从个体的有限性到共体的完美性的过渡问题。我们从第 13 章的这个标题中可以看出,这一章的任务在于,针对第 12 章关于公民共体是立法者这一论点的反驳,马西留试图提供相应的解决方案并且进一步澄清这一论点。在马西留看来,对公民共体是立法者这一论点的反驳主要有两条:

第一,公民共体中的多数公民的本性中包含恶意(malicia)和无知(ignorancia)两大罪,"人民似乎大多是邪恶和愚蠢的"(I. 13. 1),如果公民共体拥有立法权威,那么法律将无法排除恶意和无知,而恶意和无知正是一个好的法律需要避免的,所以"非常邪恶和不辨是非的人不应当建立法律。事实上,这两种罪(即恶意和无知)应当被排除在立法者之外"(I. 13. 1)。

第二,只有少数人是智慧的,"在任何一个城邦共同体中,与其余浅薄的群众相比,智慧和博学的人很少"(I. 13. 1),而少数智慧的人不仅比公民共体更能发现真实和有用的事物而且更能够在法律问题上达成一致,因为"很难或不可能让大多数邪恶和愚昧之人的观点保持一致"(I. 13. 1),所以少数智慧的人制定的法律优于多数无知的人制定的法律,立法权威属于少数人。此外,按照奥卡姆剃刀原理,如果一件事情能够由少数人完成,那么多数人去做这件事情就属于白费力气,因为"多数人去做一件少数人可以做成的事情,就是在白费力气。有鉴于此,既然法律可以由少数智者制定(如上所述),那么让全体群众或其主导部分(pars maior)去做这件事,就是在白费力气。因此,立法权威不属于共体或其强力部分"(I. 13. 1)。这意味着,少数智慧的人足以承担起立法权威,足以利用自己的智慧和完美性制定一套完美的法律,所以少数人应当成为立法者。

显然,这两条反驳都建立在公民共体是不完美的以及个体中的智慧者是完美的这一原则之上,基于这一原则,反驳公民共体是立法者的人主张立法权威不属于公民共体而属于少数智慧的人。[①] 针对这两条反驳,马西留给出了两条具体解决方案。

一、心智健全的有限个体

马西留承认立法权威不应当属于邪恶的和无知的人,但是他否认公民共体中的多数公民是邪恶的和无知的,"因为大多数公民在多数场合和时间里既不邪恶也不是不辨是非;事实上,所有人或大多数人都是心智健全和理

---

① Gerson Moreno-Riano, "Hierarchy, Ambiguity, and a *Via Media* in Marsilius of Padua's Defensor Pacis", in *The World of Marsilius of Padua*, p. 256.

性的,并且对政体和维持政体所必需的东西(例如法律和其他法规或习俗,正如前面所表明的那样)有着正确的欲望"(I.13.3)①,所以马西留肯定大多数公民是心智健全的,并且他们对于法律相关的事务具有良好的判断力,"虽然不是任何一个公民或主导群体是法律的发现者,但任何一个公民都能够判断已经被发现并由他人展示给他的东西,并能够区分必须添加、减少或更改什么"(I.13.3)。

马西留在此引用和延续了亚里士多德《政治学》第3卷第11章的论点,即一些技艺的使用者比技艺的制造者对技艺拥有更好的判断,所以房屋的使用者比房屋的制造者对房子具有更好的判断:

> 只要群众不是过于卑贱,即使他们各自为政时在判断上不如那些行家里手,然而全部聚在一起时,群众整体的判断就会优于或者至少不逊于行家的判断。此外,在有些技术行业,制造者并不是唯一的或最好的判断者,那些不具备这些技术的人反倒善于识别判断;例如,房屋的制造者并不是唯一熟知房屋的人,而房屋的使用者或居住者倒能做出更好的判断,正如舵手比木匠更知舵的好坏,宴席上的食客比厨师更知菜肴的优劣。②

在亚里士多德的这段文本中,我们注意到一个前提条件——"只要群众不是过于卑贱",这意味着,之所以群众整体的判断力优于少数人的判断力,是因为群众个体不是无知的,他们有着正常的判断能力,所以群众整体才具备超越少数人的判断力。此外,在亚里士多德看来,判断力有别于认知力,一个对事物无知的人同样能够对该事物拥有良好的判断力,虽然房屋的使用者不懂得造房术,对于房屋的材质和设计一无所知,但是他比建筑师更懂得房子的好坏,因为房子的好坏取决于使用者的居住体验,所以使用者更具有判断权。

和亚里士多德一样,在马西留看来,虽然法律要求其发现者具备法律相关的专业知识,这导致并不是每一个公民都能够或者适合成为法律的发现者,但是每一个公民作为法律的使用者和法律的直接适用对象,都能够判断法律的好坏,即能够分辨出哪些与法律相关的事务应该被添加、减少或更

---

① 相关讨论,参见 Janet Coleman, *A History of Political Thought: From the Middle Ages to the Renaissance*, p.156。

② 亚里士多德:《政治学》,1282a16—23。

改,"任何一个公民都能够判断已经被发现并由他人展示给他的东西,并能够区分必须添加、减少或更改什么"(I.13.3),正如一个人即使不知道如何发明轮船,他也能够对轮船的质量进行正确的判断,因为只有真正使用轮船的人才能正确地判断轮船的质量,所以只有真正使用法律的公民共体才能正确地判断法律的好坏。①

因此,马西留的这条解决方案延续了亚里士多德的论证思路:即使公民共体的多数公民不能很好地发现法律,他们也比少数发现法律的智慧的人在法律的判断上具有优势,即公民共体比少数智慧的人能够更好地分辨和判断法律的好坏,所以公民共体作为法律的使用者在法律的判断上是完美的。

二、共体大于个体

虽然马西留承认只有少数人是智慧的,而且"智者比整个群体(其中包括他们[智者]和其他浅薄的人)更知道分辨哪些东西应当被建立"(I.13.4),但是他否认少数智慧的人比公民共体更能知道如何分辨好坏。具体理由有以下四点。

其一,如前所述,公民共体不仅包含少数智慧的人,而且包含其他头脑健全的大众,所以公民共体的整体智慧要高于少数智慧之人的智慧,公民共体的判断也必然要好于少数智慧之人的判断。也就是说,即使少数智慧之人的智慧和判断好于大众阶层的人,但是他们的智慧和判断不可能好于公民共体。(I.13.4)

其二,虽然少数人更能达成一致,但是这并不能推导出少数人达成的观点比公民共体达成的观点更能代表公共利益,因为少数人可能并不去分辨或意愿公利,"这些少数人可能既无法很好地分辨也不想要公利"(I.13.5),甚至他们可能会为了私利而损害公利,因为"他们将可能在立法中更多关注私利,例如某些人或某个集体的利益,而非公利,这在那些制定神职人员《教令集》(Decretales)的人身上是足够显而易见的"(I.13.5)②,所以我们从少数智慧的人更能够在法律问题上达成一致这一点上并不能推导出少数智慧的

---

① 相关讨论,参见 Vasileios Syros, "The Sovereignty of the Multitude in the Works of Marsilius of Padua, Peter of Auvergne, and Some Other Aristotelian Commentators", in *The World of Marsilius of Padua*, pp. 240-241。

② 马西留在这一节第一次提到了全书重点批判的《教令集》,马西留认为《教令集》打开了寡头统治的道路,即少数人(主要是神职人员)为了自己的利益进行的寡头统治,"这将为寡头制开辟某种道路,仿佛是将立法权只授予一个人,从而为暴政提供了空间"(I.13.5)。

人应当拥有关涉公利的立法权,智慧并不等同于完美,完美性不是由智慧决定的。

其三,即使智慧的人比无知的人更能够制定好的法律,智慧的人也不会比公民共体更能制定好的法律,因为"尽管法律可能最好由智慧的人而非由浅薄的人制定,但我们不能由此断定,法律最好只由智慧的人而非由包括上述智慧的人在内的全体公民群众制定"(I.13.6)①,甚至公民共体更能分辨和意愿公利,"所有这些聚集在一起的群众比[城邦]采纳的这些任何分离的部分(无论他们多么明智)更能分辨和想要公义和公利"(I.13.6)。

其四,虽然大众不能独自发现真实的和有用的事物,但是大众能够分辨和判断被少数智慧的人发现的事物,"群众能够分辨由他人发现并展示给他的东西,以及判断是否需要在拟议的东西中添加、减少、整个更改或抛弃什么"(I.13.7),而且少数智慧的人发现的事物正是通过大众的批评和判断才会逐渐得到补充和完善,比如只有智慧的人能够发现事物的第一因,但是这种发现并不能确保事物的完善性,因为事物的完善性需要公民共体的共同参与,"发现科学、技艺和其他传统的本原的人无非是最优秀和拥有最敏锐才智的人;而一旦它们被发现,拥有较低才智的人也能够加以补充,但他们不应仅仅因为他们不能自己发现这些本原而被称为不辨是非的,反而应被算作善好的"(I.13.7)。

因此,公民共体应当拥有立法权,立法权掌握在公民共体手中才能够发挥善好的功能。那么,公民共体如何立法呢?

马西留在提供上述两条解决方案后,紧接着就提出了公民共体的立法过程,以此表明公民共体和少数智慧的人在立法上的关系:

> 恰当且有用的是,公民共体委托明智和专业的人来研究、发现和审查那些涉及正义和利益、公共不便或负担以及诸如此类的规则(未来的法律或法规)……这些规则(未来的法律)在被发现并经过仔细审查后,就必须提交给聚集的公民共体去认可或拒绝,以便如果任何公民认为应当添加或减少、更改或整个抛弃什么东西,他就可以这样说,因为法律将通过这种方式得到更加有效的安排……此外,经过全体群众的听取和同意,这样制定的法律才会被更好地遵守,也没有任何人会反对它们……上述规则只有在批准之后而非之前才是法律并且应被如此命

---

① 相关讨论,参见 Vasileios Syros, *Marsilius of Padua at the Intersection of Ancient and Medieval Traditions of Political Thought*, p. 88。

名；它们也只有在公布或宣布之后才迫使违背人类命令的人遭受民事的罪与罚。(I.13.8)

马西留描述的立法过程可以分为三步：首先，公民共体选举少数智慧的人作为立法专家去发现与法律相关的真实和有用的事物；其次，专门的立法委员会对法律的制定和执行过程中出现的问题进行起草、审核和讨论，并且提交公民共体大会进行审议；最后，公民共体通过同意、表决制定法律，由此形成最完美的法律。很显然，立法行为既要求少数智慧的人的理性参与，从而使得法律成为明辨是非的法律，更要求公民共体的意志同意，从而使得法律成为严格意义上的法律。因此，虽然马西留和其对手都承认立法者应当是能够制定完美法律的人，但是马西留和其对手的区别在于，马西留否认少数智慧的人是能够制定完美法律的人，进而主张只有公民共体能够制定完美法律，由此证明公民共体应当拥有立法权。

行文至此，我们可以看到，马西留的这一论证建立在公民共体的完美性和个体的有限性之上，正是公民共体的完美性和个体的有限性决定了公民共体而非少数智慧的人应当拥有立法权。那么问题在于，为什么共体是完美的，个体却是有限的？有限的个体如何转化为完美的共体？对于研究者来说，澄清马西留笔下的共体和个体的关系，或许正是探索和回答这些问题的一个合适出发点。

第二节　整体大于部分原则

马西留对公民共体的完美性和个体的有限性的证明来自这样一条原则：

> 我还采纳了心灵中的共同观念，即"每一个整体大于其部分"（omne totum maius esse sua parte），它不仅在规模或数量上是正确的，而且在实践美德和行动上也是正确的。我们可以由此必然足够明确地推断出，公民共体或其强力群体（二者应被视为同一个东西）比其中任何一个分离的部分都更能够分辨必须选择和抛弃什么。(I.13.2)

这条原则可以简化为整体大于部分原则，即整体的力量大于部分的力量，由于公民共体作为整体大于公民共体中的任何一个部分的力量，所以共体的力量大于个体的力量。然而,马西留并没有止步于此,整体不仅在力量上大于部分,而且在真理性上大于部分,即整体更具有真理性。

众所周知,量的增加不必然带来质的同等增加,比如大众阶层的人在量的维度上大于高贵阶层的人,即大众阶层的人数多于高贵阶层的人数,但这不必然导致大众阶层的人在质的维度上大于高贵阶层的人,甚至高贵阶层的人在质的维度上往往大于大众阶层的人,即高贵阶层往往更具有真理性,他们的认知能力往往强于大众,并且更能够发现完美法律所需的诸要素。

但是,马西留的整体大于部分原则是就整体-部分的关系而非整体-整体的关系而言的,即这一原则适用的是作为整体的大众阶层和高贵阶层合一的普世共体和作为部分的大众阶层或高贵阶层的比较关系,而非大众阶层和高贵阶层两个部分之间的部分-部分关系,所以整体在量上的增加本身就意味着其在质上的同步增加,那么整体大于部分就是必然的。

如前所述,马西留从量和质的双重维度论述公民共体的强力部分,表明公民共体或公民共体的强力部分在量上的增加能够带来质上的同等增加,之所以公民共体能够在量和质的双重维度上大于它的任何部分,是因为公民共体本身从量和质的双重维度包含了不同数量和质量的大众阶层和高贵阶层,这意味着公民共体作为整体在量和质的双重维度都大于公民共体中的任何个体或非强力部分,所以强力部分不是公民共体中的某一个特殊部分,而是公民共体本身,是对整体的完全表达。[①] 既然部分在量上的增加能够带来质上的同等增加,而整体作为部分在量上的最大值将带来质上的最大值,那么有限的个体将随着量和质上的同等增加转变成完美的共体,所以有限的公民个体将随着量和质上的同等增加转变成完美的公民共体,量和质的同等增加不仅决定了整体大于部分原则,而且决定了从个体的有限性到公民共体的完美性的转变。

但是,格沃斯指出,在马西留的论证思路中,马西留似乎同样主张大众阶层的人在量上的增加会带来质上的同等增加,即大众阶层的整体智慧不低于甚至高于高贵阶层的整体智慧,因为马西留在《和平的保卫者》第 1 论第 13 章第 4 节指出,大众阶层之所以作为多数缺乏智慧的人的整体智慧不低于甚至高于少数智慧的人的整体智慧,是因为其在量上绝对地超越于高贵阶层。[②]

---

① Alan Gewirth, *Marsilius of Padua: The Defender of Peace, Vol. I: Marsilius of Padua and Medieval Political Philosophy*, p. 193.

② Ibid., p. 195.

也就是说,大众在数量上的压倒性地位同样能够产生质的变化,公民共体的完美性不单单取决于高贵阶层在质上的优越性,大众阶层仍然构成公民共体完美性的重要组成部分,"即使我们假设(正如根据真理来说确实如此)一群浅薄的人在拟立的法律或其他必须做的事情上的判断不如同样数量的博学的人的判断好,但浅薄的人的数量能够增加到如此之多,以至于他们在这些事情上的判断和少数博学的人的判断同样好或者比后者的判断更好"(I.13.4)。

因此,整体大于部分原则的真理性不仅在于整体是由不同量和质的部分组合而成的,从而整体在量和质的双重维度上都大于任何一个部分,而且在于同质的部分在量上的增加同样会带来质上的同等增加,从而公民共体中的大众部分在量上的增加会带来质上的同等增加,甚至大众部分的整体智慧在实践事务上高于高贵部分的整体智慧。

第三节 愚人论证和高贵的谎言

值得注意的是,马西留在说完大众更具有判断力后,除了引用亚里士多德《政治学》1282a15—17 来证成自己的观点以外,还处理了《传道书》中的一个重要观点:"愚人的数量是无限的。"①在马西留的对手们看来,大众阶层属于愚人阶层,"因为人民似乎大多是邪恶和愚蠢的"(I.13.1),所以大众阶层作为愚人阶层并没有因为人数的增加而变得更具有判断力,反而沦为愚蠢的暴徒团伙。

实际上,愚人论证不仅仅出现在《圣经》中,而且存在于古希腊哲学家的思想中。柏拉图在《理想国》第 3 卷中讲述的"高贵的谎言"(gennaion pseudos)就是典型的古代版本的愚人论证。

> 我们要问,我们应该怎样来运用它们呢——怎样用它们之中的一个正当的、高尚的谎言来说服主要是统治者们自己,或者,如果不能,就来说服其他的城邦居民们? ……我是想要,首先,说服统治者本人和护卫者们,其次,是其他城邦居民……塑造你们的神,对于你们之中凡是能够做统治者的人,在创造他们的时候,就用金和他们掺在一起,并因此他们是最贵重的;对于助手或是护卫者,就用银;而对于农民和其

---

① 《传道书》,1:15。

他手艺人,就用铁和铜……存在着这样一个神示:当一个城邦是由铁或是铜来统治的时候,这个城邦就要灭亡了。①

高贵的谎言包含三个说服:第一,说服城邦三个阶层相信教育(didaskalia)的自然正当性,即让他们相信人为的教育像梦一样不真实,但是他们所接受的是自然的而非人为的教育,从而说服他们接受柏拉图安排的教育;第二,说服城邦三个阶层相信他们共同拥有一个大地母亲,即城邦中的所有人都是在同一个大地里面被塑造和教育的,从而使得他们彼此之间产生友爱(philia),由此促使他们共同保卫城邦和关心彼此的利益;第三,说服城邦三个阶层相信金银铜铁的神话(mythos),即神在造人的时候将人的灵魂和不同的金属加以混合,其中混合了金的人在自然上是统治者,混合了银的人在自然上是护卫者,混合了铜和铁的人在自然上是生产者,并且混合了金银的人不应当追求私人利益而是应当追求城邦的整体幸福,此外,由于三个阶层的后代不一定遗传父辈灵魂中的金属属性,所以神命令统治者既要重视护卫者的教育,也要根据三个阶层后代的灵魂实际混合了哪一种金属来安排他们在城邦中的阶层。简单来说,高贵的谎言是说服(peithō)②统

---

① Plato, *The Republic of Plato*, translated with notes and an interpretive essay by Allan Bloom, New York: Basic Books, 1968, 414c-415c. 原文参考 Loeb 希腊本(Plato, *The Republic, Books I-V*, with an English translation by Paul Shorey, Cambridge: Harvard University Press, 1930; Plato, *The Republic, Books VI-X*, with an English translation by Paul Shorey, Cambridge: Harvard University Press, 1935)和 Slings 希腊本(Plato, *Platonis Rempublicam*, recognovit brevique adnotatione critica instruxit by S. R. Slings, Oxford: Oxford University Press, 2003),中译文参考柏拉图:《理想国》,顾寿观译,吴天岳校注,长沙:岳麓书社,2010年。中译文引用时,有所改动。

② "说服"的古希腊文是πείθω,πείθω的主动态和被动态指"说服",但是它的中动态是"服从"的意思,所以说服同时意味着服从。在《理想国》开篇处,苏格拉底和格劳孔观看完祀神仪式,打算返回雅典。但是,波勒马库斯和同伴们拦住了他们,希望他们能留下来,去波勒马库斯家里做客。波勒马库斯先派出小厮去拦住他们,小厮传达出波勒马库斯的命令,即命令(κελεύω)他们等待他,但是苏格拉底并没有直接回复他的命令,反而格劳孔同意了他的命令。一方面,虽然格劳孔是苏格拉底的同伴,但是他并没有完全站在苏格拉底一边,反而和波勒马库斯一道阻碍苏格拉底返回雅典;另一方面,苏格拉底的沉默暗示着命令无法让他屈服,能让苏格拉底留下的绝不是命令。因为当波勒马库斯一行人来到苏格拉底面前时,波勒马库斯直截了当地让苏格拉底做一个选择:"或者你们来胜过[强过](κρείττους)了我们,或者,你们就留下。"(《理想国》,327c9)胜过实质上是力量逻辑,类似于中国的一句俗语"胜者为王,败者为寇",波勒马库斯奉行力量逻辑,他留下苏格拉底的方式靠的是力量强弱。但是,苏格拉底并没有坚持力量逻辑,而是提供了有别于力量逻辑的说服(πείθω)逻辑:"难道不还留有一个可能么:如果我们把你们说服(πείσωμεν)了,应该放我们回去?"这是苏格拉底一以贯之的理性主义路径,即通过理性的说服来使人服从。一旦苏格拉底成功说服了波勒马库斯,那么波勒马库斯必然会服从苏格拉底,放苏格拉底回去。但是,成功的说服不仅仅要求说服者拥有理性的能力,而且要求被说服者听从说服者的说服。恰恰在这一点上,苏格拉底看起来(δοκέω)失败了,因为波勒马库斯是一个"耳朵不听的人"(μὴ ἀκούοντας)(《理想国》,(转下页)

治者和被统治者共同维护城邦利益的政治谎言,其目的在于说服城邦的三个阶层(统治者、护卫者和生产者)共同维护城邦的利益,所以说服构成了理解高贵的谎言的关键。虽然高贵的谎言对于真理本身来说是一种谎言,但是它传达了关于城邦幸福和正义的真理,并且它对于被说服者来说是绝对真实的神话故事,一旦被说服者接受了高贵的谎言的三个说服,那么他们的灵魂将接受真理并且朝向一个幸福和正义的秩序。也就是说,柏拉图提出这三个说服的意图在于让城邦和个人的幸福在城邦的三个阶层中实现出来,即柏拉图试图说服城邦的三个阶层相信高贵的谎言,从而使得他们关心城邦的事务和彼此的利益,由此实现城邦的幸福和正义。① 因此,高贵的谎言是一种实现政治说服的谎言,其目的在于说服城邦三个阶层接受关于城邦幸福和正义的真理,由此实现一个"美好城邦"(Kallipolis)。② 然而,以卡尔·波普尔为代表的当代学者坚持高贵的谎言不过是统治者欺骗大众的政治把戏,即统治者通过编造高贵的谎言来为自己的政治统治提供合法性,由此否定高贵的谎言的正当性。③ 因此,从现代性的视角来看,柏拉图的高贵谎言预设了大众作为被统治者是愚蠢的,大众需要接受统治者的教导和说服,所以高贵的谎言构成了柏拉图政治哲学中的愚人论证。

　　针对《圣经》中的愚人论证,马西留一方面否定愚人论证的根本预设(即大众作为愚人不具有判断力),另一方面通过寓意解经法重新理解《圣经》中的愚人概念。一方面,在马西留看来,虽然大众是愚人,即"浅薄的或没有空闲追求自由的人"(I.13.4),但是这并不意味着大众在实践方面缺乏基本的理解力和判断力,因为愚人仅仅意味着缺乏理论知识的人,而实践事

(接上页)327c11),而对于一个"耳朵不听的人",怎么能够说服呢?(类似于中国古话"秀才遇到兵,有理说不清")格劳孔站在力量逻辑一边,再次肯定了波勒马库斯的立场。有趣的是,苏格拉底再次沉默了,这次沉默和第一次沉默的意图是一样的:命令和力量是无法让苏格拉底屈服和服从的,苏格拉底也坚信理性的说服是一种更有力量的东西。更为重要的是,通过苏格拉底和波勒马库斯的冲突(也是《理想国》中的第一次人物冲突),我们看到了知识(ἐπιστήμη)和力量(δύναμις)之间的巨大张力。苏格拉底的意图是通过知识驯化力量,由此为力量奠定知识的根基。但是这种奠基得以实现的前提是力量接受知识的驯化,而力量本身是无限定的,力量会抗拒知识的驯化,从而造成知识难以驯化力量,甚至知识会反过来被力量所利用,成为力量的捍卫者。就此而言,如何统合知识和力量,成为《理想国》的中心任务之一,也成为哲学家当王的一大伏笔。

　　① 柏拉图:《理想国》,415d。相关讨论,参见 David Lay Williams, "Plato's Noble Lie: From Kallipolis to Magnesia", *History of Political Thought*, 2013(3):p. 373; M. Schofield, "The Noble Lie", in *The Cambridge Companion to Plato's Republic*, edited by G. R. F. Ferrari, Cambridge: Cambridge University Press, 2007, p. 138。

　　② 柏拉图:《理想国》,527c。相关讨论,参见 Conal Condren, *The Status and Appraisal of Classic Texts: An Essay on Political Theory, Its Inheritance, and the History of Ideas*, p. 238。

　　③ Karl Popper, *The Open Society and Its Enemies*, with a new introduction by Alan Ryan and an essay by E. H. Gombrich, Princeton: Princeton University Press, 2013, pp. 132-133。

务不仅仅涉及理论知识,更要求一种实践理性思维,所以愚人和智者的差别主要在于是否拥有理论理性思维,但二者都拥有实践理性思维,甚至愚人在实践事务上更具有理解力和判断力,"他们对实践事务具有理解力和判断力"(I.13.4)。如前所述,以法律为代表的实践事务主要应用在愚人身上,所以愚人更能够知道法律的好坏,就判断法律的好坏而言,愚人并不愚蠢,反而比发现法律的智者更具有理解力和判断力。另一方面,在马西留看来,《圣经》这处经文的愚人不一定是宽泛意义上的大众,因为"也许圣徒在这段经文中用'愚人'表示异教徒,无论他们在认识此世方面是多么有知识的,他们在绝对的意义上仍然是愚蠢的"(I.13.4),也就是说,马西留认为这处经文是在暗示异教徒人数众多,而非大众人数众多,由此表明《圣经》并没有宣扬愚人论证,反而是借着愚人来指代异教徒。之所以异教徒是愚蠢的,是因为他们自以为掌握智慧,殊不知真正的智慧不是此世的智慧,而是来世的智慧,所以马西留借用使徒保罗在《哥林多前书》中的话表明这些异教徒是愚蠢的:"此世的智慧在上帝面前是愚蠢的。"①

针对柏拉图《理想国》中的愚人论证,马西留一方面断定大众即使是愚人,也不应、更不能被排除在政治共同体的立法职能之外,另一方面主张大众不仅在人数上众多,而且在实践事务上更有话语权。如前所述,柏拉图提出高贵的谎言的目的在于说服城邦三个阶层接受关于城邦幸福和正义的真理,即真理拥有者说服大众的灵魂朝向一个幸福和正义的秩序,所以高贵的谎言是理性说服必然性的柏拉图宇宙论模式在政治领域的具体展现,"世界的被造物是理性和必然性的共同产物……理性通过说服来驾驭必然性,从而驱使大多数被造物朝向完美"②。正如理性通过说服必然性使得一个有序的宇宙从必然性中产生那样,真理拥有者(哲学家/德穆格)通过说服城邦三个阶层使得"美好城邦"从城邦三个阶层的灵魂中产生,真理正是通过高贵的谎言的方式被传达给了城邦的三个阶层。真理拥有者之所以采取高贵的谎言而非直接的理性言说方式,是因为城邦三个阶层的灵魂属于"美好城邦"的载体(hypodoche)或必然性,这导致真理拥有者必须采取符合城邦三个阶层的灵魂本性的方式来说服他们接受关于幸福和正义的真理,否则城邦三个阶层的灵魂很难接受幸福和正义的真理。因此,柏拉图的愚人论证预设了真理不在大众手中,而在大众之上的真理拥有者手中。但是,马西留

---

① 《哥林多前书》,3:19。

② Plato, *Timaeus and Critias*, translated by Robin Waterfield, with an introduction and notes by Andrew Gregory, Oxford: Oxford University Press, 2008, 47e-48a。

主张城邦幸福和正义的真理不是自上而下传给大众的,而是掌握在大众和高贵阶层组成的公民共体手中的,所以公民共体是真理的来源,真理的根基在于公民共体。

这意味着,马西留的愚人论证颠覆了以柏拉图为代表的古代形质论(hylomorphism)。① 简单来说,柏拉图的形质论源于他自身的本原学说,即"把'一'(Hen)和'不定的二'(aoristos duas)看做万物的两个最终本原,同时认为整个存在遵循着'具体事物-理念-数-二本原'这样一个基本结构"②,其中"'形式'指代着'一','空间'指代着'不定的二',亦即'质料',而'摹本'则是指那些通过形式与质料的结合而产生出来的具体事物"③。所以柏拉图持有一种二元形质论:质料和形式分别指向柏拉图本原学说中的两个本原("一"和"不定的二"),二者通过混合生成了可感物。高贵的谎言关涉的真理和灵魂分别对应于形质论中的形式和质料:当真理借着高贵的谎言进入大众灵魂时,真理和灵魂的结合物则是受形的大众灵魂,其形式是真理,质料是灵魂,所以灵魂不是被完全取消掉,而是以被真理赋形的方式和真理结合在了一起。④

在阐述高贵的谎言之前,柏拉图首先在《理想国》第 2 卷区分了两种谎言,即真正的谎言(alethos pseudos)和言语中的谎言(to en tois logois pseudos)。真正的谎言是指与真理相对立的无知,这意味着真正的谎言是灵魂中的错误,它不仅被诸神厌恶,而且被人所厌恶。与之相反,言语中的谎言不是与真理相对立的无知,而是对灵魂中某种情感的模仿,即通过言语以谎言的方式模仿灵魂中的某种情感,所以当它模仿灵魂中好的情感时,言语中的谎言能够是有用的。⑤ 这意味着,当言语中的谎言被用来实现真理时,即说服者在言语中利用谎言的方式说服被说服者的灵魂朝向真理时,言语中的谎言将是有用的。

因此,高贵的谎言包含真理的赋形和灵魂的受形两个环节:真理的赋形意味着高贵的谎言将真理赋予城邦三个阶层的灵魂;灵魂的受形意味着城邦三个阶层的灵魂接受高贵的谎言所传达的真理。真理拥有者为了引导灵魂走向更好的秩序,以迎合灵魂本性的方式提出高贵的谎言,从而使得灵魂

---

　① 本书第三编第 8 章第 3 节将对古代形质论和基督教形质论加以详述。

　② 先刚:"柏拉图哲学中的'混合'问题",《北京大学学报(哲学社会科学版)》2013 年第 4 期,第 59 页。

　③ 同上,第 66 页。

　④ Glenn R. Morrow, "Necessity and Persuasion in Plato's Timaeus", *The Philosophical Review*, 1950 (2): p. 162.

　⑤ 柏拉图:《理想国》,382c—d。

能够容易接受真理的赋形,由此实现真理对灵魂的赋形。这意味着,真理的赋形要求说服必须以引导灵魂上升为目的,灵魂的受形要求说服必须以灵魂能够接受的方式为形式,而高贵的谎言恰恰符合这一说服的双重环节:一方面,高贵的谎言的目的是将真理传达给灵魂,从而使得灵魂获得来自真理世界的形式,由此实现说服所要求的真理的赋形环节;另一方面,高贵的谎言是对灵魂中好的情感的模仿,从而使得灵魂能够自愿接受真理的赋形,由此实现说服所要求的灵魂的受形环节。也就是说,如果高贵的谎言不能引导灵魂走向真理,那么它将无法实现真理的赋形;如果高贵的谎言不能模仿灵魂中好的情感,那么它将无法实现灵魂的受形。高贵的谎言恰恰能够满足政治说服所要求的两个环节,它不仅能够实现真理为灵魂赋形的要求,而且能够使得灵魂自愿接受真理的赋形,所以真理的赋形和灵魂的受形这一双重环节的政治说服模式决定了高贵的谎言在真理进入灵魂过程中的必要性,高贵的谎言正是真理说服灵魂上升和实现"美好城邦"的必要方式。但是,既然说服是自愿的而非强迫的,那么接受真理赋形的灵魂同样能够自愿地摆脱受形状态,即真理没有借着高贵的谎言对灵魂的赋形活动而改变灵魂拒绝接受真理的状态,反而受形的灵魂仍然能够拒绝真理,所以高贵的谎言面对着无法让真理稳固地存在于灵魂之中的困难。

　　正如质料的无序性是质形结合物始终处在生成流变状态的质料性原因,灵魂的无序性同样是质形结合物始终处在生成流变状态的质料性原因,所以一个本身缺乏真理并且需要从真理世界获得真理的大众无法凭借自身获得真理。即使大众在意见世界①中接受了真理的赋形,它始终面对着自身

---

　　① 柏拉图在《理想国》第5卷集中论述了知识和意见的关系:一方面,就种类而言,知识和意见是人的两个不同的"官能[能力]"(δύναμις)(《理想国》,477b7),而官能[能力]"是各种事物中的一个种,凭借它们,我们既有能力做我们所能做的事,而其他一切也有能力做它们所能做的一切。例如,我举一个例子,视觉(ὄψιν)和听觉(ἀκοήν)是各种官能之一"(《理想国》,477c1—4)。因此,知识和意见是两种不同的能力,"知识所针对的是存在的东西,认识存在的东西如何是其所是(τὸ ὂν γνῶναι ὡς ἔχει)……意见是一种认为(δοξάζειν)"(《理想国》,478a3—5)。由于知识把握的是存在自身,所以知识的对象是绝对的存在,它必然存在;意见所"认为"的对象本质上是一种生成流变的东西,它不是不存在,但又不是绝对的存在,从而处在一种看起来是的状态中。就此而言,知识和意见的二分存在结构正好对应于《理想国》第1卷中苏格拉底和波勒马库斯关于朋友定义的讨论:波勒马库斯主张朋友是看起来是好人,苏格拉底则主张朋友真正地是好人(《理想国》,334c—d)。显然,苏格拉底把握到的是关于朋友的知识,即真正的朋友必然是好人而不是任何一个人所认为的好人,波勒马库斯把握到的则是关于朋友的意见,即朋友是每个人所认为的好人。另一方面,就存在的真理结构而言,知识在存在论上高于意见,并且"是在一切官能中最强有力的(ἐρρωμενεστάτην)"(《理想国》,477e2)。意见则是凭借着表象而非存在本身来理解这个世界,所以"意见是比知识更加黯淡的,却比无知更加明亮"(《理想国》,478c8—9)。既然意见的对象不是真正的存在,而是看起来存在的东西,那么意见对象本身在存在论上不是绝对确定的东西,并(转下页)

灵魂无序性带来的解体危险,相对于真理为大众提供了一股向上的力量而言,灵魂的无序性则为大众提供了一股向下的力量。由于灵魂的无序性始终伴随着大众,所以受形的大众灵魂始终面对着向上的真理力量和向下的无序力量的张力。由于高贵的谎言包含的是自上而下的真理赋形和自下而上的大众灵魂受形两个环节,所以真理对大众的说服活动本质上是大众灵魂之外的真理进入大众灵魂之中的二元形质论的赋形活动,即真理世界和意见世界在形质论上的分离使得真理必须依赖于高贵的谎言才能进入大众灵魂之中,大众作为意见世界之中的存在物只有从外部接受真理而不能从自身内部生发出真理。也就是说,高贵的谎言在政治说服中的必要性建立在真理和灵魂的二元形质论关系上。

基于此,智者使用的修辞术(rhētorikē)并不符合柏拉图的政治说服。因为虽然智者将修辞术视为"说服的技艺"①,但是智者使用修辞术不是为了听众灵魂的上升而是为了自己的名声和钱财②,即当智者使用修辞术教育听众时,真理并没有借着智者的修辞术进入听众的灵魂之内,反而听众的灵魂接受的是灵魂中的欺骗而非言语中的欺骗,"有那么一些年轻人,他们是在受着智者的蛊惑,而有那么一些智者,他们是在以私人的身份,不管是在什么值得提的程度上,起着蛊惑人的作用"③。之所以智者无法引导真理进入灵魂,是因为智者掌握的是意见而非真理。柏拉图在《理想国》第 6 卷中指出,智者不仅不具有智慧(真理),而且将意见视为真理:

> 那些收受酬金的私人教师,那些公众称作为智者并且认为是他们

(接上页)且意见作为有别于知识的官能也无法看到存在本身,所以持有意见的人无法理解更高层次的存在物(《理想国》,478e—479a)。由此可知,柏拉图的理性主义立场决定了他并不是很信任意见及其对象,反而认为意见对象的性质是不稳固的、变动的,因为它无法与理念保持的自我同一性相比拟,始终处于存在和不存在之间,来回摇摆、晃动,所以意见对象在存在论上只能以显现的方式存在,处在有始有终的变动状态之中。但是,按照柏拉图的理性主义设定,绝大多数人都仅仅拥有意见的官能,缺乏知识的官能,因为绝大多数人理性不足,无法认识到存在本身,所以绝大多数人都生活在意见的世界之中,他们对于周遭世界的认知仅仅停留在意见层次,以至于否定在意见之外还有什么别的东西:"有些人观看许许多多各式各样的美的事物,但是却就是看不见美自身,并且即使有人把他们领向美自身,他们却又无力去追随它,——或者有些人观看许许多多正义的事情,但是就是看不见正义本身,以及其他类似的例子——我们要说,他们是在对一切产生意见,但是他们对于他们对之产生意见的所有事物中的任何一个事物,却没有任何认识"(《理想国》,479e1—6)。

① Glenn R. Morrow, "Plato's Conception of Persuasion", *The Philosophical Review*, 1953 (2): p. 236.

② Michael Gagarin, "Did the Sophists Aim to Persuade?", *Rhetorica: A Journal of the History of Rhetoric*, 2001 (3): p. 285.

③ 柏拉图:《理想国》,492a—b。

的对手的人,他们教授的只不过是那些普罗大众聚集在一起时所持有的那些意见,而且,这些智者还把这种意见称之为智慧……他并不真正地知道,在所有这些意见和欲望中,什么是美的或是丑的,善的或是恶的,正义的或不正义的……凡是迫不得已必然要去做的事,他就称之为是正义的和美好的事,而对于何谓必然和何谓善的本性,以及如何这两种本性真正地是互补相同的,他就既一无所见,也无力能够对旁人做出解释和证明了。①

　　既然智者拥有的只是意见,而非真理和善的本性,那么智者并不知道隐藏于意见之中的真理和善,而是笼统地将意见视为"正义的和美好的事"。这意味着,智者不是真正拥有智慧或热爱智慧的人,因为"凡是真正地爱学问的人,他总是出于天性就要去朝向'是';他不会停留于那呈现为多的表象"②,然而智者仅仅停留在意见之中,所以智者和大众一样都不知道什么是真理,并且错误地将意见视为真理本身。因此,智者作为说服者不具备将真理赋予被说服者的灵魂的能力,智者的修辞术也不符合实现真理进入灵魂的政治说服,这导致智者使用修辞术的目的只是为了迎合听众灵魂中较低的部分,而非提升听众的灵魂,修辞术在智者手中沦为智者编织真正的谎言的工具。但值得注意的是,修辞术在《斐德若篇》中被视为利用言语引导灵魂(psychagogy)的技艺,并且柏拉图认为掌握修辞术的修辞学家拥有关于灵魂的知识③,所以修辞学家能够通过修辞术引导被说服者的灵魂上升到一个更高的秩序。这意味着,当说服者使用修辞术说服被说服者的灵魂上升时,修辞术将符合柏拉图的政治说服。④ 所以一切政治说服的方式都必须服务于实现灵魂上升的目的,否则它将沦为虚假的欺骗。⑤

---

　　① 柏拉图:《理想国》,493a—c。

　　② 同上书,490a—b。

　　③ Plato, *Phaedrus*, translated with an introduction and notes by Robin Waterfield, Oxford: Oxford University Press, 2002, 271c-d.关于古典政治哲学对待修辞术的态度,参见刘小枫选编:《西方民主与文明危机》,北京:华夏出版社,2018 年,第 195 页。

　　④ Glenn R. Morrow, "Necessity and Persuasion in Plato's Timaeus", p. 156.

　　⑤ 当然,柏拉图在《理想国》第 7 卷谈到了如何让走出洞穴的哲学家重新下降到洞穴内的困难,即哲学家何以选择当王来教育大众的困难。一个比较合理的回答是,哲学家灵魂的下降是被迫的。因为走出洞穴后的灵魂已经沉浸在哲学的知识活动之中,不愿意处理生成流变的政治事务,"那些凡是已经到达了那里的人,他们就不再愿意来处理有关人间的事了,而是,他们的灵魂总是倾向于和盼望着想要不断地停留和优游在这个高度上"(《理想国》,517c9—d1)。这意味着,一个已经知道生活真相的人是不会自愿重新回到原有的生活世界之中的,洞穴内外的异质性决定了这种下降或者回归只能是被迫的。问题在于,谁强迫这个人重新回到洞穴内呢? 答案只能是建城者。建城者强迫这个人走出洞穴,同时也强迫这个人回到洞穴,因为走出洞穴和回到洞穴的目的（转下页）

　　然而,真理和灵魂的二元形质论关系带来的一个后果是,不论高贵的谎言说服大众接受多少真理,大众都将始终处在意见世界之中,这导致受形的大众灵魂仍然表现出意见世界之中的存在物所具有的无形式性特征,所以真理借着高贵的谎言对灵魂的政治说服无法让灵魂安享真理。因此,柏拉图的二元形质论既是高贵的谎言得以证成的存在论根据,也是高贵的谎言的真理说服灵魂逻辑面临瓦解的存在论根源。真理和灵魂的二元形质论特征决定了二者只有借着高贵的谎言才能在意见世界中结合产生有秩序的灵魂,但是二元形质论同样决定了大众无法安享真理。一旦真理世界被意见世界中的大众视为人为虚构出来的东西或者大众拒绝接受真理世界和意见世界的存在论差异,那么不仅大众和"美好城邦"的秩序将因为失去真理的赋形而被瓦解掉,而且高贵的谎言将因为失去引导真理进入大众灵魂的政治功能而丧失自身的合法性。

　　对于马西留来说,只有公民共体组成的国家法团掌握真理,真理的赋形过程才能够避免古代形质论的困难。因为柏拉图的愚人论证预设了真理和大众的二元形质论分离,即真理是形式,大众是质料,所以未经赋形的大众是缺乏真理的质料,只有大众接受了真理的赋形才能够摆脱愚蠢状态。但是,正如柏拉图形质论面临的赋形困难一样,大众若是从外部接受真理赋形,那么就会面临抗拒真理的困难,而且愚蠢的本性决定了大众难以完全接受真理赋形,否则大众将改变自身愚蠢的本性。

　　有鉴于此,马西留主张整体大于部分原则,强调大众在量上的增加能够

　　(接上页)是一样的,即构造美好城邦,所以建城者为了这个目的而强迫这个人的灵魂经历转向、上升和下降三个环节:"我们的职责($\xi\rho\gamma o\nu$),作为城邦的奠基人,就在于强迫($\dot{\alpha}\nu\alpha\gamma\kappa\dot{\alpha}\sigma\alpha\iota$)那些具有最好本性的人,去接触我们在前面经常说到的那最大的学问,去观看那善和去攀登那时所说的那条上升之路,而,在既已攀登上去了,而且也已有了足够的观察之后,我们就不再允许他们做我们现在所允许的事了……[这个事情就是]在原地逗留不前,站着不动,不愿再下去走向那些被捆绑的人了,也不愿意去分有不论是这些人的苦难或是他们的荣誉了,不论这后者是一些低劣的还是高尚的。"(《理想国》,519c8—d7)因此,灵魂的转向、上升和下降都是被迫的,如果建城者不去强迫这个人下降到洞穴内,那么这个人是不会下降的。只有这个人重新回到洞穴之中,建城者的意图才能够实现,否则建城者们(苏格拉底、格劳孔和阿德曼图斯)在《理想国》第4卷畅想的城邦正义将彻底沦为空想。柏拉图指出,为了城邦的整体幸福,建城者作为立法者"既用劝说也通过强迫($\pi\epsilon\iota\theta o\tilde{\iota}\ \tau\epsilon\ \kappa\alpha\grave{\iota}\ \dot{\alpha}\nu\dot{\alpha}\gamma\kappa\eta$)使全部整体和谐地集合成为一个整体,使凡是每一个人所能贡献给集体的东西都作为益处提供给大家分享,并且,法律,它在一个城邦里造就这样一些人,它并不是为了好放任他们每个人都随心所欲地各行其是,相反,它是为了它自己能够利用他们来把整个的城邦结合起来"(《理想国》,519e4—520a5)。也就是说,对于城邦来说,哲学家只是工具人,他是城邦不可或缺的一部分,建城者培养一个人成为哲学家的目的不是让后者停留在思维世界,进而一心一意从事哲学的沉思活动,而是让后者为城邦做贡献,即利用其获得的知识将现实的城邦构造为美好城邦。而且,哲学家本人对城邦也负有教育带来的义务,因为他的灵魂转向和上升离不开城邦的教育和栽培,所以他有义务回到城邦中,对城邦进行改造(《理想国》,520b—c)。

摆脱个体的有限性/愚蠢性,表明大众的完美性/真理性不是自上而下的赋形结果,而是大众从个体走向整体的过程中自我赋形的结果。真理不在大众之外,而是在大众之内,大众和高贵阶层组成的公民共体则掌握着尘世真理。

　　愚人论证的批评者和支持者之所以会在这个问题上产生如此大的分歧,是因为他们对于谎言的态度建立在不同的真理观之上:批评者站在以基督教真理观为底色的现代真理观之上,抨击一切谎言的正当性,以奥古斯丁为例,奥古斯丁认为真理是大写的逻各斯或上帝的圣言,而上帝的真理是绝对确定的[1],既然上帝绝对禁止说谎[2],那么一切说谎都将是被禁止的,所以即使高贵的谎言是一种为善而说谎的谎言,它仍然是一种欲求欺骗的错误表达[3],所以高贵的谎言无法在基督教的真理逻辑中获得证成;支持者站在以柏拉图真理观为代表的古典真理观之上,为高贵的谎言提供辩护,从而试图指出柏拉图的真理观恰恰能够证成高贵的谎言,由此证明高贵的谎言不是一种欲求欺骗的错误表达,而是真理进入大众中的必要环节。但是,一方面,批评者在建构自己的论证时没有意识到高贵的谎言背后的古典真理观,从而将高贵的谎言背后的古典真理观替换为以基督教真理观为底色的现代真理观,由此产生了片面的批判;另一方面,支持者也没有完全厘清高贵的谎言和柏拉图持有的古典真理观之间的联系,即支持者没有完全呈现出高贵的谎言背后的真理逻辑,这导致支持者不能站在柏拉图的真理观上为高贵的谎言提供有力的支持。正是基于不同的真理观,批评者和支持者各执一词,彼此难以说服对方。

　　马西留既摒弃柏拉图式的古代真理观,也试图突破基督教真理观。他站在唯名论的立场上,强调真理的主体性和意志性维度。在马西留看来,公民共体的意志同意不仅仅构成真理赋形活动的完成,而且构成真理的主体性来源,所以马西留在定义公民共体时说道:"他[公民共体]通过选举或在全体公民集会中由言语表达出来的意志,凭借尘世的处罚或惩罚,命令或决定在人类公民行为方面应做或不做某事。"(I.12.3)真理之所以是公民共体用言语表达出来的,是因为公民共体是真理的主体和来源,公民共体的意志就是真理。

　　虽然亚里士多德在论证大众在某些方面比少数智慧的人更适合拥有统

---

　　[1]　Augustinus, *De mendacio*, PL 40 of *S. Aurelii Augustini Opera Omnia* (http://www. augustinus. it/latino/index. htm), 10:17.

　　[2]　《出埃及记》,20:13。

　　[3]　Augustinus, *De mendacio*, 4:5.

治权时,也采取了整体大于部分原则,但是他既没有认为这一论点是绝对正确的,也没有排除少数智慧的人大于大众部分的可能性,所以他在论述不同种类的人适用于不同种类的政体时表明,当一个人的德性超越于所有人时,他应当拥有城邦的统治权,"部分大于整体并不是自然的,但是这在某个人拥有这种超越性的时候是自然的。在这种情况下,唯一的办法就是心悦诚服地奉其为主宰,不是在轮流当权的意义上,而是在单纯或无条件的意义上的主宰"①。在亚里士多德看来,虽然整体大于部分原则是自然的,但是一个超越于所有人的人将打破整体大于部分原则,而这个人正是亚里士多德心目中的自然统治者:"自然的统治者和被统治者为了得以生存而建立了共同体。因为能够运筹帷幄的人自然就适合当统治者和主人,那些能够用身体去劳作的人是被统治者,而且是自然的奴隶;所以主人和奴隶具有共同的利益。"②所谓的自然统治者,是指在德行和能力上都配得统治职权的人,这样的人当统治者是符合自然的。之所以这是符合自然的,是因为这样的人当统治者是符合理性的,而理性预设了善的自然目的论,所以自然统治者符合善的自然目的论。

就此而言,亚里士多德和柏拉图一样,强调部分大于整体原则在某种情况下符合善的自然目的论的要求,因为"事物的目的性存在构成了事物的本质,即目的对事物的本质存在具有内在的规定性。善构成了最高的目的,每一个事物的存在和意义都是依据善的理念取得的"③,所以部分大于整体原则本质上是对古典理性视角下的自然目的论的展现。

和亚里士多德不同,马西留坚持整体大于部分原则是"心灵中的共同观念",即任何一个人凭借自己的心灵都可以获得关于这一原则的真理性观念。此外,在马西留看来,即使一个人的德性超越于所有人,他也始终是整体中的一部分,所以整体大于部分原则仍然适用于亚里士多德提及的例外情况,由此马西留否定存在任何自然统治者。

在马西留的政治哲学中,政治权威不是自上而下的流溢活动,而是自下而上的同意活动,真理从古典的善理念和基督教的上帝身上转移到了公民共体身上,同意而非流溢才是我们理解和把握马西留公民共体论的关键(I.8.2)。就此而言,马西留和霍布斯一样,持有一种唯名论的语言观和真理观,主张真理在言语之中,人能够将真理制作出来,"真理和错误是语言而非

① 亚里士多德:《政治学》,1288a26—29。
② 同上书,1252a30—1252b1。
③ 聂敏里:《西方思想的起源——古希腊哲学史论》,北京:中国人民大学出版社,2017 年,第116—117 页。

事物的属性。并且在语言不存在的地方,既没有真理也没有错误……真理存在于我们断言中的名词的正确序列"①。法律则成为一种人为的意志构造物,"一个从人的作为(faire)和言语(dire)中产生的世界替代了一个有层级的、有意义的事物的世界;后者自然地确保了每个人的位置、功能、善好、命运及其言语的内容,而在前者中,这种作为和言语的规则是由人们自己建立的权威提供的,而这就是国家的人造世界"②。

第四节 整体大于部分原则的反教权任务

格沃斯指出,教权论者们延续了亚里士多德的自然统治者概念和亚里士多德主义-奥古斯丁主义的反民主式论证,他们表明大众都是有罪的和愚蠢的,进而主张少数智慧的神职人员应当教导大众,而非追随大众,由此论证以教皇为首的神职人员组建的教阶的至高无上性。③

例如,教权论者罗马的吉尔斯在证明教会应当命令而非使用质料之剑(materialis gladius)以及命令比使用质料之剑更好时,提供了三种论证方式,其中第二种论证方式依赖于奥古斯丁在《论三位一体》(De Trinitate)第6卷的论点:

> 奥古斯丁在《论三位一体》第6卷中说,在那些不是就规模而言大的事物中,"更大"和"更好"是一样的。这在我们的命题中同样如此:我们能够说,在那些不是就处在较高的物理性位置而言的事物中,"更高"和"更完美""更卓越"是一样的。因为当我们说精神权力比尘世权力"更高"时,这并不意味着根据物理性秩序,一个人在塔上,另一个人在平地上。相反,我们根据卓越和完美理解这一点。④

根据奥古斯丁在《论三位一体》第6卷中的观点,罗马的吉尔斯主张

---

① Hobbes, *Leviathan: With Selected Variants from the Latin Edition of 1668*, I. 4. 11-12.

② 伊夫-夏尔·扎卡:《霍布斯的形而上学决断:政治学的条件》,董皓、谢清露、王茜茜译,北京:生活·读书·新知三联书店,2020年,第19页。

③ Alan Gewirth, *Marsilius of Padua: The Defender of Peace, Vol. I: Marsilius of Padua and Medieval Political Philosophy*, pp. 199-203, 213.

④ Giles of Rome, *Giles of Rome's On Ecclesiastical Power: A Medieval Theory of World Government*, I. 9. 关于奥古斯丁的论点,参见奥古斯丁:《论三位一体》,周伟驰译,北京:商务印书馆,2018年,VI. 7.

"更大"和"更好"的一致性适用于"不是就规模而言大的事物",这意味着整体大于部分原则带来的整体比部分更完美的结论并不适用于"不是就规模而言大的事物",因为一旦事物就规模而言变大了,那么"更大"和"更好"将不是一样的,即"更大"不能带来"更好",所以在就规模而言大的事物中,整体比部分更大并不意味着整体比部分更好,整体大于部分原则不能带来整体比部分更完美的结论。基于此,罗马的吉尔斯认为精神权力和尘世权力的关系仅仅适用于不就规模而言的整体大于部分原则,即精神权力比尘世权力"更完美"这一点不是就精神权力在规模或物理学位置上比尘世权力"更大"或"更高"而言的,而是就精神权力在德性和目的上比尘世权力"更大"或"更高"而言的。① 也就是说,我们不能通过量的维度来理解"更大"和"更好"的一致性,因为量上的增加不能带来质上的同等增加,质的高低本身是由德性和目的而非量决定的。因此,为了建立教阶论解释路径,罗马的吉尔斯对整体大于部分原则进行了反民主的解读,并且就充足权力而言,他坚持部分大于整体原则:以教皇为首的神职人员在德性和目的上大于整个教会。

但是,和罗马的吉尔斯不同,马西留坚持整体大于部分原则的普遍有效性,"'每一个整体大于其部分',它不仅在规模或数量上是正确的,而且在实践美德和行动上也是正确的"(I. 13. 2),所以量上的增加会带来质上的同等增加,量上的"更大"同时意味着质上的"更完美"。这意味着,整体不仅比部分"更大",而且比部分"更完美",公民共体同样比个体"更大"和"更完美"。同样地,信徒共体(universitas fidelium)比作为信徒共体一部分的神职人员"更大"和"更完美":

> 以下说法并没有反驳上述观点,即教士们或教士团更知道如何判断晋升到教士职位、牧者职位和其他较低职位之人的充足性[胜任性];这种说法类似于第 1 论第 13 章所提出的反对意见,这些反对意见似乎主张,制定法律或设立统治者的权力绝不属于公民共体。事实上,我们可以像在那里回应那些反对意见那样回应当前的反对说法。因为,假设教士在这些事情上比其余公民群众有更充分、更准确的判断(但这在大多数情况下并非如此),但是,从这一假设中不能推断出,教士团单独对这些事情的判断比它所属的全体群众的判断更可靠。因此,与教士

---

① Giles of Rome, *Giles of Rome's On Ecclesiastical Power: A Medieval Theory of World Government*, I. 9.

团相结合的其余群众比教士团单独的判断更可靠、更安全。因为"每一个整体大于其部分"。(Ⅱ.17.14)

马西留将整体大于部分原则应用到宗教批判领域,主张信徒共体和公民共体一样,在量和质的双重维度上都达到了一个共体能够达到的完美程度。教士团作为信徒共体的一部分,虽然掌握着关于天国的知识和基督诫命的知识,但是并不能因此获得制定神律的权力,因为教士团不仅不比教士团和平信徒组成的信徒共体更完美,甚至"与教士团相结合的其余群众比教士团单独的判断更可靠、更安全",所以为了反对教权论者的教阶论解释路径,马西留对整体大于部分原则进行了民主式的解读,表明量和质的增加是同等的,规模上的大同时意味着规模上的好。

在马西留看来,教阶论的问题恰恰在于割裂了量和质的同等关系,从而拉大了教士和平信徒之间的力量差距,将完美性和真理性仅仅限于拥有信仰方面的知识的教士团内部,由此在教士和平信徒间建立起自上而下的不同质的存在等级秩序。然而,教士和平信徒之间并不存在不可逾越的鸿沟,教士在个体的意义上仍然没有因自身的神学知识而摆脱个体的有限性,个体的有限性无法通过理性知识或信仰知识得到消解或超越。

因此,一方面,亚里士多德和教权论者在整体大于部分这一原则的处理上是相似的,即亚里士多德和教权论者都限定了整体大于部分原则的适用范围,并且二者都指出这一原则不适用于教权,即"更大"和"更好"的等同不是就规模而言的,所以亚里士多德在整体大于部分原则上的反民主式解读能够被教权论者加以利用,以此建构出以教皇为中心的教阶论;另一方面,马西留反对亚里士多德和教权论者对整体大于部分原则的限定,主张整体大于部分原则的普遍有效性,表明量上的增加会同等地带来质上的增加,规模上的"更大"同时意味着规模上的"更好",所以马西留的整体大于部分原则,一种重要目的在于反教权,反对少数教士的专断,确立多数平信徒同意的原则。

正是基于整体大于部分原则的民主式解读,马西留论证了从个体的有限到公民共体的完美的转变:由于规模上的"更大"同时意味着规模上的"更好"或"更完美",所以当有限的个体通过量上的增加变成"更大"的共体时,这一"更大"的共体同时意味着"更好"或"更完美"的共体,既然公民共体是公民个体在量上的极大值,那么公民共体是有限的个体在质上所能达到的最完美的共体。信徒共体同样如此:当有限的平信徒通过量上的增加变成更大的信徒共体时,这一更大的信徒共体同时意味着更好或更完美的信徒共体,既然信徒共体是平信徒个体在量上的极大值,那么信徒共体就是有限的平信徒个体在质上所能达到的最完美的共体。

由于个体是有限的,而公民共体是完美的,所以马西留在反对"教皇无误论"的同时肯定"信徒共体无误论",进而主张"公会议无误论"(Council infallibility)。[①] 在"公会议无误论"上,马西留和奥卡姆产生了重大的分歧,这一分歧不仅反映出马西留政治哲学中的单义性原则和整体大于部分原则之间的张力,而且展现出唯名论在政治哲学上的双重面向。正是在马西留和奥卡姆之争中,我们能够看到唯名论和亚里士多德主义相兼容的可能性。

现在的问题在于,马西留对于量变引起质变的强调,是否最终瓦解了量和质的区别,敉平了个体在质上的差异性呢? 如果量和质的界限破裂了,那么如何实现量变到质变的转换呢? 个体的有限性如何通过量的增加实现共体的完美性? 对于研究者来说,澄清马西留笔下的中介概念,或许正是探索和回答这些问题的一个合适出发点。

---

① 关于整体大于部分原则和"公会议无误论"的关系,参见 Alan Gewirth, *Marsilius of Padua: The Defender of Peace, Vol. I: Marsilius of Padua and Medieval Political Philosophy*, p. 219。

第三章　中介的崩溃与重构

中介(medium)的崩溃是中世纪晚期唯名论革命的产物,它在政治神哲学上具体表现为"教皇无误论"的崩溃。马西留和奥卡姆正是这场革命的直接参与者,他们都坚定地反驳"教皇无误论"及其背后的中介概念。但是,加内特在《帕多瓦的马西留和"真理史"》一书中指出,马西留和奥卡姆在"公会议无误论"问题上存在着针锋相对的冲突,即二者分别从唯名论的立场出发,却推导出了关于"公会议无误论"的截然相反的结论。①

什么是"公会议无误论"?"教皇无误论"和"公会议无误论"的区别是什么?为何共同批判"教皇无误论"的马西留和奥卡姆会在"公会议无误论"上产生直接的冲突?这一冲突是否意味着唯名论革命并没有彻底摧垮中介概念?这些问题和困惑将集中展现出马西留公民共体理论中的个体和共体、唯名论和亚里士多德主义、信徒共体和公会议的关系及其张力。

第一节　"教皇无误论"

公元 6 世纪以来,天主教内部逐渐形成一种主张:只要教皇以宗座职权发言,他在道德和信仰方面的断言就是无误的。这种主张被总结为"教皇无误论"。

中世纪晚期的教权论者从理论上辩护"教皇无误论":教皇凭借自身职位的完美性永远不会犯错误。以罗马的吉尔斯为例,罗马的吉尔斯在《论教权》中通过区分两种完美来论证"教皇无误论":

> 圣徒和神学家们的言论共同证实了有两种完美,即个人的完美和
> 职位的完美……这两种完美似乎是不同的:个人的完美由平静和良心

---

① George Garnett, *Marsilius of Padua and 'the Truth of History'*, pp. 31-35.

的纯净组成,而职位的完美,尤其是教士职位的完美和一切必须对信徒灵魂提供解释的人的职位的完美,是由审判权和充足权力组成的……根据个人的完美,正如根据良心的标准,属灵的人不被其他人审判并且能够审判其他事物。但是根据职位的完美并且根据审判权和充足权力是最完美的属灵的人,他将是审判一切事物的属灵的人,且他自身将不服从于任何人的审判……因为他在审判上不会犯错……这个人就是教皇,他的职位是最圣洁的和最属灵的。①

这意味着,最完美的属灵的人之所以不仅拥有充足权力而且不能被任何人审判,是因为最完美的属灵的人根据职位的完美是最高的,而"这个人是教皇,他的职位是最圣洁的和最属灵的",所以教皇是最完美的,他不仅应当拥有充足权力而且不能被任何人审判。

如前所述,罗马的吉尔斯在论述"更大"和"更完美"的关系时,同样是从职位的完美的角度来证明精神权力比尘世权力更完美,进而指出掌握精神权力的神职人员比掌握尘世权力的统治者更高,由于教皇是精神职权中职位最高的,所以担任教皇职位的教皇是最完美的。既然教皇是最完美的,那么他就不会犯错;既然教皇不会犯错,那么审判权和充足权力都应当交给他,因为不会犯错的教皇能够确保审判权和充足权力得到正确和完美的使用,所以教皇成为上帝和信徒(甚至所有人)之间的中介。基于职位的完美,罗马的吉尔斯证明了"教皇无误论",进而证明了关于充足权力的"上帝-教皇-人"教阶论,由此确保了教皇的中介作用。

第二节　中介的崩溃:马西留和奥卡姆的唯名论立场

一、马西留与中介的崩溃

针对"教皇无误论",马西留在《和平的保卫者》第 2 论第 6 章"论教士钥匙的权柄,教士或主教在绝罚方面拥有什么样的权力"中否定教皇不会犯错,主张唯独上帝不会犯错,进而表明包括教皇在内的所有人都不会随着职位越高而越完美:

---

① Giles of Rome, *Giles of Rome's On Ecclesiastical Power: A Medieval Theory of World Government*, I. 2.

　　唯独上帝能赦免真正忏悔的罪人的过错和应得的永恒惩罚,而无需教士事先作工或同时干预,就像我们刚才所表明的那样。我还想根据《圣经》并且按照圣徒和圣师的话来证明这一点是无误的。因为至于哪些人的罪被赦免,哪些人的罪应被保留,唯独上帝不会对此无知;唯独上帝既不被败坏的情感所推动,也不会不公正地审判任何人。然而,教会或教士,不论他是谁,甚至是罗马主教,都不会如此。因为这些人中的任何一个都能够犯错误或者倾向于败坏的情感,或者二者兼而有之;基于此,如果对于一个带有正当意图的真正悔罪的人或者已经做出认罪行为的人来说,他的罪或过错和应得的永恒惩罚没有被赦免是由于教士(出于无知、恶意或二者兼而有之)拒绝[赦免],那么基督的信仰和福音的应许(基督说他将给予好人永恒荣耀的回报,给予坏人哥和拿[地狱]的惩罚)将常常会走向破灭。(II.6.9)①

一方面,唯独上帝不会犯错,不会被败坏的情感所引导,因而唯独上帝拥有对罪人的真正审判权;另一方面,包括教皇在内的神职人员"都能够犯错误或者倾向于败坏的情感",因而教皇不是不可错的,教皇没有借着教皇的精神职权而变得完美。既然教皇会犯错误,那么他就不应拥有上帝独有的审判权和充足权力,否则他将因自己的无知或邪恶而在关乎救赎的事情上犯错误,进而使得"基督的信仰和福音的应许……走向破灭"。

　　因此,"教皇无误论"的错误在于,职位并不意味着人不会犯错误,没有任何人能够借助职位获得不犯错误的完美性,所以教皇不能够凭借教皇职位而不犯错误。任何一个人之所以都无法避免犯错,是因为任何一个人在个体的意义上都是有限的,而职位无法彻底消除人在自然人格上的缺陷,甚至个体的有限性会反过来侵蚀职位,由此造成腐败等丑闻现象的发生。所以马西留指出,教士可能会"出于无知、恶意或二者兼而有之"而拒绝赦免"一个带有正当意图的真正悔罪的人或者已经做出认罪行为的人",而这种情况产生的根源正在于教权论者没有区分开人和职权,混淆了一个人的自然人格和公共人格。也就是说,马西留否认个体的完美性论证,任何个体都无法摆脱自身的无知、情感或恶意的干扰,所以一旦将无误性归于任何一个个体(无论该个体处在何等尊贵的职位上),那么任何一个共同体都难以避

---

　　① 针对这一段的解读,参见 Alan Gewirth, *Marsilius of Padua: The Defender of Peace, Vol. I: Marsilius of Padua and Medieval Political Philosophy*, p. 218。关于"败坏的情感",亚里士多德在《尼各马可伦理学》中有一处说明,参见亚里士多德:《尼各马可伦理学》,1107a9—26。

免该个体的专断和独裁统治。

就此而言，马西留将以教皇为首的教廷统治模式称为满足少数教士利益的寡头制，"他们的教令事实上无非是某些寡头制的命令"（II. 5. 5），"这类教令集本身并不是神法或人法，而只是宣言或教导，并且大部分是某种寡头式的法令"（II. 28. 29）。一旦法律或者教令为少数人制定，那么它们就会沦为满足私利的寡头命令。

此外，马西留在《和平的保卫者（小本）》中指出，精神层面的充足权力仅仅属于神人同性的基督，而使徒和使徒的继任者只拥有人性，所以这种充足权力不能也不应属于使徒和使徒的继任者，这意味着教皇作为使徒的继任者没有从上帝那里获得充足权力，"基于双重本性，基督被赋予了天地间的一切权力，或者说，仅仅根据他的神性，就有了充足权力。这种充足权力永远不可能也永远不能属于使徒的继任者，因为这些人都没有或都没有过合二为一的双重本性，即人性和神性"①。

由此，在罗马的吉尔斯试图通过职位的完美来证明"教皇无误论"和教皇的中介作用时，马西留隔绝了人和职位之间的完美联系，表明个体是有限的并且个体不能凭借职位获得不犯错误的完美，所以教皇也会犯错误。既然教皇会犯错误，那么教皇就不具有上帝在末日审判时拥有的审判权，这意味着教皇并不是上帝和信徒之间的完美中介，上帝和信徒之间的中介（中保）只能是基督，即救赎的唯一条件在于信仰耶稣是基督，而非以教皇为中介。②

值得注意的是，正如马西留从个体的有限和上帝的完美出发否定"教皇无误论"一样，奥卡姆同样否定"教皇无误论"。如前所述，马西留和奥卡姆都是神圣罗马帝国皇帝巴伐利亚的路德维希身边的御用文人。马西留自1324 年匿名出版《和平的保卫者》两年后，逃到路德维希皇帝的宫廷内，随后跟随路德维希征伐意大利各地。但是随着皇帝远征的失败，马西留逐渐失去皇帝的重用。

奥卡姆的遭遇和马西留类似。1322 年左右，牛津大学校长约翰·勒特雷尔（John Luttrell）指控奥卡姆为异端。1324 年，奥卡姆被召唤至阿维尼翁教廷接受异端指控，与此同时教皇约翰二十二世绝罚路德维希皇帝，而马西留恰好在这一年完成《和平的保卫者》。1327 年，方济各会总执事切塞纳的米迦勒和教皇约翰二十二世争论方济各会贫困学说的正统性问题，切塞纳

---

① *DM.*, 11. 2.

② Ibid., 11. 3.

被召唤至阿维尼翁教廷接受异端指控,然而切塞纳认为教皇约翰二十二世已经堕入了异端。1328 年,奥卡姆和切塞纳一起逃离阿维尼翁,前往位于慕尼黑的巴伐利亚的路德维希宫廷寻求庇护,马西留此时正陪同巴伐利亚的路德维希进军罗马。[1] 在皇帝进军罗马失败后,奥卡姆代替马西留成为皇帝新的御用文人。

詹姆斯·沙利文指出,虽然奥卡姆的政治哲学著作基本上都是在《和平的保卫者》出版后发表的,但是直到沙利文那个时代,所有学者却都认为马西留受到了奥卡姆的影响,"奥卡姆的论战活动限定在 1330 年至 1349 年之间,他所有关于教会和国家的作品都出现在《和平的保卫者》之后。尽管如此,到目前为止,所有讨论马西留和奥卡姆的学者都宣称,前者[马西留]在政教观上受到后者[奥卡姆]很大的影响"[2]。例如,里斯勒(Riezler)主张马西留在写《和平的保卫者》之前就遇到过奥卡姆,并且他通过教皇克莱门特六世在 1343 年颁布的教令(该教令断言奥卡姆对他的意大利同事产生了深远的影响)来证明奥卡姆对马西留有影响,而非马西留对奥卡姆有影响。

然而,正如沙利文在他的第二篇讨论马西留和奥卡姆的文章中所说:

> 如果我们考虑当时和后世学者对两人作品的态度,[我们发现]教皇克莱门特关于马西留从奥卡姆那里获得异端邪说的说法会得到进一步削弱。教皇的敌人和改革之友寻求支持的是马西留,而不是奥卡姆[的思想]。我们这个时代的诸多学者否认了这一点,他们认为马西留的命运就是被彻底遗忘。[3]

沙利文紧接着通过具体的分析和论证为马西留"正名",较为客观地还原了马西留和奥卡姆政治思想之间的关系。当今学者大多接受了沙利文的判断,强调马西留对奥卡姆政治思想的影响,而非奥卡姆对马西留政治思想的影响。[4]

二、奥卡姆与唯名论的单义性原则

众所周知,奥卡姆是中世纪晚期唯名论的最重要代表,他坚持唯名论的

---

[1] Takashi Shogimen, *Ockham and Political Discourse in the Late Middle Ages*, pp. 1-4.

[2] James Sullivan, "Marsiglio of Padua and William of Ockam I", p. 414.

[3] James Sullivan, "Marsiglio of Padua and William of Ockam II", *The American Historical Review*, 1897 (4): p. 593.

[4] 下文还将具体展开马西留和奥卡姆、马西留和唯名论的关系,在此不再赘述。

单义性原则,反对以托马斯为代表的亚里士多德主义。雅克·韦尔热对奥卡姆思想有一个简单但精确的总结:

> 奥卡姆的思想有一个逻辑前提,这是他从唯名论传统中借鉴而来的,即我们通过感官接受各种知识。只有当前的和直观的知识才是真实的。建立在话语和观念上的理论知识完全专注于语言规则,从本体论角度来说,这样的知识是完全混乱的和不确定的。奥卡姆的认识论终结于经验主义。在此情况下,显然将人从受造物升至和上帝同等地位的所有哲学努力都破碎了。没有任何推论和观念允许人谈论上帝、证明他的存在、描述他的属性、复原他仁慈的工作。奥卡姆以异乎寻常的坚信宣称上帝具有绝对自由,这使得人类自由的性质的问题依赖于自身的知识和道德水平……贬低教会作为现世社会调解机构的地位,要求立刻通过唯一渠道,即《圣经》揭示的信息——奥卡姆认为其真实性可以保证,对此他从未怀疑过——和上帝直接联系。①

这意味着,奥卡姆从单义性原则出发否定共相的实在性,"上帝不可能创造共相,因为这样做会限制他的全能"②,这导致教皇作为信徒的"共相"不具有任何实在性,上帝和个人之间不再需要作为信徒中介的教皇,所以信徒的中介在奥卡姆的唯名论的单义性原则之下崩溃了。③

在奥卡姆看来,教会的诸多制度是由人而非上帝制定的,"由人来决定谁应该被任命,谁应该被选举,如果任命的人需要改正,谁应该改正,诸如此类。因此,同样地,就此而言,应该由人来决定是否只任命一个人,或者在有益的情况下,任命多人担任这种统治权,这将是属人的事情"④。奥卡姆在此否定教会制度的神圣来源,表明诸多教会制度都是人为意志的产物,从而切断教会在信仰中的中介作用。

也就是说,唯名论的单义性原则使得教会失去了信仰的宝库功能,个人可以直接和上帝建立起信仰的关联,教会的制度和组织结构仅仅是信徒建立起来管理日常活动的机构,它在信仰问题上变得不再必要。

---

① 雅克·韦尔热:"不同的价值标准与权利机构",第129—130页。

② 米歇尔·艾伦·吉莱斯皮:《现代性的神学起源》,张卜天译,长沙:湖南科学技术出版社,2012年,第31页。

③ William of Ockham, *A Letter to the Friars Minor and Other Writings*, edited by Arthur Stephen McGrade and John Kilcullen, translated by John Kilcullen, Cambridge: Cambridge University Press, 1995, pp. 204-207.

④ Ibid., p. 172.

　　此外,奥卡姆指出,教会制度改革需要遵循多数原则,即改革需要多数人同意,即使多数人的观点并不总是正确的,

> 　　在所有教会中,审判者应该遵从的强力部分必须得到遵从……如果信徒中的强力部分认为应该在整个信徒共同体中建立一个贵族式政权,那么就应该建立这样一个政权……尽管我们不应该总是服从强力部分,而是有时也应该服从较弱部分,但我们应该始终服从强力部分,除非较弱部分明确证明我们不应服从强力部分。①

奥卡姆的这段话实质上是对唯名论的单义性原则的具体应用:每个人在存在上都是单义的,都是一,教皇在存在论上并不具有比其他人更多的东西,即教皇并不比任何一个人更具有存在性,所以虽然每个人在智慧和德性上存在着差异,但是在存在论上都是单义的,因此一个制度的变革不能仅仅听从少数智慧者的建议,而应当同时听从多数人的建议,甚至制度的变革本身取决于多数人的意志决断而非少数人的理性判断。

　　奥卡姆站在维护神学真理的立场上,主张教皇无权垄断《圣经》解释权,他甚至认为"如果教皇的解释是错误的并且不与真理一致,那么任何知道它[教皇的解释]不与真理一致的人都被允许公开地拒绝它,而且任何知道这一点的人都有责任为了救赎的必要而根据地点和时间去攻击它"②。此外,奥卡姆甚至"预言"了后来双教皇与三教皇同时并存的局面,因为教会的一不取决于教皇的一,只要对教会有好处,那么多个教皇同时并存是允许的,"如果教会里没有任何分离和分裂,那么出于必要性或实用性的考虑,可以同时存在几位至高祭司……在同一个主教区,可能同时有两位主教"③。正如罗马帝国允许存在两个皇帝,大公教会同样可以允许存在两个教皇,而且使徒时代的使徒们也是共同管理教会事务。使徒的这种共治模式之所以没有分裂教会,是因为它的权力是统一的④,所以统治者的数量并不是一个政治制度的关键,政治制度的核心在于权力的性质。因为君主制和教皇制仅仅意味着权力为一,它们并不必然要求统治者在数量上是一。

　　当然,奥卡姆承认,使徒统治是由基督规定的,人不能更改。⑤ 由于教皇

---

① William of Ockham, *A Letter to the Friars Minor and Other Writings*, pp. 175−176.
② Ibid., p. 187.
③ Ibid., p. 191.
④ Ibid., p. 196.
⑤ Ibid., pp. 199−200.

制来自使徒,所以教皇制不可更改。但是,这并不意味着教皇不可更改,因为当教皇是异端时,教会可以选举出几个代理教皇,并且教皇职位允许空缺。① 奥卡姆甚至主张:"每一个教会和每一个基督徒民族都可以通过自己的权威为自己制定法律;因此,通过类比,或者更确切地说,它可以为了崇敬上帝和人类利益的缘故而为自己任命首长和教士,因为一个城市法律的存在无关紧要,除非有人能够界定和保障权利。"②

所以奥卡姆拒斥教皇个人在教会和上帝之间的中介功能,进而使得上帝成为纯粹信仰的对象,而非认识的对象。中介的崩溃带来的一大神学后果是,上帝的形象在理性层面上变得不再清晰,人无法凭借理性获得关于上帝的确切认识,有限的个人和无限的上帝之间能够进行理性沟通的中介消失了。

问题在于,中介崩溃之后,人该如何实现与上帝的合一? 人和上帝沟通的渠道是什么? 通过对这些问题的回答,我们将看到马西留和奥卡姆在中介问题上的复杂态度,从而发现马西留政治哲学的内在张力。

三、"唯独《圣经》"

马西留和奥卡姆不仅反驳"教皇无误论",而且反驳作为"教皇无误论"的理论权威来源的《教令集》,进而提出"唯独《圣经》"的新教式原则。

马西留首先指出,《圣经》真理直接来自圣灵的启示,具有无可置疑的确定性:

> 《圣经》经文的真理性必须被坚定地给予确信和承认,这对于所有基督徒来说是自明的;由于这只能通过它们自己的权威获得确证,所以为了简洁起见,我略过了这些经文。但以我们所说的方式对它们做出的解释同样必须被给予确信,这一点是足够显而易见的,因为我们似乎必须虔敬地认为它们是同一个圣灵启示给予我们的。(II. 19. 2)

所以《圣经》的地位是至高无上的。其次,他表明,相比于人会撒谎和犯错误,上帝永远不会也不愿意欺骗人类,并且不会犯错误:

> 任何人都不必坚定地确信可能显示为错误的文字或者绝对地承认

---

① William of Ockham, *A Letter to the Friars Minor and Other Writings*, p. 201.
② Ibid., p. 202.

该文字为真。然而,任何基于人的发明(无论个人的还是集体的)的东西都要遭受这样的质疑。因为它们可能缺乏真理……但正典的经文并不如此,因为它们不是来自人的发明,而是上帝(既不可能受骗也不会想欺骗)的直接默示所传下来的。(II.19.4)

所以上帝不会为人类留下一部非真理性的《圣经》,《圣经》借着圣灵的启示也永远不会出现错误。最后,他通过引用奥古斯丁的话,表明《圣经》的绝对真理性是不容置疑的,即使一个人不理解其中的真理,他也应当选择无条件地相信《圣经》,而且奥古斯丁本人认为自己的论述要低于《圣经》的论述,这使得奥古斯丁要求信徒更多地去相信《圣经》而非他自己的论述,所以《圣经》的权威高于教父的权威,进而高于教皇和教令的权威。

> 奥古斯丁在致哲罗姆的第 13 封信中明确证实了我们所说的这个观点以及人的文字和神《圣经》文之间的区别,当他说:"我向你的仁爱承认:我只给予那些已经被称为正典的经书以这样的荣耀和敬畏,从而坚信它们的作者在书写时没有犯任何错误。如果在它们中间出现了任何似乎与真理相悖的文字,那么我毫不犹豫,这无非是由于抄本有误,或者译者没有遵循所说的话,或者我自己没有理解。然而,我读另一些人的观点,无论他们在圣洁和教义方面多么杰出,都不会只因那是他们的观点而认为它是真的,而是因为他们能够通过正典作者或可能的推理(不与真理相悖)说服我。"他在《论三位一体》第 3 卷序言中重复并告诫了同样的观点,当他说:"你(即读者)不要信从我的文字,像信从正典《圣经》一样;而是若在它们(即正典)中发现了以前所未相信的,就毫不犹豫地相信它。假设在我的文字中发现了以前所未曾坚持的,除非确已了解,否则不要坚持它。"(II.19.5)①

因此,在马西留看来,《圣经》而非任何教令才是一切真理的唯一来源,"因为正典是规则和尺度;尺度,因为它是确定的,而在所有其他书籍中,这[确定性]是《圣经》独有的属性"(II.19.6)。所以《圣经》具有任何其他书籍所没有的确定性,我们对于真理的态度只能是唯独《圣经》,"福音是基督的话

---

① 马西留在此所引奥古斯丁文本分别来自 Augustine, *Epistolae*, edited by Goldbacher, *Corp. SS. Eccl. Lat.* Vol.34, pars 2, nr.82, p.354 (=Migne 22, p.937[762f.] in Hieronymi *Epistolae*, nr. 116, c.8);奥古斯丁:《论三位一体》,周伟驰译,北京:商务印书馆,2018 年,第 3 卷,序言。

或启示,其中不可能有假的"(Ⅱ.19.10)。

奥卡姆同样主张《圣经》的至高无上地位,他在其第一本政治哲学著作《九十日作品》(*Opus nonaginta dierum*)①中基于《圣经》真理的唯一性,对教皇约翰二十二世的教令 *Quia vir reprobus* 的核心章节进行了细致的分析和反驳:他先引用该教令的某个核心段落,然后对教令中出现的核心术语进行界定和分析,最后指出教令的荒谬性。奥卡姆指出,教皇约翰二十二世在使用权(ius utendi)和所有权(dominium)等概念区分方面的无知是一种神学意义上的无知,由此表明《圣经》权威高于教皇权威。奥卡姆甚至认为,教皇约翰二十二世在使徒贫困争论方面的异端思想主要体现在三个教令 *Ad conditorem*、*Cum inter* 和 *Quia quorundam* 中②,进而否定《教令集》的绝对权威地位。因此,在奥卡姆看来,支持"教皇无误论"的《教令集》并不具有绝对权威,唯独《圣经》才是真理的唯一来源。由于《教令集》违背《圣经》,所以《教令集》中的观点应予以否认。

因此,马西留和奥卡姆都站在唯名论的立场上,反驳"教皇无误论"和《教令集》的权威,表明教皇在教义解释和精神审判权方面也会犯错误,由此否定教权论者宣称的教皇中介作用。

但是,奥卡姆对"教皇无误论"的反驳是站在神哲学而非政治哲学立场上进行的,所以奥卡姆从共相和个相的关系、中介和异端问题出发反驳"教皇无误论",他并不特别关注教权和尘世权力、教会和国家、贫困和权力等政治哲学问题。

也就是说,奥卡姆对"教皇无误论"的反驳是其神哲学理论在政治哲学上的延伸③,这一神哲学立场使得奥卡姆认为教皇的无知和邪恶恰恰在于教皇对《圣经》的非神学的法学解释。例如,奥卡姆认为教皇约翰二十二世是从法学而非神学上去理解《圣经》经文涉及的使徒贫困问题。"他为方济各会贫困的辩护,首要目的并不是为了捍卫方济各会受到教皇攻击的法学立场。相反,他是在捍卫方济会贫穷的神学真理,反对法学家的扭曲和排斥。奥卡姆实际上把自己视为一名神学家,反对包括教皇约翰二十二世在内的教令学家,后者在贫困争论中扰乱了教义问题。"④所以奥卡姆是以神学家

---

① William of Ockham, *A Letter to the Friars Minor and Other Writings*, pp. 19–115.

② Ibid., pp. 3–24.

③ 关于奥卡姆的哲学、神学和政治哲学之间的关系,参见 Takashi Shogimen, *Ockham and Political Discourse in the Late Middle Ages*, pp. 10–15。

④ Takashi Shogimen, *Ockham and Political Discourse in the Late Middle Ages*, p. 38. 使徒贫困争论是马西留与奥卡姆共同关注的核心问题之一,它同时指涉"教皇无误论"问题。

的身份反驳法学家身份的教皇约翰二十二世,奥卡姆和教皇的贫困争论实质上是神学真理和异端错误的争论,"他仍然是神学真理的捍卫者,反对教皇颁布的异端错误"①。虽然他使用了大量的法学术语(事实使用、合法使用、使用权、统治权和所有权)来论证贫困②,但是他的目的不在于讨论法权的法学意义,而在于通过区分法学定义和神学定义来论证教皇约翰二十二世在神学上的无知和错误。

和奥卡姆不同,马西留对"教皇无误论"的反驳是出于其政治哲学而非神哲学的立场,这一政治哲学立场使得马西留认为教皇的邪恶和无知主要在于教皇对《圣经》的法学解释,所以马西留主要从教权和尘世权力、教会和国家、贫困和权力等政治哲学和法学的角度去反驳"教皇无误论"。③

无论如何,虽然马西留和奥卡姆的立场或视角不同,但是他们都坚决反对罗马的吉尔斯从职位的完美的角度对"教皇无误论"的论证,主张包括教皇在内的所有个体都是会犯错误的。

问题是,教皇作为教会中介的崩溃是否意味着上帝和信徒之间不再需要任何形式的中介?信徒个体组成的公会议是否能够取代教皇成为教会的新中介,即用"公会议无误论"取代"教皇无误论"?马西留和奥卡姆在这一问题上产生了直接的争论,这一争论的背后反映出唯名论的单义性原则和中介概念的复杂关系以及唯名论的双重面向。

第三节 马西留和奥卡姆之争

罗伯特·兰贝蒂尼在《奥卡姆和马西留论教会谬误》一文中梳理了学界对马西留和奥卡姆在"公会议无误论"上的争论的研究,一方面,针对马西留在《和平的保卫者》中提出的"公会议无误论",奥卡姆在自己的政治哲学著作《对话》(*Dialogue*)第三部分第一册《论教皇和神职人员的权力》中集中批判了马西留的"公会议无误论";另一方面,针对奥卡姆的批判,马西留在

---

① Takashi Shogimen, *Ockham and Political Discourse in the Late Middle Ages*, p. 72.

② William of Ockham, *A Letter to the Friars Minor and Other Writings*, pp. 19-33. 相关讨论,参见 Takashi Shogimen, *Ockham and Political Discourse in the Late Middle Ages*, pp. 58-60。

③ 关于马西留和奥卡姆在使徒贫困问题上的不同论述,参见 *DP.*, II. 12-13; Takashi Shogimen, *Ockham and Political Discourse in the Late Middle Ages*, pp. 50-67。关于马西留和奥卡姆在政治哲学和神哲学上的不同立场,参见 Takashi Shogimen, *Ockham and Political Discourse in the Late Middle Ages*, p. 8; Joseph Canning, *A History of Medieval Political Thought, 300—1450*, p. 160。

《和平的保卫者(小本)》中再次重申了"公会议无误论"。①

一、马西留的"公会议无误论"

马西留在否定"教皇无误论"的同时没有走向彻底的唯信《圣经》之路,反而坚持用"公会议无误论"来代替"教皇无误论"。

在讨论完《圣经》作为真理的唯一来源后,马西留紧接着在《和平的保卫者》第 2 论第 20 章"界定或确定《圣经》中可疑观点的权柄属于或曾属于谁"中断言,虽然《圣经》的权威是至高无上的,但是由于《圣经》的一些语词容易产生争议,所以有必要确定谁应当拥有教义解释权。既然拥有教义解释权的人应当是不犯错误的完美之人,而教皇会犯错误,那么教皇不能也不应当拥有教义解释权。

现在的问题在于,谁才是拥有教义解释权的完美之人呢? 马西留通过一段长文,直接挑明教义解释权应掌握在公会议手中,并且只有公会议能够完美地解释教义中可疑的地方:

> 我现在要表明,这个确定[《圣经》中可疑观点]的首要权柄,无论直接的还是间接的,只属于天主教公会议或其强力部分或那些被天主教信徒共体授予这一权柄的人;也就是说,世界上所有省份或知名团契都要按照其所在地的人民立法者(无论一个还是多个)的决定,并按照其人数和质量的比例,拣选一批有信仰的人(首先是教士,然后是一些非教士但是合适的人),这些人在生活上更加受到认可并且在神法上更加专业。他们作为审判者(按照审判者的第一种含义),通过上述共体授予的权柄代表着信徒共体,他们应当聚集在世界上的某个地方(但是,按照他们中最大多数人的决定,这应当是最合适的),在这个地方,他们必须界定任何在神法方面已经变得明显可疑、有用、便利和需要断定的事情,并且规定其余关于教会礼仪或神圣崇拜的事情以及关乎信徒将来的宁静和安宁的事情。(II. 20. 2)

在马西留看来,只有"天主教公会议或其强力部分或那些被天主教信徒共体授予这一权柄的人"拥有教义解释权。正如公民共体的强力部分等同于公民共体,信徒共体的强力部分同样等同于信徒共体,由于信徒共体的强力部分等同于公会议,所以公会议等同于信徒共体。公会议之所以等同于信徒

①　Roberto Lambertini, "Ockham and Marsilius on an Ecclesiological Fallacy", pp. 301-303.

共体的强力部分,是因为马西留理解的公会议有别于教权论者理解的公会议。教权论者将公会议界定为神职人员组成的大公会议,但是马西留主张从量和质的双重维度对公会议加以考察,进而将公会议界定为神职人员和神圣法方面拥有专业知识的平信徒组成的大公会议,"公会议也可以由非教士组成,后者将与教士一起在公会议的商议中适当地加入和插入他们自己的法令"(Ⅱ.20.13)。也就是说,正如公民共体的强力部分是大众阶层和高贵阶层共同组成的,信徒共体的强力部分同样是平信徒和神职人员共同组成的。正是基于量和质的双重维度,公会议构成了信徒共体中的强力部分。

紧接着,马西留界定了公会议成员行使的各种职权:教士的职权在于讲述福音法的正确含义并且规劝信徒正确信仰基督,"教士……的职责是按照神法的真意来教导律法,照料一切能够让律法变得真诚和真实的事情,斥责与律法相反的错误,并用他们的劝诫、论证和责备把人从错误中召回"(Ⅱ.20.3);神法专家的职权在于为平信徒和教士提供专业建议,"神法专家……应当唤醒其他人并与教士一起聚集,尤其是在他们为此目的被充分要求或授权的情况下"(Ⅱ.20.3);有信仰的人民立法者的职权在于任命参会人员并组织公会议,"为了界定神法以外的关乎信徒共同利益与和平的其余事情,那些由有信仰的人民立法者为此目的按立的人能够并应当出席会议。立法者也有义务为此目的参加,他要拣选合适的人组成会议,向他们提供尘世必需品,并且如果必要的话,为了公利而强迫那些拒绝聚集但合适的被拣选之人(无论是教士还是非教士)"(Ⅱ.20.3)。

公会议的成员之所以由信徒共体的各个部分组成,是因为神职人员传播的教义关乎着信徒共体的利益,"它们可能对所有信徒有利或有害"(Ⅱ.20.4),所以对教义的解释权不能仅仅属于神职人员组成的教阶,而是应当属于信徒选举出来的包括平信徒参加的公会议,"大公会议作为最为有效的政治形式的另一个原因在于教会是上帝为人类设立的社会组织形式,其主体是为数众多的普通信徒,而不是神职人员。因此,由全体信徒组成的共同体组织——基督教大公会议具有绝对的确定性。其最高权力也蕴含于全体之中,而非个人所有"①。

马西留对公会议的界定,完全匹配其对公民共体的强力部分的考察和界定方式:公会议就是信徒共体的强力部分。据此,信徒共体或信徒共体的强力部分或公会议应当拥有教义解释权,这意味着不仅信徒共体是完美的,而且公会议是完美的,否则一个会犯错误的公会议不应当拥有教义解释权,

---

① 陈天一:"中世纪'和平的保卫者'——马西略的'教俗'权力斗争思想",第201页。

由此马西留肯定了"信徒共体无误论"和"公会议无误论"。马西留进一步指出,公会议能够在解决《圣经》中有争议的经文方面拥有圣灵的力量(spiritus sancti virtus),

> 由于信徒的集会或其公会议通过继任确实代表了使徒、长老和当时其余信徒的集会,所以在决定《圣经》的可疑意思上,尤其是在错误会招致永罚危险的那些意思上,非常可能、也确实可以肯定的是,圣灵的力量(借着引导和启示)与普世公会议的商讨同在。(II. 19. 2)

因此,马西留对"公会议无误论"的论证,建立在公会议和信徒共体的等同关系以及前者对后者的完美代表关系之上,一旦公会议不等同于信徒共体或者公会议不能完美代表信徒共体,那么"公会议无误论"将无法获得证成。

二、奥卡姆的彻底唯名论立场

奥卡姆在《论教皇和神职人员的权力》一文中恰恰利用唯名论的单义性原则集中批判了马西留的"公会议无误论",否定了公会议能够完美地代表信徒共体。按照《论教皇和神职人员的权力》英译本注释,奥卡姆在《论教皇和神职人员的权力》第3卷第8章到第11章集中反驳了《和平的保卫者》第2论第19章第2节的"公会议无误论"论证。在奥卡姆看来,马西留关于公会议的教义解释权来自圣灵之力的观点是错误的,因为"公会议经常依赖于或能够依赖于人的智慧……我们不必相信公会议确定的东西对于信仰而言都是必要的"[1],所以公会议在解决《圣经》中有争议的经文方面不是完全借着圣灵的力量,而是经常依赖于人的智慧,即公会议的成员依赖于他们自身关于《圣经》的经验和知识,"错误能够在一切依赖于人的智慧和德性的事物中被找到,所以公会议的成员在决定信仰的问题上会犯错误"[2]。

更确切地说,奥卡姆认为,公会议成员的决定经常是人为的,而错误发生在人为的事情上,所以公会议在解释教义方面会犯错误。[3] 如前所述,马西留对"公会议无误论"的证明在于公会议是和基督直到世界末日一起存在的教会,进而表明公会议始终接受到圣灵之力,但是奥卡姆否定了马西留的

[1] William of Ockham, *A Letter to the Friars Minor and Other Writings*, p. 208.
[2] Ibid., p. 210.
[3] Ibid., pp. 211-213.

这一证明,表明和基督直到世界末日一起存在的教会应当是普世教会(大公教会/天主教会,Ecclesia Catholica),"基督直到世界末日和普世教会一起存在……基督的许诺不应当被理解为公会议的……圣灵始终临在于普世教会"①。基于此,奥卡姆区分了普世教会和公会议②:只有普世教会通过继任完美地代表作为信徒共体的会众,也只有普世教会才是《马太福音》提及的、和基督直到世界末日一起存在的教会,所以只有普世教会不会犯错误并且拥有教义解释权。由于公会议的决定经常是人为的,所以公会议只是以不完美的方式代表着作为信徒共体的会众,那么公会议对会众的代表和继任不能用来证明它不会犯错。因此,奥卡姆通过反驳马西留的"公会议无误论",否定了公会议在教义解释权方面的绝对权威,甚至公会议不仅能够伴随着坏的意图——比如公会议被犯错误的教皇引导去确定违背大公真理的东西③——而且能够在伴随着好的意图的环境下犯严重的罪。④

那么,奥卡姆不仅在批判"教皇无误论"时利用单义性原则摧垮了教皇在上帝和信徒之间的中介作用,而且在批判"公会议无误论"时将单义性原则贯彻到底,从而否认信徒能够被完美地代表,主张公会议只是以不完美的方式代表信徒共体,只有信徒共体组成的普世教会能够完美地代表信徒共体,即信徒个体自己能够完美地代表自己,所以奥卡姆通过区分普世教会和公会议的方式否定了"公会议无误论"。基于个体不可被代表,奥卡姆否定了公会议的完美性。

三、马西留和奥卡姆之争

针对奥卡姆的反驳,马西留在《和平的保卫者(小本)》第11、12章再次重申了"公会议无误论"。在第11章,虽然马西留同样认为普世教会不会犯错并且有权决定教会事务,但是和奥卡姆不同,马西留重复了《和平的保卫者》第2论第19章的论点,即公会议的决定来自圣灵之力的感召,所以公会议在教义解释方面具有权威⑤;在第12章,他指出奥卡姆论证的错误:奥卡

---

① William of Ockham, *A Letter to the Friars Minor and Other Writings*, pp. 211–212.

② Ibid., p. 215. 值得注意的是,枢机主教团在《和平的保卫者》中几乎总是以负面的形象出现的,例如:"他找到并抓捕了这位教皇及其枢机主教团,因为他们勒索皇帝宣誓"(Ⅱ. 25. 10),"罗马主教们及其神职人员团或枢机主教团在他们的这篇文字(它在任何方面都是绝对错误的)中对你们所有人都造成了最大的伤害"(Ⅱ. 25. 18),"枢机主教们本身在很大程度上已经同意、现在仍然同意并且参与了上述的篡夺行为"(Ⅱ. 26. 10)以及"他独自一人或只与他的枢机主教团一起就颁布了一条关于最高贫困或完美状态的教令,借着错误的解释,它的观点违背了基督的福音"(Ⅱ. 20. 7),等等。

③ William of Ockham, *A Letter to the Friars Minor and Other Writings*, p. 211.

④ Ibid., p. 217.

⑤ *DM.*, 11. 3.

姆从唯名论的单义性原则出发指出个体会犯错,但是他错误地推导出个体组成的整体同样会犯错,进而对个体和共体的关系产生了错误的理解。

马西留认为,整体能够完成个体完成不了的事情,虽然个体会犯错,但是这不代表个体组成的整体会犯错,因为"每一个人彼此听从对方,他们的心灵交互地激发出对真理的考察,该真理不是他们中的任何一个人能够获得的,如果他和其他人分离开存在的话"①,所以个体的有限性不能推导出个体组成的共体的有限性,一旦个体组合成共体,那么有限的个体就能够走向无限的共体,据此,马西留类比出公会议不会犯错。

马西留之所以能够从信徒个体的有限性推导出公会议的完美性,其中一个原因在于,他从量和质的双重维度考察和界定公会议,进而将公会议等同于信徒共体或普世教会,由此推导出公会议的完美。

和马西留不同,奥卡姆仍然站在教权论者的立场上理解公会议,进而将公会议视为教皇制的一部分,即公会议只是教皇的咨询和建议机构。② 奥卡姆甚至断言,即使教皇会犯错误,教皇制也是最好的教会制度,而且教皇制比君主制更完美。③ 因此,奥卡姆否认个体的有限性到共体的完美性的转变,他不仅认为教皇会犯错,而且论证公会议也会犯错。

奥卡姆和马西留之争反映了唯名论和亚里士多德主义之争。奥卡姆式的唯名论严格遵守单义性原则,强调个体的有限性,否定个体和整体之间存在质的区别,一切质上的存在论差异都被敉平,由此拒斥"教皇无误论"和"公会议无误论";马西留式的亚里士多德主义则坚持整体大于部分原则,承认个体和整体之间存在质的区别,由此肯定"公会议无误论"。整体大于部分原则之所以符合亚里士多德主义,是因为亚里士多德本人持有这样一种原则,他主张,虽然整体由部分组成,但是整体超越了部分:

> 在那些张弛得度的政体中,没有别的什么事情比促使人们奉公守法更要紧了,在细小的方面尤其要严加警惕。些微的违法行为常常不为人觉察,正如不断浪掷小额财物,到头来大多落得一贫如洗。这样的花销由于不在一朝一夕,故不易引起人们注意,人心在这些事情上可能会误入迷途,恰如这样一种谬见:"事事皆小,总汇自小。"在一种意义上这种说法是成立的,但在另一种意义上则不然。因为尽管由诸多微小

---

① *DM.*, 12.5.
② William of Ockham, *A Letter to the Friars Minor and Other Writings*, pp.166-167.
③ Ibid., pp.143-153.

的部分组成,整体或总汇并不见得就小。①

在亚里士多德看来,积少成多的过程,是量变引起质变的过程,所以个体组成整体的过程,是个体突破自身有限性走向完美性的过程。这意味着,个体的存在方式是低阶的,整体的存在方式是高阶的,低阶的存在物仅仅构成高阶存在物的质料,后者反过来构成前者完美性的成全。在部分(个体)和整体之间,亚里士多德建立起从潜能到成全的目的论体系。

四、类比原则和单义性原则的交锋

就此而言,马西留的整体大于部分原则暗含着亚里士多德式的目的论思想。在马西留论证城邦共同体起源的一段话中,我们能够发现马西留对目的论的运用:"按照不同的地区和时间,城邦共同体开始于小的部分,并且逐渐获得增长,最终走向成全,正如上述在自然或技艺的所有行为中发生的那样。"(I.3.3)显然,部分是不完整的、有限的,但是随着部分逐渐增长,"最终走向成全",这种成全正是对有限个体的成全,个体在整体中成全自己、摆脱有限性,而这个整体就是以国家形态示人的国家法团。马西留最终得出亚里士多德式的结论:

> 随着这些共同体的逐渐增长,人的经验在增加,更完美的生活技艺、规则和模式被发明出来,共同体的诸部分也得到进一步划分。最终,那些对活着和活得好(vivere et bene vivere)来说必要的东西,通过人的推理和经验走向成全,并且人们称之为城邦的完美共同体被建立起来。(I.3.5)

目的论在中世纪哲学中体现为托马斯式的类比原则,并且我们可以通过类比原则来陈述不同质的事物的存在,进而在事物之间构造出存在的等级秩序,"根据这种类比观念,世界与上帝既非完全相似,亦非完全不相似,而是不完全相似"。② 在类比原则之上,中世纪宇宙论呈现为自上而下的存在等级秩序。我们知道,新柏拉图主义正是将类比原则应用到了极致,正是

---

① 亚里士多德:《政治学》,1307b30—38。

② 孙帅:《抽空:加尔文与现代秩序的兴起》,北京:商务印书馆,2021年,第96页。相关讨论,参见 John F. Wippel, *Metaphysical Themes in Thomas Aquinas II*, Washington:The Catholic University of America Press, 2007, pp. 152-171;Battista Mondin, *The Principle of Analogy in Prostestant and Catholic Theology*, Hague:Martinus Nijhoff, 1963, pp. 86-102。

借着新柏拉图主义,中世纪哲学家建构出一套符合基督教神学的宇宙论,进而将包括人在内的一切存在者都纳入统一的存在巨链之下。

众所周知,新柏拉图主义创始人普罗提诺(Plotinus)在存在论上设定了太一(Hen)、理智(nous)和灵魂(psyche)三个本体,并且使用流溢说(emanation)来解释三本体的关系:太一是单纯的一,它高于作为多的万物并构成万物的来源,即一流溢出多,万物皆从太一中流溢而出,"正如万物中没有一件不曾在太一中一样,万物都是从太一中派生出来的……由于自身的完满性,它[太一]流溢了出来,而它的流溢产生了不同于自己的东西"①。太一首先流溢出理智,所以理智相对于太一而言是多,它通过直接凝视太一来分有太一的完满性,从而由多凝聚为一。理智进一步流溢出灵魂,后者通过直接凝视理智来分有灵魂的完满性,这意味着灵魂并非直接从太一那里获得完满性,即它不能通过直接凝视太一来把握形式,反而是通过反思形成理性概念。因此,三本体存在着流溢与被流溢的关系,同时也存在着一与多的关系,即流溢者是一并且构成被流溢者由多为一的存在根据。②

洛夫乔伊指出,在普罗提诺设定的世界中,灵魂中的一部分下降到质料(ὕλη)之中从而形成了个体灵魂,个体灵魂再与质料的结合形成了自然物。③ 其中,个体灵魂在摆脱了质料以及由个体灵魂和质料结合时产生的欲望和血气后能够返回到灵魂之中,并且个体灵魂能够利用个体灵魂中不受质料影响的理性部分对太一和理智进行沉思,从而最终返回到太一之中。质料则构成与太一的对立物,"作为太一的对立,质料处于存在阶段等级的另一端。在太阳喻中,质料是黑暗,随着与光源距离的增加,流溢的光的强度逐渐侵入这一黑暗。作为恶的本原,它与太一的完满相反"④。由于"太一展开为多被视为完满性的一种衰退,它在世界太阳的流溢隐喻中显示为光强的减弱"⑤,所以太一流溢的方向也是完满性衰退的方向。根据完满程度的不同,太一和流溢物之间形成了一个自上而下的存在等级序列:"存在的等级序列,由于被'善'的扩张的和自我超越的原则所包含,所以成为新柏

---

① Plotinus, *Ennead V*, with an English translation by A. H. Armstrong, Cambridge: Harvard University Press, 1984, 5.2.1.

② 关于普罗提诺的哲学体系分析,参见梁中和编著:《古典柏拉图主义哲学导论》,上海:华东师范大学出版社,2019年,第234—246页。

③ 阿瑟·洛夫乔伊:《存在巨链——对一个观念的历史的研究》,张传有、高秉江译,北京:商务印书馆,2015年,第77—79页。以下引用皆采用此译本,中译文引用时,有所改动。

④ 戴克斯特霍伊斯:《世界图景的机械化》,张卜天译,长沙:湖南科学技术出版社,2010年,第55—56页。以下引用皆采用此译本,中译文引用时,有所改动。

⑤ 同上书,第55页。

拉图主义的宇宙论的实质性概念。"①因此,所有流溢物最终都从至善的太一那里流溢出来,太一和流溢物之间形成了一个从太一到质料的存在巨链。

中世纪继承了新柏拉图主义的宇宙论,主张上帝和所有被造物同样在充实原则的基础上被有序地安排在不同的存在等级上,由此形成一个从上帝到质料的存在巨链。"从新柏拉图主义出发,充实原则以及为它所预设或由它派生的那一组观念,转化成了形成中世纪基督教神学和宇宙论的先入之见的那种复合物。"②具体来说,上帝是存在本身,被造物通过上帝的创造行动获得了存在,由于被造物只有朝向作为存在本身的上帝才能保持存在,所以只有上帝的本质包含存在,而被造物的本质和存在是分离的,并且被造物的存在最终只能来自上帝。③ 因此,正如太一高于一切存在并构成一切存在的来源,上帝在存在等级上也高于所有被造物,而且被造物根据对上帝的存在的分有程度(即接受上帝之光的程度)被安排在不同的存在位置上。这

---

① 阿瑟·洛夫乔伊:《存在巨链——对一个观念的历史的研究》,第 78 页。

② 同上书,第 84 页。文艺复兴时期的宇宙论(例如斐奇诺与皮柯的宇宙论)也深受新柏拉图主义宇宙论的影响,参见皮科·米兰多拉:《论人的尊严》,顾超一、樊虹谷译,北京:北京大学出版社,2010 年,第 21 页;欧文·潘诺夫斯基:《图像学研究:文艺复兴时期艺术的人文主题》,戚印平、范景中译,上海:上海三联书店,2011 年,第 135—151 页;吴功青:"文艺复兴魔法:沉思抑或操作? ——从皮科·米兰多拉的魔法理论透视耶茨论题",《基督教文化学刊》2020 年第 2 期,第 229—248 页;吴功青:"驳斥星相学:从奥古斯丁到皮科",《中国社会科学报》2015 年 7 月 7 日;吉莱斯皮:《现代性的神学起源》,第 116 页;Pico della Mirandola, *New Essays*, edited by M. V. Dougherty, Cambridge: Cambridge University Press, 2007, p. 170; Pico della Mirandola, *On the Dignity of Man, On Being and the One, Heptaplus*, translated by Charles Wallis, Paul Miller, Indianapolis: Hackett Publishing Company, 1998, pp. 75‑76; Eugenio Garin, *History of Italian Philosophy*, edited by Giorgio Pinton, Amsterdam: Amsterdam University Press, 2008, pp. 323‑324; Ioan P. Couliano, *Eros and Magic in the Renaissance*, translated by Margaret Cook, with a Foreword by Mircea Eliade, Chicago: The University of Chicago Press, 1987, pp. 54‑56; James Hankins, *The Cambridge Companion to Renaissance Philosophy*, Cambridge: Cambridge University Press, 2007, pp. 137‑156; Ernst Cassirer, "Giovanni Pico Mirandola: A Study in the History of Renaissance Ideas", *Journal of the History of Ideas*, 1942 (3): pp. 319‑346; Brian P. Copenhaver, "Magic and the Dignity of Man: De-kanting Pico's Oration", in *The Italian Renaissance in the Twentieth Century: Acts of an International Conference (Florence Villa I Tatti, June 9‑11, 1999)*, edited by Allen J. Grieco, Michael Rocke, Fiorella Gioffredi Superbi, Florence: Leo S. Olschki, 2002, p. 320。

③ 参见 Avicenna, *The Metaphysics of the Healing*, a parallel English-Arabic text translated, introduced, and annotated by Michael E. Marmura, Brigham Young University Press, 2005, p. 149;托马斯·阿奎那:《论存在者与本质》,段德智译,北京:商务印书馆,2013 年,第 40—44 页。严格来说,中世纪的宇宙论也受到了亚里士多德主义的影响,比如托马斯不仅受到了柏拉图的分有学说和新柏拉图主义的流溢学说的影响,而且受到亚里士多德主义的形质学说以及关于存在和本质的讨论的影响,参见 John F. Wippel, *The Metaphysical Thought of Thomas Aquinas: From Finite Being to Uncreated Being*, Washington: The Catholic University of America Press, 2000, pp. 94‑176; Gregory T. Doolan, *Aquinas on the Divine Ideas as Exemplar Causes*, Washington: The Catholic University of America Press, 2008, pp. 191‑219。

意味着,被造物对上帝的存在的分有越多,其存在越完满,所处的存在位置越高,反之亦然。所以根据存在的完满程度,上帝和被造物被安排在一个有序的等级序列中,其中上帝位于该等级序列的顶端,低于上帝的被造物的排序依次是:天使、人、动物、植物、矿物和元素。当然,上帝和位于该序列底端的被造物之间的差别是无限大的,被造物"通过'最少可能'的差别程度不同于紧挨着它的在上的和在下的存在"①。所以类比原则带来的是存在论上的等级秩序:

> 宇宙是一个"巨大的存在之链",这个存在之链是由大量的,或者——根据严格但却很少精确运用的连续律逻辑看来——是由无限数量的、排列在一个等级森严的序列中的环节所构成的,这个序列由最贫乏的、只是忽略不计的非存在的那类存在者出发,经过"每一种可能"的程度,一直上升到完满的存在。②

到了中世纪晚期,托马斯成为主张类比原则的最大代表:"托马斯的归属类比侧重从结果与原因之间的内在相似性出发,强调受造物对神圣完满性的不完全分有及其与上帝之间基于分有与被分有产生的直接关联。"③

奥卡姆恰恰贯彻唯名论的单义性原则,并且试图彻底围剿目的论体系下的类比原则。在奥卡姆看来,宇宙万物之间并不存在严格意义上的类比关系,事物在质上的区别无法通过类比得到充实,甚至在上帝面前,一切存在物都以敉平的方式存在着。所以根据存在的单义性原则,宇宙呈现的不是存在论上的等级秩序,而是同质化的敉平结构体系。就此而言,奥卡姆深受邓·司各脱(Duns Scotus)的影响:"这一敉平结构对奥卡姆产生了重大影响,并成为唯名论革命破除普遍者实在性的重要思想来源之一。"④显然,敉平的存在结构试图打破内在性和超越性之间的平衡,一切充实存在之链的中介都丧失了中介功能,所有受造物在存在论上都沦为一个个有限的个体事物。不仅个体自身不具有完美性,而且个体组成的整体也没有实现完美

---

① 阿瑟·洛夫乔伊:《存在巨链——对一个观念的历史的研究》,第73页。

② 同上书,第72—73页。

③ 孙帅:《抽空:加尔文与现代秩序的兴起》,第110页。为行文统一,本书在引用时将"阿奎那"统一改为"托马斯",后文不再一一标出。

④ 雷思温:"邓·司各脱论一与多的敉平化",《云南大学学报(社会科学版)》2020年第3期,第39页。关于司各脱哲学中的单义性原则及其对奥卡姆的详细影响,参见雷思温:《敉平与破裂:邓·司各脱论形而上学与上帝超越性》,北京:生活·读书·新知三联书店,2020年。

性的转变,所以有限个体无法通过量上的叠加成为质上完美的共体。之所以量变无法引起质变,是因为单义性原则取消了有限与无限之间的类比关系,从而使得有限之物和无限之物的存在论中立化了,"单义性存在被思为与无限之物和有限之物、奇异之物和普遍之物、造物主和造物无差异的中立之物……为了使判断中的种种类比力量中立化,他[司各脱]向前探索,并且首先在一个抽象概念中将存在中立化"[1]。

单义性原则对量变引起质变的否定,实质上可以看作唯名论对亚里士多德主义的革命。众所周知,"对亚里士多德而言,自然世界不允许现实地存在无限事物"[2],和亚里士多德这种世界观不同,唯名论恰恰是要破除各种目的论思维下的有限性(目的界限),释放被各种目的(完美性)束缚的无限性,由此塑造出失控的无限性宇宙观。在失控的无限性面前,一切基于类比原则建构的中介都失去了目的论意义上的内在价值。奥卡姆这一彻底的唯名论立场对类比原则造成了致命性打击,而他对亚里士多德式的因果关系的破坏,意味着单义性原则对类比原则的破坏。按照单义性原则,事物之间并不存在类比意义上的等级秩序,一切因果关系都无法在上帝的绝对自由面前获得必然性,所以单义性原则破坏了"在 13 世纪被广泛接受的亚里士多德意义上的绝对可知和必然的因果关系"[3]。

因此,马西留和奥卡姆之争,实质上体现着类比原则和单义性原则的交锋,也展现着亚里士多德主义和唯名论的冲突。然而,对于马西留的政治哲学来说,马西留和奥卡姆之争仅仅是外在之争,更深层次的争论在于马西留政治哲学内部的亚里士多德主义和唯名论的冲突,即类比原则和单义性原则在马西留政治哲学内部共存所带来的张力。

问题在于,马西留如何平衡自身政治哲学内部类比原则和单义性原则的交锋?为什么他要在自身政治哲学内部保持这种必要的张力?

第四节 中介的重构

由于奥卡姆从个体的有限性推导出信徒个体组成的公会议的有限性,而马西留从个体的有限性推导出信徒个体组成的公会议的完美性,所以马

---

① 吉尔·德勒兹:《差异与重复》,安靖、张子岳译,上海:华东师范大学出版社,2019 年,第77 页。

② 雷思温:"失控的无限性:邓·司各脱论无限存在者",《哲学动态》2020 年第 2 期,第 55 页。

③ 爱德华·格兰特:《近代科学在中世纪的基础:其宗教、体制和思想背景》,第 200 页。

西留和奥卡姆的无误论之争体现出马西留公民共体论中的类比原则和单义性原则之间的张力。也就是说，既然单义性原则造成了中介的崩溃，那么个体不应当也不可能被任何人或共体完美地代表，所以公会议只是信徒个体的不完美代表。

如前所述，马西留和奥卡姆的分歧关键在于二者对公会议的界定不同。奥卡姆对"公会议无误论"的批判针对的只是教权论框架下的公会议，所以马西留同样会赞同奥卡姆所批判的"公会议无误论"。一方面，虽然奥卡姆从个体的有限推导出公会议的有限，但是他通过区分普世教会和公会议，肯定了普世教会作为信徒共体的完美，所以在普世教会作为信徒共体不会犯错误方面，他和马西留是一致的；另一方面，虽然马西留从个体的有限性推导出公会议的完美性，但是他理解的公会议不是奥卡姆理解的教权论框架下的公会议，而是和信徒共体的强力部分等同的公会议，这使得马西留主张公会议能够完美地代表信徒共体，从而能够不犯错误。所以奥卡姆批判的"公会议无误论"仍然是教权论框架下的"公会议无误论"，甚至马西留和奥卡姆一样会批判教权论框架下的"公会议无误论"。

但是，抛开马西留和奥卡姆在公会议概念上的分歧，马西留和奥卡姆在个体和共体的关系上仍然存在着根本的分歧。如前所述，马西留在《和平的保卫者（小本）》中指出，奥卡姆的错误在于他看不到个体在量上的增加带来的质上的同等增加，而量和质的同等比例关系正是马西留理解"公会议无误论"的一个关键要素，所以奥卡姆无法理解马西留的"公会议无误论"，因为量和质的同等比例关系无法获得奥卡姆的单义性原则的证成，但是量和质的同等比例关系恰恰建立在马西留政治思想中的类比原则之上，马西留正是从个体出发一步步推导出个体在量上的增加会带来质上的同等增加，即有限个体随着量的增加最终会在质上塑造出完美共体，据此马西留推导出，公会议成员在量和质上的双重维度上的增加确保了公会议不会犯错误。

奥卡姆之所以看不到个体在量上的增加能够带来在质上的同等增加，是因为他的单义性原则在解构中介之后并没有在上帝和个体之间重构出代替中介的东西，这导致了一个普遍同质的世界，即除了上帝和被造物在存在论上的质的差异之外，被造物在存在论上只有量的差别，而没有质的差别，所以他看不到有限的个体会随着量上的增加而带来质上的同等增加。

虽然马西留在"教皇无误论"上利用单义性原则解构了教皇的中介作用，但是他在"公会议无误论"上利用类比原则解构和重构了亚里士多德主义-奥古斯丁主义关于质的完美和职位的完美的论证,进而主张公会议成员在量上的增加带来公会议在质上的完美,所以他将亚里士多德类比原则对质的目的论思想和唯名论的单义性原则对量的非目的论思维融合在一起,由此实现了反教权论的任务:用单义性原则反对"教皇无误论",用类比原则支持"公会议无误论"。

显然,马西留和奥卡姆的争论体现出二者不同的思考视角。奥卡姆批判"教皇无误论"和"公会议无误论"的目的是追求神学真理而非某种政治哲学的目标,即根据唯名论的单义性原则处理神学真理与教权论下的教皇和公会议的关系,所以他在批判教皇和公会议的完美性的同时,无意挖掘"教皇无误论"和"公会议无误论"背后的政治哲学意图,这导致他仅仅解构而非重构教权论下的"教皇无误论"和"公会议无误论",所以在韦尔热看来,

> [奥卡姆]不像帕多瓦的马西留那样熟悉法律和政治理论,并且没有形成"大众主权"和代表权(例如通过议会)的观念。他对教皇的评价是如此的犹豫不决,对之虽尖锐批评但亦未敢否定教皇的最高权力……当他面对《圣经》的绝对权威、面对上帝的绝对自由和全能遭遇的重大危险时,他以哲学方法使人类获得了自由。[①]

正是对上帝绝对自由的强调,奥卡姆开创的唯名论思想导致"大多数神学家最终采取大致相同的路线:蔑视神学和哲学过于脆弱的和谐一致,坚持上帝具有无限统治权、特别关注自由和称义问题。这些是 14 世纪下半叶被大多数欧洲大学采用的唯名论观点"[②]。马西留批判"教皇无误论"的目的却不是追求神学真理,而是追求尘世权威自足性的政治哲学目标,即根据单义性原则打破作为中介的教皇对信徒共体和公民共体的干预,进而通过公民共体和公民共体的强力部分的关系类比出信徒共体和作为信徒共体的强力部分的公会议的关系。所以他在批判"教皇无误论"的同时,提出"公会议无误论"来代替教权论下的"教皇无误论"。这意味着他不仅要解构教权论下的"教皇无误论",而且要重构出反教权论的"公会议无误论",由此实现一破(破除教权论的准政治主张)一立(建立起尘世权威的自足性)的政治哲学目标。因此,唯名论的单义性原则在奥卡姆的神学真理立场下成为反驳

---

① 雅克·韦尔热:"不同的价值标准与权利机构",第 130 页。
② 同上。

"教皇无误论"和"公会议无误论"的神学原则,在马西留的政治哲学立场下仅仅成为反驳"教皇无误论"的两个政治哲学原则之一。亚里士多德主义的类比原则构成马西留另一个政治原则,其目的则在于重构中介,即在尘世中构造一个新中介,以此取代教皇成为尘世生活的新根基。

因此,奥卡姆和马西留之争的核心在于真理观的差异。马西留对集体智慧充满着自信,他相信多数人比少数人更少犯错误,而且代表全体信徒的公会议不会犯错。但是奥卡姆不这样认为,他坚持神学真理观,断定只有上帝启示的真理不会犯错,人总是会犯错的,所以教皇和公会议都会犯错。之所以存在这种真理观上的差异性,其中一个重要原因在于,马西留保留了亚里士多德主义的类比原则,认为人是上帝的形象,人从上帝那里获得了智慧,并且能够不会犯错。奥卡姆则坚持唯名论的单义性原则,无限拉开上帝和人的距离,认为真正的真理只存在于上帝那里,人由于原罪必然会犯错,人再努力结合也无法摆脱个体的有限性这一根本的人性规定。马西留弱化了人的原罪性,奥卡姆则立足于原罪以彰显人的可错性。政治哲学上的考量构成了马西留同时使用类比原则和单义性原则的重要依据。

马西留对亚里士多德主义和唯名论的融合突破了传统的理解:一方面,他的类比原则突破了亚里士多德-托马斯传统的类比原则,他取消了传统类比原则带来的自上而下的存在等级秩序,转而利用唯名论塑造出自下而上的存在等级秩序,即共体由个体组成,其完美性力量来自个体的意志同意,意志而非理性构成马西留类比原则的核心要素;另一方面,他的单义性原则突破了唯名论传统的单义性原则,他取消了传统单义性原则带来的完全去中介的存在论思维模式,转而利用亚里士多德主义塑造出整体大于部分的存在等级秩序,即共体在量和质的双重维度上大于个体,量变同时能够引起质变。

综上,个体的有限性和共体的完美性不仅是理解马西留公民共体论的关键要素,而且是把握马西留和奥卡姆之争的关键。由于马西留对个体的有限性和共体的完美性的论证建立在其对"整体大于部分"原则的独特理解之上,而这一独特理解使得马西留既不同于以罗马的吉尔斯为代表的教权论者,也不同于以奥卡姆为代表的唯名论者,所以个体的有限性和共体的完美性既是马西留用来反驳建立在亚里士多德主义-奥古斯丁主义之上的"教皇无误论"的武器,也是他用来解构教权论下的公会议概念、重构出符合"公会议无误论"的公会议概念的理论前提。

行文至此,在个体和共体、信徒共体和公会议的关系上,马西留融合了亚里士多德主义和唯名论。马西留对"公会议无误论"的论述则呈现出亚里士多德主义和唯名论兼容的可能性。基于此,马西留和奥卡姆之争不仅展现了唯名论在政治哲学领域的不同面向,而且展现了唯名论和亚里士多德主义既对立又兼容的复杂关系。

第二编 法治优越性与现代法权秩序的兴起

第四章　断裂与重建的法律秩序

既然马西留在"教皇无误论"和"公会议无误论"问题上否定了教皇的教义解释权,肯定了完美代表信徒共体的公会议的教义解释权,那么信徒共体或公会议是否应当成为教义的立法者? 既然公民共体概念的界定表明公民共体是尘世立法者,那么公民共体和信徒共体作为立法者的区别是什么? 二者制定的法律的特征是什么? 这些问题不仅关涉法在公民共体理论中的位置,而且关涉公民共体论对亚里士多德政治哲学的延续和突破。

马西留正是在延续和突破亚里士多德法学理论的过程中完成了对公民共体和信徒共体、尘世法和天国法之间关系的界定,进而澄清了道德和政治的二分关系,由此反驳了教权论者在法学上的教阶论解释路径,确立了公民共体作为唯一尘世立法者的地位。

有鉴于此,本书将首先界定马西留公民共体论中的法律特征及其必要性,其次通过比较马西留和托马斯在自然法问题上的差异来展现马西留对亚里士多德法哲学的延续和突破,最后澄清公民共体和信徒共体作为立法者的不同类型以及这一区别背后的亚里士多德主义和唯名论因素的复杂关系。

第一节　法律的双重特征

由于法律是澄清公民共体和信徒共体在立法权问题上的关键,所以我们有必要首先界定法律在马西留公民共体论中的位置,并且指出马西留对法律的双重特征和立法的必要性论证如何建立在对亚里士多德法学理论的延续和突破之上。

马西留在《和平的保卫者》第 1 论第 10 章"论'法律'这个术语含义的划分和处理,及其最恰当的、我们所意图的含义"中区分了法律的四种含义:

I. 在它的众多用语中,这个术语的其中一种含义意味着朝向某种行为或激情的自然感性倾向,这就是使徒保罗在《罗马书》第 7 章言说它的方式,当他说:"但我看见我肉体中的另一个律和我灵魂中的律交战。"

II. 在它的另一种含义上,"法律"这个术语是指任何一种功能习性以及一般而言每一种存在于心灵中的功能形式,由此(作为范例或尺度)产生了人造物的形式,这就是《以西结书》第 43 章所言说的方式:"所以这是圣殿的律,但这些是祭坛的尺度。"

III. 在第三种方式上,"法律"被视为规则,它包含对人类行为的命令式告诫,借此人被规定朝向来世的荣耀或惩罚;按照这种含义,摩西律法部分地被称为法律;福音律法则整个地被称为法律。

IV. "法律"这个术语的第四种且更广泛的含义意味着对正义之事和城邦利益及其反面的科学、学说或普遍判断。(I. 10. 3)

简单来说,这四种法分别是:尘世法(统治肉体的法)、永恒法(圣殿法)①、宗教法(摩西法②、福音法、其他宗教法)和法学。也就是说,第一种法是指与统治灵魂的法相对的统治肉体的法;第二种法是指圣殿法;第三种法就人在来世被赋予荣耀或惩罚而言,被称为以摩西法和福音法为代表的宗教法;第四种法是指法学学说。

如何理解这四种法? 马西留在简单列举这四种法的含义之后,紧接着提出了理解法律的两种方式:

我们可以用两种方式来理解法律:在一种方式上,它本身只表明什么是正义的或不义的、有利的或有害的,由此它被称为法权科学(iuris sciencia)或学说。法律在另一种方式上被理解为,根据对它的遵守而在今世通过分配惩罚或奖赏发出一种强制命令,或者它通过这种命令的方式而被传下来;法律用这种方式来理解,则被称为且是最恰当意义上的法律。亚里士多德在《尼各马可伦理学》最后一卷第 8 章也采纳了这种方式来界定法律,他说:"法律拥有强制力,它是来自某种明智和理智的论说。"(Lex autem coactivam habet potenciam sermo ens ab aliqua

---

① 布雷特在英译本注释中指出这种法对应于托马斯的永恒法,参见 Marsilius of Padua, *The Defender of The Peace*, I. 10. 3, n. 2.

② 关于摩西的多重身份(王、立法者、大祭司和先知),参见斐洛:《论摩西的生平》,石敏敏译,北京:中国社会科学出版社,2017 年,第 149—195 页。

prudencia et intellectu.）（I. 10. 4）①

这两种方式分别是就法律的内容和法律的形式而言的：第一种方式就法律的内容而言，法律"本身只表明什么是正义的或不义的、有利的或有害的"，即法律的内容构成了以理性为基础的法权科学；第二种方式就法律的形式而言，法律是具有强制力的准则，即法律和其他准则的不同在于，法律是强制性准则而非非强制性准则。此外，马西留引用了亚里士多德在《尼各马可伦理学》中的论点来确证自己的观点："法律拥有强制力，它是来自某种明智和理智的论说。"这意味着亚里士多德同样承认法律包含两个要素：理智论说（法权科学）和强制力，这两个要素构成了我们理解法律的两种方式，所以马西留延续了亚里士多德对法律的理解方式。

　　就理智论说产生对正义的追求而言，马西留延续了亚里士多德关于法律和正义的论述。② 然而，马西留和亚里士多德之间的差异仍然是明显的，因为亚里士多德在《尼各马可伦理学》中主张，立法者应当承担道德教化职能，"立法者通过塑造公民的习性而使他们变好。这是所有立法者心中的目标。如果一个立法者做不到这一点，他就实现不了他的目标。好政体同坏政体的区别也在于能否做到这点"③。他还在《政治学》中主张城邦必须关心德性，立法者立法的目的在于使得公民成为好人和正义的人：

> 胸怀优良法制这一目标的人不得不考虑政治上的德性和邪恶的问题。要真正配得上城邦这一名称而非徒有虚名，就必须关心德性问题，这是毋庸置疑的，否则城邦共同体就会变成一个单纯的联盟，只是在空间方面有差别，因为联盟成员分处不同的地方；而且，法律也成了一纸契约，用智者吕科佛朗的话来说，法律是彼此间对公正的承诺，然而这样的法律无力培养出善良而公正的公民。④

所以亚里士多德主张立法者首要关心的是法律的道德功能，即法律的首要功能不是维护人在外在行为上的和平，而是通过理智论说使得人养成向善

---

① 《尼各马可伦理学》对应的原文是："法律拥有强迫力；法律是产生于一种明智和理智的理性。"（亚里士多德：《尼各马可伦理学》，1180a21—22）
② 亚里士多德：《政治学》，1253a32—34，1333a35—40。
③ 亚里士多德：《尼各马可伦理学》，1103b3—6。
④ 亚里士多德：《政治学》，1280b5—13。

的习性。① 换句话说,法律的首要功能是理智论说产生的道德功能,而非强制力准则产生的非道德功能。甚至在亚里士多德看来,法律的强制力是为法律的道德功能服务的手段,所以"法律是产生于一种明智和理智的理性"②,理性是衡量法律的首要因素,一个缺乏理性支撑的法律算不上严格意义上的法律。

然而,马西留主张以第二种方式被理解的法律才是严格意义上的法律,即强制力是法律的首要特征,而法律的强制力仅仅在于保持人们之间的和平而非在亚里士多德的意义上用来引导人走向德性的生活,"'拥有强制力',意味着法律是根据对它的遵守而发出一种命令(个人被强制遵守它),或者它通过这种命令的方式被通过"(I.10.4)。所以非道德功能的强制力是法律的首要特征,法律的首要功能不是成全人的德性,而是维持人与人之间的外在和平。基于此,马西留主张作为人类法的立法者首要关心的是人与人之间就外在及物行为而言的正义(II.2.4),这种正义无关于指涉内在行为的灵魂善好③,它的功能仅仅在于阻止人们在及物行为方面的相互伤害,从而确保人与人之间的外在和平。

马西留并没有止步于法律的强制力形式,他同样延续了亚里士多德法学理论的理性特征,即完美的法律(lex perfecta)不能仅仅拥有强制力,而且必须包含真知。更确切地说,虽然强制力是法律的首要特征,缺乏强制力的法律算不上严格意义上的法律,但是严格意义上的法律不一定是完美的法律,所以他断言:

> 并非所有关于城邦正义和有益之事的真知(vera cognicio)都是法律,除非根据对它的遵守而发出一种强制命令,或者它通过命令的方式被通过,即使完美法律必然要求对它的这种真知。的确,一种关于正义和有益之事的假认知有时会成为法律,当根据对它的遵守发出一种强制命令,或者它通过命令的方式产生时;正如在一些野蛮地区所看到的那样,即一个杀人犯在为他的罪行提供一些财物作为罚金后将免除城邦的罪与罚,而野蛮人将这种情况作为正义之事加以遵守,但这绝不是

---

① 亚里士多德:《尼各马可伦理学》,1103b4—7,1129b20—25,1130b24—26;亚里士多德:《政治学》,1280b5—12。

② 亚里士多德:《尼各马可伦理学》,1180a22。

③ 马西留对内在行为和及物行为的区分,参见 DP., I.5.4. 相关讨论,参见 Alan Gewirth, *Marsilius of Padua: The Defender of Peace, Vol. I: Marsilius of Padua and Medieval Political Philosophy*, pp. 61-63, 97, 101-102, 106, 162, 310; Janet Coleman, *A History of Political Thought: From the Middle Ages to the Renaissance*, p. 147。

正义的,他们的法律也因此绝不是完美的。因为虽然它们拥有必要的
形式,即遵守它们的强制命令,但是它们缺少必要的条件,即关于正义
之事所必要的真规定。(I.10.5)

根据法律的严格定义,关于正义和不义的真知固然不构成法律含义的决定
性特征,但是完美的法律不仅包含法律的强制力形式,而且必须包含法律的
正义内容,"完美法律必然要求对它的这种真知",所以完美的法律是包含真
知和强制力双重特征的法律,真知构成完美法律的必要特征,一条缺乏真知
的法律算不上完美的法律。

　　基于此,马西留区分了两类法律:完美的法律和不完美的法律,其中完
美的法律不仅包含强制力作为法律的形式,而且包含真知作为法律的正当
条件;不完美的法律则仅仅要求强制力,但不必强求真知。

　　就此而言,马西留切断了法律和正义之间的必然纽带,即法律和正义之
间没有必然的联系,符合最恰当定义的法律不一定是包含正义的法律,而符
合正义的准则同样不一定是符合最恰当定义的法律。① 马西留在此举了一
个例子,以解释完美的法律和不完美的法律的区别:一些野蛮人规定,谋杀
犯只要能够提供一些财物就可以免除城邦的惩罚,虽然这种规定符合法律
的最恰当定义所要求的强制力,进而是一种法律,但它是不正义的法律,因
为它对正义的认知是错误的,所以虽然这种规定包含法律的首要特征,但它
是缺乏正义的不完美的法律。

　　综上,在马西留看来,法律由强制力和真知(正义)两个部分组成,其中
强制力是法律的首要特征,真知是法律之完美的必要特征。这意味着,任何
拥有强制力的准则都能够被称为最恰当的法律,所以一旦准则缺乏或失去
强制力,那么不论它是否包含对正义和不正义的真知,它都不被视为最恰当
的法律。法律之为法律的首要特征是强制力而非真知,但是理性带来的真
知构成了完美的法律的必要元素。

　　强制力和真知作为法律的双重特征,意味着法律包含意志和理性的双
重维度,同时呈现出马西留政治哲学中唯名论和亚里士多德主义的双重思
想要素。一方面,既然尘世中一切强制性权力来自公民共体,而公民共体是
以意志同意的方式表达自身意愿,那么法律的强制力则是公民共体以意志
同意的方式表达自身意愿的产物,即公民共体的意志以法律的方式呈现出

---

① 相关讨论,参见 Alan Gewirth, *Marsilius of Padua: The Defender of Peace, Vol. I: Marsilius of Padua and Medieval Political Philosophy*, pp. 132-134。

来,所以法律是有效力的,能够对其施行对象施加强制力,强迫公民服从其规定;另一方面,既然公民共体是完美的共体,那么公民共体制定的法律必然是符合理性规定的,即公民共体必然会制定完美的法律,而强制性无法赋予法律以完美性特征,所以法律的完美性必然来自公民共体自身的完美性,即来自公民共体的真知。

马西留利用唯名论和亚里士多德主义两种不同的思路,完成了法律层面的断裂与重建:唯名论思维突出法律的意志特征,试图切断法律和正义的内在关系,将法律还原为赤裸裸的带有强制力的规则,由此造成法律和道德的断裂,法律的道德教化功能消失了;亚里士多德主义思路则重建了法律和道德的关系,试图将道德还原为法律的完美性特征,将带有道德教化功能的法律理解为完美的法律,由此为法律保留一定的道德空间。

第二节　立法的必要性

基于法律的双重特征,马西留紧接着在《和平的保卫者》第 1 论第 11 章"论立法(就法律的最恰当含义而言)的必要性;任何一位统治者,无论他多么贤德或公正,在没有法律的情况下行使统治职权都是不利的"中,提出立法的两种必要性:"在区分了法律的这些含义之后,我们现在想要表明它就其最终和最恰当意义而言的必要性或目的:首要必要性是公义和公利,而次要必要性是那些行使统治职权(尤其根据世袭[行使统治职权])之人的安全以及统治的长久。"(I. 11. 1)①所以立法的首要必要性在于正义,次要必要性在于统治的长治久安。

值得注意的是,马西留无意论证一般意义上的立法必要性,而是专门探讨就法律"最终和最恰当意义而言的必要性或目的",这种法律正是经历过断裂与重建的法律。因此,马西留对立法必要性的论证,在一定程度上可以看作对法律的性质和功能问题的进一步深化,同时也是其思想中的唯名论和亚里士多德主义的再一次交锋。

基于亚里士多德和《圣经》的相关文本,马西留在《和平的保卫者》第 1 论第 11 章前四节论证了立法的首要必要性,在后四节则论证了立法的次要必要性,由此确立起法律在公民共体论中的位置,同时提出法治的优越性主张。

---

① 关于立法首要必要性的讨论,参见 Cary J. Nederman, *Community and Consent: The Secular Political Theory of Marsiglio of Padua's Defensor Pacis*, p. 76。

一、立法的首要必要性

马西留借助一个三段论式的证明提出立法的首要必要性：

大前提：由于有必要在政体中建立这样一种东西，尘世审判没有它就不是绝对正确的，它使得尘世审判在免于人类行为可能产生的缺陷的情况下得以恰当地通过。

小前提：法律就是这种东西，因为统治者仅限于依据它作出尘世审判。

结论：所以在政体中立法是必要的。（I.11.1）①

马西留认为，大前提"几乎是自明的……它的确定性应当且能够从这一论第 5 章第 7 节得到理解"（I.11.1）。那么让我们回到《和平的保卫者》第 1 论第 5 章，看看大前提如何是自明的。

第 1 论第 5 章的核心任务在于确立统治部分的必要性，由此表明正义对于一个共同体的必要性：

为了缓和那些从处所方面的运动能力（来自认知和欲求）中产生的过度行为（我们称之为及物的，并且它们可能会给今世状态的行动者以外的他者带来便利、不便或伤害），有必要在城邦之中建立某个部分或职权，借此这些过度行为得以纠正并且恢复平等或应有的比例；否则它们将引起战斗，进而导致公民分裂，最终毁灭城邦并剥夺充足生活。而这部分被亚里士多德称为司法、统治或议会部分（伴随着从属于它的东西），它的职权在于规定什么是正义和公利。（I.5.7）

这意味着，统治者有必要正义地进行尘世审判，从而使得人与人之间的过度行为被正义地对待，否则人与人之间的冲突将最终导致国家的解体。不仅如此，虽然马西留在《和平的保卫者》第 1 论第 10 章将正义视为完美法律的必要特征而非法律的首要特征，但是他在第 1 论第 11 章将正义视为立法的首要必要性而非次要必要性，所以正义构成了立法的目的因，公民共体立法的首要动机正是为了实现正义。就此而言，马西留和柏拉图的政治动

---

① "大前提""小前提""结论"为笔者所加，以标示句子逻辑和顺序。

机是一致的①,因为柏拉图同样认为城邦各部分的比例一旦失调,那么城邦将发生动乱,并且柏拉图同样强调一人专做一事的正义观:"每一个单个的个人应该只照管有关城邦事务中的单一的一件事,对于这一件事,这一个个人的天性是最为适宜的……正义就在于从事属于自身的工作而不去旁骛其他的事情……从事自己的工作($τὸ\ τὰ\ αὑτοῦ\ πράττειν$)……在某种方式下看来就是正义之为正义。"②一言以蔽之,正义就在于各司其职,城邦中的每个阶层、每个人都从事属于自身的工作,在发挥自身专长的同时不逾矩。柏拉图认为,正义不仅构成城邦的根基,而且是城邦其他三种美德在城邦中生根发芽的力量根基,"它为所有这三者提供一种使它们得以在城邦中产生和成立的力量,而一经产生和成立,又是它,只要它存在于城邦中,它就使这三者立于不堕之地"③。虽然城邦的智慧、勇敢和节制在认识论上先于城邦的正义,但是前三种城邦美德最终要被纳入城邦的正义之中。只要城邦是正义的,那么城邦必然是智慧的、勇敢的和节制的。就此而言,对于城邦来说,正义是最重要的美德,只要城邦有了正义,那么城邦将随之拥有其他美德。因为正义在于各司其职,所以在一个正义的城邦中,统治者阶层必然掌握智慧,明断是非,确保城邦始终处于善好的状态;护卫者阶层必然保持勇敢,不畏生死,坚定地护卫整个城邦;被统治者必然听从统治者的命令,从而确保各个阶层各归其位,各自从事属于自身的工作。简而言之,城邦的正义涵盖了其他三种城邦美德,因而是城邦中最重要的美德。④

因此,大前提的自明性在于,任何寻求和平的国家都必须确保尘世审判的正义性,否则国家将走向动乱,所以正义构成了一个政治共同体和平存在的基本前提,也是国家和平的必要条件。值得注意的是,马西留对大前提的论述呼应了全书写作的动机:和平。也就是说,任何能够带来和平的东西都将是正确的和值得追求的,正是在对和平的追求中,马西留强调尘世审判的

①　Vasileios Syros, *Marsilius of Padua at the Intersection of Ancient and Medieval Traditions of Political Thought*, pp. 5-6, 62-66.

②　柏拉图:《理想国》,433a6—433b5。亚里士多德在《政治学》(1291b2—6)中挑战了柏拉图关于一人专做一事的观点,表明一个公民能够承担更多城邦的职能:"同一些人承担了多种不同的职能,例如同一些人既是战士又是农民又是技师,又如,议事者同时又是裁决者。所有人的德性各有所长,而人人都认为自己有能力干好大多数的官职。"

③　柏拉图:《理想国》,433b8—10。

④　问题在于,如果城邦各个阶层没有各归其位,从而没有各司其职,那么这样的城邦会发生什么呢? 柏拉图在确立城邦的正义概念后,紧接着提出了这一问题,表明这样的城邦恰恰是不正义的。也就是说,城邦的不正义在于城邦没有遵循一人一技原则,从而没有使得城邦中的每个人各司其职,其结果将是每个人都不在其位却谋其政,最终将导致城邦走向瓦解(《理想国》,434a—b),所以不正义是"对于自己的城邦最大的坏事"(《理想国》,434c4)。

正义性,一个政治共同体也必然需要一个能够确保尘世审判正义性的东西。

小前提表明法律是能够确保尘世审判正义性的东西。马西留对小前提的详细论证如下:

> 由于审判的完全善好要求审判者的正确情感(affeccio recta)以及关于审判之事的真知,二者的反面则是腐化的尘世审判。因为审判者的败坏情感(perversa affeccio),例如恨、爱或贪,会败坏他的欲求。然而,当审判者或统治者仅限于依据法律作出审判时,这些[败坏情感]就会被排除在审判之外,审判也因此避免了它们,因为法律没有任何败坏情感(lex omni caret affeccione perversa)。事实上,法律不是适用于朋友或敌人([对朋友]有利或[对敌人]有害),而是普遍地适用于所有作出善恶公民行为的人(universaliter ad agentem civiliter bene aut male)。因为所有别的事情对法律来说都是偶然的和无关的,但它们对审判者来说并不是无关的。因为参与审判的人可能对审判者来说是友好的或敌意的、有利的或有害的,并可能给予或应许[审判者]某些东西;通过这种方式,审判者可能会产生一种败坏审判的情感。基于此,任何审判都不应尽可能地交给审判者决断[裁量],而应由法律决定并且依法宣判。(I.11.1)

马西留在此仍然提出真知问题,即审判的正义性取决于审判者的正确情感及其对审判之事的真知,与之相对立的无知则会败坏审判,即审判者自身所拥有的败坏情感会误导审判,而审判者摆脱这一误导的方式在于依法审判,"因为法律没有任何败坏情感"。更确切地说,法律"普遍地适用于所有作出善恶公民行为的人",所以一切能够影响审判者的东西,对法律来说都是偶然的和外在的。审判者在进行审判时必然会受到审判对象的影响从而作出有误的判断,法律却使得审判者不再完全根据个人情感去审判,从而确保了审判的正义性。

因此,小前提的论证关键在于法治相对于人治的优越性,这就引出了亚里士多德试图着力处理的一个问题:法治和人治的优劣问题。为此,马西留在《和平的保卫者》第1论第11章第2节至第4节大量引用《政治学》《修辞学》和《尼各马可伦理学》中的相关文本对法治的优越性进行深入论证,他引用的文本可以分为以下三点。

第一,马西留引用亚里士多德《政治学》1286a17—20和《修辞学》1354b4—11文本表明,一方面,每一个人的灵魂都必然有情感或激情

(passio)，"'每一个人类灵魂必然拥有它'；他说'每一个'，意味着无人例外，无论他多么贤德"(I.11.2)①，而情感或激情能够败坏审判，"'激情的东西'，即能够败坏审判的情感"(I.11.2)。但是，法律排除了情感或激情，"激情或情感[不是法律固有的]，'不是法律固有的'"(I.11.2)，所以法治能够使得审判免于审判者情感或激情的搅扰，从而确保审判的正义性。另一方面，马西留区分了法律和审判者在审判方面的不同特征：

> 在没有法律的情况下，任何事情都不应留给审判者的决断来进行审判，"因为立法者的审判"，即法律，"不是就部分而言的(secundum partem)"，即不是为了任何特定的人而立的，"而是关乎未来和普遍之事。然而，地方长官和审判者审判眼前的确定之事，而爱、恨和个人利益常常依附于这些事情，以至于他们不能充分地看到真相，而是在审判中关注令自己愉快或悲伤的事物。"(I.11.2)

法律判定的是未来和普遍之事，而审判者判定的是眼前的确定之事，这导致审判者往往不能充分地区分真理，而是根据自己的好恶进行审判，所以法治优于人治。因此，马西留延续了亚里士多德的真理观，即真理是整全性的，审判者因自身的有限性而无法"充分地看到真相"，法律则因自身的普遍性而能够看到审判中的真相，避免有限性造成的误判。

第二，马西留引用亚里士多德《政治学》1264a1—3 和《修辞学》1354b1—2 等文本，表明审判的正义性在于审判符合真知，但只有法律才能实现审判的真知，因为"审判者的无知也会腐化审判，即使他们拥有善好的情感或意图；但这种罪或缺陷可以通过法律得到消除和补救，因为就任何一个人类公民行为而言，法律几乎完美定义了什么是正义的或不义的，什么是有利的或有害的。然而，无论一个人的才智如何，他都不可能充分完成这样的定义"(I.11.3)，所以法治能够确保审判的正义性和真理性。值得注意的是，马西留在此强调，"任何一个人，也许一个时代的所有人，都不可能发现或保留法律所规定的所有公民行为。相反，第一批发现者和同一时代所有观察到这些的人对这些行为所说的话都是有限的和不完美的，它们后来通过后人的补充才得以完成"(I.11.3)。这意味着，不仅法律不可能通过任何

---

① 关于马西留引用的亚里士多德相关文本，参见亚里士多德：《政治学》，1286a17—20；Aristotle, *Aristotle: Rhetoric, Volume I*, edited by Edward Meredith Cope and John Edwin Sandys, Cambridge：Cambridge University Press, 2009, 1354b4–11, 1356a15–16。

一个人(不论他多么完美)获得确定性,任何人(甚至同一个时代的所有人)都不可能获得完全完美的法律。与之相反,立法者并不局限于一个人或同时代的所有人,即立法者是一个历时和共时双重时间维度中的整全性概念,因为只有这样的立法者制定的法律,才能够满足真正的真知状态,所以法律集合了历时和共时双重时间维度中的共体智慧。正如黑格尔所说:"法律、正义和类似的规定,不存在于空间内彼此相外的感性事物中的。即就时间而言,这些规定虽好似彼此相续,但其内容也不受时间的影响,也不能认为会在时间中消逝和变化。"①也就是说,法律集合了公民共体之整体智慧,比公民共体中任何一个独立部分的智慧更大。据此可以推出,立法者的立法行为本身需要漫长的时间,并且每个立法者的行为都包含了明智,而明智需要经验,经验则需要漫长的时间,所以不同的立法者在漫长的时间里从经验中借助于明智制定了法律,法律集合了所有人的明智。根据整体大于部分原则,虽然一个人的明智是有限的,同一个时代的人的明智也是有限的,而不同时代的不同人的明智加起来则是接近完美的,所以法律是接近完美的,法律集合了不同时代的不同立法者的明智,这使得法治是接近完美的。换句话说,虽然法律是明智的人制定的,但是单个的人不足以产生完美的法律,并且两个人的智慧要大于一个人的智慧,这使得随着时间上的经验积累,法律所包含的明智也随之增加,所以完美的法律产生于不同时代的众人的智慧,其目的是避免审判的错误,审判者依照法律而非个人的意志进行审判更能避免审判错误,"既然法律是一只由很多眼睛组成的眼睛,即由很多理解组成的理解,[目的是]为了避免尘世审判中的错误以及为了审判的公正,那么这些审判最好依据法律而非审判者的决断作出……所以对于从尘世审判或审判者的判决中排除恶意和错误来说,法律是必要的"(I.11.3)。

第三,马西留引用亚里士多德《尼各马可伦理学》1134a35—36,《政治学》1282b1—2、1287a28—32 和 1292a32—33 等文本表明,一方面,法律代表着理性,法律是理性的化身,而审判者的审判只有依据理性作出才能够确保正义性,所以审判者要依法审判,否则他将无权作出裁决,"亚里士多德建议,在没有法律的情况下,不可授予审判者或统治者对法律能够决定的尘世事务作出判决或命令的决断权"(I.11.4)②;另一方面,马西留基于个体的有限性和共体的完美性,将公民共体确立的法治等同于理治或神治,将审判

①　黑格尔:《小逻辑》,贺麟译,北京:商务印书馆,1980 年,第 70 页。
②　洛克在《政府论》中同样强调依法统治符合社会或政府的目的,参见洛克:《政府论》(下篇),叶启芳、瞿菊农译,北京:商务印书馆,1964 年,第 83—90 页。

者的人治等同于兽治,"'谁任命理智去统治,似乎就是任命神和法律去统治;但谁任命人去统治',即在没有法律的情况下,根据自己的决断[去统治],'就是安排野兽去统治。'……法律是没有欲望(即没有任何情感)的理智或认知"(I.11.4)。甚至马西留强调,如果国家不行法治而行人治,那么政体将难以维持,"'没有法律统治的地方',也就是说:统治者不依法统治的地方,'就没有政体'(补充:温和的[政体]),'因为法律必须统治一切'"(I.11.4)。

综上,马西留对立法的首要必要性的论证延续了亚里士多德的法治优越性论证。在亚里士多德看来,法律能够不受激情或败坏情感的干扰,并且众人的集体智慧超过任何个体。马西留同样认为法治优于人治的原因在于,法律是公民共体集体智慧的结晶,它超出了个体审判的有限性,实现了无激情或败坏情感的审判,所以法治更加能够确保审判的正义性。

不可否认的是,亚里士多德的法治优越性论证并不是绝对的,因为亚里士多德不仅仅考虑成文法,同样更加注重不成文法的优越性。在亚里士多德看来,"约定俗成的法律比成文的法律更具权威,所涉及的事情也更加重要,所以人治也许比依据成文法的统治更加可靠,但不会比依据习俗的不成文法可靠"①。正如亚里士多德对于整体优越于部分的论证局限于某个特殊政体一样,他对于法治优越于人治的论证同样有一定的限度。在亚里士多德看来,依据习俗的不成文法更加重要,甚至城邦法律就是习俗的产物,因为"培养伦理美德需要通过习惯,而最根本的习惯就是城邦法律"②。然而,不仅马西留的整体大于部分原则是普世的,他的法治优越性论证也是普世的。在马西留看来,法治就是统治者治国的唯一真理根基,一切人治都无法在真理之维上获得证成。

二、立法的次要必要性

统治者之所以只有依法统治才能实现长治久安,是因为法律能够克服统治者的败坏情感和无知,从而使得统治者的行为和臣民或公民保持一致,由此使得统治者的统治遭受更少的叛乱行动。

据此可知,马西留对立法的次要必要性的证明建立在其对首要必要性的证明之上,"所有统治者都应依据法律而非僭越法律进行统治,尤其是那

---

① 亚里士多德:《政治学》,1287b5—7。
② 李涛:"从美德伦理学到幸福伦理学——亚里士多德论幸福、美德与运气",《道德与文明》2021年第2期,第120页。

些连同所有继任者一起统治的君主,以便他们的统治更加安全和长久,我们在本章开头将这一点处理为法律的次要必要性"(I.11.5)。进一步来说,马西留引用亚里士多德《政治学》1312b37—1313a5 的文本表明,王制毁灭的一个重要原因在于,君主常常僭越法律,从而犯了很多错误,由此导致王制走向解体或者转变为僭主制。所以马西留强调依法统治对于长治久安的必要性:"当统治者依法统治时,他们的审判就免于因无知和败坏的情感而产生的缺陷。因此,在自己和作为臣民的公民的监督下,他们遭受的叛乱以及由此导致的统治职解体,比根据自己决断而错误行动所遭受的要小。"(I.11.5)

值得注意的是,亚里士多德在《政治学》第 5 卷指出,由于僭主制是极端民主制和极端寡头制的结合,所以僭主制的维持方法是弱化被统治者①和实行尽可能开明的统治②,这一维持方法的关键则在于实行法治。为此,亚里士多德举了存在最久的僭主制为例,表明僭主依法统治的必要性:"存在得最久的僭主制是奥萨戈拉的后代及奥萨戈拉本人在西库翁一代建立的僭政,它延续了 100 年之久。其长期存在的原因是,这一僭主家族对待臣民谦恭温和,并且在许多方面都遵从法律。"③

问题在于,既然法治带来长治久安的原因在于,法律能够克服统治者的败坏情感和无知,那么一个免于败坏情感和无知的统治者不是同样能够带来长治久安吗? 这个问题涉及一个亚里士多德式的政治哲学问题:"应该采用最好的法律来统治,还是应该选用最好的人来统治。"④马西留在《和平的保卫者》第 11 章最后三节选择了前者,否定了最好的人能够带来最好的统治。

第一,马西留表明最好的人(optimus vir)无法彻底摆脱败坏情感和无知,因为如前所述,每一个灵魂都有犯错的倾向,"每一个灵魂都有这样一种可能性,即有时具有邪恶的情感"(I.11.6),所以最好的人的灵魂同样有犯错的倾向。值得注意的是,马西留的这一观点并不是基于以亚里士多德为代表的古典人性论,而是基于基督教的原罪观带来的"人无完人"观念,即除了基督以外,没有人是完美的。为此,马西留引用《但以理书》13:28 的话来回答这个问题:

① 亚里士多德:《政治学》,1314a15 以下。
② 同上书,1314a40 以下。
③ 同上书,1315b12—15。
④ 同上书,1287b20—21。

我们可以从《但以理书》第 13 章很容易确信这一点。因为它在那里写着:"那两个长老怀着邪念来反对苏撒娜,要杀死她。"那时,这两个长老是长者、教士和人民的审判者;但是,他们作伪证反对她,因为她拒绝顺从他们的恶欲。因此,如果人们几乎不会想到的长老和长者都因肉欲(更不用说贪婪以及其他恶欲)而被腐蚀了,我们该怎么看待其他人呢? 可以肯定的是,任何一个人,无论多么贤德,都不可能像法律一样缺少败坏的激情和无知。(I.11.6)

在基督教的原罪观下,除了基督以外,最好的人也是有瑕疵的。很显然,在这段文本的最后一句话中,马西留同样基于个体的有限性否认了最好的人的完美性,即个体的有限性决定了不存在最完美的人,"任何一个人,无论多么贤德,都不可能像法律一样缺少败坏的激情和无知",所以个体不论多么完美,都无法摆脱个体的有限性造成的犯错倾向。也就是说,任何类型的人治都无法确保审判的正义性,因此马西留主张,摆脱败坏情感的法治比任何贤德之人的统治更有利于审判的正义性。

第二,马西留提出了一个完美性遗传问题:"让我们假设(尽管这是极少或不可能的),有一个英雄般的统治者,激情和无知都没有落在他身上。但对于他的孩子们,我们该说些什么呢? 他们和他的存在不相似,他们由于根据自己的决断而在统治上行事过度,因而被剥夺了统治职权?"(I.11.7)在马西留看来,即使存在一个近乎完美的人,比如英雄,他既没有败坏情感也不无知,但是他也不应当行人治,因为他无法确保他的子孙后代也能像自己那样实行正义的统治,所以人治无法确保统治的长治久安。这个问题涉及统治的完美继任问题。简单来说,虽然英雄能够凭借自身的完美性进行人治,但是他的子孙作为独立的个体,并不能完全继承英雄的完美性、摆脱个体带来的有限性,所以他的子孙不能根据自己的判断进行完美的统治,反而会"根据自己的决断而在统治上行事过度"。一旦英雄自己进行人治,那么他将无法避免欠缺完美性的后代继续进行不完美的人治,所以英雄无法通过人治实现统治的长治久安。正如法律的完美性不取决于一时的立法者,而是取决于历时和共时双重时间维度下的立法者,统治的长治久安同样如此,它不取决于一任的统治者,而是一任和历任双重任期维度下的统治者。如果英雄希望自己的统治能够长久,那么他必须实行法治并且通过法律解决继承权问题,即其后代在个体上的有限性通过完美的法律得到弥补,完美性遗传问题解决的关键在于法治而非人治,"对于统治者来说更有利的是,受到法律规范和决定,而非根据自己的决断作出尘世审判;因为当他们依法行事时,他们不会做任何邪恶或应受谴责的事情,因此他们的统治将变得更安全和长久"(I.11.7)。

第三,马西留认为,一个明智的统治者应当主动限制权力,由此换来统治的长治久安。为此,他首先引用亚里士多德《政治学》1313a20—23 的文本,表明统治者控制的东西越少,其统治越长久(I.11.8)。紧接着,他引用亚里士多德在《政治学》1313a26—1313a34 论述斯巴达国王赛奥庞波斯(Theopompus)的例子,证明这一点:

> 亚里士多德随后引用了某位名叫赛奥庞波斯的最明智国王的证词,后者自愿放弃了授予他的权力。因此,我们认为引用亚里士多德这段话是适合的,因为这位君主的独特性和卓越美德,在历代其他任何人中都几乎闻所未闻。所以亚里士多德说:"赛奥庞波斯后来进一步节制他的权力(即削弱自己的权力,这似乎过度了)并且在其他事情上建立了监察制时;因为他在削减权力(即自己的[权力])的同时,延长了王制的寿命(即令其更长久)从某种意义上来说,他非但没有让它变小,反倒是让它变大了。这些(即这些话)据说是他回复他妻子时说的,她(即他的妻子)说道:他传给他儿子的王权比他从父亲那里接受的王权要小,他难道一点也不(si nihil)(即难道不)感到羞愧吗?"他回复刚刚所说的这些话:"当然不,因为我传下去的更长久。"啊,英雄般的话语,它来自赛奥庞波斯前所未闻的明智,那些想在法律之外对臣民使用充足权力的人必须留意他的话;许多统治者因为不听从他的话而遭到毁灭。我们自己也看到,由于没有听从这个君主的话,一个在我们时代并不算微弱的国家,当它的统治者想要向臣民征收一种反常的和非法的税时,它几乎陷入了覆灭。(I.11.8)①

赛奥庞波斯通过主动创立监察制来限制自身王权,以此来换取长治久安。限制王权之所以能够长治久安,是因为虽然监察制限制或剥夺了国王的部分王权,但是从长久看来,监察制对王权的限制使得统治免受偶然性的支配,避免后世统治者因自身意志的任意性而造成政权解体的危机,所以只有限制王权才能够巩固斯巴达王制。此外,马西留认为,任何一个统治者都要警惕任意使用充足权力的情形,因为充足权力本身意味着权力不受固有秩

---

① 马西留在这段文本最后提及的非法征税问题,可能是指法王菲利普四世("美男子菲利普")在 1314 年因征税而遭到臣民反对这一事件。

序的限制,当统治者使用充足权力时,他就是在突破固有秩序,走向例外状态;一旦这种例外状态常态化,即统治者经常性地使用充足权力,那么国家就从法治走向了人治,统治者也将最终走向毁灭。所以统治是否长久并不取决于统治者对权力是否充足占有,而是取决于权力的运行是否受制于固定的机制,即法律。统治者只有通过法律限制自己的权力,才能建立起一个真正制度化的政府,进而确保自己的政权能够长久。

综上,立法的次要必然性论证分为三步:其一,最好的人无法彻底摆脱败坏情感和无知。其二,即使统治者是完美的和卓越的,他也无法解决统治权的完美继任问题。其三,一个明智的统治者应当主动限制自身权力。

第三节　断裂与重建的法治优越性论证

行文至此,马西留对于立法必要性的论证核心在于:唯独法律能够使得统治者避免败坏情感和无知,确保审判和统治的正义性,从而确保正义统治和长治久安。虽然马西留的论证延续了亚里士多德对法治优越性的论证,但是这一论证最终建立在公民共体是立法者这一核心论点之上。

由于公民共体是立法者,所以法律体现的是公民共体的意志,即法律表达的是人民的意志。假设统治者实行人治而非法治,那么统治者将是依靠自己的意志而非人民的意志进行统治,这不仅容易造成人治所不可避免的弊端,而且容易导致统治者和人民之间的对立,从而既无法保障审判的正义性,又无法确保统治获得人民的意志同意。在马西留看来,善好还是欠缺的统治模式,以统治遵守民意为标准,"存在两种统治部分或统治职,一种是温和善好的,另一种则是欠缺的。根据亚里士多德《政治学》第 3 卷第 5 章,我所谓的那种'温和善好的',是指统治者为了公利而按照臣民的意志进行统治;'欠缺的',则是指这种统治[统治者为了公利而按照臣民的意志进行统治]的缺失"(I.8.2)。显然,法律作为民意的体现,成为衡量政体好坏的重要指标。

以温和善好的王政君主制和欠缺的僭主制为例,二者的区别在于,前者以公利和臣民的意志为准绳,后者则以国王的私利和个人意志为准绳,"王政君主制是温和的统治,其统治者是一个为了公利和臣民意志或同意的人。与之相反的僭主制则是欠缺的统治,其统治者是一个为了自身利益且违背臣民意志的人"(I.8.3)。更确切地说,王政君主制和僭主制构成了衡量民意的两极,也成了评判法治程度的两极,"上述任何一种模式越分有真正王政的[特征],就越是为了臣民的意志、越能通过符合臣民公利的法律;与之相反,越带有僭政的味道,就越远离臣民的同意以及为公利而立的法律"(I.9.5)。

因此,马西留在延续亚里士多德对法治优越性论证的同时,将亚里士多德的论证纳入公民共体理论之中,由此形成独特的法治优越性论证:一切审判的正义性和统治的长治久安最终都依赖于公民共体是立法者这一核心论点。一方面,这一核心论点决定了从最完美的公民共体中诞生的法律是最完美的,而最完美的法律排除了败坏情感和无知对审判的干扰,所以法治能够确保正义和统治的长治久安;另一方面,这一核心论点决定了任何长治久安的政权都必须承认公民共体的立法者地位,否则该政权将造成统治者实行违背人民意志的统治,进而造成统治者与人民为敌的局面,最终导致政权走向解体。

法治的优越性,实质上是人民的优越性。断裂与重建的法治优越性论证,实质上是断裂与重建的人民优越性论证,同时展现的是马西留独特的真理观:人民是真理的源泉,一切善好的秩序皆来自人民,背离民意的行为都将是欠缺的。由于选举是民意的直接体现,所以选举是最符合真理的政治运作方式。

> 至于哪一种温和的统治职最优越,是君主制或其他两种类型(贵族制或共和制),以及哪一种君主制[最优越],是选举的还是非选举的;此外,至于哪一种选举的[政体更优越],是伴随着所有世袭被立的,还是只在一个人没有这种继任权的情况下被立的(这种情况又可以分为两种,即要么在一人或多人的整个一生之中被立的,要么只在限定时间之内被立的,比如一年、两年、更长时间或更短时间):这些问题可以有合理的调查和质疑,但是按照真理和亚里士多德的明确观点,选举无疑是任何一种统治职的最可靠准则。(I.9.9)

既然在法治和人治之间,只有前者来自民意,后者则背离了民意,那么法治必然优越于人治。更确切地说,马西留的法治优越性论证融合了亚里士多德的法治优越性论证和唯名论的意志论要素,它既展现了法治克服人性缺陷的优越性,又展现了公民共体掌握的立法权对统治权的优先性。统治权不仅不能越过立法权,而且必须依靠立法权才能够获得真理性的力量,即政权的根基在于人民的立法权("主权")。

值得注意的是,马西留法治优越性论证中的同意要素,有别于亚里士多德在《政治学》第6卷论述第一种民主制（平民制）①时提及统治需要平民同意的同意要素。亚里士多德这样表述第一种民主制：

> 平民制的四个种类中最为优秀的是排在最前面的一种，它也是所有平民制中最古老的一种……最优秀的平民是农民……由于没有多少财产，他们没有什么闲暇，因而不能经常出席公民大会……生活劳作对他们来说是舒心的，所以他们不关心政治和官场……他们忍受了古代僭主暴政和寡头们的统治，条件仅仅是允许他们进行耕作并且不剥夺其财物……他们有选举并审查行政官员的决定权……对于前面提到的平民制，所有人都参与选举、审查和法庭审理的做法既有益又符合习俗，不过最高层的官职的选举任命仍须依照名望和地位，官职越大对名望地位的要求就越高……贤良显要之士对这一体制也感到满意，因为他们可以不受不如他们的其他人的统治，而且由于别的人有审查的权力，他们会公正地进行统治。由于相互牵制，人人都不能按自己所认可的准则行事。②

在亚里士多德看来，第一种民主制是农民组成民主制，它是最好的民主制，因为农民不仅缺少闲暇时间参政而且只关心自己的利益，所以农民不是直接参与政治，而是将实际的统治职权交给其他人，自己仅仅保留"选举、审查和法庭审理"的权力，由此形成农民阶层拥有选举权、高贵阶层拥有统治权的最佳民主制。换句话说，好的民主政体要求平民（作为实际的被统治者）的意志同意，即最佳民主制是贤能统治和平民同意的结合，而法律正是平民同意的产物，所以最佳民主制实行的是法治而非人治。此外，亚里士多德在《政治学》第6卷比较民主制和寡头制的统治安全性时，表明民主制借着大量平民的参政而保持一种安全的状态，寡头制却需要好的组织才能维持存在，"一般说来，为数众多的人口对各种平民政体起了保护作用（这与依价值而定的公正原则相反对），与之相反地，寡头政体显然只能凭借良好安定的秩序来维持其自身"③。所以民主制比寡头制更安全。④ 亚里士多德的这种

---

① 如前所述，在亚里士多德的政体理论划分中，民主制的实质含义是平民制。若无特殊说明，以下提及亚里士多德民主制的地方，皆指平民制。

② 亚里士多德：《政治学》，1318b6—40。

③ 同上书，1320b37—1321a3。

④ 然而，柏拉图认为，寡头制显然要比民主制好一些。在《理想国》第8卷，柏拉图将寡头制转变为民主制的过程刻画为政体的堕落过程，即富人政体堕落为穷人政体的过程。在柏拉图看来，寡头政体中的寡头为了攫取更多的利益，他们会放纵人们大肆挥霍，"以便他们能够把这些（转下页）

逻辑侧面反映出平民的广泛同意和参与政体对于政权安全的重要性。

和亚里士多德不同,马西留法治优越性论证中的同意不是就特殊政体而言的,而是就一般政体而言的:包括民主制在内的一切政体都需要人民的同意,所以公民共体是立法者这一核心论点不只对民主制有效,而且对所有政体有效。因此,马西留法学理论中的同意要素有别于亚里士多德论证最佳民主制中的同意要素,前者适用的是一般政治理论,后者适用的是特殊政体理论。换句话说,马西留的法学理论广泛建立在唯名论的意志论要素之上,即公民共体是立法者这一核心论点之上。正是借着公民共体的意志同意在法治上的关键地位,马西留论证了立法的必要性。

那么,这是否意味着马西留法学理论下的自然法权学说和建立在理性之上的传统自然法理论是完全冲突的呢?马西留的法学理论包含自然法学说吗?这些问题不仅关涉到如何理解法律的两个构成要素(真知和强制力)在自然法和实定法构成中的复杂性,而且关涉到如何理解公民共体作为立法者这一公民共体论的关键性主张。

本书接下来将通过比较马西留的自然法权和托马斯的自然法概念,澄清马西留的自然法权概念对托马斯的自然法概念的延续和突破,进而表明理性带来的真知和意志带来的强制力(作为法律的两个基本特征)在马西留法学理论中的地位转换,最后揭示出亚里士多德主义在马西留和托马斯法权理论中呈现出不同面向的原因。

(接上页)人的财产作为抵押而向他们发放高利贷并且收买这些财产,从而使他们自己更加富有,在别人眼里有更高的地方"(《理想国》,555c3—5)。寡头的这种想法恰好符合《理想国》第1卷克法洛斯的正义观:欠债还钱。然而,寡头根本不在乎正义与否,他想要的只是剥削他人,以此来增加自己的财富。结果是,寡头政体下的城邦很快分裂出一个新阶层,即穷人阶层,这个阶层随着贫富分化的加重而迅速壮大成城邦的主体,他们人数众多却一无所有,"他们仇恨和窥测着那些取去了他们的财产的人和其他公民们,渴望着革命和改朝换代"(《理想国》,555d9—10)。因此,寡头节制的结果是造成大批失去财富的穷人,后者仇视富人,渴望夺取富人的财物。此外,虽然寡头一代保持着节制的美德,他们不乱花钱,不逞能,树立起守财奴的形象,但是寡头二代极难保持节制,反而肆意享受,"他们的青年子弟习于骄纵、逸乐,无论在身体上和心智上都是懒怠的,他们好逸恶劳,萎靡娇柔,既无力抵御享受,也不能经受困苦"(《理想国》,556b7—c2)。寡头二代之所以难以保持节制的美德,是因为节制本身是不自足的美德,寡头一代除了节制以外,不具有其他美德,也不重视其他美德,这导致寡头二代缺乏良好的美德教育(《理想国》,556c),从而骄奢淫逸,无法为其他人树立好的榜样。因此,寡头统治下的城邦很容易陷入内讧,从而沦为民主式城邦:"当穷人们取得了胜利,就成立了民主政体,他们把对方中的一部分人杀戮掉,把另一部分放逐出去,而让其余的人平等地享有政权(πολιτείας)和官职,而这些官职的分配一般都是用抽签(κλήρων)的方式决定的。"(《理想国》,557a2—6)因此,在柏拉图的政体理论中,民主制是一个比寡头制更糟糕的政体,寡头制毕竟还保留着节制这一美德,民主制却因以穷人为统治主体而缺乏任何美德。

第五章　自然法权学说

自然法权(ius naturale)是法权学说中的一个核心术语,但同时也是一个充满争议的概念。古典法权学家和现代法权学家对该概念的争论集中在自然法权的效力问题上,即自然法权能否发挥自身拥有的普遍且永恒的道德力量,并且同时能够为自身提供强制力依据。古典法权学家并不会就自然法权的有效性问题提出太大的质疑,但是现代法权学家(主要是实定主义法学家)会质疑自然法权的道德力量,进而认为规范人的道德行为的法律只能是体现尘世立法者意志的实定法,由此否定自然法权存在的必要性。

中世纪晚期的法权学说处在基督教法权和现代法权学说的交汇处,并且构成了理解自然法效力问题的关键。在中世纪晚期的法权学家中,帕多瓦的马西留无疑是一个非常关键的人物,但他也是"一个在法权概念史上经常受到忽视的人物"①。学界常常忽视他的"自然法权"概念,甚至认为"自然法权"在马西留的法权学说中是一个不成立的概念。本章将通过讨论马西留法权思想中的"自然法权"概念,澄清马西留自然法权研究中的理性论和意志论两种路径,表明"自然法权"概念同时包含了理性和意志两个维度。只有从理性和意志两个维度来理解"自然法权",我们才能看到马西留"自然法权"概念对以托马斯为代表的经典自然法的延续和突破,以及它与实定法的分野,进而表明马西留的自然法权学说昭示着一种现代法权秩序。

第一节　马西留的法权概念

马西留在《和平的保卫者》第 2 论第 12 章中提出了"法权"的四种含义:

---

①　李猛:《自然社会:自然法与现代道德世界的形成》,北京:生活·读书·新知三联书店,2015 年,第 241 页。相关讨论,参见 Brian Tierney, "Marsilius on Rights", *Journal of the History of Ideas*, 1991 (1): pp. 3-7。

I. "法权"在其中一种含义中是指法律(就法律的第三种和最后一种含义而言)……法律当然有两种:一种是人法,另一种是神法……每一种法都是对诸行为(它们来自人类心灵的命令)的"命令"(preceptum)、禁止(prohibicio)或许可(permissio)。(Ⅱ.12.3)

Ⅱ. 就第二种模式而言,"法权"是指人符合第一种含义的"法权"的所有受到规定的人类行为、能力或获得性习惯,无论内在的还是外在的,既可以是内在的,也同样可以是及于某种外物或者某种物的,比如物的使用或用益、获取、持有或保存或交换等其他类似的情形……根据这种含义,我们通常说:"这是某人的法权[权利]",当他在与上述第一种模式的法权一致的情况下意愿或处理某物时。(Ⅱ.12.10)①

Ⅲ. "法权"这个词意味着那些依法作出审判之人的判决或者依据第一种含义的法权所作的审判;我们通常用这种方式说:"审判者或统治者对某人做了或给予了法权",当他们通过法律的判决定他罪或赦免他时。(Ⅱ.12.11)

Ⅳ. "法权"是指特殊正义的行为或习惯;我们用这种方式说,一个在交换或分配中意愿相等或合比例的人,就是意愿公正(ius)或公正之事的人。(Ⅱ.12.12)

简单来说,马西留的法权概念包含法律、权利、判决和正义四种含义,并且这四种含义可以统合为法律和权利两大含义。本节接下来将着重探讨法权的这两种含义,考察马西留如何在中世纪晚期的时代背景下构造出一种全新的法权秩序。

一、法律

由于法律是第三种和最后一种含义上的法律,所以法律意味着对人类行为拥有强制力的诫命和关于城邦正义的学说或普遍判断(Ⅰ.10.3),它指

---

① 中译文参考李猛:《自然社会:自然法与现代道德世界的形成》,第241—242页。就马西留的法权含义 Ⅱ 而言,格劳秀斯同样从这一角度出发来界定严格意义上的法权:"法学家们将能力称为一个人对自己(sui)所拥有的东西,我们据此称之为恰当或严格意义上的法权(jus proprie aut stricte dictum):其中包括权力(potestas),有时是对自己(in se)的权力,被称为自由(libertas),有时是对他人(in alios)的权力,例如家父权(patria)、主人权(dominica);所有权(dominium),要么是充足的(plenum)所有权,要么是不充足的所有权,例如用益权(ususfructus)、抵押权(jus pignoris);债权(creditum),与之对应的是义务(debitum)"(Hugo Grotius, *De Iure Belli ac Pacis*, Amsterdam: Blaeu, 1646, I.1.5)。

示着行为的命令、禁止或许可,由此被称为"法权的'主动'意义"。①

问题在于,什么是命令、禁止和许可呢? 法律如何指示行为的命令、禁止或许可? 对于这些问题的澄清,将有助于我们理解法权的第一种含义。

马西留在提出法权含义 I 后,紧接着区分了命令的两种理解方式:"一种是主动的方式,即就命令者的行为而言;根据这种方式,我们通常说,任何一个发布命令者(例如君王或任何其他统治者)的意志表达就是命令。另一种方式则将'命令'理解为发布命令者的行为所意愿的事情本身;根据这种方式,我们通常说,仆人执行了主人的命令,不是因为仆人执行了主人的行为(即命令),而是因为仆人做了主人的行为或命令所意愿的事情。"(II. 12. 3)

在马西留看来,法律所指示的命令和禁止是就上述命令的主动方式而言的,即命令和禁止皆来自立法者的法令或法规,它们构成立法者的意志表达。之所以法律指示着行为的命令或禁止,是因为"法律需要具有强制性"。② 而命令和禁止的区别在于,前者是"肯定性法规"(statutum affirmativum),后者是"否定性法规"(statutum negativum):"现在我将某人被命令做某事称之为'肯定性法规',将某人被命令不做某事称之为'否定性法规'。如果这样一种法令是肯定的,它迫使违法者受到惩罚,那么它就被称为'命令';但如果它是否定的,而且也迫使违法者受到惩罚,那么它就被称为'禁止',而这种'禁止'也可以用两种方式来理解,一种是主动的,一种是被动的,就像'命令'那样。"(II. 12. 3)这意味着,虽然人法和神法的强制力适用于不同领域,"第一种法是对此世违反它的人具有强制力的法;但第二种法即神法不是这样,它只在彼世具有强制力"(II. 12. 3)。但是,无论人法还是神法,都必然以命令或禁止的方式表达自身的强制力,一旦人违反法律的命令或禁止,那么违法者将受到相关法律的强制性惩罚。

然而,法律并非只有强制性的命令或禁止,它仍然可以指示着非强制性的许可行为:"还有一些法令(无论肯定的还是否定的)只在法律中得到表达或理解,它们虽关涉做或不做同一种行为或不同种类的行为,却不迫使人受到惩罚,例如做或不做慷慨的行为,以及许多其他类似的行为。这样的行为被称为'法律许可的'。"(II. 12. 4)法律规定的许可行为仅仅是一种劝诫性行为,它并不带有强制性,表现为可做可不做的形式,所以法无命令或禁

---

① Alexander Lee, "Roman Law and Human Liberty: Marsilius of Padua on Property Rights", *Journal of the History of Ideas*, 2009 (1): p. 31.

② 约翰·菲尼斯:《自然法与自然权利》,董娇娇、杨奕、梁晓晖译,北京:中国政法大学出版社,2005 年,第 213 页。以下引用,皆采用此译本。

止就是许可,"法律没有命令或禁止的所有事情都可以被理解为立法者的法律所许可的"(II.12.4)。

因此,对于法律层面的命令、禁止和许可,马西留总结如下:

> 就法律而言,"命令"在恰当的意义上是指迫使违法者受到惩罚的肯定性法规;"禁止"恰当地来说是指迫使违法者受到惩罚的否定性法规;"许可"恰当地来说是指立法者不迫使任何人受到惩罚的法令。(II.12.4)

综上,法律作为法权的第一种含义,指示着法权的客观维度,即 ius (法权)等于 lex(法律)。法律的三种规定方式(命令、禁止和许可)皆是对客观法权的表达,这三种规定方式对人的行为进行着强制性或规范性引导。

二、权利

相对于法权的"主动"意义,法权含义 II 被称为"法权的'被动'意义"①,因为"就第二种方式而言的法权无非是被立法者的主动命令或禁止或许可所意愿的东西"(II.12.10),这种东西就是马西留所说的权利(法权含义 II),所以权利是指人符合法律的所有受到规定的行为、能力或获得性习惯。②

按照马西留的定义,一个人的权利是指他根据法律的规定拥有的对某物的权利,而非霍布斯所说的"每个人对一切物甚至对彼此身体的权利"③。所以处在个人能力范围内的权利是一种有限权利,该权利产生于法律对个人能力的限制。"这是某人的法权[权利]"恰恰意味着一种受到法律规定的有限权利,而符合法律规定的权利同时规定着针对他人的义务:个人不能侵害他人符合法律规定的权利,否则个人将根据法律受到审判(法权含义 III),由此正义(法权含义 IV)获得了保障。

值得注意的是,早在马西留之前,托马斯就已经试图在权利、审判和正义之间建立内在联系。约翰·菲尼斯对托马斯的论证给出了精确的总结:

---

① Alexander Lee, "Roman Law and Human Liberty: Marsilius of Padua on Property Rights", p. 32.
② 本书第 10 章将详细阐释 ius 的权利含义及其引发的主体权利革命。
③ Hobbes, *Leviathan: With Selected Variants from the Latin Edition of 1668*, I.14.4.

托马斯对正义进行精细研究以对权利（jus）的分析作为序言，他在序言的最前面列举了权利的各种意思。他认为最基本的意思是"正义事情的本身"……有人可以说因为托马斯的正义基本上意味着"公正"或"公正之事"；实际上，有人如果把副词"正确地"（aright）作名词来使用，他就可以说他的基本阐述是有关"arights"的……他可以继续列出权利（正义关系）派生的、第二位的意思："某人用于了解或确定什么是正义的技术"（并且他补充道这种技术的原则或规则也是法律），"用以裁定正义的场所"（即现代法律体系中的法院），且最后"法官的审判（即使是不公正的）——法官的职责就是施行正义"。①

因此，马西留的权利暗含着审判和正义的意思：在发生法权冲突时，审判体现为对属于一个人的权利的公正安排，权利反过来表现为一个人在审判中获得公正的维护。这意味着，权利作为法权的第二种含义，指示着法权的主体性维度，即 ius（法权）等于人的 potestas（能力）；审判和正义则围绕着人的权利展开。

综上，法权包括了客观法律和主观权利两个含义，法律和权利构成了法权的两个面向。既然权利来自法律的规定，那么根据第三种含义的法律②，权利本身拥有了法律的强制力特征，即权利不仅体现为主体的一种能力，而且这种能力同样展现为一种强制力。比如，当我对一物拥有权利时，这不仅意味着我有能力使用该物，而且意味着其他人在没有经过我的同意的情况下没有权利使用该物。也就是说，我的权利同时在他人那里产生了一种义务，而且这种义务包含了法律的强制力。因此，当我和他人发生法权冲突时，我有权利得到公正的审判。

但是，由于马西留仅仅承认理性提供了关于正确与错误、正义和不正义的真知，并且否认这种真知自身拥有任何强制力，即理性无法决定一个事物拥有强制性，所以理性无法提供法律的强制力，它在法律的形成过程中起到的仅仅是非强制性的建议作用。此外，由于权利意味着一个人的主体能力应当符合法律的规定，所以从权利中产生的义务同时是意志而非理性的产物。

问题在于，作为客观法律和主观权利的法权有没有理性的根据？在马西

①　约翰·菲尼斯：《自然法与自然权利》，第 166 页。
②　如前所述，马西留在《和平的保卫者》第 1 论第 10 章第 3 节区分了四种含义的法，而法权的第一种含义是指第三种含义和第四种含义的法律。

留的法权定义下,是否存在着托马斯式的自然法理论?自然法权何以可能?

就意志构成法律强制力的来源而言,以格沃斯为代表的实定主义解释路径主张,马西留只承认实定法,即法律无非是立法者意志的产物,所以这种观点等于取消了自然法权概念,自然法权沦为了一种特殊的实定法。[1] 然而,这种观点忽视了法权的理性维度,而且马西留正是在法权含义 I 和法权含义 II 之间提出了"自然法权"概念。此外,马西留区分了自然法权和公民法权(ius civile),"还有一种对'法权'和专属于人的法权的划分,即分为自然法权和公民法权"(II.12.7)[2],由此确立了一种有别于托马斯的自然法学说。所以马西留的自然法权并不像实定主义解释路径理解的那样,只是一种特殊的实定法,自然法权在马西留的法权学说中占据着特殊的位置。

有鉴于此,本节接下来将首先处理古典习俗主义和基督教自然法革命,其次探讨以托马斯为代表的经典自然法学说,最后澄清马西留的自然法权学说。

第二节　古典习俗主义和基督教自然法革命

在从共和国到帝国的演变中,罗马遇到了一个不得不面对的"一与多"难题:"一个统一的帝国,到底该如何处理各个民族差异巨大的习俗传统?"[3]如果罗马不能将其统治下的各个民族的习俗传统纳入一个统一的意识形态之中,那么各个民族将会借着自己的习俗传统对罗马的统治构成威

---

① Alan Gewirth, *Marsilius of Padua: The Defender of Peace, Vol. I: Marsilius of Padua and Medieval Political Philosophy*, p. 147; Holly Hamilton-Bleakley, "Marsilius of Padua's Conception of Natural Law Revisited", *The World of Marsilius of Padua*, pp. 126–129.

② 格劳秀斯在《战争与和平的法权》中对公民法权和万民法权的区分有助于我们理解马西留对公民法权和自然法权的区分:"我们将从人的意志法权开始,因为这种法权更广为人知。这种法权要么是公民法权,要么是范围大于公民法权的法权,要么是范围小于公民法权的法权。公民法权是出自公民权力的法权,公民权力是管理(praeest)国家的权力,国家则是自由人为了安享(fruendi)法权和共同利益而联合在一起的完美团体(coetus perfectus)。范围小于公民法权的法权并非来自公民权力,尽管它受制于公民权力,并且这种法权是多种多样的,它包括父亲的命令、主人的命令以及其他诸如此类的命令。范围大于公民法权的法权是万民法权,它的约束力(vim obligandi)来自所有民族或者许多民族的意志。我增加'许多民族的',是因为在通常被称为万民法权的自然法权之外,几乎没有任何法权为所有民族共有。事实上,在地球的某个地方经常会有其他地方不存在的万民法权,正如我们将在下文谈论俘虏和复境权时所说的那样。"(Hugo Grotius, *De Iure Belli ac Pacis*, I. 1.14.1.)

③ 吴功青:《上帝与罗马:奥利金与早期基督教的宗教-政治革命》,上海:上海三联书店,2018年,第26页。本小节的主要思路受惠于吴功青对于凯尔苏斯和奥利金之争的经典分析。

胁,所以帝国大一统和习俗多元化的矛盾成了罗马必须要解决的政治难题。为此,罗马在法律、宗教和哲学三个层面上做出了种种努力,从而试图在确保一个统一帝国的情况下兼顾习俗的多样性。

罗马哲学家凯尔苏斯在《真道》①一书中站在罗马的立场上为罗马的法律、宗教和哲学政策提供辩护,但是希腊教父奥利金(Origen)在《驳凯尔苏斯》(Contra Celsum)②一书中指出凯尔苏斯的辩护无法真正解决"一与多"的罗马问题,"对奥利金来说,要想彻底解决'一与多'的矛盾,必须诉之于基督教"③。所以凯尔苏斯和奥利金的这场跨时代争论代表着解决"一与多"的罗马问题的两种方案,即古典文明和基督教文明从各自遵循的逻辑出发,为解决罗马问题提供了两种不同的解决方案,但是这两种方案同时面对着来自文明内部和外部的困难,并且凯尔苏斯和奥利金的争论对马西留解释习俗和政治共同体的关系仍然有着至关重要的借鉴意义。④

一、凯尔苏斯的习俗主义

简单来说,习俗主义意味着习俗构成一个民族的行为及其法律的基础,并且一切个体行为的正当性都要以习俗为判断标准。一方面,每个民族根据自己的习俗制定法律,法律的力量来自习俗而非别的地方;另一方面,宗教为习俗提供神学基础,并且宗教的教义和仪式都离不开习俗。所以个人对法律的遵从就是对本民族习俗的遵从,而对习俗的遵从同样是宗教虔敬的体现。

虽然凯尔苏斯不是盲目的习俗主义者,但是他在《真道》中的基本意图是为习俗主义视域下的古典文明进行辩护,所以他站在习俗主义的立场,对基督教进行了系统的批判,并且这种批判实质上是古典文明在面对基督教文明的冲击时所做出的对自己文明背后的道理的一次辩护。

首先,凯尔苏斯运用罗马法的观念,批判基督徒的行为违背了罗马的法律。在凯尔苏斯看来,基督徒仅仅服从上帝的法律,却不服从罗马的法律,

---

① Celsus, *Der Ἀληθὴς Λόγος*, edited by Robert Bader, Stuttgart/Berlin, 1940. 英译本参见 R. Joseph Hoffman, *Celsus, On the True Doctrine. A Defense Against the Christians*, Oxford: Oxford University Press, 1987。

② Origenes, *Contra Celsum Libri VIII*, edited by M. Marcovichi, Leiden: Brill, 2011. 英译本参见 Origen, *Contra Celsum*, translated by Henry Chadwick, Cambridge: Cambridge University Press, 1953。中译本参见奥利金:《驳塞尔修斯》,石敏敏译,北京:生活·读书·新知三联书店,2013 年。

③ 吴功青:《上帝与罗马:奥利金与早期基督教的宗教-政治革命》,第 27 页。

④ 关于古典自然与习俗概念的讨论,参见列奥·施特劳斯:《自然权利与历史》,北京:生活·读书·新知三联书店,2016 年,第 82—120 页。

由于上帝的法律既不属于一个民族内部的法律,也不完全符合甚至违背罗马法,所以基督徒不遵从罗马法的行为会动摇甚至瓦解罗马帝国的政治,从而构成对罗马政治的巨大威胁。

其次,基督徒不遵从罗马法的行为实质上是对习俗的违背,因为"凯尔苏斯深信,习俗是法律的基础"①,这意味着每一个民族的法律都应当根植在习俗之上,并且只有本民族的习俗才能够确保法律的效力,而民族、法律和习俗三者之间是相互包含和成全的关系,所以坚持习俗主义的凯尔苏斯坚决否定存在一种能够在罗马帝国中被普遍运用的法律,因为这种法律将取消所有民族的独特性和习俗的独特性,而基督徒却深信福音法对于所有民族来说是普遍的,因此基督徒遵从的福音法将打破罗马帝国境内法律、民族和习俗的独特性,从而否定罗马法、罗马民族和罗马习俗的独特性,甚至在根本上动摇整个罗马帝国的政治基础。

凯尔苏斯认为真道就是古老之道,即一个东西越古老就越好,所以传统本身就是好的,反映传统的习俗也是好的。② 习俗主义最终会导向对传统的尊重和推崇,任何偏离甚至违背传统的行为都将失去正当性。由于基督教脱胎于犹太教,而基督徒并没有遵从犹太人的习俗和传统,所以基督徒的行为失去了正当性的传统根基,基督教是对犹太教传统以及一切传统的反叛,"基督教对犹太教的背叛,不仅彻底瓦解了犹太人的传统,而且可能导致各个族群的人纷纷从自身的习俗共同体中脱离开来,最终使得罗马帝国陷入四分五裂的境地"③。所以一个不遵守犹太民族习俗和传统的基督教不仅无法被纳入习俗主义视域下的罗马政治之中,而且应当被排除在罗马宗教之外,否则它将威胁到罗马的政治统治。④

最后,习俗主义必然会导向宗教上的多神论。凯尔苏斯认为,每一个民族的法律、习俗和传统都有神为其提供神学支撑,并且神仅仅保护一个民族内部的人,由此每一个神都管理一个民族和地区,所以保护诸民族的诸神是非排他性的平等关系,不同民族将实行不同的宗教并且崇拜不同的神。这意味着,多神论是罗马帝国在宗教上的必然要求,因为罗马帝国是一个包含不同民族和地区的大一统的帝国,所以罗马必然要承认和尊重每一个民族的神。但是,基督教坚持绝对的排他一神论,它认为上帝是唯一的真神,其他神都是伪神,所以基督教的绝对一神论无法兼容习俗主义下的多神论。

---

① 吴功青:《上帝与罗马:奥利金与早期基督教的宗教-政治革命》,第58页。
② Origen, *Contra Celsum*, 1:14.
③ 吴功青:《上帝与罗马:奥利金与早期基督教的宗教-政治革命》,第70页。
④ Carl Andresen, *Logos und Nomos*, Berlin: De Gruyter, 1955, pp. 223-224.

即使罗马帝国坚持宗教宽容政策,罗马也不可能容忍基督教的存在,因为基督教是对罗马宗教政策的最大威胁。

综上,在凯尔苏斯看来,基督教的最大问题在于其违背了古典文明所遵循的这条逻辑,甚至它自身所遵循的逻辑是对古典文明的最大威胁,因为它所遵循的是去习俗化的基督教文明逻辑,而古典文明恰恰是建立在习俗主义之上的,所以站在古典文明立场之上的凯尔苏斯必然要批判基督教。

为了回应凯尔苏斯对基督教的批判,奥利金通过其护教著作《驳凯尔苏斯》向我们展示了去习俗化的基督教文明对古典文明的法律-习俗-政治革命。正如古典文明遵循的习俗主义逻辑构成了凯尔苏斯批判基督教的理论武器,基督教文明遵循的去习俗化逻辑构成了奥利金护教的理论武器。

二、奥利金的自然法和去习俗化革命

面对凯尔苏斯基于古典文明所遵循的习俗主义逻辑对基督教的批判,奥利金从基督教文明所遵循的去习俗化逻辑的立场给予了系统的反驳。奥利金从基督教自然法的立场对罗马实在法发起了一场自然法革命,并且针对凯尔苏斯的"法律-习俗-传统-多神论"逻辑发起了一场去习俗化革命,所以奥利金的自然法和去习俗化革命是应对凯尔苏斯的习俗主义批判的产物,并且这场革命同时是对基督教文明背后的道理的一次澄清。①

奥利金在《驳凯尔苏斯》开篇就指出凯尔苏斯对基督教的第一个攻击:基督徒违背法律。在奥利金看来,基督徒违背的只是人为的实定法,然而基督徒应当遵守的是自然法,因为自然法高于成文法,并且自然法构成了成文法的标准。当然,基督徒应当遵守的自然法不同于斯多亚派和斐洛的自然法,因为斯多亚派和斐洛的自然法分别是以理性的逻各斯和内在的逻各斯

---

① 事实上,柏拉图在《理想国》中曾经展开过去习俗化革命。例如,《理想国》第5卷对军事上女性裸体训练的去习俗化革命。在柏拉图的那个时代,军事化训练的一个重要特征是裸体训练,如果女人要成为护卫者,那么女人也要进行裸体训练,而这在当时的习俗看来是可笑的(《理想国》,452b)。但是,习俗看来可笑的行为并不一定在理性看来是可笑的。柏拉图指出,习俗是会变化的,因为男人裸体训练作为一种习俗也不是古希腊世界一开始就有的,"就在不久以前,希腊人,就像直到今天很多的外族野蛮人仍是如此一样,还把看到男人们的赤身裸体当作是一件不雅观的、可笑的事"(《理想国》,452c7—8),所以习俗认为可笑的事情并不一定违背理性。也就是说,理性和习俗之间存在着巨大的张力,虽然女人裸体训练是基于理性的考虑,但是它在当时的希腊习俗看来是可笑的。然而,在柏拉图看来,"理性认为最好的事,就把眼睛认为可笑的事取消掉了"(《理想国》,452d5—7),所以只要女人参加军事训练符合理性,那么城邦就应当在培养女护卫者时允许女人进行裸体训练。因此,就护卫者的教育而言,男女是被同等对待的,性别上的差异在裸体训练上被铲平了。

为核心的,然而奥利金的自然法是由作为圣言的大写逻各斯创造的,这一大写逻各斯超越于自然之外,所以神法而非理性构成了自然法的核心。奥利金的自然法观念和中世纪自然法学说存在着相似性,"自然法的权威来自神圣的意志。换言之,自然法是由神而不是人制定的。正因为自然法的权威是建立在神圣意志之上,所以一部分人也视它为'神法',这两个词汇也常常互换使用。这一情形很普遍。12 世纪和 13 世纪的教会法学家们都认为自然法就是神制定的法律"①。

如前所述,古典文明立足于诸民族的习俗和传统,然而对于基督徒来说,上帝是对一切的超越,所以爱上帝而非爱尘世才是基督徒应当遵守的诫命,"古典主义认为有两种一般的可能性:善要么存在于思想之生活中,要么存在于行为之生活中,或者就是二者的某种结合……基督徒们打破了这些解读方式,以宣称人类之善在于永生,在于对上帝(人类自身的本原)的认识和爱"②。这意味着,上帝与自然法(神法)成了基督徒应对罗马和实定法挑战的武器。

由于奥利金的自然法革命只是回应了凯尔苏斯的法律批判,它并没有完全触碰到古典文明所遵循的习俗主义逻辑,所以奥利金需要对凯尔苏斯的习俗主义批判发起一场彻底的去习俗化革命。

首先,既然神法构成了自然法的核心,那么自然法的普世性同时意味着作为神法的福音法的普世性,而福音法的普世性首先体现在其对犹太法律的超越性上,其次体现在其对一切民族法律的超越性上。吴功青通过解读《加拉太书》2:14 关于保罗责备彼得的话③,指出了"超越"一词的含义:

> 保罗一方面既要强调福音与犹太法律的内在连续性,又要强调这个福音是一种新的、高于犹太法律的福音,这就要求他必须在一个新的逻辑基础上处理福音和法律的关系。这个逻辑,简单来说就是"超越"……"抛弃",是克服、否定、决裂;而"超越",则意味着用一个更高的东西包裹较低的东西,将后者无法实现的精神变成现实。④

① 诺曼·多恩:《中世纪晚期英国法中的最高权威》,杨尚东译,北京:中国政法大学出版社,2018 年,第 74 页。以下引用皆采用此译本,中译文引用时,有所改动。
② 科克伦:《信仰与古典文明:从奥古斯都到奥古斯丁》,石鹏译,北京:东方出版社,2020 年,第 296—297 页。以下引用皆采用此译本,中译文引用时,有所改动。
③ 《加拉太书》,2:14:"但我[保罗]一看见他们行的不正,与福音的真理不合,就在众人面前对矶法[彼得]说:'你既是犹太人,若随外邦人行事,不随犹太人行事,怎么还勉强外邦人随犹太人呢。'"马西留在《和平的保卫者》中也对这段经文做过注解,参见 *DP.*, II. 16. 17。
④ 吴功青:《上帝与罗马:奥利金与早期基督教的宗教-政治革命》,第 54—55 页。

福音法的超越性并不是指它抛弃包括犹太法律在内的一切民族法,而是既尊敬又超越一切民族法,所以这种超越性试图将一切民族纳入福音法的范围内,实现福音法对万民的教导作用,由此建立一个在跨民族的普世性法律(福音法)下的基督教世界。既然罗马实定法只是一种民族法,那么福音法必然超越并且优先于罗马实定法,福音法而非罗马实定法才是罗马帝国内的一切民族为获得美好生活应当遵循的东西。所以从奥利金的超越逻辑来看,遵循福音法的基督徒违反罗马实定法的行为是正当的,这使得基督教自然法学家"将自然法看成是效力高于实定法的高级法……与自然法相违背的实定法是不存在的"[①]。

　　其次,奥利金认为,福音法对诸民族法律的超越实质上是对习俗和传统的超越。如前所述,凯尔苏斯将法律的正当性建立在习俗和传统之上,由此批判基督徒违背习俗和传统。针对习俗,奥利金指出,凯尔苏斯关于习俗的观点必然会导向习俗的相对主义,即每一个民族的习俗都具有同等程度的正当性,但是这在奥利金看来根本无法成立,因为奥利金和柏拉图一样,认为每一个事物都应当有一个普遍的定义,而习俗的相对主义将导致我们无法规定一个关于习俗的普遍定义,即习俗相对主义逻辑下的虔敬和道德面临不一致的混乱和相对化的危险,"所有人都相信自己的法律是最好的"[②],所以凯尔苏斯从习俗相对主义的角度对基督徒的批判是站不住脚的;针对传统,奥利金运用柏拉图哲学中善优先于传统的观点来否定凯尔苏斯的传统即善,进而论证了真理优先于传统,但是基督教的真理不同于古典哲学的真理,因为基督教的真理是作为大写的圣言(Logos)的基督,所以真理对于传统的优先性是指基督教上帝对于一切传统的超越性,而真理对习俗和传统的超越性使得习俗和传统所包裹的内容被遗忘殆尽,"在真理之光的强烈照射下,传统习俗的历史被全部清空……基督教真理对传统习俗的批判,则是从一个完全超越的上帝层面出发,彻底抽空其存在的根基,完全地'去习俗化'"[③]。所以古典文明所依赖的法律和传统习俗在基督教的真理绝对主义面前完全失去了自身正当性的基础:一方面,建立在古典文明基础上的法律再也不能从习俗和传统中寻求自身的合法性;另一方面,古典文明自身的传统习俗正当性在基督教的上帝绝对超越性面前被敉平。

　　既然上帝作为真理构成了评判法律、习俗和传统正当性的标准,那么建

---

① 诺曼·多恩:《中世纪晚期英国法中的最高权威》,第100—101页。

② Origen, *Contra Celsum*, 5:34.

③ 吴功青:《上帝与罗马:奥利金与早期基督教的宗教-政治革命》,第73页。

立在习俗主义之上的罗马多神论体系将面临瓦解的危险。因为奥利金的去习俗化革命在抽空传统习俗的存在根基的同时,也破坏了传统习俗的神学根基,而这一神学根基在囊括众多民族在内的罗马帝国那里体现为罗马的多神论,所以罗马的多神论体系必然受到去习俗化革命的巨大破坏。此外,虽然多神论存在的目的之一在于其能够为传统习俗提供神学基础,即每一个民族的传统习俗都是由相应的民族神创立的,并且诸神是平等的关系,但是罗马帝国包含了多个不同的民族和地区,诸民族和地区的交流变得不可避免,当一个人从本民族所在的地区走向另一个民族所在的地区时,他将面对自己信仰的神和另一个民族信仰的神之间的冲突,即处在另一个民族地区中的一个人应当坚持信仰自己民族的神还是入乡随俗信仰另一个民族的神呢?奥利金认为多神论必然面对并且无法解决这一"诸神之争"问题,而解决这一问题的方式在于消解掉多神论,也就是说,用基督教的一神论取代多神论为诸民族的传统习俗提供唯一的神学基础,由此消解掉"诸神之争"问题。所以奥利金一方面在瓦解传统习俗的同时也在瓦解传统习俗背后的多神论;另一方面针对多神论的"诸神之争"问题提出了瓦解多神论来达成消解这一问题的基督教方案。

然而,如果奥利金只是站在去习俗化的基督教文明内部对习俗主义的古典文明进行反驳,那么基督教一神论并不能真正摧垮古代宗教,只有当多神论下的古代宗教不能解决罗马帝国所面对的神学问题,而基督教的上帝能够更好地适应罗马帝国而非威胁罗马政治时,基督教才能证明自身的优越性。

因此,奥利金的自然法和去习俗化革命只有被放在一个包含不同民族的罗马帝国之内才能发挥对古典文明的真正破坏力,而凯尔苏斯的习俗主义批判也只有在有效应对罗马帝国和帝国内部诸民族之间的张力时才能发挥真正的力量。凯尔苏斯和奥利金站在各自维护的文明体系内,分别提供了一套应对罗马问题的政治哲学,并且古典文明和基督教文明在罗马问题解决方案上发生了真正的交锋,上帝与罗马的张力和融合的复杂性正是在这场交锋中被彻底展现出来。

三、从理性一神论到绝对一神论的基督教神学方案

面对"一与多"的罗马问题,凯尔苏斯在习俗主义的基础上主张存在一个抽象意义上的至高上帝,各个民族的神则是受上帝派遣去管理各民族的,所以至高上帝通过诸神对各民族进行管理,各民族的习俗传统最终都要以同一个至高上帝为自身的神学来源。既然诸神对各民族的统治合法性都

来自至高上帝，那么诸神的行为是至高上帝的不同表现，所以各民族不仅应当崇拜本民族的神、坚守自身的习俗传统，而且应当认同和尊重其他民族的神及其制定的习俗传统，由此各民族在保守民族性的同时能够在理性一神论中被纳入同一个政治共同体之中，而这恰好符合罗马当时的宗教和政治政策。罗马为了应对被征服地区的民族、习俗、传统和宗教差异，一方面尊重各民族的习俗传统和宗教，另一方面将各民族的神纳入万神庙之中。

罗马帝国统一的政治意识需要统一的宗教意识和法律意识，罗马只有在统一的宗教意识和法律意识中才能真正维系自身的政治统治，而凯尔苏斯的理性一神论恰恰是对统一的宗教意识和法律意识的神学努力。理性一神论在维持习俗主义的古典文明的基础上提供了跨民族的至高上帝来消除"诸神之争"，从而维持罗马统一和习俗多元之间的平衡。但是，诸神的"分而治之"无法真正解决"诸神之争"，因为大一统的罗马帝国使得各个民族和地区的交流日益活跃，当一个人从本民族神统治的地区走向另一个神统治的地区时，诸神"分而治之"的局面将被打破，诸神的平等必然带来一系列宗教、道德和政治的混乱。此外，凯尔苏斯仅仅是从理性的角度在诸神之上确立了一个抽象的至高上帝，然而普通民众的理性并不能把握到至高上帝，所以理性一神论达不到实践的效果，即普通民众并不能借着至高上帝获得统一的宗教意识，民族的习俗差异仍然是摆在罗马面前的一大难题。正如吴功青指出的，凯尔苏斯的理性一神论宗教和建立在习俗主义之上的多神论宗教并不能实现真正有效的结合，因为理性一神论宗教是理性哲学在宗教上的体现，普通民众无法从习俗传统的角度真正理解和把握这种宗教，而多神论宗教是深入普通民众内心的习俗传统的产物，所以凯尔苏斯力图通过理性建立起来的理性一神论注定无法彻底解决多神论带来的"诸神之争"和"一与多"的问题。

与凯尔苏斯的理性一神论不同，奥利金认为，基督教的绝对一神论能够避免理性一神论的实践问题，因为基督教的上帝不是抽象的理性产物，而是信仰的对象。虽然普通民众缺少认识上帝的理性能力，但是他们并不缺乏信仰能力，而且基督教的教义并不像古代哲学展示的那样高深，以至于普通民众难以把握和理解，所以每一个人都能够仅仅凭借信仰就获得救赎和永恒的幸福。因此，相比于理性一神论彰显的理性主义无法满足普通民众的神学和宗教诉求，绝对一神论彰显的信仰主义能够满足普通民众的神学和宗教诉求。

此外，基督教绝对一神论认为只有上帝是神，"基督教的出现最终带来了一种具有普世特征的宗教,这种宗教崇拜一个主,一个属于万民的主,这个主没有特选的民族,无论来自何种种族,何种家庭,何种国家,他都一概接纳"①。所以各民族的习俗传统应当以上帝而非诸神作为自己正当性的神学基础。

那么,与其说绝对一神论解决了"诸神之争"的问题,不如说它消解了这个问题,因为绝对一神论取消了习俗主义下的多神论,它将诸神界定为鬼怪,从而仅仅承认习俗的多元化,由此清除了习俗多元化问题的多神论基础,所以理性多神论关于至高上帝和多神的融合被奥利金的绝对一神论置换为基督教上帝和多习俗的融合。

吴功青指出,古代宗教将神人关系视为一种外在的公共关系,习俗是这一外在关系的重要支撑,个人正是在共同体的习俗之中完成对神的崇拜,所以习俗构成了个人成全自己的重要方式,并且个人只有在建基于习俗之上的政治共同体之中才能实现自我的成全。但是,基督宗教坚持一种私人化的神人关系,"基督教的宗教革命,从根本上改变了上帝的观念和神人关系,赋予基督徒一种凭借耶稣基督的信仰,在人的灵魂内部不断进行自我革新的动力"②。这意味着,公共性的习俗和政治已经不再是人安身立命的东西,人生在世最重要的目的是救赎,而救赎最终依赖于个人和上帝建立起的一种内在的信仰关系,并且这种信仰关系是习俗和政治无法提供的,所以古代习俗、政治和宗教对个人的成全功能在基督教绝对一神论下被虚化甚至被否定。

然而,绝对一神论并不是要彻底消除习俗和政治,而是要在基督教的神学框架中重新安排习俗和政治。奥利金不仅反驳习俗主义下的古典文明,而且要为解决罗马问题提供基督教的思想方案,他的目的不在于否定和推翻罗马的习俗和政治,而是试图将罗马纳入基督教神学思想的版图之中。因此,如何重新安排古典文明中的习俗和政治才是奥利金急需解决的问题,奥利金的最终目标是要将上帝与罗马有机地结合在一起。

更确切地说,虽然奥利金在回应凯尔苏斯的指责时,坚称基督徒的政治不服从符合自然法,但是我们并不能从这一点推导出基督徒可以无限制地不服从罗马的统治,原因在于,既然自然法构成了评判尘世政治正当性的标准,那么当政治统治符合自然法的规定时,基督徒应当服从尘世政治,所以

---

① 库朗热:《古代城邦——古希腊罗马祭祀、权利和政制研究》,谭立铸等译,上海:华东师范大学出版社,2006 年,第 362 页。以下引用皆采用此译本。

② 吴功青:《上帝与罗马:奥利金与早期基督教的宗教-政治革命》,第 136 页。

自然法仅仅教导基督徒不应当服从违背自然法的尘世政治，它并没有规定基督徒可以无限制地对抗尘世政治。此外，奥利金在《〈罗马书〉注释》和《〈马太福音〉注释》中利用"灵-魂-体"的三重结构解释了基督徒服从于尘世政治的必要性：

> 在《〈罗马书〉注释》中，奥利金通过保罗的话语说明，尘世中的基督徒尽管可能具有一定的属灵特性，但只要他仍然分有灵魂，他就应该像其他人一样，服从于政治权威。而在《〈马太福音〉注释》中，奥利金则认为，基督徒的身体属性，决定了他们服从政治的必要，灵魂朝向的方向则是上帝……基督徒虽然应当尽其所能地增长灵性，从而与上帝相连；但是，只要他还活在这个世界上，他就应当和其他人一样，服从于世俗政治的权威。①

奥利金试图在基督徒和尘世政治之间建立起类似于灵魂和身体的关系，甚至试图将代表尘世政治的罗马改造成适合基督徒的"肉身"，并且基督徒的肉身性决定了他们服从尘世政治的必要性，所以尘世中的基督徒必须要和尘世政治建立起一种新关系来安顿自己的灵魂。也就是说，虽然"灵-魂-体"三重结构中的灵决定了基督徒和上帝合一的必要性，但是其中的"魂-体"结构决定了基督徒安顿尘世生活的必要性，而政治服从是安顿尘世生活的重要方式。所以奥利金的绝对一神论并没有完全否定尘世政治，它一方面将个人和上帝的合一视为实现幸福的根本方式，另一方面肯定了尘世政治对个人灵魂和身体的安顿。绝对一神论不仅建立起了一个普世性的宗教，而且为罗马帝国作为一个普世性帝国提供了神圣性，因为绝对一神论最终将罗马帝国拥有的尘世权力归于上帝，罗马从上帝那里获得了自身统治的神圣性，并且借着上帝赐予的尘世权力守护着基督徒，因此基督徒应当为皇帝祷告，祈求皇帝战胜敌人（尤其是基督教的敌人）。

"灵-魂-体"结构要求属灵的基督教和属"肉身"的尘世政治建立起稳定的联系，从而能够将基督教理念转化为实体性的政治，甚至基督教能够借着政治的力量在此世实现来世的天国理想。所以普世性的基督教和统一的罗马帝国的结合将使得罗马帝国变成一个普世性的基督教帝国，并且奥利金关于基督教帝国的理想最终在优西比乌的历史神学中得以真正澄清。

---

①　吴功青：《上帝与罗马：奥利金与早期基督教的宗教-政治革命》，第 142 页。

　　然而,建立在绝对一神论之上的基督教帝国理论面对着三个危机:异教皇帝迫害基督徒、基督教和罗马的矛盾、习俗的阻碍。前两个危机逐渐消失在了历史之中,但是第三个危机一直延续到现在,它不仅是对基督教帝国理论最大的危机,而且是对绝对一神论最大的挑战,同时也是对基督教自然法最大的冲击。因为绝对一神论和自然法理论的特点都是普世性,而普世性意味着对民族性的超越,所以根植于民族性之上的习俗是普世性理念的最大敌人,绝对一神论和自然法理论必然要求一场去习俗化的革命。由于绝对一神论无法在实践中消除习俗的差异,所以它力求在习俗多元化之上建立一个普世化的世界来统合习俗,但是这恰恰说明了习俗作为绝对一神论的敌人始终存在于基督教世界之中。一旦基督教式微,习俗将重新展现自己的力量,并且习俗的差异终将打破基督教的普世性格局,自然法的普世性也将受阻于习俗的顽固力量。

　　综上,理性一神论和绝对一神论都为罗马帝国的政治统一性提供了"一"的神学保证,而且绝对一神论解决了理性一神论的实践难题,从理性一神论到绝对一神论是对"一"的进一步深化,但是二者都没有彻底克服"多"对统一的罗马政治的阻碍。理性一神论和绝对一神论都努力将习俗纳入各自的神学理论之中并且安顿习俗的差异性,然而,只要习俗的差异性没有被彻底消除掉,那么自然法的普世性就将始终受到习俗差异性的威胁。

　　至此,凯尔苏斯和奥利金都试图在习俗多元和政治统一之间建立起一种平衡,并且力求将多元化的习俗纳入政治共同体中,然而"一与多"的张力被保留在这一平衡之中,一旦"一"的力量被削弱,那么"多"将从政治共同体中被释放出来,政治共同体将面对解体的危险。"一与多"的罗马问题不仅是当时的罗马帝国所面对的问题,而且是所有包含习俗差异性的政治共同体必须要处理的主题。

第三节　经典自然法:自然理性的道德法则

　　中世纪晚期,古典习俗主义和以奥利金为代表的基督教自然法革命最终汇合为自然法和实定法之间的张力,"在中世纪晚期的法律思想中,自然法思想处于核心地位。它与平民主义、实证主义之间的紧张关系是这一时期法理思想发展的主要特征"[①]。托马斯试图提供一套经典自然法,以此完

————————

① 诺曼·多恩:《中世纪晚期英国法中的最高权威》,第73页。

成习俗主义和自然法的综合。

托马斯在《神学大全》中对自然法的界定是：

> 在万物中,有理性的受造物特别受上帝的照管,因为他分有照管能力,能照管自己和别的东西。为此,他也分有永恒之理,因之而对应有之行动和目的具有自然倾向。有理性之受造物所分有之永恒法,即称为自然法。自然理性之光明,它使我们能知道什么是善,什么是恶;而这属于自然法。因为自然理性之光明,无非就是上帝之光明在我们内印记。由此可见,自然法无非就是有理性之受造物所分有之永恒法。①

第一,根据托马斯对自然法的界定,自然法是理性受造物对永恒法的分有,并且这种分有是通过理性受造物的自然理性实现的。也就是说,自然理性借着上帝之光分有了关于善恶的知识,而这些善恶知识构成了自然法的内容,所以自然理性构成了自然法的内容来源。②

第二,罗伯特·乔治指出,托马斯"确定无疑地拒绝'自然具有意志和理智的观念'。在托马斯的解释中,自然并非'某种超人类的人格存在'。也不是我们服从自然'意志'或者其他任何权威的道德义务的基础……托马斯小心翼翼地避免这种道德义务概念所包含的唯意志论。根据托马斯的观点,实践原则(其中包括道德原则)的实质是理性的"③。这意味着自然法不包含任何自然"意志"的成分,因为自然本身不具有意志的观念,我们所服从的仅仅是自然理性规定的自然法,即自然法包含的实践原则仅仅是理性的而非意志的实践原则,所以自然法仅仅是自然理性的产物。

第三,自然理性规定的善恶知识本身就拥有一种强制力,因为"知识并不只是一种可能性,而且也是一种善,也就是说,知识是一种机会,一种利益,某种可欲的东西,作为一种能够提升(完善)一个人或任何一个人的

---

① 托马斯·阿奎那:《神学大全》(第六册),刘俊余译,台湾:中华道明会、碧岳学社联合出版,2008 年,第 10—11 页。中译文引用时,有所改动。相关讨论,参见简·波特:《自然作为理性——托马斯主义自然法理论》,杨天江译,上海:华东师范大学出版社,2018 年,第 58—62 页。

② 克里斯托弗·沃尔夫:"托马斯主义自然法与美国自然法传统",载约翰·戈耶特、马克·拉特科维奇、理查德·迈尔斯编:《圣托马斯·阿奎那与自然法传统——当代视角》,杨天江译,北京:商务印书馆,2015 年,第 335 页。

③ 罗伯特·乔治:"凯尔森与阿奎那论自然法",载约翰·戈耶特、马克·拉特科维奇、理查德·迈尔斯编:《圣托马斯·阿奎那与自然法传统——当代视角》,第 397—398 页。

处境的东西,以及作为应当被追求的东西"①。也就是说,理性提供的知识本身就是一种所有人应当追求的东西,所以理性本身就能够为理性的对象提供强制力,而且"法的作用是命令和禁止……发号命令是属于理性的事情",所以"法是属于理性的东西"②,自然理性本身就能够为自然法(作为自然理性的对象)提供强制力,因此自然理性构成了自然法强制力的来源。

梅因在《古代法》中追溯自然法起源时,同样将自然法看作自然理性的产物。③ 梅因指出,自然法是一种以自然理性为基础的拥有强制力的普世性道德法则,它是"由自然理性指定给全人类的法律",全人类都应当遵循并采用它。就此而言,自然法体现为罗马的万民法,"所谓'自然法'只是从一个特别理论的角度来看的'万民法'或'国际法'"④。实际上,自古希腊为自然赋予道德意涵以来,自然理性就已经拥有了道德立法的功能。⑤

可见,自然理性不仅构成了自然法的内容,而且成为自然法的强制力来源。由于自然法本身不包含有任何意志成分,所以以托马斯为代表的经典自然法本质上是一种理性法,即理性自身能够产生带有强制力的自然法。换句话说,自然法要求的理性和强制力是一体两面的关系,即自然法的强制力来自理性,而非来自有别于理性的意志,理性赋予了自然法所需的强制力,所以理性而非强制力是自然法的首要特征。

因此,经典自然法是以自然理性为根基的道德法则,自然理性直接建构带有普世效力的道德秩序,该道德秩序借着自身内容的普世性获得对所有人的强制力。这意味着,自然法能够直接惩罚违法者,一旦自然理性判定一个人违背自然理性的规定,这个人就要受到自然法的惩罚,并且这种惩罚往往是道德层面的惩罚。所以自然法带来的不是非强制性的道德谴责,而是带有强制力的道德惩罚。然而,按照经典自然法的演化逻辑,自然法将高于

---

① 约翰·菲尼斯:《自然法理论》,吴彦编译,北京:商务印书馆,2016年,第29页。

② 托马斯·阿奎那:《神学大全》(第六册),第2页。

③ 梅因:《古代法》,沈景一译,北京:商务印书馆,1959年,第27页。

④ 同上书,第30—31页。需要注意的是,万民法和国际法是两个不同的概念。以格劳秀斯的著作翻译为例,国内学界为了强调格劳秀斯在国际法学说中的开创性地位,常常将 jus gentium 翻译为"国际法",而这种做法自上个世纪以降就开始了。例如,1931年,岑德彰将《战争与和平的法权》导论部分以《国际法典》为题翻译出版(格劳秀斯:《国际法典》,岑德彰译,上海:商务印书馆,1931年),并且将导论第一节的"那样一种法权"翻译为"国际法",以下皆如此翻译。但是,在罗马法体系中,万民法一开始处理的是罗马内部除罗马公民以外的各个民族之间的法权关系,而国际法处理的是主权国家之间的法权关系,所以虽然格劳秀斯最终的意图是构建出各个主权国家之间的法权体系,但是万民法不能简单地直接等同于近代以降的国际法。因此,万民法不能简单地等同于国际法。

⑤ 梅因:《古代法》,第31页。

实定法,道德秩序将高于法律秩序,并且这种逻辑终将引发圣俗二元论之间的张力,削弱尘世权威的自足性和尘世生活的确定性。因为普遍的道德法则和特殊的实定法则之间必然会出现难以调和的矛盾,人在肉体上隶属于特殊的尘世共同体,在灵魂上则隶属于普遍的自然(道德)共同体,所以两种法则的冲突实质上是灵肉冲突。正是这种冲突造成了中世纪长达千年的政教斗争,也是马西留写作《和平的保卫者》的重要动机。马西留的任务在于结束这种冲突,从政教斗争中解放个体,激发个体寻找尘世生活的确定性。

那么,马西留的自然法权也是一种以自然理性为根基的道德法则吗?他的自然法权在什么意义上继承了经典自然法传统,又在什么意义上突破了经典自然法,又在什么意义上与实定法发生了分野?对于这些问题的解答,将有助于我们理解马西留如何重构出符合现代秩序和现代生活的自然法权秩序。

第四节　马西留的自然法权学说

一、自然法权的界定

《和平的保卫者》对自然法权的界定如下:

> 根据亚里士多德《尼各马可伦理学》第 4 卷论述正义时的说法,"自然法权"被称为立法者的法令,在其中,几乎所有人都同意某种应当被遵守的真诚之事,例如上帝应当被敬拜、父母应当被尊敬、人类后代应当被父母教养到合适的年纪、没有人应当被伤害、伤害应当被合法抵制,以及其他类似的事情;即使它们依靠人的颁布,但它们根据变位被称为"自然法权",因为它们被认为以相同的方式在所有地区都是合法的,并且其对立面都是非法的,就像缺乏意图的自然实体的行为在所有地方都一致产生出来一样,例如"火"在"这里燃烧"的方式和"在波斯"燃烧的方式是一样的。(II. 12.7)

在马西留看来,自然法权是立法者的一种法令,即立法者的意志使得一种法权得以被称为自然法权。也就是说,从自然法权定义的第一句话来看,马西留赋予了自然法权以意志的根基,意志参与了自然法权的建构,甚至成为自然法权最重要的根基。① 因为按照法律的双重根基论,意志而非理性是一项命令成为强制性法律的根基,所以自然法权之为法权的关键在于意志而非理性,立法者的法令体现的就是自然法权所要求的意志根基。虽然自然法权的强制力来自立法者的意志,但是立法者的意志却无法产生法权的自然性,因为自然法权规定的事物是具有普遍必然性的真诚之事,所以"即使它们依靠人的颁布,但它们根据变位被称为'自然法权',因为它们被认为以相同的方式在所有地区都是合法的,并且其对立面都是非法的"。这意味着,意志无法赋予命令以普遍必然性,自然法权的自然性必须要从其他地方寻找。

如前所述,马西留在界定自然法权概念之前区分了自然法权和公民法权。从字面意思来看,公民法权是指一个地区(主要是国家)的公民共体作为立法者制定的仅仅针对该地区公民具有强制力的尘世法,所以公民法权就是一个地区的实定法。值得注意的是,马西留在界定审判者(iudex)概念时,曾用公民法权来解释审判者:"就另一种含义而言,'审判者'这个名称是指拥有政治法权或公民法权知识的人,他也习惯于被称为'辩护人'(advocatus)这一常用头衔,尽管在多数省份,尤其是在意大利,他被称为'审判者'。"(II. 2. 8)也就是说,公民法权等同于政治法权,属于纯粹尘世政治领域的法权,因而专属于尘世审判者的使用范畴。由于一个掌握公民法权知识的人就是公民法权适用地区的审判者,而尘世审判者的权力来自该地区的立法者,所以公民法权是一个地区的立法者的法令。

和实定法不同,自然法权的所有规定"以相同的方式在所有地区都是合法的,并且其对立面都是非法的",这意味着自然法权的强制力超出了一个地区之外,即它不仅仅针对一个地区,而是普遍地适用于所有地区,由此自然法权保持了普遍必然性的经典自然法特征。②

此外,针对马西留列举的自然法权内容:"上帝应当被敬拜、父母应当被尊敬、人类后代应当被父母教养到合适的年纪、没有人应当被伤害、伤害应当被合法抵制。"我们发现,第一条自然法权("上帝应当被敬拜")同样属于神法的内容,由于神法来自上帝的直接启示,并且"上帝既不可能受骗也不会想欺骗"(II. 19. 4),所以这一条自然法权必然是绝对正确的,并且能够构

---

① 格劳秀斯在《战争与和平的法权》I. 1. 10. 4中同样指出自然法权与人类意志之间的紧密关联:"我们必须知道,自然法权不是只涉及人类意志以外的行为,而是也涉及许多由人类意志的行为所导致的行为。因此,现在我们使用的所有权一词是由人类意志引入的,但是一旦它被引入,自然法权就指示我们,我在你不情愿的情况下拿走属于你的所有权的物品是违法的。"

② 克里斯托弗·沃尔夫:"托马斯主义自然法与美国自然法传统",第335页。

成自然法权所要求的"真诚之事";其他几条法权属于自然正当(ius naturale①)的内容,而自然正当是指自然上应当的平等,并且人能够根据自然正当确立一些带有普遍必然的东西。比如"父母应当被尊敬",这条法权被托马斯称为"绝对意义上的自然正当"②,马西留则将其视为"几乎所有人都同意某种应当被遵守的真诚之事",因此它普遍适用于所有地区。③ 在神法和自然正当的意义上,马西留将这种法权称为自然的法权。由于托马斯的自然法是自然理性借着上帝之光对永恒法的分有,所以就自然法权之为自然的含义而言,自然法权的普遍性同样建立在自然理性之上。但是,马西留并不认为神法和自然正当能够在尘世中发挥强制力,因为只有立法者是"法的首要和恰当的动力因",所以自然法权的动力因必然是尘世立法者,否则自然法权在尘世中将如同神法一样仅仅发挥非强制性的建议作用。④ 这意味着,虽然马西留的自然法权延续了托马斯自然法中的自然理性要素,但是自然法权的强制力并不像托马斯自然法那样来自自然理性,反而是来自立法者的意志。就立法者意志构成自然法权强制力的来源而言,马西留突破了托马斯自然法的理性主义路径。⑤

奥卡姆认为,自然法权是正确理性的指示并且它不包含任何人的安排⑥,由于正确理性的指示不仅包含自明的指示而且包含不自明的指示,因

---

① ius naturale 包含"自然法权"和"自然正当"两种含义,前者是指一种自然的法权,后者是指自然上应当的平等。本文根据 ius naturale 的不同含义采取不同的翻译。

② 李猛:《自然社会:自然法与现代道德世界的形成》,第 232 页。

③ 就此而言,马西留延续了西塞罗在《图斯库路姆论辩集》(Tusculanae Disputationes) I. 13 中对自然法权的理解:"那些人,他们尚未学习人类多年之后才开始探讨的自然学,使自己信服了如此之少的事情,以至于他们在受自然提醒后才有所认识。他们不掌握事情的道理和原因,常常受某些被看到的东西扰动——而且尤其是那些夜中之物——以至于那些离开了生命的人在[他们]看来[还]活着。进而,正如这看起来被引作最有力的[证据来说明]为何我们相信神明存在,即没有哪个种族如此野蛮,所有人中没有谁会如此不开化,以至于诸神的观念未曾渗入他的心灵(许多人对诸神有扭曲的观念……不过,自然法权应当被视为所有民族对一事的共识)。"(中译文参考西塞罗:《图斯库路姆论辩集》,顾枝鹰译注,上海:华东师范大学出版社,2022 年,第 24—25 页,部分引用有所改动。)

④ 关于神法在尘世中发挥非强制性的建议作用,参见《和平的保卫者》第 2 论第 10 章对异端问题的讨论。

⑤ 马西留在界定完自然法权后,紧接着在《和平的保卫者》第 2 论第 12 章第 8 节中区分了自然法权和正确理性的指示(recte racionis dictamen),由此否定了自然法权是正确理性的指示。需要注意的是,马西留的正确理性发挥着托马斯的自然理性的功能,正如托马斯的自然理性需要借着上帝之光去分有永恒法,马西留的正确理性同样需要借着上帝之光去分有神法。

⑥ William of Ockham, *A Letter to the Friars Minor and Other Writings*, p. 51.

此奥卡姆区分了绝对无条件的自然法权和相对有条件的自然法权。① 但是，马西留否认正确理性的指示直接构成自然法权，因为自然法权只是立法者的法令而非正确理性的指示，而且立法者的指令仅仅是就正确理性中的自明指示而言的②，也就是说，"存在很多符合正确理性指令的事情（例如那些既不是对所有人来说自明的也得不到所有人承认的事情），但并不是所有民族都承认这些事情为真诚之事"（Ⅱ.12.8）。③ 自然法权规定的真诚之事是就正确理性的自明指示而言的，由于符合正确理性的指示之事是绝对合法的（simpliciter licitum），"一切符合神法和正确理性建议的事情都是绝对合法的"（Ⅱ.12.8），所以符合自然法权的真诚之事同样是绝对合法的。但是，既然自然法权的强制性来自尘世立法者意志而非正确理性，那么真诚之事的强制性同样不是来自正确理性的力量，否则马西留的自然法权就像中世纪传统政治哲学所理解的那样，"将'自然法权'称为正确理性在实践方面的指令，并将其置于神圣法权之下"（Ⅱ.12.8）。所以正确理性的指令将等同于立法者的法令，神圣法权将被视为一种自然法权。因此，马西留取消了正确理性在尘世中的强制力，如果正确理性要在尘世中发挥强制力，那么其强制力必须来自尘世立法者的意志。也就是说，正确理性在自然法权中起到的是非强制性的建议作用，它仅仅告诉尘世立法者什么是能够被所有人都同意的真诚之事，从而借着立法者的意志使得真诚之事成为拥有强制力的自然法权。经典自然法基于自然理性就能获得强制力和普遍效力，而马西留的自然法权基于自然理性（正确理性）只能获得普遍效力，它只有基于意志才能获得强制力。

自然法权对经典自然法的这种延续和突破取决于马西留对神法和自然法的重新界定。首先，马西留认为，以福音法为代表的神法是一种"规则，它

---

① William of Ockham, *A Letter to the Friars Minor and Other Writings*, p. 261. 值得注意的是，格劳秀斯在《战争与和平的法权》I.1.10.1—2 中同样认为："自然法权是正确理性的指令（dictatum），它根据任何行为是否符合理性自然（natura rationali）本身来指示（indicans）其中的道德丑恶（turpitudinem）或道德必然性，并因此（ac consequenter），这类行为被自然的作者上帝禁止（vetari）或命令（praecipi）。这类指令产生的行为本身就是应当性的或不允许的（debiti aut illiciti）行为，并因此，它们可以被理解为必然被上帝命令或禁止的行为：根据这一特征，自然法权不仅有别于人类法权，而且有别于神意（divino voluntario）法权，因为神意法权并不命令或禁止这些本身就其性质来说属于应当性的或不允许的行为，而是通过禁止使得一个行为成为不允许的行为，通过命令使得一个行为成为应当性的行为。"（Hugo Grotius, *De Iure Belli ac Pacis*, I.1.10.1-2.）

② 奥卡姆认为第三种意义上的自然法权也是就理性的自明指示而言的，但是他仍然坚持从神法的角度去理解这种自然法权，参见 William of Ockham, *A Letter to the Friars Minor and Other Writings*, pp. 287-292。

③ 关于马西留自然法权和罗马万民法传统的关系，参见 Janet Coleman, *A History of Political Thought: From the Middle Ages to the Renaissance*, p. 141。

包含对人类行为的命令式告诫，借此人被规定朝向来世的荣耀或惩罚"（I. 10.3）。福音法由上帝制定，而上帝制定福音法的目的在于向世人揭示天国和救赎的秘密①，"上帝独独怜悯人类种族（即他的工和形象，他命定人朝向永恒的荣福和生命），所以从不做无用功且无所欠缺的他想要修复人类的堕落，即下达某些人类必须遵守的服从诫命，而这些诫命作为违背行为的对立面必然会治愈罪恶造成的疾病"（I. 6.3）。也就是说，只要信徒遵守福音法的规定，那么信徒就能够在死后进入天国从而获得永生，否则在死后将进入地狱从而遭受永罚，"人们通过遵守这些［诫命和告诫］，不仅可以像遵守原初诫命那样免受惩罚，而且将在恩典的规定下以某种和谐一致的方式从中应得着永恒幸福"（I. 6.4）。② 所以福音法是一种指向来世的强制性律法，它拥有的强制力仅仅体现在来世而非尘世。比如福音法规定，一个人只有遵守福音法才能实现救赎，否则将在死后进入地狱。然而，福音法的这种规定在尘世中并不会直接发生强制力，因为它的内容是指向未来的，即指向死后世界，所以福音法对人的行为的强制性审判也将在人死后开始。这意味着，当一个人遵守福音法时，他的福报不会发生在尘世中，而是发生在他死后；当一个人违背福音法时，他的堕落惩罚也不会发生在尘世中，而是发生在他死后。所以福音法作为法的强制力特征仅仅在天国发挥自身的效力，它在尘世中只是一个非强制的劝诫性准则。其次，马西留同样否定托马斯自然法的尘世强制力，因为马西留仅仅承认自然理性提供了关于正确与错误、善与恶的知识，但是这些知识并不能通过自然理性获得尘世强制力。正如一位统治者借着明智能够做出正确判断，但是明智本身不能使得他成为现实意义上统治者，即明智不是一个人成为拥有强制力的统治者的根据，"一个人成为现实意义上的统治者所凭借的正是这个权威，而非法律知识、明智或道德美德，即使后者是完美统治者的品质"（I. 15.1）。同样地，自然法权包含正确理性提供的正确知识（真诚之事），但是正确理性本身不能使得真诚之事成为一种强制性法权，即正确理性本身不能构成其对象的强制力来源。如果自然法权要在尘世中发挥效力，那么它必然不能从神法和自然法的角度寻找强制力，否则自然法权将在国家之前并且对国家中的实定法产生影响，因为托马斯在《神学大全》中认为："有多少成分合于正义，便有多少成分的法律效力。在人事方面，所谓合于正义或正义的，是因为它合

---

① 正如奥古斯丁所说，福音法提供的是《新约》爱的逻辑，而非《旧约》律法的逻辑。

② 马西留在此处将福音法称为恩典法，关于恩典法包含的"应得"（meritum）概念，参见 Michael Sweeney, "The Nature of Grace and Its Relation to Political Philosophy in Marsilius of Padua's *Defensor Pacis*", in *The World of Marsilius of Padua*, pp. 146-151。

于理性之规则而为正当的……理性的第一条规则是自然法。故此，人所制订的法律，有多少成分源于自然法，便具备多少成分的法律之意义。"①为了避免自然法对实定法产生影响，马西留否定法的强制力来自自然理性，所以他的自然法权不能等同于作为理性法的自然法，"法不是在国家之前或国家之上，正如以前在中世纪那样。它是作为完全由政治公民共同体（der politischen Volksgemeinschaft）的国家的意志决定的产物"②。既然法律在国家之内并且是立法者意志的产物，那么就法权之为法律而言，在国家之内发挥强制力的自然法权建立在立法者意志而非正确理性之上。因此，格沃斯指出，马西留笔下的人民立法者既不受自然法限制，也不受神圣法限制，人民立法者反而构成尘世中一切法权的强制力来源。③

自然法权之所以要求立法者意志的参与，自然法权的法权性甚至必须出于立法者，是因为权利作为法权的第二种含义为法权概念提供了主体性维度。与传统法权学家将法权理解为客观法不同，马西留将法权理解为法和权，法权不再局限于客观法，而是扩展到主体能力范围内。因此，自然法权不再是经典意义上的自然法，而是增添了立法者主体同意的内涵。一方面，自然法权保持了经典自然法的内容，延续了经典自然法的道德性，保留了超越特殊民族、国家和地区的普遍必然性特征；另一方面，权利作为"人符合第一种含义的'法权'的所有受到规定的人类行为、能力或获得性习惯"（II.12.10），使得自然法权突破了经典自然法的理性根基，并且确定了立法者为自然法权赋权的命令特征。所以自然法权的法权性来自立法者的意志，而非自然理性的道德强制力。

马西留排除传统神法和自然法之尘世强制力的目的在于尘世权威的自足性。简单来说，托马斯区分了神法、自然法和实定法④，其中神法来自上帝意志，自然法符合自然理性⑤，实定法体现立法者意志。如果神法和自然法

---

①　托马斯·阿奎那：《神学大全》（第六册），第 53 页。

②　Richard Scholz，" Marsilius von Padua und die Genesis des Modernen Staatsbewußtseins"，*Historische Zeitschrift*，1937（1）：p. 100. 关于法作为立法者意志的产物，参见 Ewart Lewis，"The 'Positivism' of Marsiglio of Padua"，*Speculum*，1963（4）：p. 542.

③　Alan Gewirth，*Marsilius of Padua: The Defender of Peace, Vol. I: Marsilius of Padua and Medieval Political Philosophy*，p. 182.

④　托马斯将法分为六类：永恒法、自然法、人法（实定法）、神法（神圣法）、《旧约》法和《新约》法。参见戴维·诺瓦克："迈蒙尼德与阿奎那论自然法"，载约翰·戈耶特、马克·拉特科维奇、理查德·迈尔斯编，《圣托马斯·阿奎那与自然法传统——当代视角》，第 96—97 页。关于托马斯和马西留在法律分类上的差异，参见 Alan Gewirth，*Marsilius of Padua: The Defender of Peace, Vol. I: Marsilius of Padua and Medieval Political Philosophy*，p. 133.

⑤　登特列夫认为："自然法一直都密切地跟'自然理性'之作用连结在一起。"（登特列夫：《自然法：法律哲学导论》，李日章、梁捷、王利译，北京：新星出版社，2008 年，第 55 页）

在尘世中具有强制力,那么神法和自然法都能够影响实定法并且干预尘世事务。为了尘世权威的自足性,马西留必须在排除神法和自然法干预尘世生活的同时①,能够重新在尘世中安顿好神法和自然法。所以他重构出自然法权概念,它既保留了神法和自然法的普遍性特征,又取消了上帝意志和自然理性作为神法和自然法的尘世强制力来源。正如神法在被纳入国家之中的同时被排除了尘世强制力,自然法在被纳入国家之中的同时也失去了尘世强制力。自然法权的双重根基特征表明,自然法之强制力只能立足于立法者的意志,所以托马斯式的自然法本身仅仅是非强制力的道德准则,它只有经过立法者的同意才能重新获得强制力。换言之,一切对尘世生活产生强制力的法权都必须以人的意志为根基,而一切仅仅出于自然理性和上帝意志的法权都无法强制性地干预尘世生活,所以尘世生活在立法者的命令之下排除了上帝和自然的干预,进而使得人在尘世中获得了一种自主性,人成为尘世生活的意志主体。

行文至此,马西留的自然法权是理性和意志共同作用的产物,自然理性和立法者意志分别决定了自然法权的自然性和法权性。但是,既然实定法同样是理性和意志共同作用的产物,那么自然法权和实定法的分野究竟在什么地方呢?既然立法者意志同时赋予了自然法权和实定法以强制力,那么二者只能从理性的角度被区分开来,即自然法权和实定法建立在不同的理性之上,所以我们应如何理解自然法权和实定法的分野及其展现的理性差异呢?

二、自然法权和实定法的分野

马西留在《和平的保卫者》第 1 论第 2 章将城邦类比为动物时第一次提及"理性"一词:

> 让我们和亚里士多德(他的观点在《政治学》第 1 卷第 2 章和第 5 卷第 3 章)一起采纳这个观点:城邦就像某种有生命的或动物的自然。因为正如在自然上被妥善安排的动物是由一些合比例的部分(它们彼此规定、相互交流它们的功能并且朝向整体)组成的那样,在理性上被妥善安排和建立的城邦同样是由这样一些部分组成的。因此,城邦或国家及其诸部分和安宁的关系类似于动物及其诸部分和健康的关系。

---

① 蒂尔尼认为,马西留法权学说的首要目的是为了反对教权对尘世事务的干预。参见 Tierney, "Marsilius on Rights", p. 16。

事实上,我们能够从所有人对这两种关系的理解中采纳这种推断的可信性。因为他们认为健康是动物在自然上的最好品质,安宁同样是城邦在理性上得以建立的最好品质。此外,健康,正如专业的医生在描述它时所说,是动物的善好品质,动物的每一个部分借着它都能够完美地行使在自然上适合自身的功能;按照这个类比[原则],安宁是城邦或国家的善好品质,通过它,城邦或国家的每一个部分都可以在理性及其建立方式上完美地行使适合自身的功能。(I. 2. 3)①

马西留认为,理性之于城邦的作用类似于自然之于动物的作用:正如动物的各个部分根据自然被合理安排从而保持了健康,城邦的各个部分根据理性被合理安排从而保持了和平。所以动物只有遵守自然的法则才能保持健康,城邦只有遵守理性的法则才能保持和平。一个和平的城邦是建立在以理性为根基的法律之上的,即理性对城邦各个部分的调节最终是通过城邦之内的法律来实现的,因此法律是理性的产物。此外,按照马西留在此引用的亚里士多德《政治学》第5卷第3章:"某一部分不成比例的增长也是导致政体更迭的原因之一。正如身体由各个部分构成,每一部分都应合乎比例地增长,不然的话,一旦脚长到四肘长而身体的其余部分却仅有两指长,身体就会归于消灭……城邦同样由诸多部分构成,常常会有某一部分潜滋暗长……比如在塔林顿,大量的显贵阶层成员在波斯战争后不久同耶比吉亚人作战时纷纷战死,于是平民政体取代了那里的共和政体。"②正如身体一旦不合比例地增长,就会成为偏离自然物本性的"怪物"③,城邦一旦不合比例地增长,就会走向死亡或者更换政体形式。因此,自然构成衡量自然物是否健康的标准,理性构成衡量城邦是否和平的标准。

诺曼指出:"任何描述中世纪法理学的著作都必须认真对待'正义'这一概念,因为正义一词最能集中反映持唯意志论观点的法学家们

---

① 珍妮特·科尔曼对这一段有一个详细的解释,参见 Janet Coleman, *A History of Political Thought: From the Middle Ages to the Renaissance*, pp. 142-143. 关于安宁是一种善好品质,本书第三编第6章还将展开详细论述,在此可以补充《和平的保卫者》I. 19. 2 中的一句话:"安宁是城邦或国家的善好品质,通过它[安宁],它[城邦或国家]的每一个部分都可以在理性及其建立方式上行使适合自身的功能。因此,这个定义清楚地表明了安宁的本性。因为当我们说它是'善好品质'时,我们会注意到它内在的一般本质(quidditas)。而当我们说'通过它,城邦的每一个部分都可以行使适合自身的功能'时,我们是指它的目的,这也让我们理解了它自身的本质或差别。"

② 亚里士多德:《政治学》,1302b34—1303a5。

③ Aristotle, *Physics Books I and II*, translated with introduction, commentary, note on recent work, and revised bibliography by William Charlton, Oxford: Clarendon Press, 1992, 199b4. 关于亚里士多德对自然物偏离自身本性的描述,参见 Aristotle, *Physics Books I and II*, 192b9-193a2。

（voluntarist）和坚持神权政治道德观的法学家们（theocratic-moralist）的紧张关系。"①在马西留看来，理性确立的法律不仅保证了共同体的正义性，因为"斗争和争吵发生在以这种方式聚集在一起的人类中间，而它们若不被正义准则所约束，则会引发人类的战斗和分裂，以至于最终毁灭城邦，所以有必要在这个共同体内建立正义规则和守卫者或执行者"（I.4.4）。而且，只有建基在理性法则之上的共同体才是完美共同体，"那些对活着和活得好（vivere et bene vivere）来说必要的东西，通过人的推理和经验走向成全，并且人们称之为城邦的完美共同体被建立起来"（I.3.5）。因此，法律作为完美共同体的形式②必然要求理性的参与。也就是说，完美共同体之中的法律不仅包含强制力，而且包含关于事物的真知，否则完美共同体将蜕变成一个野蛮的共同体（I.10.5）。完美共同体与家庭或村落的区别恰恰在于前者拥有法律带来的正义，而一个缺乏严格意义上的正义的共同体只能是村落③，因为"那些第一个共同体既不拥有诸部分的划分和次序，也不拥有必要保护和生活规定的整体（我们之后会逐渐在完美共同体中发现它）。因为同一个人有时候既是统治者又是农民或牧者，例如亚伯拉罕和他的众多后代，但是这在完美共同体中既不便利也不合法"（I.3.4），所以城邦作为完美共同体，它的和平必须建立在理性之上，理性对和平的作用则体现为以理性为根基的法律。

但是，如前所述，"并非所有关于城邦正义和有益之事的真认知都是法律，除非根据对它的遵守而发出一种强制命令，或者它通过命令的方式被通过，即使完美法律必然要求对它的这种真认知"（I.10.5），所以理性仅仅为法律提供了内容（"真知"），但这些内容并没有因为出自理性而获得强制力，因为强制力仅仅来自立法者的命令，即立法者的意志使这些内容获得强制力，从而成为对所有人的行为发挥效力的法。当然，理性在自然法权的形成过程中并没有完全失去作用，否则自然法权将沦为纯粹的实定法，而且实定法本身也需要理性的参与，否则实定法的正义性无法获得保障。

实定法的适用范围之所以仅限于一个地区，是因为实定法中的理性是人的理性。人的理性和自然理性的区别在于，前者存在着一种可错性，所以

———

① 诺曼·多恩：《中世纪晚期英国法中的最高权威》，第102页。

② 马西留说："由于公民共体有权生成形式，即所有公民行为都必须遵守的法律，所以可以看出，同一个共体有权规定这个形式的质料或主体，即统治者的部分，其功能在于依据这个形式处理人们的公民行为。由于这是城邦共同体的最好形式，所以必须为它确定一个在品质方面最好的主体。"（I.15.3）

③ 马西留因亚里士多德拉丁本的错误而将村落看作第一个共同体，否认家庭是共同体。参见 *DP.*, I.3.3。

不同地区的人仅仅通过自己的理性制定的法律都无法获得一种普遍必然性。此外，人的理性的可错性使得立法者在借着明智制定法律时不可能直接获得完美的实定法，因为一个人的明智是有限的，同一个时代的人的明智也是有限的，但是不同时代的不同人的明智加起来则是接近完美的，所以实定法的完美性在于集合了不同时代的不同立法者的明智。① 然而，即使存在一种完美的实定法，它也不能够被所有民族认同，因为如果存在一种被所有民族认同的实定法，那么根据公民法权的界定，所有民族将存在于同一个国家之中，正如但丁在《帝制论》中坚持一个普世帝国那样②，但是马西留在《和平的保卫者》中并没有主张一个普世帝国，"是否对于全世界过着城邦生活的共体来说，有一个在数量上为一的最高统治部分是恰当的；或者是否在世界的不同地区（它们因不同的处所位置而几乎必然分离），尤其是在没有共同语言和风俗并且习俗相距甚远的地方，有不同的统治部分在任何时候都是恰当的，这也许是出于天理，以防人类的过度繁殖。这是一个需要理性审视的话题，但有别于我们当前的思考"（I. 17. 10）。③ 他反而暗示这一普世帝国的偶然性，所以实定法无法成为对所有人都普遍适用的法权，它也缺乏能够普遍适用的帝国。

与人的理性的有限性不同，自然理性借着上帝的意志是绝对不可错的，因为"自然法是对人的不同行为的规定，它由上帝的意志而不是人的意志创造"④，所以自然理性规定的东西是绝对不可错的。这意味着，当不同的立法者遵循自然理性的指导立法时，他们会从自然理性那里获得相同的法权内容，由此形成一个对不同的立法者统治下的民族或地区都普遍适用的自然法权。

因此，自然法权和实定法的分野发生在马西留对自然理性和人的理性的区分之中。自然理性借着上帝意志确保了所有人能够同意一些"真诚之事"，从而保证了法权的自然性；人的理性因自身的软弱性和可错性而无法产生自然法权的"真诚之事"，所以实定法的内容无法被普遍化。

问题在于，为什么马西留要在实定法之外提出另一种作为人的法权的自然法权？既然实定法能够处理人的尘世行为，那么自然法权存在的意义是什么呢？我们知道，实定法针对的是人的自愿的和及物的行为，并且这种

① Janet Coleman, *A History of Political Thought: From the Middle Ages to the Renaissance*, p. 152.

② Dante, *Monarchy*, I.

③ 奈德曼对此有一个精彩的分析，参见 Cary J. Nederman, "From *Defensor pacis* to *Defensor minor*: The Problem of Empire in Marsiglio of Padua", pp. 318-319。

④ 诺曼·多恩：《中世纪晚期英国法中的最高权威》，第 76 页。

行为是一种外在的尘世行为,它所指涉的是人的此世生活而非来世生活,即"人类通过人为操作、为了此世的目的或生活而对自己或他人所表现出来的每一种习性、行为或激情"(Ⅱ.2.4)。虽然自然法权同样处理人的行为,但是它并不针对人的纯粹尘世行为,毋宁说,它针对的是神法和经典自然法规定的一些精神行为,即"人类内在认知或欲望能力中的每一种行为或激情"(Ⅱ.2.5)。但是,教权论者们滥用精神一词,"一些人非常不适当、不恰当地将这个名称扩展开来,以表示教士或主教、执事和其他圣殿执事的自愿及物行为与不作为,这些[行为与不作为]针对的是他人而非发动者在尘世生活状态中的便利或不便。此外,他们更不恰当地将这个名称扩展到这些人的财产和尘世物(包括动产和不动产)以及他们称之为什一税的尘世物的某些收益上来,以便他们以这个词为借口,免受法律和尘世统治者的准则的约束"(Ⅱ.2.5)。在教权论者的笔下,一些精神行为不是那些仅仅指涉人的来世生活的精神行为,而是指涉以教皇为代表的神职人员管理并且由此获得一种强制性精神权力的精神行为。马西留批判了教权论者的语词滥用行为,将教权论者主张的精神权力和精神行为转化为尘世权力和尘世行为,"并不是他们的所有行为都是或应当被称为精神的行为,相反,他们的许多行为是有争议的、肉体的或尘世的公民行为"(Ⅱ.2.7)。所以在马西留看来,《教令集》仅仅是人类法令,它指涉的是尘世行为而非精神行为,"罗马教皇为了消除这些斗争,颁布了许多他们称之为《教令集》的人类法令,而在此之前,还有罗马统治者关于这些[斗争]的法律。事实上,执事和教士或主教犯下并能够犯下许多及物的自愿行为,它们为了今生状态和在今生状态中对他人有利、不利或有害。因此,人法必须成为这些行为的衡量标准"(Ⅱ.2.7)。既然人民立法者是尘世唯一的立法者,那么无论指涉精神行为还是尘世行为的强制性法令,都必然出自人民立法者。

马西留提出自然法权概念的意图恰恰体现在这里,它一方面延续了神法和经典自然法的规定内容,保留了自然法的自然性;另一方面从立法者意志那里获得强制力,所以它针对的是指涉来世生活的精神行为,但是它所带来的不是教权论者主张的精神权力而是反教权论者主张的尘世权力,即在尘世中指涉精神行为的强制力法令出自立法者而非神职人员。借着自然法权,尘世的强制性精神权力并非仅仅被排除在尘世生活之外,而是被纳入一种有别于实定法规定的尘世权力之内,构成尘世生活的有机组成部分。

综上,自然理性和立法者意志构成了自然法权的双重基础,自然法权既延续了经典自然法的自然理性因素,也吸纳了实定法的立法者意志因素。所以马西留对自然法权的界定融合了亚里士多德法学中的理性因素和唯名论的意志因素,虽然强制力是法律的首要特征,但是马西留并没有忽视法律的第二特征,即法律的理性因素产生的关于法律的正义学说。换句话说,马西留不是一个彻底的法律实定主义者,他的法学思想中仍然保留了亚里士多德主义因素。

问题在于,既然马西留并没有主张一个普世帝国,那么我们如何理解对一切地区都普遍适用并且带有实定法之强制力性质的自然法权?自然法权如何在发挥经典自然法功能的同时不受上帝意志的干预?

三、自然法权的对象:国家、教会和上帝

既然马西留没有主张一个普世帝国,那么自然法权适用的普世领域要么是普世教会,要么是有信仰的人民立法者(legislator humanus fidelis)①,而普世教会遵循的是神法,所以自然法权的适用范围只能是有信仰的人民立法者。

普世教会和有信仰的人民立法者的区别在于:前者是指"召唤基督之名的忠实信徒共体(universitas fidelium credencium)以及这个共体在任何团契和家庭中的所有部分"(II. 2. 3)②,所以普世教会是由信徒共体组成的信仰共同体,而信徒共体是基督身体的一部分并且借着与基督的合一实现自身的统一性,这意味着基督是普世教会的统治者,神职人员是基督在尘世中根据神法管理普世教会的代理人,因此教会是上帝意志的产物;后者是指信仰基督教的人民立法者,它包括被纳入国家之中并且成为公民的基督徒以及皈依基督教的尘世公民③,所以它是一个由基督徒构成的公民共同体而非信仰共同体,立法者意志而非上帝意志是它的动力因。由于马西留将国家视为一个由人民立法者组成的法团,教会只是国家法团内部的一个非统治部分的信仰法团(I. 5. 9),所以虽然从信仰的角度来看,教会的统一性存在于基督之中并且独立于国家,但是从尘世政治的角度来看,教会的统一性存在于有信仰的人民立法者之中。就信仰而言,有信仰的人民立法者是信徒共体,就尘世政治而言,有信仰的人民立法者本质上是公民共体。

所以自然法权的适用对象是有信仰的人民立法者,自然法权既包含经典自然法和神法带来的普世性,又包含立法者意志的强制性,它一方面满足

---

① 关于有信仰的人民立法者的权力,参见 *DP.*, III. 2。

② 马西留认为该定义是教会的原初定义,并且它是使徒和原初教会(ecclesia primitiva)时代的习惯用法。

③ 加内特将马西留关于基督徒的公民化和公民的基督教化视为"天意历史"(providential history)的一部分,参见 George Garnett, *Marsilius of Padua and 'the Truth of History'*, pp. 77-130。

信仰的需要,另一方面符合尘世权威的自足性需要。也就是说,马西留在《和平的保卫者》II.12.7 提及的自然法权针对的是有信仰的人民立法者而非纯粹尘世性的人民立法者,虽然就尘世政治而言,他们不隶属于一个普世帝国,但是他们在信仰方面属于同一个基督教共同体。所以有信仰的人民立法者的普世性决定了他们虽然不属于同一个地区或国家但是能够遵守同一些"真诚之事",并且该真诚之事——根据有信仰的人民立法者所属的不同地区或国家的立法者的意志——被规定为一种严格意义上的法律。

因此,自然法权包含的自然理性和立法者意志分别针对的是人民立法者的信仰身份和公民身份,自然法权中的理性和意志的关系同时体现为信仰身份和国家身份的关系,二者带来的张力也同时展现为教会和国家之间的张力,而且自然法权的有效实施,甚至其存在的条件是基督教的国家化和国家的基督教化。当然,这并不意味着马西留主张政教合一的国家,因为基督教的国家化和国家的基督教化仅仅意味着教会被纳入国家之中并且成为国家的一个非统治部分(I.15.10)。虽然国家的立法者和统治者都是有信仰的公民,但是立法者和统治者不必然是宗教领袖,并且立法者自身就构成了强制力的唯一来源,而宗教带来的信仰自身在尘世中并不具有任何强制力。

由于自然法权不仅要求排除神法和经典自然法的尘世强制力,而且要求神法和自然法的一些规定能够借着有信仰的公民组成的有信仰的立法者在尘世中发挥强制力,然而当时的政治环境决定了教会和国家很难达成真正的和解,因此马西留的自然法权在理论和现实两个层面都是一个难以实现的东西。

从理论上来看,自然理性首先关联的是上帝意志(II.12.8),即自然理性的指示必然符合上帝意志,所以自然理性和立法者意志的关系同时表现为上帝意志和立法者意志的关系,即立法者对上帝意志的把握程度决定了自然法权的内容,不仅上帝的意志不是完全显现的,而且立法者不能完全把握到上帝显现的意志,所以就立法者不确定地把握不完全显现的上帝意志而言,自然法权无法获得神法那样的自明性和实定法那样的确定性。自然法权同样涉及立法者意志的独立性问题:虽然立法者意志是自然法权的动力因,但是立法者意志并没有完全独立于上帝意志,因为马西留认为人的立法权是上帝授权的,所以尘世立法者只是自然法权的直接动力因,上帝是自然法权的间接动力因(远因,causa remota)(I.9.2)。也就是说,建立在立法者意志之上的自然法权必然会受到建立在上帝意志之上的神法的干预,并且由于上帝意志本身构成了自然法权的一个必要来源,所以自然法权并没有完全摆脱神法的干预,恰恰相反,它必须借助上帝意志才能真正发挥普世性的特征。

从现实上来看,自然法权缺乏能够应用的外部环境。因为虽然当时各个国家的公民信仰的是基督教,但是马西留的自然法权学说要求教会被纳入国家之中,而这在当时是不可能的,教随国定的原则也只有到了宗教改革时期才被确立下来,所以自然法权在当时是一个超前的、难以真正实现的概念。

不可否认的是,马西留通过综合亚里士多德主义和唯名论,建构出有助于促成现代自然法权秩序的自然法权学说。他将法权分为法和权,进而将自然法权分为自然法和自然权利,昭示了近代自然法和自然权利理论。一方面,他割裂了自然理性和强制力之间的内在关联,使得自然理性仅仅成为自然法权真知内容的来源;另一方面,他重建了自然法权的强制力特征,让有信仰的人民立法者成为自然法权的直接制定者。

行文至此,正是由于自然理性在某种意义上超出了人的能力范围之外并且关联于上帝意志[1],所以自然法权在某种意义上超出了立法者的意志之外。虽然自然法权是立法者的法令,但是自然法权的自然性无法单独地从立法者中产生出来(无论通过立法者的意志,还是通过立法者的理性),因此自然理性和立法者意志的差异决定了自然法权的自然性与强制性无法被完全包含在同一个主体之中。自然法权仍然面临着立法者意志和上帝意志之间的冲突及其带来的教会和国家之间难以调和的矛盾,这一难以调和的矛盾同时彰显了公民共体和信徒共体在立法权方面的复杂关系。

第五节 自然法权、神法和人法

现在让我们回到这样一个问题:自然法权的真正立法者是谁? 公民共体和信徒共体是什么关系? 由于信徒共体组成的信仰共同体是普世教会,公民共体组成的政治共同体是国家,所以公民共体和信徒共体的关系实质上是国家和教会的关系,这一对关系在公民共体和法的关系中集中体现为国家和教会的立法权之争。正如法律的形式和质料分别对应于立法者和立法专家,公民共体和信徒共体的差异所反映的正是马西留对立法者和立法

---

① 吉尔松指出,中世纪的自然是上帝意志的产物,所以是"关联于上帝的自然"(吉尔松:《中世纪哲学精神》,沈清松译,上海:上海人民出版社,2008 年,第 299 页)。

专家的区分,这一区分恰恰构成了马西留关于异端审判权和立法权论证的关键。

一、异端审判权

基督教的异端是就违背福音法而言的,也就说,异端首先触犯的是福音法,所以异端应当根据福音法被审判。既然教士负责根据福音法传播正确的教义,那么判定一个人是否为异端的权力应当属于教士。现在的问题是,教士有没有强制性权力审判异端?马西留的回答是否定的。

第一,马西留将审判者和审判划分为三种类型:

> I. "审判者"在它的其中一种含义上是指每一个区分或认知事物的人,尤其是指根据特定沉思习性或操作习性;"审判"这个名称是指这些人的认知或区分行为。以这种方式,几何学家是审判者并且审判[判断]图形及其属性,医生判断健康和疾病,明智者判断应当做什么和避免什么,房屋建造者判断如何建造房屋。同样地,每一个有知识或专业的人都被称为审判者并且判断他知道或操作的事情。
>
> II. 就另一种含义而言,"审判者"这个名称是指拥有政治或公民法权知识的人,他也习惯于被称为"辩护人"这一常用头衔,尽管在多数省份,尤其是在意大利,他被称为"审判者[法官]"。
>
> III. 此外,"审判者"这个名称是指统治者,"审判"这个名称是指统治者的判决,他有权依据法律或习俗去判断正义之事和有利之事,并且借着强制力命令和执行他所通过的判决。以这种方式,正典中的某一卷或《圣经》中存在的某一部分被称为《士师记》(*Iudicum*)。(II.2.8)

简单来说,马西留区分了三种类型的审判者:专家、法官和统治者,以及三种对应类型的审判:专业知识、法律裁决、强制性判决。异端审判权问题不仅涉及类型 I 的审判者和审判,而且涉及类型 III 的审判者和审判,所以教士能够根据福音法判定一个人是否为异端(类型 I),但是他不能对异端作出任何强制性的判决(类型 III),因为教士不具有强制性绝罚权,教士在福音法上仅仅是类型 I 的审判者,"就这律法而言,的确还有另一种审判者,即教士或主教,但他并不是第三种含义的审判者,否则他将可以对此世任何违反这律法的人进行约束并且借着强制力对他们施加惩罚或处罚……他本身是第一种含义审判者,他可以教导、劝诫、谴责和纠正违法者或违反这律法的人,并且以对他们将来罪行的判决(强制审判者基督将在彼世对他们施加惩罚和处罚)来让他们恐惧"(Ⅱ.10.2)。所以教士是福音法专家,他可以在异端问题上提供专业知识,但不可直接判定一个人为异端、进而绝罚这个人。① 在马西留看来,对异端的真正惩罚只能发生在异端死后和末日审判时,即异端惩罚权只能出自天国中的基督,因为基督是天国的统治者,而福音法的强制力仅限于彼世的天国,"基督想要并命令所有违反这律法的人必须在彼世受到强制审判者的审判,并且只在彼世而非此世受到惩罚或处罚的约束"(Ⅱ.10.2),所以违背福音法的人将受到适用福音法的天国统治者(基督)的强制性审判,"既然任何异端、分裂分子或其他异教徒都是违反福音律法的人,那么他如果坚持犯罪,就将受到审判者(在他行使他的审判权的时候,他可以约束违反神法的人)的惩罚。但这个审判者是基督,他将在来世而非此世审判活人和死人"(Ⅱ.10.2)。

　　虽然异端属于神法范畴的一个概念,但是如果异端违背了人法,那么异端将受到人法的强制性判决,因为公民共体授权尘世统治者拥有与人法相契合的强制性审判权,当异端违背人法时,异端的行为涉及的将是尘世事务,因此尘世统治者有权对其进行审判,"如果任何异端或其他异教徒被人法禁止待在某个地区,那么一旦在该地区发现这类违反人法的人,他就应当在此世为他的违法行为受到人法所规定的惩罚或处罚的约束,并且受到人

---

　　① 同样的表述,参见《和平的保卫者》:"为了知道谁以及以什么样的方式拥有绝罚权,我们有必要注意到,在绝罚中,被告在彼世状态方面的某种审判下被判有罪,这一论第9章将更加清晰地谈论这一点;被告也在今生状态方面的某种审判下被施加了某种重罚,因为他被公开诽谤并且被禁止与其他同伴的联系。通过绝罚,他也被剥夺了公民的团契和便利。并且即使允许施加第一次惩罚,比如它施加在一个不该被击倒的人身上,这也不会伤害他的彼世状态,因为'上帝不总是跟从教会(即教士)的审判',也就是说,当他们不公正地审判某人时,就像之前得到充分证明的那样;但是,一个被教士以这种方式不公正地击倒的人将在今生状态方面受到最严重的伤害,因为他被诽谤并被剥离出公民团契。基于此,我们应当说,即使颁布这种判决需要教士的声音和行为,但对那些被绝罚或赦免的人给予强制判决或命令[的权力]并不只是属于任何教士或只属于教士的教团。设立这种审判者(也就是说,该审判者的职权是传唤、审察、审判、解救或谴责被告,而被告应当以这种方式被公开诽谤或被切断与信徒的团契关系)[的权力]属于那个团契(在其中,人们应当以这种审判被判决)中的信徒共体,或者属于它的上级,或者属于公会议。但是,这种审判者应当审察一个人的罪行,看看是否应当因此将他绝罚,并且该审判者应当与教士团或其中的专家(其数量是根据既定的律法或习俗加以确定的)一起作出这种判决。因为教士应当在第一种含义的审判方面判决或辨别一个人的罪行,根据福音律法,这个人应当被切断与信徒团契的关系,以免他侵蚀其他信徒;就像医生或医生团体在第一种含义的审判方面能够对[病人的]身体疾病作出判断一样,该病人,例如麻风病人,因这种疾病而应当与他人的团契分离开来,以免侵蚀他人。此外,犯罪应当是这种能够通过确凿的证词证明某人可能犯罪的罪行。基于此,正如有信仰的公民共体或其强力部分,而非任何医生或他们的团体,有权确立一项强制驱逐麻风病人的判决(如第1论第15章所证),同样地,教士或信徒共体中所立的教团也无权强制判决一个因灵魂疾病(例如臭名昭著的犯罪)而应被驱逐出共同体团契的人;然而,任何这类判决都应当始于他们的劝诫,因为他们有义务知道定罪的神法,一些罪犯应当因自己的罪行而被禁止与非罪犯的信徒团契的联系。"(Ⅱ.6.12)

法的审判者[的约束]，我们在第 1 论第 15 章证明了该审判者是人民立法者授权的守卫者"（Ⅱ.10.3）。基于此，马西留试图构造出一套尘世的审判秩序：

> 在此世的任何强制审判中，在宣判无罪或定罪之前，许多提案需要以有序的方式得到调查。第一，归罪于被告的言行是否具有所说的性质，即提前知道犯罪所说的是什么。第二，做这事是否为人法所禁止。第三，被告是否犯罪。在此之后，对被告定罪或宣判无罪。例如，假设有人被指控为异端或者伪造黄金或其他金属器皿罪，那么在他被强制判决定罪或宣判无罪之前，我们应当首先调查归罪于他的言行是否是异端的，其次调查他说、做或教这种事是否为人法所禁止，最后调查被控人是否犯过这种罪行。在此之后，最终对这案件作出无罪或定罪的强制判决。（Ⅱ.10.4）

当然，神法和人法有时会出现不一致的情况，此时它们需要根据各自的规定作出互不干预的决定：当异端只违背神法，但没有违背人法时，异端将仅仅受到教士的告诫和谴责，他在死后才会受到基督的正义审判，但是尘世统治者不会对其进行强制性审判甚至允许他的诸多异端行为，原因是"一个人不会只因犯了违反神法的罪而受到统治者的惩罚。因为在神法中有许多死罪（例如通奸罪）甚至是人民立法者故意允许的，而主教或教士既不能也不应当用强制力去禁止这些死罪"（Ⅱ.10.7）；当异端没有违背神法，但违背人法时，只有尘世统治者会对其进行强制性审判，"因为有许多行为为人法所禁止，但是却为神法所允许；例如，如果有人因无能、突然的意外、疾病、遗忘或其他障碍而未能在规定的时间内偿还贷款，那么他不会由此而在彼世中受到依据神法的强制审判者的惩罚；但是，他在此世会受到依据人法的强制审判者的公正惩罚"（Ⅱ.10.7）；当异端既违背神法又违背人法时，教士会告诫、谴责和辨别他的异端行为，尘世统治者会对他进行财产和人身方面的强制性惩罚，因为"灵魂的医生（即教士）应当用第一种含义的审判来判断异端或其他异教徒，即辨别异端和非异端的言行。但唯独依据人法的统治者可以用第三种含义的审判对这些案件作出判决，即谴责或解除被告人的尘世处罚或惩罚并且迫使那些被定罪的人付出代价；他也依据立法者或人法的规定，像对其他罪行所施加的惩罚那样对货物量刑"（Ⅱ.10.9）。

因此，在尘世审判者对异端的审判过程中，教士仅仅是尘世统治者在进行强制性审判过程中的异端顾问，就像其他领域的专家一样充当统治者的顾问角色：

　　　　统治者应当通过某一特定学科中的专家来证实第一点，后者能够考察被控人言行的固有性质或本质。因为这些专家是这些事情的第一种含义上的审判者，就像我们在这一论第 2 章所说的那样；他们有义务知道这些事情的本质，统治者也授予了他们教导或操作这些事情的权威，我们在自由学科中通常称之为"许可证"（licencia），而在所有其他手工艺或机械技艺中的情况都是类似的，如第 1 论第 15 章所示。因为医生应当以这种方式根据身体的习性来识别麻风病人和非麻风病人；教士应当以这种方式识别异端的和天主教的言论或教义；金匠或银匠应当以这种方式识别金属；法学专家或博士也应当以这种方式识别贷款或存款以及其他类似的公民行为。因为统治者本身没有义务熟悉这些，尽管就立法（如果法律是完美的话）而言，他应当通过相关学科的博士或操作者来证实［被告］言行的性质。（II.10.5）

　　也就说，与一个国家中的其他职权一样，教士承担的仅仅是在判定异端方面的建议权，他本身并没有任何强制性权力，他在异端方面的建议只有通过尘世统治者的认可才能获得强制力，只有人民立法者或其授权的统治者掌握尘世中的异端审判权，"对异端、分裂分子或其他异教徒的审判，对他们进行约束、施加暂时惩罚或处罚的权力，以及将这些惩罚分配给罪人自己或共同体而非他人的权力，都只属于人民立法者授权的统治者，而非属于任何教士或主教"（II.10.8）。

　　教权论者的问题恰恰在于混淆了类型 I 和类型 III 的审判者和审判，进而从罗马主教在类型 I 的审判者意义上的精神审判权的优先性错误地推导出罗马主教在类型 III 的审判者意义上掌握强制性精神权力，然而强制性精神权力仅仅属于天国中的基督，"唯独基督是这样的审判者，此世的审判者在为了彼世状态的强制司法管辖权方面必须服从于他，我们过去和现在都没有否认过这一点"（II.30.2）。因此，基督并不掌握此世的强制司法管辖权：

　　　　基督不仅表明他自己在货物方面服从尘世统治者的强制司法管辖权，而且表明他自己在人身方面也是如此，因为没有任何统治者能够对他或其他人拥有比这更大的司法管辖权，而这种司法管辖权也被罗马立法者称为"应得帝权"（merum imperium）。这一点可以从《马太福音》第 27 章得到清楚说明；因为，正如我们所读到的和所显明的那样，基督允许自己被捕并被带到司法长官彼拉多(他是罗马皇帝的总督)的面前，最后他把自己交给一个拥有强制力的审判者并且遭受后者的极刑；他也没有反对彼拉多是一个审判者，即使他可能暗示自己遭受了不公正的审判。(II.4.12)

二、公民共体和信徒共体的立法权问题

既然强制力是法律的首要特征，那么严格的立法者必然是拥有强制力的立法者，而"立法者或法的首要和恰当的动力因是人民或公民共体或其强力部分"(I.12.3)，所以公民共体是拥有强制力的人民立法者，并且只有人民立法者是一切拥有强制力的法的立法者。如前所述，虽然学界对谁是人民立法者这一问题存在着大量的争论，并且围绕着这一问题形成了四种解释路径，但是这四种解释路径都能够在公民共体是人民立法者这一结论上达成一致。

简单来说，共和主义路径强调公民共体直接行使人民立法者的权力，帝制主义路径在强调皇帝是人民立法者时同样承认皇帝只有以公民共体为其权力的最终来源才能够被称为人民立法者，天意历史路径只是将公民共体作为人民立法者的静态原理放在尘世权力和精神权力之争的动态历史之中加以考察，权力路径更是直接考察公民共体作为人民立法者这一原理背后的权力运行模式，所以这四种解释路径并不彼此排斥，而是从不同的角度阐释公民共体是人民立法者这一公民共体论的核心主张。

既然公民共体是人民立法者，而自然法权的立法者是有信仰的人民立法者，那么有信仰的公民共体就是自然法权的立法者。由于在当时的基督教共同体中，公民共体、有信仰的公民共体和信徒共体三者基本上是重叠的，所以就当时的现实情况而言，信徒共体是自然法权的实际立法者。

但是，这并不意味着信徒共体本身是严格的立法者，也不意味着信徒共体在内涵上等同于公民共体。因为如前所述，就信仰而言，有信仰的人民立法者是信徒共体；就尘世政治而言，有信仰的人民立法者本质上是公民共体，所以公民共体和信徒共体的内涵是不同的，公民共体和信徒共体在事实上的同一性不意味着二者在概念上的一致性。

因此，在马西留看来，就尘世政治而言，公民共体是唯一拥有强制力的立法者，并且只有公民共体掌握严格意义上的立法权，信徒共体只是在事实上而非在法权上拥有立法权。换句话说，在马西留的公民共体论中，公民共

体是在法权上唯一拥有合法垄断立法权的共体,信徒共体在法权上不是拥有强制性立法权的共体。虽然马西留破除"教皇无误论",确立"信徒共体无误论"和"公会议无误论",但是信徒共体和公会议并没有借着其拥有的教义解释权获得立法权,因为信徒共体和公会议的教义解释权只有经过公民共体的同意才能拥有强制力,否则教义解释权只是非强制性的劝诫权。这意味着,就公民共体在关于人的尘世行为的精神事务方面掌握立法权而言,信徒共体和公会议充当着专家的角色,他们无权将其掌握的教义解释权赋予强制力,反而必须借助于公民共体才能为教义解释权赋予强制力。所以马西留将尘世立法权牢牢限制在公民共体手中,任何其他个体或共体都被排除在尘世立法权之外,一旦信徒共体和公会议掌握的教义解释权关涉到人的尘世行为,那么他们对教义的解释只有借着公民共体的同意才能对人的尘世行为发挥强制力。

综上,马西留的公民共体论以公民共体是立法者为中心,在综合亚里士多德主义和唯名论的基础上,论证了从个体的有限到公民共体的完美过渡,强调公民共体是作为法律之首要特征的强制力的唯一来源,主张公民共体是尘世唯一立法者,任何其他个体或共体都不能在未经公民共体同意的情况下拥有强制性立法权和其他强制性权力。

我们从马西留关于法律的首要特征和自然法权的论述中得知,立法者的意志不仅决定了强制力作为法律的首要特征,而且决定了自然法权的法权特征,所以意志及其带来的动力因解释是理解法律和自然法权的关键,那么意志的动力因解释是否同样构成理解中世纪晚期政教关系的关键呢?本书接下来将通过论述马西留公民共体论中的目的因和动力因关系,澄清意志的目的因和动力因解释在公民共体论中的位置,深入挖掘马西留的政教学说及其构造的政教新秩序。

第三编　分离与融合的政教新秩序

第六章　马西留的和平观

在论述马西留公民共体论中的目的因和动力因关系之前，我们有必要厘清这一对关系指涉的核心概念："和平"(pax)，它既是理解目的因和动力因双重解释的关键，也是把握《和平的保卫者》及其关涉的政教关系的关键。

以和平为中心、目的因和动力因为双重解释模式，马西留在融合亚里士多德主义和唯名论的基础上将善和权力视为和平的双重特征，进而将亚里士多德的城邦学说和奥古斯丁的人性论结合起来，发展出一套关于尘世权威自足性的国家学说，由此解构了中世纪晚期政教关系的教阶论和二元论，建构出以公民共体为尘世权威唯一动力因的人民主权论，教会自此被纳入国家之中，由此政教关系呈现出分离与融合的双重特征。

第一节　国家和平与教会和平

在《和平的保卫者》开篇，马西留引用中世纪初期罗马政治家和作家卡西奥多罗斯(Cassiodorus)的一段话，表明和平或安宁对于一个国家的至关重要性：

> 很显然，每一个国家(regnum)都应欲求安宁(tranquillitas)，在安宁之下，各民族得到成全，万民的利益得到守卫。因为她是良好保护的优雅母亲。她使得人类种族在无止境的序列中繁衍，拓展人类资源，改善人类道德。一个被认为没有去寻求她的人将被视为对如此重要之物一无所知。(I.1.1)

据笔者统计，"和平"一词在《和平的保卫者》中出现了 400 余次，它不仅构成马西留著作的关键词，而且构成马西留重建政教关系的内在动力。

在马西留看来,和平是每一个国家欲求的对象①,并且只有和平能够保障国家和各民族的发展,所以"和平的果实是最好的"(I.1.1)。一旦国家失去和平,走向动乱,那么国家将遭受苦难并且走向解体,"在任何一个尘世政权或国家中,最坏的果实和不便产生于与安宁相反的不和"(I.1.2)。基于此,马西留指出,不和给意大利人民带来了巨大的苦难,不和能够在一个国家生成最坏的果实,"意大利人因不和而堕入歧途,失去了充足生活,巨大的苦难取代了对宁静的追求,暴政的严酷枷锁取代了自由,最终他们成了所有过着城邦生活的人中最不幸的,他们自己保护者的名字(通常被呼唤提供荣耀和免税)在遭遇来自其他民族的羞辱中蒙羞"(I.1.2)。由于和平对于国家来说是最大的好,不和对于国家来说是最大的坏,所以我们应当追求和平、抵制不和,"和平或安宁是最好的果实,而与之相对的争执则会产生伤害:基于此,我们必须渴望和平,在不和睦时寻求它,在求得时保守它,我们应当倾尽全力抵制与和平相对的争执"(I.1.4)。

更确切地说,马西留确立和平作为《和平的保卫者》一书的出发点和立足点:通过揭示出造成国家不和的原因,寻找到保卫和平的方法,进而成全显明真理的责任。

> 我,安忒诺耳之子,听取并遵从基督、圣徒们和哲学家们的上述告诫,从对这些事物的某种理解力(好像是由恩典交给我的)以及从上头提供给我的某种信心之灵(因为正如雅各在其书信第 1 章中所见证的:"所有最好的恩赐和完美的礼物都是从上头来的,从光之父那里降下来的")那里,崇敬给予者,喜爱显明真理,热爱祖国和兄弟,怜悯和同情受压迫者,呼唤受压迫者远离错误,鼓舞那些许可但是应该且能够阻止这些错误的人。(I.1.6)

马西留不仅试图揭示出造成国家不和的一般原因,而且着重分析造成马西留时代的国家不和的独特原因。虽然从表面上来看,马西留认为亚里士多德已经充分揭示了一般原因,进而指出《和平的保卫者》的主要任务在于揭示独特原因,"我的计划在于只展现这种争执的独特原因。因为我没有必要重复那些被亚里士多德处理的原因的数量和本性;然而对于这个[独

---

① 和平是现代国家的目标,参见 Pierangelo Schiera, "Legitimacy, Discipline, and Institutions: Three Necessary Conditions for the Birth of the Modern State", *The Journal of Modern History*, 1995 (67): p.19。

特]原因,不仅亚里士多德没能观察到它,而且在亚里士多德之后能够观察它的人还没有着手界定它"(I.1.7)。但是,他既为揭示和解决独特原因提供了一般性方案,又为揭示和解决独特原因提供了特殊方案,这两种方案都呈现于他的政治思想之中。

不仅如此,马西留对独特原因的解决建立在其对一般原因的解决之上,或者说,他提供的一般性方案为解决独特原因提供了基本原则。如果马西留没有首先揭示造成国家不和的一般原因,而是仅仅讨论了造成国家不和的独特原因,那么《和平的保卫者》将仅仅沦为反教权论的论辩性著作,第1论的亚里士多德主义要素将仅仅是马西留反教权论的论辩性武器。然而,前文已揭示出,马西留在《和平的保卫者》中系统建构了一套完备的公民共体论,该理论的出发点和立足点不仅仅是为了寻找到保卫基督教国家和平的特殊方案,而且是为了寻找到保卫一切国家和平的一般性方案。

马西留在《和平的保卫者》中主要提出了两种和平:国家和平与教会和平。简单来说,《和平的保卫者》第1论主张公民共体是尘世唯一立法者,由此否定了教权论者宣称的充足权力,确立了尘世权威的自主性,保证了国家和平;第2论主张信徒共体合法垄断一切非强制性的精神权力,并且以公会议制度代替教阶制度,由此否定了以教皇为首的神职人员对教会精神权力的垄断,保证了教会和平。

值得注意的是,马西留在《和平的保卫者》开篇引用卡西奥多罗斯的目的是表明和平在基督教中的位置,即教会和平的重要性:

> 他的声明符合福佑约伯的观点,后者在《约伯记》第22章中说:"要和睦,你将借此保有最好的果实。"这是因为基督(神子)命令和平为他出生的标记和信差,当他意愿属天的神谕要用同一种声音被宣告时:"荣耀在至高处归于上帝,和平在地上归于拥有善好意志之人。"基于此,他还常常希望和平归于他的门徒们。因此《约翰福音》:"耶稣来了,站在门徒们中间,说:'愿你们和平'。"在告诫同一群门徒要彼此守和平时,他在《马可福音》中说:"彼此和睦。"他不仅教导他们要彼此和睦,而且教导他们要希望同样的和平归于他人。因此《马太福音》:"你们走进一户人家,要祝福它,说:'愿和平归于这家。'"此外,这就是他在受难和死亡的日子临近时根据圣约书留给门徒们的遗产,当他在《约翰福音》第14章中说:"我留给你们和平,我交给你们我的和平。"使徒们作为他的真正继承人及其模仿者,照着他的样式,希望这和平归于那些由他们自己的书信传播的福音教导和告诫所引导的人,因为他们知

道和平果实是最好的,就像我们从《约伯记》中援引并且通过卡西奥多罗斯进一步解释的那样。(I.1.1)

这段话表明,教会和平作为第 2 论的核心主题在第 1 论开篇就被提出来了,只不过马西留没有在第 1 论对教会和平加以展开,而是将教会和平问题放在第 2 论加以展开。此外,如前所述,第 2 论的论证建立在第 1 论之上,即第 2 论建立的信徒共体论建立在第 1 论的公民共体论之上,信徒共体的完美性和精神权力正是通过类比公民共体的完美性和尘世权力得以确立的,所以第 2 论对教会和平的论证同样建立在第 1 论对国家和平的论证之上,甚至国家和平已经预表了教会和平,即国家和平与教会和平实质上是一回事。基于国家和平和教会和平,马西留建构出一套保卫和平的公民共体论。

围绕着和平概念,马西留在《和平的保卫者》中展开了对政教关系的重建。既然公民共体论的出发点和立足点是和平,那么保卫和平的手段或方式就成为马西留思考政教关系的首要因素。因此,格沃斯将马西留的政治思考视为实证性研究的典范,他认为马西留对和平的研究是实证主义的,并且这一实证主义的研究是去目的论和去道德色彩的①,所以格沃斯认为马西留和马基雅维里一样,他们都从亚里士多德关于政体保存的论述中获得思想资源。换句话说,亚里士多德《政治学》第 5 卷的实证主义研究对马西留政治思想的形成产生了巨大的影响,亚里士多德和马西留的区别仅仅在于前者关注的是政体保存,后者关注的是国家保存,但是二者都将和平与保存视为思考的首要因素。② 基于此,格沃斯主张马西留通过区分自然法和人类法,表明法律的本质特征不是正义而是强制力,从而区分开道德和政治,由此建立起法律实证主义解释路径。③ 与格沃斯的思路一样,坎宁同样基于实证主义的解释路径,提出了关于马西留公民共体理论的权力解释路径,表明权力概念是马西留自始至终思考的核心术语,“我的论点是,马西留首要地认为和平和安宁是通过权力的合法行使得到实现和保存的。和平的保卫者有权力保护它[和平]”④。因此,马西留和其他亚里士多德主义者的区别在于,马西留关注《政治学》第 5 卷中的实证主义研究因素,其他亚里士多德主义者关注《政治学》中的道德因素,所以马西留发展出的是一套关于国家的

---

① Alan Gewirth, *Marsilius of Padua: The Defender of Peace, Vol. I: Marsilius of Padua and Medieval Political Philosophy*, p. 38.

② Ibid., p. 37.

③ Ibid., pp. 47, 134-135.

④ Joseph Canning, *Ideas of Power in the Late Middle Ages, 1296—1417*, pp. 83-84.

实证主义解释路径,而非规范主义解释路径。①

　　但是,在马西留是一个实证主义者这一点上,奈德曼持有不同于格沃斯的判断。就法律实证主义解释路径而言,格沃斯认为马西留延续了奥古斯丁的实证主义面向,即将正义从法律的本质规定中移除,从而将法律理解为去道德和去目的的强制力准则。② 和格沃斯不同,奈德曼主张马西留不仅建立起对关于法的实证主义解释路径而且对法做了规范性解释,因为虽然强制力是法的首要特征,但是正义仍然是理解法的必要构成要素,这导致马西留区分了完美法律和不完美法律(I.10.5),所以马西留没有忽视法律的道德维度,他不是一个单纯的实证主义者。③

　　一方面,格沃斯观察到,马西留用关于和平的动力因解释代替关于善的目的因解释,权力而非善构成了《和平的保卫者》思考的核心问题,所以格沃斯认为亚里士多德对马西留的主要影响文本在于《政治学》第5卷,公民共体论突破了亚里士多德政治哲学并且展现了有别于中世纪晚期亚里士多德主义者的实证主义政治解释路径;另一方面,奈德曼在承认马西留实证主义一面的同时,强调马西留对亚里士多德政治哲学的延续面向,也就是说,虽然动力因解释是马西留在《和平的保卫者》建构政治哲学的首要解释方式,但是他的政治哲学仍然保留了延续自亚里士多德的目的因解释方式,而且目的因解释参与了公民共体论核心主张(公民共体是立法者)的建构。

　　问题在于,格沃斯和奈德曼的判断,哪一个更符合马西留的意图呢? 让我们回到《政治学》第5卷第1章至第4章。在第1章,亚里士多德表明《政治学》第5卷的研究任务是考察政体变迁的原因和原因的种类,引起变迁的一般原因、特殊原因和主要原因,以及保存政体的一般方式、特殊方式和主要方式。④ 在亚里士多德看来,每一种政体都追求正义和平等,但是它们对正义和平等的理解是不同的,甚至曲解了正义和平等,比如民主制追求的是穷人的平等,寡头制追求的是财富的不平等,而当政体中的人没有获得他们自己认为值得的东西时,内乱就发生了。内乱造成的政体变迁主要有两种,一种是改变政体的种类(比如从民主制到寡头制),另一种是改变政体的类型(比如从依法民主制到绝对民主制)或者改变政体中的某个部分。⑤ 亚里

---

① Alan Gewirth, *Marsilius of Padua: The Defender of Peace, Vol. I: Marsilius of Padua and Medieval Political Philosophy*, p. 85.

② Ibid., p. 39.

③ Cary J. Nederman, *Community and Consent: The Secular Political Theory of Marsiglio of Padua's Defensor Pacis*, pp. 79–83.

④ 亚里士多德:《政治学》,1301a19—26。

⑤ 同上书,1301b5—20。

士多德指出,内乱始自不平等,因为人们参与内乱通常是为了追求平等,"无论在什么地方,不平等总是内乱的起因,不过按比例的不平等除外(因为王制就永远是不平等的,假如放在平等的人们中间来看的话);总的来说,向现行政体发难的人们都是在谋求平等"①。人们对平等的不同理解造成不平等观念的产生,由此造成了城邦的内乱,并且民主制和寡头制是城邦内乱最容易走向的两种极端。当然,"民主制比寡头制更加安定和平稳"②,因为寡头制包含两种内乱(来自寡头自己的和来自寡头对抗平民的内乱),民主制仅仅包含一种内乱(平民对抗寡头带来的内乱)。在第 2 章,亚里士多德探讨了内乱的一般原因、七大原因和其他原因。一般原因:那些欲求平等的人相信自己得到的太少,或者那些欲求不平等的人相信自己没有得到的太多,所以低位者开始内乱是为了平等,平等者内乱是为了胜过他人。七大原因:追求利益、荣誉、傲慢、恐惧、优越、轻视、不合比例的增长。其他原因:竞选舞弊、松懈、忽视、不相似。③ 在第 3 章,亚里士多德具体分析了七大原因和其他原因:穷人和富人人数的比例变化会导致政体的变迁;寡头制中的大众阶层引起内乱的原因是他们认为自己没有平等地参与政治,民主制中的高贵阶层引起内乱的原因是他们认为自己和大众平等地参与了政治;关于内乱的最后一个原因(不相似),亚里士多德列举了雅典两个地区(比雷埃夫斯港和卫城)的不相似造成的问题,以及最大的不相似原因是德性和邪恶之间的不相似,其次是财富和贫穷之间的不相似。④ 在第 4 章,亚里士多德指出,内乱起源于小事,终现于大事,"内乱有可能起于琐细的事因,但绝不会仅仅围绕这些琐细之事,而总是要牵涉到那些利害攸关的大事"⑤。因为当小的内乱产生于掌权者之中时,小的内乱就会造成大的内乱。当城邦的某个部分或职权的发展比例与城邦整个比例不协调时,城邦也会发生政体的变迁,例如雅典民主制的发展与海军的崛起有很大关系,即对外殖民扩张和称霸的目的使得雅典海军在城邦中的作用急剧增长,从而使得海军中的穷人在城邦中的力量变大,这意味着城邦各个部分在城邦中的力量会随着现实环境的改变(尤其是各个部分在战争中的贡献)而改变,所以城邦各个部分的力量对比是一种动态的关系,一旦这个平衡关系被打破,政体将随之发

---

① 亚里士多德:《政治学》,1301b26—29。
② 同上书,1302a9。
③ 同上书,1302a16—1302b2。
④ 同上书,1302b5—1303b17。
⑤ 同上书,1303b18—19。

生改变。①

　　格沃斯认为,马西留的和平观延续了《政治学》第5卷的实证主义研究,二者在文本上的关联在于,《和平的保卫者》在论述和平的对立面时,这样说道:"由于'对立者'自身'产生于对立者',所以在任何一个尘世政权或国家中,最坏的果实和不便产生于与安宁相反的不和。"(I.1.2)这段话实际上来自《政治学》第5卷:"只要我们知道了诸种政体由以毁灭的原因,也就知道了它们赖以保存的原因。因为对立者产生对立者,而毁灭正好与保存相反。"②然而,这并不意味着马西留的和平观是一种实证主义研究,因为虽然《政治学》第5卷的主题是政体变迁和保存,但是亚里士多德的任务不是提供关于政体比较的实证主义研究,而是为所有政体的保存提供一套规范性方法,这一规范性方法具体表现为亚里士多德以共和制为最佳政体去规范其他政体,他断定其他政体只有趋向于中道和温和才能够实现保存③,所以托马斯·潘戈(Thomas Pangle)指出:"亚里士多德的政治学是彻底的'规范性'研究;它不只研究'政体比较'(正如在实证主义政治学中那样),而是一直在研究'最好的政体'。"④因此,格沃斯对《政治学》第5卷的理解存在着一定的偏差,进而对《和平的保卫者》的判定存在着误解。

　　更确切地说,马西留在《和平的保卫者》中除了着眼于保卫和平的实证主义手段之外,同样关注和平的规范性目的,这一规范性目的体现为马西留对共体的完美性的强调。如前所述,和平的最终实现和保存在于公民共体成为立法者,但是马西留在提出公民共体是立法者的同时,花了大量篇幅去论证公民共体的完美性,这意味着马西留为公民共体是立法者这一核心主张提供了亚里士多德主义式的目的论和道德论证:公民共体的完美性保证了法律的正义性,进而能够制定出完美法律,所以公民共体应当是立法者。因此,公民共体制定的法律不仅保卫了国家和平,而且保证了国家正义。马西留在《和平的保卫者》中不仅要求具有强制力的公民共体为和平提供动力因,而且要求保卫和平的公民共体具有道德意义上的完美性,这导致亚里士多德主义成为马西留建构公民共体的完美性论证的思想资源。

　　基于此,奈德曼的判断更加符合马西留的意图,马西留以和平为出发点

---

　　①　亚里士多德:《政治学》,1303b20—1304b17。

　　②　同上书,1307b26—29。

　　③　同上书,1309b17—40。相关讨论,参见 C. J. Rowe, "Aims and Methods in Aristotle's *Politics*", *The Classical Quarterly*, 1977 (1): pp.166-167, 172;聂敏里:《西方思想的起源——古希腊哲学史论》,第193页。

　　④　托马斯·潘戈:《亚里士多德〈政治学〉中的教诲》,李小均译,北京:华夏出版社,2017年,第216页。

和立足点,不仅首要地考虑公民共体论的动力因解释,从而将公民共体解释为尘世中一切强制性权力的来源,而且考虑公民共体论的目的因解释,从而将公民共体解释为最完美的尘世共体。

第二节　马西留的和平观:幸福论与和平论的融合

通过对比亚里士多德和奥古斯丁,我们可以清楚地看到马西留的和平观如何融合了亚里士多德的幸福论和奥古斯丁的和平论。

众所周知,亚里士多德的城邦政治理论建立在善的目的论之上,即城邦作为最完美的政治共同体追求的是至善①,而"政治的善是正义,正义就是公益"②,所以亚里士多德在《政治学》中建立起追求正义的城邦政治理论。和亚里士多德相同,马西留的和平观念同样包含了对正义的追求,因为公民共体作为和平的直接动力因主要是通过立法来确保和平的,而正义是法律的重要组成部分并且构成了完美法的必要特征,所以法律在为国家带来和平的同时也赋予了和平以正义属性。

换句话说,和平不仅意味着政治权威的自足性,而且要求在公民之间带来正义,所以和平的正义性能够从马西留对立法必要性的论证中推导出来。马西留甚至主张,第一个共同体(村落)也需要通过法律确保正义,"在这个共同体中,长老必须根据某些合理的规定或准自然法去处置正义和有利之事,因为只有这样才可以服众,即根据某种公正而非大量的调查,并且只根据理性的一般命令和人类社会的某种责任"(I.3.4)。此外,亚里士多德在《尼各马可伦理学》中主张幸福是自足的善:

> 完满的善应当是自足的。我们所说的自足不是指一个孤独的人过孤独的生活,而是指他有父母、儿女、妻子,以及广言之有朋友和同邦人,因为人在本性上是政治性的……我们所说的自足是指一事物自身便使得生活值得欲求且无所缺乏,我们认为幸福就是这样的事物。不仅如此,我们还认为幸福是所有善事物中最值得欲求的、不可与其他善事物并列的东西……所以幸福是完善的和自足的,是所有活动的目的。③

---

① 亚里士多德:《尼各马可伦理学》,1099b30;亚里士多德:《政治学》,1252a1—7。
② 亚里士多德:《政治学》,1282b16—17。
③ 亚里士多德:《尼各马可伦理学》,1097b9—21。

马西留同样强调尘世幸福和永恒幸福之好："尘世幸福似乎可能是人类此世欲求的最好东西以及人类行为的终极目的"（I.1.7），"通过上帝规定的恩典法和基督受难的应得，我们的工因某种和谐一致（如上所述）而应得着永恒幸福"（I.6.4）。马西留在《和平的保卫者》第 3 论最后一段话重申了和平对于幸福的必要性：

> 一旦这些真理被了解和储存到记忆中并被小心地守卫或储存，一个国家和任何其他温和的城邦共同体将在和平与安宁的存在中得到保护；凭借和平与安宁，那些过着城邦生活的人将获得充足的尘世生活，而如果没有和平与安宁，他们必将被剥夺这种充足的生活，并且在永恒幸福方面也会得到糟糕的安排。我们在先前的讨论中将后者[永恒幸福]视为人类欲求的终极目的（这是不言而喻的），但是它存在于另一个不同的世界中。（III.3）

所以和平成为马西留政治思想中的自足的善，和平就是一个国家试图达到的幸福状态，否则国家中的公民将无法过充足的生活。

> 一个人竭力解除统治者和臣民之间的忠诚，无非是要试图为自己寻求一种能够随心所欲地推翻一切统治职并由此让它们沦为他自己奴仆的权力。这也是为了搅扰所有过着城邦生活之人的和平或安宁，从而剥夺他们在今世的充足生活，并且最终用这种禀赋的心灵（正如我们已经说过的）将他们导向灵魂的永远毁灭。（II.26.13）

值得注意的是，马西留在《和平的保卫者》中引用奥古斯丁的次数仅次于亚里士多德。[①] 就和平来说，奥古斯丁在《上帝之城》中多次提及和平之好："和平是巨大的好，哪怕是在地上和必朽的事物中，我们听不到比和平更值得感谢的，不会希望比和平更值得追求的，不会发现比和平更好的东西。"[②] 与奥古斯丁的和平主义思路一样，《和平的保卫者》通篇都在探讨和平之好：

---

① Alan Gewirth, *Marsilius of Padua: The Defender of Peace, Vol. I: Marsilius of Padua and Medieval Political Philosophy*, p. 37.

② 奥古斯丁：《上帝之城》（下），吴飞译，上海：上海三联书店，2009 年，19.11。相同论述，参见奥古斯丁：《上帝之城》（下），19.10，19.12—14，19.17，19.26。

和平的果实是最好的。(I.1.1)

我们必须渴望和平。(I.1.4)

这本论著将被称为《和平的保卫者》,因为它论述和解释了尘世和平或安宁得以维持和存在的特殊原因,以及与其对立的争执得以产生、阻止和消除的原因。因为人们可以通过该论著知道神法、人法以及任何一个强制统治职的权柄、原因与一致性,它们是人类行为的规则,而城邦的和平与安宁正是体现在对人类行为的恰当和不受阻碍的衡量中。(III.3)

所以和平构成《和平的保卫者》全书的出发点和立足点,马西留试图构造出以和平为主题的现代秩序,奥古斯丁的和平论构成马西留和平观的重要思想来源。

因此,虽然马西留延续了亚里士多德的幸福论,但是亚里士多德的幸福论不是将和平,而是将德性视为幸福的目的,马西留则是将和平等同于幸福,即和平是幸福的目的,这意味着马西留和亚里士多德在幸福是什么这一问题上存在着极大的差异,而这种差异的原因在于马西留和平观中的奥古斯丁主义因素,即马西留在延续亚里士多德幸福论的同时为幸福赋予了和平的内涵,所以马西留的幸福论是和平论而非亚里士多德式的德性论。

然而,马西留的和平观有别于奥古斯丁的和平论,因为奥古斯丁只承认地上和平是一种矫正性的好,"地上和平之所以是好,乃因为它是充满了罪恶的尘世当中一个稍好的状态,但这种稍好的状态必然以罪恶为基础,而且不能稳定,不能长久……这种暂时的好,只是矫正性的好"[1]。这意味着,在奥古斯丁的和平论中,地上和平既不是最好的东西也不是人类行为的终极目的,所以地上和平只能被利用(uti)而不能被安享(frui),罗马和平仅仅具有相对的意义,"在真正的救赎历史的秩序范围内,罗马帝国的现实意义就在于维护尘世的和平,这和平是传播福音的前提条件"[2]。与奥古斯丁对待尘世和平的态度不同,马西留肯定尘世幸福的安享而非利用:"它对于应当安享尘世幸福的人来说是必要的,而尘世幸福似乎可能是人类此世欲求的最好东西以及人类行为的终极目的。"(I.1.7)这意味着,在马西留的和平观

---

[1] 吴飞:"尘世之城与魔鬼之城——奥古斯丁政治哲学中的一对张力",载李猛主编,《奥古斯丁的新世界》(《思想与社会》第九辑),上海:上海三联书店,2016年,第30页。

[2] 卡尔·洛维特:《世界历史与救赎历史:历史哲学的神学前提》,李秋零、田薇译,上海:上海人民出版社,2006年,第192页。孙帅对奥古斯丁的利用和安享概念有着精彩的分析,参见孙帅:《自然与团契:奥古斯丁婚姻家庭学说研究》,上海:上海三联书店,2014年,第306—323页。

中,作为尘世幸福的地上和平既是最好的东西也是人类行为的终极目的,所以地上和平能够被安享。此外,马西留区分两种生活模式:

> 适合人类的活着和活得好存在于两种模式之中,一种是尘世的(temporale)或属地的(mundanum),另一种通常被称为永恒的(eternum)或属天的(celeste)……就第一种模式即属地的而言,关于活着和活得好或善好生活以及那些对它来说必要的东西,光荣的哲学家们通过证明几乎完整掌握了它。基于此,他们得出结论,城邦共同体是必要的,没有它,就不可能达到这种充足的活着。而且,他们中最卓越的哲学家亚里士多德在其《政治学》第 1 卷第 1 章中说:"所有人都是为了这个而按照自然冲力朝向它的。"(I.4.3)

马西留通过引用亚里士多德《政治学》的论述表明,无论尘世生活还是永恒生活,都包含活着和活得好。换句话说,马西留的和平观之所以不同于奥古斯丁的和平论,是因为马西留的和平观融合了亚里士多德的幸福论因素,去除了地上之城代表的尘世政治的罪性,肯定了尘世政治的自然性,据此尘世和平成了自足的善。

在马西留的和平观中,作为出发点和立足点的和平带来的不是去目的论和去道德化的权力,而是兼容目的和道德的权力。马西留不仅以和平为出发点和立足点,构建出以公民共体是立法者为中心的权力解释路径,而且构建出以公民共体是最完美共体为中心的善的解释路径,以此论证了公民共体的立法者身份,所以权力解释路径和善的解释路径是互补的关系,马西留在融合了亚里士多德幸福论和奥古斯丁和平论的基础上,分别从善和权力两个角度建构出独特的和平观。因此,善和权力是马西留和平观的双重主题,其中善构成了和平的目的因解释要素,权力构成了和平的动力因解释要素。正是在和平的目的因和动力因的双重解释中,马西留开启了对公民共体、国家和教会三者关系的论述,并且展开了对中世纪晚期政教关系的革命,不自觉地筹备着现代政教关系。

问题在于,马西留如何实现对和平的目的因和动力因解释呢? 如前所述,和平的对立面是不和,一旦不和的原因被揭示出来,和平的原因将同时被揭示出来。由于不和的原因在于尘世权威的不自足,其主要表现为尘世权威在自身内部的不自足以及受到外在于尘世权力的精神权力的干预,所以和平的原因在于尘世权威的自足,即尘世权威在自身内部的自足和不受外在精神权力的干预,那么关于和平的目的因和动力因解释的关键在于论证尘世权威的自足。

　　有鉴于此，马西留在《和平的保卫者》中首先利用目的因和动力因的双重模式将亚里士多德和奥古斯丁的人性论结合起来，发展出一套关于尘世权威自足性的人性论学说；其次利用公民共体是一切尘世强制性权力的唯一来源这一主张，革命性地解构和重构了中世纪晚期教权和王权之争中的政教关系，由此将教会纳入国家之中；最后通过引入动力因对目的因的优先性原则，否定了中世纪晚期关于充足权力的教阶论和二元论，建立起目的因和动力因双重模式下的人民主权论，由此彻底排除了教权对尘世权力的干预，确保了尘世权威的自足性。

第七章　自然欲求的人性论

众所周知,以亚里士多德为代表的古希腊哲学家建立起了以人的自然政治性为基础的城邦生活模式来实现人生在世的安顿,而以奥古斯丁为代表的基督教哲学家否认城邦生活模式对人生在世的安顿作用。与城邦生活模式相反,奥古斯丁提供了以人的自然社会性为基础的合一的团契生活模式。

简单来说,亚里士多德认为,人在自然上是政治的动物,政治性构成了人的自然规定性。他在人的自然政治性之上构建了古典政治哲学的一个核心命题:城邦符合并且成全人的自然,因此城邦是自然的产物。然而,奥古斯丁不仅认为城邦不是自然的产物,而且认为城邦是霸欲的产物,所以城邦在人的成全上变得无关紧要。在否定自然政治性的同时,奥古斯丁认为人在自然上是社会的动物,社会性才是人的自然规定性,因此社会生活而非城邦符合和成全人的自然。奥古斯丁理解的社会性是指合一性,这种合一性首先体现为人与人之间的婚姻的团契生活,其次体现为基督和教会的合一的团契生活。当然,奥古斯丁说的教会生活不仅仅是一种抽象的团契生活,而且是一种具有实在性的地上的团契生活。也就是说,这里的教会既是指天上的无形教会,也是指地上的有形教会,无形教会和有形教会都对人的成全起到了至关重要的作用,因而基督和两种教会的合一都是不可分离的圣事。

由于马西留的人性论学说融合了亚里士多德和奥古斯丁的人性论学说,所以我们有必要澄清后两者的人性论学说以及建立在各自人性论基础之上的城邦学说和团契学说。正是在融合亚里士多德和奥古斯丁人性论学说的基础上,马西留建构出个体主义的人性论以及新的政教关系。

第一节　亚里士多德论自然政治性和城邦

亚里士多德在《政治学》第 1 卷中说："人在自然上是政治的动物。"①所以政治性构成了人之为人的自然规定性。按照人的自然政治性,一个人只有过政治性的生活才能成全自己的自然,即一个人必然要过城邦的生活,因为只有城邦是真正的政治共同体。②

人的自然政治性同样意味着,如果一个人不生活在城邦之中,那么他将无法成全自己的自然。因为人在个体性方面是不自足的,一个孤独的个体无法自己成全自己,所以个人只有生活在一个共同体之中才能获得自足。亚里士多德认为,城邦是由家庭和村落发展而来的,因而城邦在生成上后于家庭和村落,但是家庭和村落并不能给人提供完全自足的生活,只有城邦才能充分成全人的自然,从而为人提供好的生活,"城邦的长成出于人类'生活'的发展,而其实际的存在却是为了'好的生活'。早期各级共同体都是自然地生长起来的,一切城邦既然都是这一生长过程的完成,也该是自然的产物"③。从个人、家庭、村落到城邦的发展是一个自然的而非人为的过程,该过程意味着人从不自足最终走向完全自足的自然发展,因此"城邦是自然的产物"④。城邦之所以是人性的成全,是因为城邦是人性从潜能状态成全出来的结果,因为"无论是一个人或一匹马或一个家庭,当它生长完成以后,我们就见到了它的自然本性;每一自然事物生长的目的就在显明其自然本性[我们在城邦这个终点也见到了社会的本性]"⑤,所以城邦是人的自然发展的目的(终点),城邦生活是人的自然生活的终极形态,我们在城邦之中见到了人的自然。

既然人在自然上是政治的动物,城邦生活成全了人的自然政治性,那么人与人之间的统治和被统治的关系将是符合自然的,即人与人之间存在着自然的政治关系,而且一个人只有在政治关系之中才能成全自己。李猛对此总结道:

> 人的自然政治性就意味着,人的政治共同体最终能够为这一作为
> 整体的生活方式建立真正的目的或尺度……人通过城邦这一政治共同

---

① 亚里士多德:《政治学》,1253a4。
② 同上书,1252a4—6。
③ 同上书,1252b29—32。
④ 同上书,1253a1—2。
⑤ 同上书,1252b33—35。

体建立的"政治关系"能够在目的意义上规定人的生活方式,为可能"无限"地"活着"确定"自足"的尺度,使幸福对于有限的人生来说成为可能。①

一方面,人的自然政治性决定了城邦生活的自然正当性,城邦生活为人生在世的幸福提供了可能;另一方面,由于人的自然政治性为人在此世的生活提供了自足的尺度,而城邦生活正是对这一自足尺度的实现,所以人的自然政治性为城邦生活的自足性提供了目的论模式下的人性论基础。

更确切地说,自然目的论模式下的每一个自然物都有其专属功能,每一个人同样都有自己最适合做的事情,这是由每一个人的自然决定的。在自然目的论模式下,亚里士多德区分了自然主人和自然奴隶,表明主人统治是自然的统治,"自然的统治者和被统治者为了得以生存而建立了共同体。因为能够运筹帷幄的人自然就适合当统治者和主人,那些能够用身体去劳作的人是被统治者,而且是自然的奴隶;所以主人和奴隶具有共同的利益"②。主人统治之所以是自然的,是因为"主人去统治是依靠灵魂中的思虑和理性,奴隶用身体来进行劳动,这种情形的主奴关系就是自然的奴隶制"③。

家庭作为第一个共同体产生于夫妻和主奴关系,家庭的目的在于满足日常需求;多个家庭组合产生了第一个为了满足超出日常需求的共同体,即村落;多个村落组合产生了第一个实现完全自足的完全共同体,即城邦。城邦产生于活着的目的,但是其存在却是为了活得好,所以城邦是自然的产物,它意味着从自然政治性的潜能到政治共同体的成全,城邦的自然性在潜能-成全关系中获得了形而上学上的证成。

但是,奥古斯丁从根本上否定了人的自然政治性④,他认为一切政治生活都不能安顿人,人无法在政治共同体中安享幸福,因此建立在自然政治性基础上的城邦不能为人提供幸福生活的保证。

---

① 李猛:《自然社会:自然法与现代道德世界的形成》,第51页。
② 亚里士多德:《政治学》,1252a30—1252b1。
③ 李涛:"自由与美德的双重政治——亚里士多德的政治概念",《世界哲学》2020年第1期,第56页。
④ 关于奥古斯丁对政治是否符合自然的问题并不存在统一的答案,限于篇幅,本书尽量不涉入学者们在这方面的争论,相关争论参见吴飞:"尘世之城与魔鬼之城——奥古斯丁政治哲学中的一对张力",第1—7页;夏洞奇:《尘世的权威:奥古斯丁的社会政治思想》,上海:上海三联书店,2007年,第166—188页;吴飞:《心灵秩序与世界历史:奥古斯丁对西方古典文明的终结》,北京:生活·读书·新知三联书店,2013年,第262—269页。

第二节　奥古斯丁论自然社会性和教会

奥古斯丁对城邦生活的否定主要是基于他对人性的基督教式理解，根据基督教人性论，奥古斯丁否定了城邦的人性论基础。

奥古斯丁在《上帝之城》第 19 卷中说："自然秩序如此规定；上帝这样造了人。因为他说：'使他们管理海里的鱼，空中的鸟，地上的牲畜，和全地，并地上所爬的一切昆虫。'如果不是为了让他们管理非理性的造物，上帝就不会按照自己的像制造理性的人。人不管理人，但管理牲畜。"①在上帝安排的自然秩序之中，上帝创造作为理性造物的人，其目的是让人管理非理性的造物，而非让人管理同样作为理性造物的人，因此人对人的统治不属于上帝为人安排的自然秩序，自然秩序要求人只能统治非理性的造物，"奥古斯丁的评论——上帝不希望人统治人，按照他们最直接的自然来考虑——将排除人对人的任何统治类别"②。所以奥古斯丁认为，上帝确立的义人是牧羊人而非人王，"他首先确立的义人是放牧牲畜的牧人，而不是人王"③。也就是说，上帝确立的义人是统治非理性的造物的人而非统治理性的造物的人。"上帝最先创造的人，按照自然，没有人是人的奴仆。"④因此，人对人的任何统治关系都不具有自然上的正当性，只有人对非理性的造物的统治才具有自然上的正当性。

奥古斯丁甚至指出，以城邦为代表的一切政治都是罪的产物。如前所述，奥古斯丁对政治的罪的解读基于他的"霸欲"（libido dominandis）概念，"霸欲"是指人对人的统治的欲望，它是淫欲（libido）的一种⑤，属于上帝"对不服从之罪的惩罚"⑥。因此霸欲是罪的产物，"由于原罪导致了人的欲望，特别是霸欲，所以现实中不可能有真正的正义或人民，因而也不可能有正义的共和，而只有各种各样的利益集团。也是由于霸欲，所以无论父子之间还是主奴之间的统治，根本上都不可能是完全正义的……所有的战争和政治

---

①　奥古斯丁：《上帝之城》（下），19.15。

②　Markus, "Two Conceptions of Political Authority: Augustine, 'De Civitate Dei', XIX. 14—15, And Some Thirteenth-Century Interpretations", *The Journal of Theological Studies*, 1965 (1): p.72.

③　奥古斯丁：《上帝之城》（下），19.15。

④　同上。

⑤　奥古斯丁在《忏悔录》中区分了三种淫欲：霸欲、眼欲和性欲，参见 Saint Augustine, *Confessions*, translated by Henry Chadwick, Oxford: Oxford University Press, 1991, p.47。

⑥　奥古斯丁：《上帝之城》（中），吴飞译，上海：上海三联书店，2008 年，14.15。

都来自霸欲,都是以不义为根基的"①。既然政治是霸欲的产物,而霸欲是罪的一种,那么政治的根基就是不义而非正义,不仅建立在不义之上的政治必

---

① 吴飞:"尘世之城与魔鬼之城——奥古斯丁政治哲学中的一对张力",第16页。值得注意的是,这种不义论证同样发生在柏拉图的《理想国》中。在《理想国》第2卷,格劳孔为了构建不义论证,一方面提出正义的利益起源,另一方面通过古格斯指环揭示出人性的试探和力量的诱惑。首先,关于正义的起源。格劳孔指出,在一般人的心目中,人性本恶,所以每个人在本性上喜欢对他人行不义,即喜欢自己从他人手中获得好处,但是厌恶他人对自己行不义,即厌恶他人从自己手中获得好处。但是,对于一个无力的弱者来说,他很难做到既对他人行不义又避免他人对自己行不义,所以两害相权取其轻,"不如互相订立条约(ξυνθέσθαι),既不行不义也不受不义(μήτ᾽ἀδικεῖν μήτ᾽ἀδικεῖσθαι)"(《理想国》,359a1—2)。因此,条约或法律(νόμος)构成了正义的起源。这意味着,正义本质上是法律而非自然(φύσις)的产物,其目的是带来好处。一言以蔽之,正义是人们为了自身利益而构造出来的善,并且是弱者无力的象征。其次,既然正义只是弱者的保护伞,那么弱者一旦获得力量,就必然会选择不义的生活,从而抛弃正义的伪装。为此,格劳孔通过古格斯(Γύγος)指环的故事(《理想国》,359d2—360b8),表明人性本恶,无人自愿选择正义本身。在格劳孔的描述中,古格斯指环的故事是一个隐喻,它象征着力量对人性的试探。一个牧人(古格斯指环的主人公),一个在权力等级中处在末位的被统治者,一旦他被赋予了为所欲为的力量,那么他将在力量的诱惑下,做出最不义的行为,进而一跃成为在力量上最强的统治者。正所谓大奸似忠,大伪似真,古格斯指环是正义的试金石,同时也是正义的终结物。它能够让指环拥有者丢弃正义的伪装,并且他在行不义时不用担心受不义,因为指环的力量使得他在行不义时可以隐藏自己的不义行为,从而在有力量行不义的情况下显得正义,由此在指环的加持下获得最大的好处。试问:如果一个人拥有这样一只能够为所欲为并且不被发现的指环,他还能不能坚持所谓的正义?如果说色拉叙马库斯是从不义之人的角度来思考不义的好处,那么格劳孔就是推己及人,从人性的深处考察正义的起源和力量的诱惑,从而得出人性经不住力量的试探的结论。力量的诱惑如此之大,以至于无人能够避免走向不义。在这种情况下,正义本身究竟能够给人带来什么好处,我们为何要做一个真正正义的人?格劳孔这一直击人心的发问,迫使苏格拉底必须给予正面回答,否则正义本身不足以打动人。此外,一个拥有古格斯指环的人,恰恰是色拉叙马库斯笔下最不义的人。因为这样的人最狡猾,他在指环力量的加持下懂得如何隐藏自己的不正义,懂得如何利用一切手段为自己牟利,并且能够逃避惩罚。在格劳孔看来,正义等于无力,不正义等于有力,而古格斯指环就是力量,所以谁会拒绝一股使得自己强大的力量呢?一个拒绝指环力量的人不正是一个傻子吗?"如果一个人手里拿着这样一个可以为所欲为的力量,而他竟不愿行任何恶,也从不去触摸别人的财物,那他,在那些深窥其中奥秘的人看来,必是个最无可救药的傻子了。"(《理想国》,360d3—5)古格斯指环的故事告诉我们,正义是第三种善,它仅仅在后果的意义上为人所喜爱,一只能够隐藏自己犯罪的指环一旦出现在人们面前,人们将会毫不犹豫地卸下伪善者的面具,戴上这只"魔戒",获得为所欲为的力量,从而顺利成为色拉叙马库斯笔下的强者。最后,既然一个自愿戴上古格斯指环的人将淋漓尽致地呈现赤裸裸的人性之恶,由于"极致的不义应当是实际上不是,但是看起来却是正义"(《理想国》,361a5—6),所以这样的人能够轻易成为最不正义的人。那么,一个自愿拒绝古格斯指环的人呢?在格劳孔看来,这种人应当是前一种人的反面,即最正义的人。正如正义遭受着古格斯指环的挑战,最正义的人同样面临着不义的试探,因为这种人应当是苏格拉底笔下追求第二种善的正义之人,他不仅喜爱正义的后果,而且喜爱正义本身。既然他喜爱正义本身,那么即使他的正义没有为他带来好处,他也应当义无反顾地喜爱正义,甚至为了坚持真正的正义而忍受不义的恶名,"没有丝毫不义的行为,他却背起最大的不义的名声,以便通过恶名和由恶名而来的一切后果的压迫而不屈不挠,以之作为试金石证明他的正义是经得住考验的"(《理想国》,361c5—8)。正所谓忠言逆耳,一个真正的好人不会在乎个人计较得失,不屑于戴着伪善的面具,甚至会被误解为不义之人。既然正义本身只给最正义的人提供了正义之实,却不能给他提供正义之名带来的好处,甚至最正义的人只追求正义之实而不追求正义之名,否则他将不是最正义的人,而是徒有虚名之人,(转下页)

然不能成全人的自然，而且政治从一开始就违背了人的自然规定性。①

　　既然古典政治哲学提供的城邦生活不能成全人，那么人如何实现自我的成全呢？奥古斯丁对这一问题的回答取决于他对上帝的整个创造行动的解释。他将人的成全和上帝的创造行动关联起来，由此在上帝的超自然的维度下为人的成全提供一种基督教式的生活方式，所以人如何更好地生活的问题转化为人和上帝的关系问题。

　　奥古斯丁认为，上帝创造了被造物的自然，即被造物的自然是被上帝给予的，所以被造物不具有独立自足的自然，被造物只有朝向上帝从而在上帝创造的自然秩序之中才能成全自己的自然，即上帝构成了被造物的幸福的来源。"万物之所以得以维持和变得幸福，就是因为上帝自身，因为上帝是大家共有的生命和营养。"②上帝的创世行动为一切被造物提供了一个超自然的维度，从而使得一切被造物的自然的成全都和超自然的上帝相关，因此被造物的自然在超自然的上帝面前失去了古典政治哲学提供的自足性。

　　奥古斯丁在《忏悔录》第12卷和第13卷讨论上帝创世时，以赞美的忏悔开始："我的卑微的舌头向超越的主忏悔：你是天和地的创造者。"③以赞美结束："你的工赞美你以便我们可能爱你，而我们爱你以便你的工可能赞美你。"④正如马里翁所说，作为被造物的天和地不能仅仅被理解为某种存在物，而是应当被理解为上帝恩赐的某种礼物（donum），所以"'被造物'不属于存在物、存在或存在本身的词汇，而是属于礼仪式的词汇，就像'忏悔'和'赞美'一样"⑤。人作为被造物同样是上帝恩赐的礼物，因为人的存在和

（接上页）那么，谁会选择成为这样一个真正的正义之人呢？因为正义的极致只会让人遭受不义的试探，从而让人明白，成为一个真正的正义之人是无利可图的，甚至要遭受不义之名带来的痛苦（《理想国》，362a1—3）。在格劳孔看来，当正义的极致和不正义的极致摆在一个人面前时，人们必然会抛弃前者，选择后者，因为古格斯指环的故事教导我们，不义给人带来的好处远远大于正义给人带来的好处，不义的人显然比正义的人过得更好。就此而言，格劳孔在《理想国》358b—362c的不义论证构成了格劳秀斯笔下那些宣扬不义言论之人的理论基础。当然，格劳孔本人是反对这一不义论证的，他构建不义论证的目的恰恰在于希望柏拉图能够彻底地反驳不义论证。

　　① 虽然政治是霸欲的产物，但是政治毕竟能够为人提供短暂的尘世和平，就其能带来尘世和平而言，尘世政治是次要的好，所以一个能够提供尘世和平的国家并不是毫无意义的。参见奥古斯丁：《上帝之城》（下），19；夏洞奇：《尘世的权威：奥古斯丁的社会政治思想》，第220—228页；吴飞："尘世之城与魔鬼之城——奥古斯丁政治哲学中的一对张力"，第31页。

　　② 奥古斯丁：《上帝之城》（下），22.1.2。

　　③ Augustine, *Confessions*, p. 246.

　　④ Ibid., p. 302.

　　⑤ Jean-Luc Marion, *In the Self's Place: The Approach of Saint Augustine*, translated by Jeffrey L. Kosky, Palo Alto：Stanford University Press, 2012, p. 237.

自然都是被上帝创造出来的,而且人只有朝向上帝才能不被上帝剥夺这种恩赐:

> 在你的礼物中,我们发现了我们的安息。在那里你是我们的喜悦,我们的安息是我们的和平……爱提升我们……身体凭借自身的重量倾向于移动至其合适的位置……我的重量是我的爱,不论我被带至哪里,我的爱都带领着我。凭借你的礼物,我们被给予了火并且带领着向上。①

人的重量是圣爱,圣爱牵引着人转向上帝,如果没有圣爱,那么人单凭自己的自由意志是无法实现最终的转向的。所以人的转向不仅需要自由意志,而且需要上帝的恩典,即圣灵浇灌进人心里的圣爱。因此,人的自然不是自足的,人只有借着上帝的超自然的恩典才能完成转向,从而成全自己的自然,并且人只有在上帝之中才能获得真正的和平。

在以奥古斯丁为代表的基督教神学视角下,人和上帝的关系构成了理解人的自然的关键:人只有朝向上帝,回到上帝之中,从而和上帝合一,使得上帝成为自己的深度自我,才能真正成全自己的自然。这意味着,以内在自我和上帝的关系为核心的心灵秩序在人的自然的成全中发挥着根本性的作用,与之相反,建立在城邦之上的政治秩序并不关乎人的自然的成全,"奥古斯丁将政治秩序与心灵秩序分离,并不是要使尘世政治成为一个可善可恶的中立制度,而是要使政治彻底虚无主义化,即他不仅将尘世政治去神圣化,而且更加彻底地取消了政治的意义"②。

既然人的一切都来自上帝的恩典,那么人和上帝的关系构成了理解人的自然和成全的关键,而且人的自然正是借着上帝的超自然视角获得了新的含义。奥古斯丁正是通过重新界定人的自然摧毁了古典人性论,建立起基督教的人性论,进而提供了关于人的成全的基督教式的生活方式,这种生活方式就是合一的团契生活。

奥古斯丁在《论婚姻之好》(*De Bono Coniugali*)中对人的自然有一个明确的界定:

> 每一个人都是人类的一部分,并且人的自然是某种社会性的东西,拥有一种巨大而自然的好,以及友爱的力量。因此上帝意愿从一个人

---

① Augustine, *Confessions*, p. 278.
② 吴飞:"尘世之城与魔鬼之城——奥古斯丁政治哲学中的一对张力",第 17 页。

中创造出所有人,从而人不仅能够通过类的相似性而且通过血缘的纽带保持在自身的团契之中。夫妻是人的自然的团契的最初纽带……上帝从一个之中创造出另一个,用一个肋骨表示结合的力量。①

从起源上来看,起初上帝只创造了亚当一个人,然后上帝从亚当身上取出一块肋骨创造了夏娃,最后亚当和夏娃结合在一起组成婚姻的团契,由此亚当和夏娃繁衍出了所有人。起初上帝并没有造很多人,而是仅仅造了一个人,随后上帝将所有人的种子都种在了亚当之中,所有人都来自亚当和夏娃的结合。但是这并没有使得人从一个人变成多个人,因为既然所有人都来自同一个人,那么所有人不仅通过同属于人的类("每一个人都是人类的一部分")而且通过血缘的纽带("上帝意愿从一个人中创造出所有人")结合在同一个人之中。因此初人不仅是亚当一个人,而且象征着所有人,或者说,所有人都是亚当一个人。

基于此,奥古斯丁界定人在自然上是社会的动物。既然所有人都来自同一个人,那么所有人都要回到同一个人之中,因此自然社会性表明人要通过合一实现上帝赋予自己的好。

人与人之间的结合首先体现为婚姻的团契。因为婚姻是自然的产物,它属于自然的善好,"结婚乃是一件好事。结婚有三大好处:首先它是生育的合法方式,其次它是忠贞的保证,最后它是合一的纽带"②。这种自然之好来自上帝的诫命,"人要离开父母,与妻子结合,二人成为一体"③。由于婚姻来自上帝的诫命,而上帝的诫命是不可更改的,所以婚姻是一件圣事(sacramentum)④,"婚姻的联合一旦建立,就是圣事"⑤。也就是说,通过婚姻结合在一起的个人不可在对方没有死亡的情况下解除婚姻,因为"关于合一的纽带,又说:'上帝配合的,人不可分开'"⑥。如果个人破坏上帝安排给人的合一的纽带,那么他将败坏上帝给予人的"一种巨大而自然的好"。虽

---

① Saint Augustine, *De Bono Coniugali*, PL 40 of *S. Aurelii Augustini Opera Omnia* (http://www.augustinus. it/latino/), 1.1. 本节相关讨论,参见孙帅:《自然与团契:奥古斯丁婚姻家庭学说研究》,第261—276页。

② 奥古斯丁:《论原罪与恩典:驳佩拉纠派》,周伟驰译,北京:商务印书馆,2012年,第335页。中译文引用时,有所改动。

③ 《以弗所书》,5:31。

④ 人与基督的合一被保罗称为福音书揭示出来的奥秘(mysterium),参见《以弗所书》,3:3—6。关于圣事和奥秘的关系,参见 Henri De Lubac, *The Splendor of The Church*, translated by Michael Mason, San Francisco: Ignatius Press, 1956。

⑤ Augustine, *De Bono Coniugali*, 7.6.

⑥ 奥古斯丁:《论原罪与恩典:驳佩拉纠派》,第335页。

然婚姻是自然的产物,但是由于亚当的犯罪,人的自然从出生之时就已经被败坏了,"人的自然起初受造,无辜而无罪;但人人生而即有的、传自亚当的那自然,现在却需要医生之助了,因为它已不再无辜"①。一方面,在上帝和人的创造和被造的关系上,上帝创造了人的自然,所以人的自然是好的,而且人能够通过婚姻成全上帝赋予人的自然之好;另一方面,初人亚当的犯罪导致所有人都带着原罪性,原罪败坏了人的自然,造成了人自身和人类社会的分裂。为了恢复已经被败坏的自然,人需要道成肉身的基督来医治自身的罪,否则人无法以有罪的身份成全上帝创世时赋予人的自然。② 所以我们不仅要从创造论的角度看待人的自然,而且要从救赎论的角度看待人的自然。③

　　既然我们需要从创造和救赎两个方面来看待人的自然,那么一方面,自然社会性要求人过婚姻的生活,人在婚姻之中实现上帝赐予的合一性;另一方面,人要借着上帝的恩典信仰基督,在基督的中保之下恢复上帝赐予的自然,因为"我们所说的恩典,不是指自然的构成,而是指自然的恢复"④。基督的中保作用使得人和上帝实现了和解,"他(基督)指出他自己乃是中保,我们靠他才得与上帝和好"⑤。基督也是人实现救赎的唯一中保,"从他(基督)开始,没有一个人——真的,一个都没有——曾得到拯救,或正被拯救,或将得到拯救,除了借着拯救者的恩典"⑥。为了安顿尘世生活,人不仅需要成全自己,而且需要救赎自己,其中前者意味着婚姻的结合,从而使得所有人通过血缘关系回到初人亚当之中;后者则意味着个人与基督的结合,从而使得所有人回到作为第二亚当的基督之中。所以在基督教的视角下,婚姻失去了古典政治哲学视角下的自然正当性,婚姻只有作为上帝恩典的产物才具有纯洁性。如果一个人要安顿尘世生活,那么他必须首先成为一个基督徒,并且加入基督徒婚姻的团契之中。

　　但是,在奥古斯丁看来,两个基督徒的婚姻只是一个小圣事,而非大圣事,因为基督徒的婚姻只是两个基督徒的结合,而非所有基督徒的结合。根据人的自然社会性,既然所有人都来自同一个亚当,那么所有人都应该结合

---

①　奥古斯丁:《论原罪与恩典:驳佩拉纠派》,第 94 页,第 3 章。需要注意的是,原罪不能使婚姻成为罪恶,因为婚姻是上帝赐予人的自然之好,即婚姻是自然的产物,而非罪的产物。与之相比,以罪为基础的政治并不是上帝赐予人的自然之好,政治仅仅是霸欲的产物。

②　奥古斯丁:《论原罪与恩典:驳佩拉纠派》,第 334—335 页,第 38 章。

③　当然,不论是上帝创造了人的自然还是基督医治了被败坏的自然,人性的创造和医治都是上帝恩典的产物,因为人性的创造和医治都是被上帝给予的,所以上帝的恩典贯穿人的创造和救赎。

④　奥古斯丁:《论原罪与恩典:驳佩拉纠派》,第 100 页,第 12 章。

⑤　奥古斯丁:《论三位一体》,第 135 页,4.2。

⑥　奥古斯丁:《论原罪与恩典:驳佩拉纠派》,第 331 页,第 34 章。

在一起并且回到亚当之中,而这意味着所有人都应该加入同一个团契之中,由此建立起一个大的合一的团契。由于一个人只有成为基督徒才能获得救赎,所以基督教的大圣事意味着所有人加入同一个团契之中,只有所有基督徒组成的团契才是一个大圣事,而全体基督徒组成的团契就是教会:"教会是奥秘;也就是说她同样是一个圣事……她是基督的圣事,正如基督自身——在他的谦卑中——是上帝的圣事。"①

奥古斯丁认为基督是教会团契的头,全体基督徒共同组成的教会则是基督的身体。② 教会的合一性意味着作为头的基督和作为身体的教会的合一,基督和教会共同组成了一个人,教会和第二亚当的基督的合一就是要使得基督和基督徒共同组成一个人,"一个人,头和身体,一个包含基督和教会的人,一个完美的人,他是新郎,她是新娘"③。人的自然社会性最终要求所有基督徒加入教会之中,从而实现全体基督徒和基督的合一。所以基督和教会的结合才是大圣事,"这是大圣事,而我是指着基督和教会说的"④。

不可否认的是,基督和教会的合一并不是人的自然原初所要求的合一,因为人的自然所要求的合一仅仅是指所有人回到第一亚当之中,但是人的原罪性导致人的自然的成全转变为人的救赎的实现,而人的救赎只有通过与基督的合一即所有基督徒回到作为第二亚当的基督之中才能实现。所以人的自然的成全不仅要求所有人和第一亚当的自然的合一,而且要求所有基督徒和第二亚当的超自然的合一。自然的合一因原罪的存在而变得不再可能,罪的存在使得人彼此分裂,地上的和平不再能够成全人的自然;超自然的合一意味着基督徒借着基督的中保作用获得了永生的至福:"靠着中保,他们得以洁净,在他里面合而为一,不仅根据那使他们从必死的人变得与天使同等的本性,也根据那使他们极其协力地追求同样的至福。"⑤所以人的成全最终立足于人和上帝的超自然的合一,而且人只有达到超自然的合一才能真正地成全自己。由于超自然的合一是在上帝的恩典中以基督作为中保完成的,所以超自然的合一本身带有奥秘性,而奥秘意味着圣事,所以超自然的合一是圣事,符合超自然的合一的行动都将是圣事。如前所述,圣事是不可分离的⑥,符合超自然的合一的行动也将是不可分离的。由于教

---

① Henri De Lubac, *The Splendor of The Church*, p. 202.

② Saint Augustine, *The Works of Saint Augustine: Part III (Volume 15: Expositions of the Psalms)*, trans. Maria Boulding, O. S. B, New York: New City Press, 2000, p. 215.

③ Ibid., p. 210.

④ 《以弗所书》,5:32。

⑤ 奥古斯丁:《论三位一体》,第 134 页。

⑥ 关于圣事的不可分离性,参见 Henri De Lubac, *The Splendor of The Church*, p. 203。

会就是一种超自然的合一，因而教会是不可分离的，教会的不可分离性意味着教会团契的纽带不能被打破，一旦人离开了教会，那么人将失去救赎的可能，"如果这个世界失去了教会，那么它将同样失去救赎"①。

综上，婚姻成全人的自然之好，教会实现人的救赎，婚姻和教会共同为人规定生活的目的。奥古斯丁在否定城邦为人提供好的生活的同时肯定了婚姻和教会对人的生活的成全，人的自然在合一的团契（婚姻和教会）之中得到实现。

现在仍然面临一个问题：奥古斯丁说的教会是指什么？在奥古斯丁看来，教会不仅指天上的无形教会，而且也指地上的有形教会，那么基督和教会的合一究竟是指基督和无形教会的合一，还是基督和有形教会的合一？

众所周知，超自然的合一必然包含着基督和无形教会的合一，即基督和全体基督徒在灵性上的合一，但是超自然的合一是否包含基督和有形教会的合一呢，换句话说，尘世中的基督徒是否需要通过有形教会实现和基督的合一？如果人和基督的超自然的合一无需有形教会，或者说，有形教会仅仅是无形教会的象征，因而有形教会对人的救赎不具有必然的意义，那么有形教会将会和尘世政治一样不是救赎的必要条件，人将仅仅需要过一种属灵的生活，每一个和基督合一的人仅仅需要共同组成一个抽象的团契；如果人的超自然的合一需要有形教会，或者说，有形教会不仅仅是无形教会的象征而且对人的救赎具有实质性的意义，那么有形教会将构成人的救赎的必要条件，人生在世将不仅以无形教会而且以有形教会为核心，有形教会将构成人生在世的一种必要的生活方式。

首先，奥古斯丁一生都以大公教会的主教身份参加与异端的论战，因此他不可能仅仅坚持路德式的救赎观点（因信称义），否则大公教会将和异端教派无法区分开来。而且，奥古斯丁认为真宗教只能是大公教会，"我们不仅要保有真宗教，而且要保持和真宗教的教会的联系，这个教会是大而公之的，它被称为大而公之的，不仅是就它的成员而言，而且是就它的所有敌人而言的"②。大公教会不仅是所有基督徒的团契，而且在教义方面具有唯一正统的地位。所以一切与大公教会解释的教义相对立的个人和团体都是大公教会的敌人（异端），大公教会的敌人在对基督的信仰方面必然是错误的，因为只有大公教会掌握着信仰和救赎的宝库，被大公教会界定为异端的基

---

① Henri De Lubac, *The Splendor of The Church*, p. 203.

② Saint Augustine, *De Vera Religione*, PL 34 of *S. Aurelii Augustini Opera Omnia* (http://www.augustinus. it/latino/), 7. 12.

督徒将无法实现和基督的合一。由此可知,加入大公教会并且遵从大公教会的教义解释成了一个人获得救赎的必要条件,一个基督徒只有在大公教会中才能获得信仰和救赎。

其次,《圣经》是先知们借着圣灵的感召写出来的,因此《圣经》不仅包含着上帝的奥秘,而且也隐藏着人的救赎的奥秘。① 虽然奥古斯丁认为,只要释经者的意图是好的,那么不同释经者对《圣经》的多重解释都可能是正确的②,但是这并不意味着基督徒可以自行理解教义。奥古斯丁对《圣经》的解读正是基于大公教会的权威,因为大公教会对教义的理解构成理解《圣经》的基础,所以大公教会掌握着救赎的解释权。一个基督徒只有信从大公教会主教解读的教义才能实现与基督的合一,人正是在大公教会之中接受上帝的恩典并且赞美上帝的礼物。③

最后,大公教会中的洗礼和圣餐礼等圣礼对人的救赎来说是必不可少的,一个基督徒只有接受大公教会提供的各种圣礼才能获得救赎,而且基督和基督徒合一的奥秘正是通过这些圣礼得到揭示的。正如吕巴克所说,圣事不仅仅包含着象征意义,而且其自身就具有确定的真理性,因此圣事是不可被随意改变的。④ 洗礼和圣餐礼作为圣礼同样不可改变,它们不仅象征着基督和基督徒的合一,而且揭示了基督和基督徒的合一的奥秘。比如,圣餐礼中的面包和酒不仅象征着基督的身体和血,而且面包和酒就是基督的身体和血,也就是说,面包和酒经过教士的祝圣后发生了变体,人通过吃这些发生变体的面包和酒实现了与基督的合一,即成了基督身体的一部分。所以基督徒和基督的合一并不仅仅是抽象的合一,这种合一是实实在在被基督徒看见和触摸到的⑤,即基督徒在圣餐礼中看到了基督的身体和血,基督徒在吃面包和喝酒时感受到了自己成为基督的身体的一部分。所以圣餐礼使得基督和基督徒的合一不再仅仅是一种抽象的存在,而且具有实实在在的现实意义。自从基督创立了圣餐礼并且揭示出其中的奥秘以来,大公教会通过使徒统绪的传统继承了圣餐礼的执行权,即大公教会的主教作为基督的代理人向基督徒展示合一的奥秘,基督徒在圣餐礼中看到了合一的奥秘并且完成了与基督的合一。所以基督正是通过大公教会的圣礼向人们展

---

① Saint Augustine, *The Works of Saint Augustine: Part III (Volume 15: Expositions of the Psalms)*, p. 222.

② Augustine, *Confessions*, pp. 259-266.

③ Saint Augustine, *The Works of Saint Augustine: Part III (Volume 15: Expositions of the Psalms)*, p. 296.

④ Henri De Lubac, *The Splendor of The Church*, p. 203.

⑤ Ibid., pp. 87-88.

示了合一的奥秘,大公教会成为基督恩典降临的场所,"上帝救赎人的存在仅仅在教会中被展示"①,正如基督"之为中保,是在他是人的意义上说的"②。上帝的道成了肉身的基督,并且通过基督被人听到,基督徒只有在尘世中组成合一的有形教会中才能真正触及无形的教会。

因此,基督和教会的合一包含基督和有形教会的合一,并且地上的有形教会不仅象征着天上的无形教会,而且有形教会自身具有独立存在的意义。奥古斯丁在否定建立在古典政治哲学人性论基础上的城邦生活的基础上,同时为基督徒提供了尘世生活的新方式:大公教会的生活。大公教会中的每一种圣礼向每一个基督徒展示着合一的奥秘,合一的奥秘正是通过有形的大公教会才得以被看见和触摸到的,基督徒正是通过教会中的各种圣礼得以实现和基督的合一。有形教会在人的救赎和成全过程中占据着必不可少的地位,人在尘世中的安顿最终取决于有形教会对人的安排。虽然奥古斯丁否定了古典城邦生活对人的安顿作用,但是奥古斯丁选择了另一种有形的机构(有形教会)来安顿人的尘世生活,而且有形教会自建立之初就带有很强的政治诉求,它在中世纪逐渐形成一种能够和政治力量相抗衡的精神力量,所以它对尘世生活的干预带有准政治性,进而影响着整个西方政治的发展史。

行文至此,奥古斯丁在否定古典人性论的同时否定了一切尘世政治对人性成全的绝对意义,尘世政治在基督教的创造论视角下成为与人性成全无关的东西。就地上的尘世生活而言,婚姻和教会的团契生活构成了人生在世的新方式。既然有形教会在人的尘世生活中具有救赎的权威性,那么当以教皇为首的神职人员等同于有形教会并且垄断教义解释权时,建立在自然社会性之上的团契生活将受到神职人员的统治和规定,所以神职人员在掌握教义解释权的同时获得了一种具有强制性的精神权力及其带来的对尘世政治的干预,人的自然社会性在中世纪晚期也成为教权论者谋求政治权力的人性论。基于自然社会性,团契生活而非城邦生活构成人生在世的首要生活方式,它同样构成中世纪晚期政教关系的核心主题。

第三节　马西留论自然欲求和国家

格沃斯认为,中世纪晚期教权论者区分了恩典和自然,其中恩典是完美

---

① Saint Augustine, *The Works of Saint Augustine: Part III (Volume 15: Expositions of the Psalms)*, p. 49.

② 奥古斯丁:《论原罪与恩典:驳佩拉纠派》,第 330 页。

的,自然是不完美的,所以自然应当借着恩典得到塑形和完善。基于恩典和自然的划分,教权论者不仅主张以教皇为首的神职人员对恩典的垄断权,而且表明尘世政权应当借着教会才能得到塑形和完善,否则尘世政权无法获得统治的正当性和合法性,所以尘世权力只有服从于教权才能维持统一的秩序。①

格沃斯的这一论述恰好证明了奥古斯丁的人性论学说对中世纪晚期教权论的影响,因为如前所述,奥古斯丁在论证人的自然社会性时指出恩典和自然的划分以及恩典对自然的完善作用,并且人的自然社会性意味着人性的完善必须依赖于恩典而非自然的作用,而教会正是掌握恩典这一关乎人性的救赎和完善的宝库,所以教会构成基督徒生活的必要中介。

教权论者正是沿着奥古斯丁的这一思路,将恩典政治化,由此确保教权对尘世权力的干预,"当[恩典]政治化时,恩典能够摧垮尘世和平和生活的充足性"②。所以人的自然社会性在摧垮古典人性论的同时为教权干预尘世权力提供了基督教人性论基础。

针对教权论预设的基督教人性论以及恩典完善自然的逻辑,马西留一方面利用亚里士多德的城邦学说来论证国家的自然起源;另一方面提出自然欲求作为国家自足性的人性论基础,由此将国家建立在自然而非恩典之上,排除教权借着恩典的名义对尘世权威的干预,确保尘世和平与尘世生活的自足性。

具体而言,马西留在《和平的保卫者》第 1 论第 3 章"论城邦共同体的起源"中延续了亚里士多德关于城邦起源的论述,将城邦视为从家庭和村落逐渐演变而来的产物,并且这一演变是从不完美到完美的过程:

> 人类已经从这些不完美的[共同体、政权以及其中的生活模式]前进到完美的共同体、政权以及其中的生活模式。因为自然及其模仿者技艺的步伐总是从较小的完美性到较大的完美性……城邦共同体,按照不同的地区和时间,开始于小的部分,并且逐渐获得增长,最终走向成全,正如上述在自然或技艺的所有行为中发生的那样。因为人类第一个且最小的结合体(从其中产生别的结合体)是男人和女人的结合体,正如最卓越的哲学家在《政治学》第 1 卷第 1 章中所说,并且这个观

---

① Alan Gewirth, *Marsilius of Padua: The Defender of Peace, Vol. I: Marsilius of Padua and Medieval Political Philosophy*, pp. 18-19.

② Michael Sweeney, "The Nature of Grace and Its Relation to Political Philosophy in Marsilius of Padua's *Defensor Pacis*", p. 161.

点在他的《家政学》中得到进一步展示。当然,这个结合体繁殖出了更多的人,这些人首先充实成一个家庭;从其中产生更多相同模式的结合体,人类的繁殖如此之大,以至于对这些人来说一个家庭是不够的,而是有必要产生多个家庭,众多家庭则被称为村落或邻里;这就是第一个共同体,正如亚里士多德在上面的著作中所写。事实上,只要人们在一个家庭之中,那么他们所有行为(尤其是那些我们稍后称为公民的行为)皆由比他们更有洞察力的长老统治,但是这种统治并不包含任何法律或习俗,因为后者还没有被发现。然而,不仅一个家庭中的人以这种方式被长老统治,而且甚至第一个共同体(被称为村落)中的人几乎以同样的方式被长老统治,即使[两种统治方式]在某些方面是有差异的。因为尽管一个家庭的家长能够完全根据个人意愿和喜好合法地宽恕或惩罚家庭[内部的]伤害行为,但是监督第一个共同体(被称为村落)的人这样做是不合法的。因为,在这个共同体中,长老必须根据某些合理的规定或准自然法去处置正义和有利之事,因为只有这样才可以服众,即根据某种公正而非大量的调查,并且只根据理性的一般命令和人类社会的某种责任……随着繁殖必然带来的人口膨胀,这些村落和共同体进一步扩大,并且仍然由一人统治(正如《政治学》第 3 卷第 9 章所写,这要么是因为缺乏许多明智之人,要么是因为某种别的原因),但这个人得是长者或卓越之人,尽管他的条例和委派给单个村落或邻里的那些条例一样完美。但是,那些第一个共同体既不拥有诸部分的划分和次序,也不拥有必要保护和生活规定的整体(我们之后会逐渐在完美共同体中发现它)。因为同一个人有时候既是统治者又是农民或牧者,例如亚伯拉罕和他的众多后代,但是这在完美共同体中既不便利也不合法。然而,随着这些共同体的逐渐增长,人的经验在增加,更完美的生活技艺、规则和模式被发明出来,共同体的诸部分也得到进一步划分。最终,那些对活着和活得好来说必要的东西,通过人的推理和经验走向成全,并且人们称之为城邦的完美共同体被建立起来。(I. 3. 2—5)①

这处文本详细展示了马西留国家学说中的亚里士多德主义因素。正如亚里士多德在《政治学》第 1 卷论述了家庭—村落—城邦的自然生成过程,并且

---

① 相关讨论,参见 Cary J. Nederman, *Community and Consent: The Secular Political Theory of Marsiglio of Padua's Defensor Pacis*, pp. 32 - 41; Cary J. Nederman, "Private Will, Public Justice: Household, Community and Consent in Marsiglio of Padua's Defensor Pacis", *The Western Political Quarterly*, 1990 (4): pp. 699-717。

这一自然生成过程是从不完美的家庭共同体到完美的城邦共同体的生成过程,马西留同样展现了国家(城邦)的自然生成过程,表明国家的起源有其自然基础,即国家不是罪的产物而是自然的产物。正是借着亚里士多德的城邦学说,马西留去除了奥古斯丁视角下的国家的罪性,恢复了国家的自然性,这意味着,国家不再是罪的产物,而是自然的产物,所以国家不再需要借着教会的恩典来拯救或完善被罪所败坏的自然。因此,亚里士多德的城邦自然起源学说为马西留辩护尘世生活的自足性提供了理论支持,正是通过对城邦作为完美共同体的自然起源的描述,马西留完成了对城邦自足性的论证。然而,虽然马西留对城邦自足性的论证延续了亚里士多德的城邦学说,但他并没有延续亚里士多德城邦学说背后的人性论基础,即他对城邦的自然起源的描述不是建立在人的自然政治性之上,而是建立在自然欲求之上。众所周知,亚里士多德关于城邦起源的自然生成论建立在自然政治性的人性论之上,即人的自然政治性决定了城邦是自然的产物,并且城邦是对人性的成全,所以家庭—村落—城邦既是自然生成的过程,也是自然目的的实现过程,亚里士多德城邦学说中的城邦是自然目的论下的自然生成的城邦,正是就对人性的成全而言,城邦是自足的。[1] 与亚里士多德的自然成全思路不同,马西留没有重复亚里士多德的经典人性定义[2],他关于城邦起源的自然生成论反而建立在自然欲求的人性论之上,即人的自然欲求决定了城邦是欲求的产物。

马西留之所以没有重复亚里士多德的经典人性定义,其中一个原因在于他延续了奥古斯丁关于初人亚当的基督教式论述。马西留在《和平的保卫者》第 1 论第 6 章论述初人亚当的被造和堕落问题时表明,如果亚当能够保持在被造时的无辜状态(status innocentia),那么城邦生活将是非必要的:

> 即使初人(即亚当)像其他受造物那样主要是为了上帝的荣耀而被造,但是他仍然从其他可朽物种中脱颖而出,因为他是照着上帝的形象和样式被造,从而可以在今生之后分享永恒幸福。此外,正如一些圣徒和某些卓越的《圣经》博士粗略所说,他在无辜或原初正义和恩典状态之中被造。要是他保持在这个状态之中,城邦职权的设立或划分对他或他的后代来说就不是必要的了,因为自然为他生产了地上天国或乐

---

① 亚里士多德:《政治学》,1252b27—1253a4。

② Alan Gewirth, *Marsilius of Padua: The Defender of Peace, Vol. I: Marsilius of Padua and Medieval Political Philosophy*, p. 90.

园中的充足生活所需要和所喜乐的东西,且不对他施加任何惩罚或辛劳。(I.6.1)

这意味着,政治性不是人性的本质规定性,城邦生活也不是上帝为初人规定的正当生活,因为初人被造时的完美性决定了初人在自然上不需要过城邦生活,初人及其后代对城邦生活的需要发生在初人的堕落后,"由于他在吃禁果时败坏了自己的无辜或原初正义和恩典,在该行为中违背了神圣诫命,所以他立刻堕入罪、悲惨或惩罚之中"(I.6.2)。然而,奥古斯丁的国家生成理论建立在其原罪说之上,即国家是罪的产物,国家的罪性使得国家需要依赖于恩典的净化和完善。与奥古斯丁的罪性描述不同,马西留论述的堕落仅仅是就生物学和经济学意义上的自足性而言的,即人的自然欲求在堕落前是自足的,堕落后是不自足的,所以人需要进入城邦生活来满足自己的自然欲求。马西留的国家学说之所以要处理奥古斯丁主义中的堕落和原罪问题,是因为"对亚里士多德《政治学》的重新发现给中世纪思想家带来一个重大难题:政治制度的存在究竟指向了亚里士多德所教导的人的一种自然的合群倾向,抑或指向了人的堕落以及随后的彼此疏离?"[1]这个难题不仅困扰着托马斯,而且摆在马西留的国家学说面前。为了解决亚里士多德主义和奥古斯丁主义之间的冲突,马西留提出了自然欲求的人性论来综合前者。因此,奥古斯丁对初人的被造和堕落的分析被马西留纳入其国家学说的生物学-经济学框架之内,虽然国家不是自然的原初产物,但是国家也不是罪的产物,而是人的自然欲求的产物。[2]

什么是自然欲求?马西留在《和平的保卫者》第 1 论第 3 章"论城邦共同体的起源"后,紧接着在第 4 章"论城邦的目的因,所探寻的城邦及其诸部分的一般划分"中提出了关于自然欲求的原理:

> 城邦的建立是出于它[活着本身]的需要,并且它对城邦中所有通过人际交往而存在和产生的东西来说是必要的。所以让我们确立一条作为所有应证之事的原则,它为所有人自然地持有、确信和自发地承认:也就是说,所有没有缺陷或不被其他方式阻碍的人必定自然地欲求充足生活,以及逃离和避免有害之物。(I.4.2)

---

[1] 彼得·哈里森:《人的堕落与科学的基础》,张卜天译,北京:商务印书馆,2021 年,第 68 页。

[2] Alan Gewirth, *Marsilius of Padua: The Defender of Peace, Vol. I: Marsilius of Padua and Medieval Political Philosophy*, p. 91.

就活着本身及其模式而言,每个人在自然上欲求充足生活,趋利避害是包括人在内的所有动物的自然原理,这一自然原理被视为马西留政治哲学的第一条原理①,它规定了人仅仅是趋利避害的欲求动物而非政治动物。格沃斯认为,由于亚里士多德在《政治学》中对自然概念的首要定义是目的论导向的,它关涉最佳城邦问题,所以亚里士多德是基于目的因模式论述自然概念。② 与亚里士多德的目的因模式不同,马西留基于质料因模式来论述自然概念,从而引申出自然欲求,表明自然意味着起初的而非完美的③,所以马西留认为自然需要技艺补足其不完美的地方:

> 如果人应当活着和活得好,那么他的行为必须被做且做得好;不仅行为[如此],而且激情[同样如此];我说好,是指在恰当的温和[气质]方面。由于我们没有从自然中完全完美地获得实现这种气质的东西,所以人类有必要超越自然诸原因并且通过理性形成一些东西,它们需要实现引发和保存他在身体和灵魂方面的行为和激情[的功能]。它们就是实践和沉思方面的美德和技艺所生成的各种各样的功能和功能物。(I.5.3)

更确切地说,亚里士多德对自然的目的因解释使得很多人不能称之为人,因为人的自然政治性意味着人和非人的区别,以及自然奴隶和自然统治者的存在④,但是马西留对自然的生物学解释使得关于人的自然欲求的原理是人和动物共有的,所以马西留不会区分自然奴隶和自然统治者,人在自然上并不存在质上的等级划分,人性和动物性并无本质区分,人和动物在自然上都追求自我保存。此外,生物学解释意味着自然欲求强调的是经济和政治维度而非道德和宗教维度,对马西留来说,他关心的是实现趋利避害的手段而非目的,所以正义和有益的东西不是为了道德或神学目的,而是为了人的自然欲求的满足。⑤ 因此,马西留与中世纪晚期亚里士多德主义者的不同

① Holly Hamilton-Bleakley, "Marsilius of Padua's Conception of Natural Law Revisited", pp. 139–140.

② Alan Gewirth, *Marsilius of Padua: The Defender of Peace, Vol. I: Marsilius of Padua and Medieval Political Philosophy*, p. 54;亚里士多德:《政治学》,1252b32。

③ Alan Gewirth, *Marsilius of Padua: The Defender of Peace, Vol. I: Marsilius of Padua and Medieval Political Philosophy*, p. 55.

④ 亚里士多德:《政治学》,1254a14ff. 。

⑤ Alan Gewirth, *Marsilius of Padua: The Defender of Peace, Vol. I: Marsilius of Padua and Medieval Political Philosophy*, p. 51.

之处在于,中世纪亚里士多德主义者(比如托马斯)在人性的自然欲求之上提供了一套理性主义的目的论解释模式,即人性向善,而理性是专属于人的自然形式,所以人的自然欲求是理性求善的欲求,但是马西留认为"人的自然欲求既不是理性的也不是自愿的"①,而是出于必然性支配的,所以人的自然欲求是去目的论的自然欲求,它无关乎善恶。因此,马西留的国家学说建立在对人性的生物学解释之上,自然作为国家各个不同的功能性部分的质料因的行为倾向的来源以及作为国家政治政体的动力因的意志和欲望的来源,自然欲求成为人的自然规定性。

基于人的自然欲求,马西留提出了其政治哲学的第二条原理:

> 就第一种模式即属地的而言,关于活着和活得好或善好生活以及那些对它来说必要的东西,光荣的哲学家们通过证明几乎完整掌握了它。基于此,他们得出结论,城邦共同体是必要的,没有它,就不可能达到这种充足的活着。(I.4.3)②

这一条原理将城邦视为人获得充足生活的必要条件,也就是说,城邦是人的自然欲求的产物,即满足人趋利避害的自然欲求的产物,所以自然欲求指引人走向城邦生活。自然欲求之所以会指引人走向城邦生活,是因为城邦生活能够安顿人的自然欲求:

> 人天生由对立的元素组成,并且它们对立的行为和激情几乎持续败坏着实体中的某些部分;此外,因为人天生赤裸且无所防御,周身环绕着大量易动且败坏的空气和其他元素,就像亚里士多德在自然科学中所说的那样,所以人需要不同种类和类型的技艺来避免上述侵害。此外,由于只有众人可以操作这些技艺,也只有他们的彼此交流才可以维持它们,所以人们有必要聚集在一起,以便追求从它们中而来的便利并且避免不便。(I.4.3)

人体内的对立元素则是人的自然欲求得以产生的质料性根据,"人类的一些行为和激情生成于非认知的自然诸原因,它们由组成我们身体的对立元素

---

① Alan Gewirth, *Marsilius of Padua: The Defender of Peace, Vol. I: Marsilius of Padua and Medieval Political Philosophy*, p. 57.

② 相关讨论,参见 Holly Hamilton-Bleakley, "Marsilius of Padua's Conception of Natural Law Revisited", pp. 139–141。

通过彼此的混合所产生"（Ⅰ.5.4）。由于城邦生活能够安顿人体内的对立元素、满足人体的各种需要以及确保和平，所以在自然欲求的满足上，城邦生活是必要的。

在马西留看来，不仅个人自身的自然欲求是相互冲突的，而且个人的力量难以确保其自身的安全，即冲突根植于自然欲求的人性论之中，"在马西留之前，没有任何政治哲学家如此专注于这一主题，即人与人之间不可避免的冲突；直到霍布斯，后来也没有任何人如此做过"①。所以个人必须加入城邦之中才能够趋利避害。城邦正是这种自然必要性的产物，个人只有生活在城邦之中才能安顿自身的自然欲求和确保自身的安全，即国家不是人的自然政治性发展出来的，而是人对充足生活的自然欲求的产物，所以国家的必要性在于解决冲突和确保和平。

正是由于冲突的自然必然性，所以冲突不是罪而是自然欲求的产物，那么解决冲突和确保和平的国家同样不是罪的产物。既然欲求是生物学的而非道德的或理智的，那么自然欲求的直接对象就是人们赖以生存的食物。为了满足人的生物性需要，人们结合成一个政治共同体，所以马西留从质料因的角度解释了国家的起源。既然自然欲求而非理性是指引人走向城邦共同体生活的动力因，即人的自然欲求而非自然政治性构成了国家的人性论基础，那么政治权威就不再专属于理性的人，反而拥有自然欲求的所有人成了立法者。② 据此，马西留将立法权从亚里士多德式的理性专家扩展到自然欲求支配的所有人，由此确立起公民共体的立法者身份。

格沃斯认为，亚里士多德的政治哲学提供了奥古斯丁传统的替代方案，即预设了人的自然政治性，他不是把国家视为罪的产物，而是把国家视为自然的产物，由此使得国家的人性论基础去除了罪性，国家成为成全人性的目的而非人性堕落的产物。当然，马西留并不是典型的亚里士多德主义者，马西留强调的是《政治学》中的手段而非政治目的，其他亚里士多德主义者不仅强调《政治学》中的政治目的而且强调其中的道德目的和神学目的，所以马西留发展出的是一套关于国家的实证主义解释路径。③ 这意味着，在马西留的国家学说中，理性失去了目的论功能，它仅仅成为实现充足生活和公共

---

①　Alan Gewirth, *Marsilius of Padua: The Defender of Peace, Vol. I: Marsilius of Padua and Medieval Political Philosophy*, p. 62.

②　Ibid., p. 60.

③　Ibid., p. 85.

利益的手段,即理性仅仅发挥着霍布斯式的计算功能①,所以自然欲求本身是一切政治关联的价值的基础,而理性只是自然欲求的工具,马西留在公民共体的自然欲求之上建立起对公共利益的追求。② 基于此,格沃斯得出结论:亚里士多德的城邦学说建立在目的论的人性论基础之上,马西留的国家学说建立在去目的论的自然主义人性论基础之上。③

　　行文至此,马西留笔下的国家是自然欲求的产物。一方面,马西留延续了亚里士多德关于城邦自然起源的描述,将城邦视为最完美的共同体,确保了城邦的自足性;另一方面,马西留没有重复亚里士多德的经典人性定义,反而利用奥古斯丁主义的国家起源学说否定了人的自然政治性,将国家建立在自然欲求的人性论之上。基于个体主义的自然欲求人性论,亚里士多德主义的道德目的和奥古斯丁主义的神学目的不再是国家的首要目的,国家的首要目的在于实现个人的自然欲求。

---

① 霍布斯将理性界定为一种计算,参见 Hobbes, *Leviathan: With Selected Variants from the Latin Edition of 1668*, I. 5. 2。

② Alan Gewirth, *Marsilius of Padua: The Defender of Peace, Vol. I: Marsilius of Padua and Medieval Political Philosophy*, p. 214.

③ Ibid., p. 305.

第八章 政教的分离与融合

既然自然欲求构成国家的人性论基础,那么国家如何实现个人的自然欲求? 围绕着这个问题,马西留从权力、形式和质料的角度确立了公民共体、法律和统治者三者之间的关系,进而将国家和教会的二元政教关系转化为国家内部的统治部分和教士部分的关系,由此确立起中世纪晚期的人民主权论。马西留一方面确立了政教分离原则,提出政权和教权、尘世和天国的二元断裂模式,避免教权对政权、天国对尘世的干预;另一方面重建了传统政教关系,将政教融合在公民共体的立法权之下,确保尘世权威的自足性。马西留在至高无上的立法权上重建了政教关系,这种重建可以看作对现代政教秩序的一次创造性筹备。

第一节 法律和统治部分:国家的形式和质料

马西留在确立起自然欲求和国家作为实现自然欲求之条件这两条原理之后,紧接着提出了第三条原理,以此解决国家如何实现自然欲求的问题:

> 斗争和争吵发生在以这种方式聚集在一起的人类中间,而它们若不被正义准则所约束,则会引发人类的战斗和分裂,以至于最终毁灭城邦,所以有必要在这个共同体内建立正义规则和守卫者或执行者。(I.4.4)

这段文本表明,马西留解决国家如何实现个人自然欲求的方案在于"建立正义规则和守卫者或执行者",其中正义规则是指公民共体为国家制定的法律,正义规则的守卫者或执行者是指遵守法律的统治者。人与人之所以会不可避免地发生冲突,是因为个人的自然欲求会导致每个人都追求自己的私人利益,比如工匠追求工匠自己的利益,教士追求教士自己的利益。然而社会资源是有限的,当每个人在自然上欲求充足生活时,这极大可能会导致霍布斯式的"一切人反对一切人的战争状态"①,所以公民共体建立法律和统治者的目的正是为了结束人与人之间的斗争,实现国家的和平,并且只有法律和统治者的建立才能落实尘世的充足生活,避免国家走向灭亡,"这些[丑闻]就是人们彼此的斗争和伤害,如果它们没有通过正义规则即法律以及通过依法衡量它们的统治者得到惩罚或判定,那么将可能因此导致人民群众的战斗和分裂,从而最终[导致]城邦的毁灭和充足生活的剥夺"(I.15.6)。

在马西留看来,法律和统治部分构成国家的形式和质料:

> 形式及其功能是目的,质料因此得以存在或产生,正如他在同一本书同一章中所说的那样。因此,由于公民共体有权生成形式,即所有公民行为都必须遵守的法律,所以可以看出,同一个共体有权规定这个形式的质料或主体,即统治者的部分,其功能在于依据这个形式处理人们的公民行为。(I.15.3)②

一方面,法律是国家的形式,它规范着一切外在尘世行为,即一切由个人的自然欲求产生的及物行为和激情而非内在行为和激情③,因为公民共体作为人民立法者最关心的是"为了他人而非发动者的便利或不便所产生的自愿和及物的人类行为与激情"(II.2.4),所以公民共体制定的法律只处理人的及物行为,其首要目的在于实现人与人之间的外在和平,而非培养公民的内在善和正义。我们知道,亚里士多德基于自然政治性的人性论,主张城邦立法者制定法律的首要目的在于培养公民的德性,而非仅仅为了实现公民之间的外在和平,"城邦的法律也不同于贸易协议,而是需要通过建立统治关系,在共同生活中培养公民的善与正义。这是城邦能够成全人的政治性的关键"④。与亚里士多德的目的论解释思路不同,马西留主张法律作为国家的形式首要规范的是人的外在行为而非内在行为,即法律的首要目的在于实现和平而非培养德性,所以马西留对法律的形式因解释没有延续亚里士多德形式因的目的论功能和德性要素,而是基于自然欲求的人性论,展

---

① Hobbes, *Leviathan: With Selected Variants from the Latin Edition of 1668*, I.13.8.

② 瓦西利奥·西罗斯认为此处文本受到了亚里士多德《物理学》关于技艺模仿自然和自然哲学的任务在于确定质料和形式的论点影响,参见 Vasileios Syros, *Marsilius of Padua at the Intersection of Ancient and Medieval Traditions of Political Thought*, p.106; Aristotle, *Physics*, translated by R.P. Hardie and R.K. Gaye, in *The Complete Works of Aristotle*, edited by Jonathan Barnes, Princeton: Princeton University Press, 1984, 194a22-27。

③ 关于及物行为和内在行为的区分,参见 *DP.*, I.5.4。

④ 李猛:《自然社会:自然法与现代道德世界的形成》,第52页。

现出去目的论的非道德解释。另一方面,统治部分是国家的质料,行使统治部分职权的统治者依法处理一切外在尘世行为,并且具体执行法律的规范功能,因为法律只是在形式上规定了一切尘世行为应当遵守的准则,但它无法在实践中决定一切事物,"人法(统治者必须依法处理人的公民行为)在大多数情况下围绕和关涉的实践事务……考虑到它们在地点和时间上的变化和差异,似乎不可能总是立刻依法决定所有实践事务或者它们所涉及的方式或情况"(I. 14. 4)。这意味着法律本身不能灵活应对具体的尘世行为,所以公民共体有必要选举产生行使统治部分职权的统治者来充当法律的执行者,"有必要将发生在人类公民行为中的一些事情委托给统治者的决断去审判,即那些就其本身或其特殊模式或环境而言不受法律决定的事情"(I. 14. 5)。统治者在质料的意义上构成了执法的动力因,统治者通过依法统治成为和平的保卫者。

不可否认的是,无论是法律构成国家的形式,还是统治部分构成国家的质料,国家的形式和质料都是由公民共体生成和决定的,即法律的动力因和统治者的动力因是同一个:公民共体。公民共体不仅充当立法者,而且构成统治权威的来源,"建立或选举统治部分的动力(potestas factiva)属于立法者或公民共体"(I. 15. 2),所以一切统治权威必须获得公民共体的同意。①

这里涉及蒂尔尼提出的一个中世纪晚期政治哲学问题:统治者的权威来自其自身的内在品质,还是来自人民的同意? 很显然,马西留给出的回答是后者。公民共体的同意是统治权威的来源,一个人能够行使统治部分职权,不是取决于其德性和才能,而是取决于公民共体的意志同意,"一个人成为现实意义上的统治者所凭借的正是这个权威[公民共体],而非法律知识、明智或道德美德,即使后者是完美统治者的品质。因为很多人具备这些品质,但他们缺乏这个权威,所以他们不是统治者,除非也许在接近潜能的意义上[是统治者]"(I. 15. 1)。在蒂尔尼看来,马西留的前辈和同时代的哲学家也提出过类似的同意理论②,并且蒂尔尼将同意理论视为斯多亚式的立场,即"所有人分享共同的人性,所以他们在自然上是平等的,并且同样在自然上是自由的(因为没有人拥有统治平等者的自然权利)"③。此外,这种平等性同样体现在神学领域,因为马西留在《和平的保卫者》第 2 论第 15 章论证了主教和教士在原初教会时期和本质职权方面是平等的:

---

①　奈德曼认为,马西留的同意理论和人性论受到了西塞罗的影响,参见 Cary J. Nederman, *Community and Consent: The Secular Political Theory of Marsiglio of Padua's Defensor Pacis*, pp. 44-48。

②　Brain Tierney, "Hierarchy, Consent, and the 'Western Tradition'", pp. 649-650.

③　Ibid., p. 650.

我们不应当忽视以下事实,即"教士"和"主教"这两个词在原初教
会时期是同义的,尽管它们是源于不同的品质而被施加于同一个人身
上的。因为"教士"这个词是源于年龄而被施加的,好像一个长老;而
"主教"这个词源于尊严或对他人的照管,好像一个监督。(II.15.5)

这段文本表明,"主教"仅仅是一种尊称,并不具有任何超出本质职权的含
义,所以主教并不拥有针对教士、其他神职人员和平信徒的教权,罗马主教
和教会在普世教会中的首座地位仅仅是为了消除教会内部的丑闻,确保教
会的统一性,但是却无任何强制力,甚至它的首座地位也是尘世统治者授予
的,以便促进信仰的统一与和平:

罗马教皇职权的优先地位(如我们所说)使其有权关注和调查关于
《圣经》和信仰的诸观点(这些观点可能导致分裂或别的丑闻并且搅扰信
徒的宁静和统一),报告给有信仰的立法者或其授权的统治者,要求后者
召集一个公会议以确定这样的观点并在适当的时候予以纠正。因此,君
士坦丁就这样把首座交给了罗马主教和教会,并且因后者的奉献精神而
把许多其他领域的权柄(甚至是强制性的)与首座一起交给了后者,而按
照神圣法权和人的法权,他绝没有义务授予他们这些权柄。(II.22.10)

这意味着,人的平等性不仅体现为意志的平等,而且呈现为神性的平等,主
教和其他神职人员并没有因为神品的等级差异而表现出神性的等级差异,
反而在神性上是平等的,所以尘世秩序和神圣秩序在单义性原则之下皆被
敉平了,亚里士多德主义者利用理性自上而下构造圣俗秩序的古代道路,转
换为马西留利用意志自下而上构造圣俗秩序的现代道路。

当然,马西留关于公民共体和统治部分关系的同意理论受到了当时意
大利政治实践的影响。如前所述,1318年,帕多瓦城受到维罗纳领主坎格
兰德·德拉·斯卡拉的军事威胁,由于帕多瓦城内部的圭尔夫派和吉伯林
派的内斗导致帕多瓦城的和平难以保卫,所以帕多瓦人民选举卡拉拉的雅
各布为帕多瓦领主来行使对帕多瓦的统治权,并且雅各布的统治权一直被
其后代延续至1402年。[①] 在帕多瓦人民选举雅各布为帕多瓦领主的公文

---

① Serena Ferente, "Popolo and Law: Late Medieval Sovereignty in Marsilius and the Jurists", pp. 108-110.

中①,雅各布被视为帕多瓦人民的保卫者、护卫者和统治者,并且帕多瓦人民授予了雅各布一切统治权力。据此,费伦特认为马西留的同意理论受到了这份公文的影响。

马西留的同意理论同样延续了亚里士多德关于民主制中的平民和统治者关系的论述。当亚里士多德在《政治学》第6卷讨论不同种类的民主制时,他将第一种民主制视为由农民组成的民主制,并且认为这是最好的民主制,因为农民财产少,他们不仅缺少闲暇时间参与统治而且只关心自己的利益,所以农民不是直接参与政治,而是将实际的统治职权交给其他人来保护自己,由此形成了平民拥有统治职位的选举权、高贵阶层掌握统治权的同意理论。此外,在亚里士多德看来,好的民主政体一定要求平民作为实际的被统治者的同意和最好的人行使统治职权相结合,即平民同意和贤能统治的结合。② 与亚里士多德的同意理论相同,马西留同样主张公民共体选举产生统治者来行使统治职权,即公民共体通过选举的方式来表达其对统治者的同意,所以马西留在区分君主制和僭主制时,认为臣民的同意是区分君主制和僭主制的标准,也是区分善好统治和欠缺统治的标准,"所有统治要么符合、要么违背臣民的意志。第一种是温和善好的统治,第二种则是欠缺的"(I.9.5)。然而,马西留的同意理论和亚里士多德的同意理论存在着根本性的差异。因为亚里士多德的人民仅仅是指平民阶层,所以他的同意理论是指一个阶层对另一个阶层的同意,即高贵阶层对平民阶层的统治需要后者的同意,平民阶层同意高贵阶层的统治。之所以高贵阶层需要平民阶层的同意,是因为平民阶层的同意能够最大程度上防止被统治者的怨恨和确保统治的安全。③ 与亚里士多德的人民概念不同,马西留笔下的人民包括了平民阶层和高贵阶层④,所以马西留的同意理论是公民共体对其内部的某个人或群体行使统治部分职权的同意,即统治者的人选不仅来自公民共体,而且其统治权来自公民共体的同意。据此,马西留公民共体论中的立法者和统

---

① 公文全文,参见 Serena Ferente, "Popolo and Law: Late Medieval Sovereignty in Marsilius and the Jurists", pp. 108-109。

② 亚里士多德:《政治学》,1318b7—37。相关讨论,参见 Melissa Lane, "Popular Sovereignty as Control of Office-Holders: Aristotle on Greek Democracy", pp. 59-64。

③ 亚里士多德:《政治学》,1274a15—20, 1281b31—32, 1302a7—15, 1307a15—20, 1320b30—1321a3。

④ 就此而言,马西留延续了罗马法关于人民和平民的区分:"法律是罗马人民应一名元老级的长官——例如执政官——的请求制定的法律。平民大会决议是平民(plebs)应一名平民的长官——例如保民官——的请求制定的决议。然而,平民之不同于人民,犹如种不同于属,因为人民的名称用来指全体市民,也包括贵族和元老。而平民的名称用来指不包括贵族和元老在内的其他市民"(优士丁尼主编:《法学阶梯》,徐国栋译,北京:商务印书馆,2021年,第39页)。

治者不是分别隶属于两个阶层,立法权和统治权同样不是两种截然不同的权力,因为一切强制性尘世权力都被掌握在公民共体手中,统治权不过是公民共体作为立法者授权给统治者来保卫公民共体自身安全的权力。因此,统治权来自立法权,构成立法权的次级权力。

马西留在《和平的保卫者》第1论第18章"论对统治者的斥责[纠正],并且基于什么原因、何种方式以及被哪个人,他在违法时应当受到约束"集中讨论了统治者违背公民共体意志时受到的斥责方式。在马西留看来,统治者作为个体是有限的,进而会作出违法行为,"统治者作为一个人拥有能够接受别的形式的理智和欲望,比如错误的观念、败坏的欲求或二者兼而有之,依据它们,他可能作出违反法律规定的行为"(I.18.3)。既然统治权来自公民共体的意志同意,那么一旦统治者违背公民共体的意志,公民共体将有权审判统治者,并且当统治者被审判时,他的统治职权将被中止,以便其作为臣民被审判:

> 对统治者过失或违法行为的任何斥责的判决、命令和执行都应当由立法者,或由立法者为此授权设立的某个人或某些人作出……必须在一段时间内中止受斥责的统治者的职权,特别是要中止那个或那些必须审判自己的违法行为的人,以防在共同体中因为随之而来的多个统治职权而发生分裂、骚乱和战斗,因为他不是作为统治者而是作为违法的臣民被斥责。(I.18.3)

此外,马西留认为公民共体对统治者的审判将依据统治者违背法律的程度而定:

第一,当统治者严重违法时,不论这种情况经常发生还是很少发生,统治者都应当被要求改正,"如果统治者的过度行为是严重的(例如针对共和国或者著名人物或任何其他人的罪行,如果忽略对他的斥责,将有可能发生丑闻或民众骚乱),那么在这种情况下,统治者应当得到斥责,无论它是常常还是很少发生的。因为如果他不被惩罚,就有可能发生民众骚乱、政体的搅扰和毁灭"(I.18.4)。所以当法律规定严重违法行为如何得到纠正时,那么公民共体依照现有的法律对统治者进行审判;当法律没有规定严重违法行为如何得到纠正时,那么公民共体依照自己的意志对统治者进行审判。

第二,当统治者轻微违法并且这种情况很少发生时,统治者不应当被审判。因为如果统治者因为轻微违法就被审判,那么他的统治权威将受到质疑,这一审判所带来的伤害比对他的审判本身带来的好处还要大,"如果它很少由或能由统治者犯下,那么我们应当视而不见,而不是让统治者得到斥责。因为如果统治者从任何很少发生并且轻微的过度行为中得到斥责,那么他将被视为可轻视的,因此会对共同体造成不小的危害,公民也会因此对法律和统治部分表现出较少的崇敬和服从"(I. 18. 5)。所以在这种情况下,公民共体应当维护统治者的权威,确保统治的稳定性,从而不可轻易审判统治者。

第三,当统治者轻微违法并且这种情况经常发生时,统治者应当被审判。因为不论违法行为是多么的轻微,只要它经常发生,统治者将会给政体造成很大的伤害,"这种过度行为,无论多么轻微,如果经常犯下,就会对政体造成重大危害"(I. 18. 7),所以公民共体应当防微杜渐,要求统治者立刻改正自己的违法行为。

综上,公民共体是法律和统治部分的动力因,而法律和统治部分分别构成了国家的形式和质料,所以马西留笔下的国家是以公民共体为一切尘世权力的来源、统治部分(质料)和法律(形式)相结合的国家法团。公民共体不仅制定了法律作为国家的形式,而且确立了统治部分作为国家的质料,进而成为国家形式和质料的动力因。据此,马西留将统治者的统治权建立在公民共体的立法权之上,确保了国家权力的统一性,立法权也由此成为国家中的"主权"。

但是,如果教会掌握着有别于统治权的精神权力,那么国家的政治自主性将仍然遭受威胁,因为基督教共同体中的二元政教关系使得国家难以摆脱教会的干预:只要教会和国家是两个独立的实体,那么无论如何强调国家和教会的互不干预,国家的政治自主性都得不到彻底的辩护,所以在预设二元政教模式下,中世纪晚期反教权论者难以彻底根除教权对政权的干预。为了解决这一问题,马西留沿着公民共体的动力因解释模式,革命性地重建了政教关系,为尘世生活彻底摆脱教权的干预扫清了障碍,并且在自身的政治思想体系中筹备了一种现代政教秩序。

第二节　教会在国家之中

马西留重建政教关系的关键在于,他重新界定了国家的含义及其组成部分,进而将中世纪晚期的二元政教实体-实体关系转化为一元国家实体之中的统治部分和教士部分的部分-部分关系,由此在公民共体是立法者的基础上消解了教会的实体性,据此教会被纳入国家之中。

如前所述,马西留在《和平的保卫者》第 1 论第 1 章开篇讨论了和平对于国家的重要性,紧接着在第 1 论第 2 章区分了"国家"一词的四种含义:

> 为了避免因名称多样性而在本计划中产生歧义,我们应当注意到,"国家"这个术语在其中一种含义上意味着包含在一个政权之下的众多城邦或省:按照这个意义,国家不是有别于政体类型方面的城邦,而是有别于就政体数量而言的城邦。"国家"这个名称在另一种含义上表示某种类型的政体或温和的政权,亚里士多德称之为"温和的君主制":按照这种模式,国家可以像在众多城邦中那样在一个城邦之中,就像城邦共同体产生的初期左右,一个城邦往往其实只有一个君王。这个名称的第三种且最广泛的含义是由第一种和第二种含义混合而成的。它的第四种意义是指所有类型的温和政权(无论在一个城邦还是在众多城邦中)共有的东西:按照这种含义,卡西奥多罗斯在我们放置在本书开头的致辞中采用了它,我们也将在所探寻的结论中使用该名称。(I.2.2)①

这段文本表明,《和平的保卫者》采用的是第四种"国家"含义,即"所有类型的温和政权(无论在一个城邦还是在众多城邦中)共有的东西",这一"共有的东西"是马西留国家学说试图建构的核心概念之一,并且它不会随着政权种类的不同而发生改变。那么,这一"共有的东西"是什么?显然,根据马西留的公民共体论,这一"共有的东西"是指作为立法者的公民共体(以及以其为动力因的法律和统治部分)。②

众所周知,亚里士多德在《政治学》中对政体的完整定义为:"政体(politeia)是城邦各种职位尤其是对一切事物拥有权威(kurias)的职位的秩序安排(taxis)。因为统治阶层(politeuma)在每一个城邦中都有权威,并且统治阶层就是政体。"③亚里士多德在此主张统治阶层决定城邦的统治权威,既然统治阶层和政体是一致的,那么政体决定城邦的统治权威,比如平民制的城邦掌握统治权威的是平民,贵族制的城邦掌握统治权威的是贵

① 关于 regnum 一词的翻译和争论,参见 Annabel S. Brett, "Issues in Translating the *Defensor Pacis*", pp. 102-105。
② Janet Coleman, *A History of Political Thought: From the Middle Ages to the Renaissance*, p. 142.
③ 亚里士多德:《政治学》,1278b8—10。

族①,所以政体理论构成亚里士多德政治哲学的核心,它的主要任务在于确定谁占据统治阶层,即谁是统治者。

与亚里士多德从统治阶层的角度确立政体类型的思路不同,马西留区分了立法者和统治者,表明统治者只是立法者选举出来保护自身安全和利益的护卫者,这意味着不论谁行使统治部分的职权,国家的统治权威都将仅仅掌握在作为立法者的公民共体手中,所以亚里士多德的政体理论不再是马西留关心的核心问题,它在马西留的公民共体论中沦为次要的统治部分问题,而且政体类型仅仅存在量而非质的区别。② 换句话说,立法权而非政体问题才是马西留政治哲学的重中之重,他不再关心政体之间的优劣,而是首要地关心立法权的有无,即只有公民共体掌握立法权的国家才能被视为真正的国家,国家实行何种政体的问题则沦为了次要的问题。因此,亚里士多德政体理论寻求的是政体在自然目的论下的最好状态,并且只有最佳政体才能最好地实现对人的成全③;马西留公民共体论寻求的是公民共体在动力因下的自我保存,并且统治者只是公民共体意志的执行者与保卫其和平的工具,所以马西留在《和平的保卫者》第 1 论第 8 章"论政体或政权(温和的和欠缺的)种类及其类型的划分"中将政体是否符合公民共体的意志视为判断政体好坏的首要标准:

> 存在两种统治部分或统治职,一种是温和善好的,另一种则是欠缺的。根据亚里士多德《政治学》第 3 卷第 5 章,我所谓的那种"温和善好的",是指统治者为了公利而按照臣民的意志进行统治;"欠缺的",则是指这种统治[统治者为了公利而按照臣民的意志进行统治]的缺失。此外,这两种中的每一种都可以划分为三个类型:第一种,即温和的,分为王政君主制[王制]、贵族制和共和制;另一种,即欠缺的,分为三个相反类型,僭政君主制[僭主制]、寡头制和民主制。(I.8.2)

基于此,奈德曼指出,马西留的公民共体论将亚里士多德关于成全人的德性的特殊政体理论转变为保卫公民和平的一般政治理论(generic political

① Melissa Lane, "Popular Sovereignty as Control of Office-Holders: Aristotle on Greek Democracy", pp. 65-66.

② Alan Gewirth, *Marsilius of Padua: The Defender of Peace, Vol. I: Marsilius of Padua and Medieval Political Philosophy*, p. 117. 关于亚里士多德的政体理论经由西塞罗转变为马西留的公民共体理论,参见 Alan Gewirth, *Marsilius of Padua: The Defender of Peace, Vol. I: Marsilius of Padua and Medieval Political Philosophy*, pp. 172-173。

③ Fred D. Miller Jr., "Aristotle and the Origins of Natural Rights", pp. 878-879.

theory），因为国家指代的是一切善好政体共有的东西，而尘世和平可以通过多种政体实现出来，即尘世和平并不限于任何一种政体之中，所以马西留能够无差别地对待能够实现和平的各种政体，政体在质上的差别转变为了统治部分职权由一人还是多人担任的量的差别。①

问题在于，以公民共体为"共有的东西"的国家呈现出什么样的存在方式呢？马西留采用的国家概念是中世纪晚期政教关系中的国家概念吗？中世纪的传统教会概念在马西留的国家学说中居于什么位置？为了回答这些问题，我们有必要回到马西留对国家各个部分的划分中寻找答案。

马西留在《和平的保卫者》第 1 论第 5 章中将国家划分为六个部分：

> 城邦有六种部分或职权，正如亚里士多德《政治学》第 7 卷第 6 章所说：农业职（agricultura）、制造职（artificium）、军事职（militaris）、财政职（pecuniativa）、教士职（sacerdocium）和司法职或议会职（iudicialis seu consiliativa）。其中三种，即教士职、军事职和司法职，是绝对意义上的城邦部分，在城邦共同体中也通常被称为高贵部分。然而，其余［三种］在宽泛的意义上被称为部分，因为按照亚里士多德在《政治学》第 7 卷第 7 章的观点，它们是对城邦来说必要的职权。而且，它们的群众通常被称为大众。因此，它们是城邦或国家之中更广泛的部分，所有其他部分都能够被恰当地还原成它们。(I. 5. 1)

马西留延续了亚里士多德的城邦划分类别，指出国家共有六种部分或职权，其中农业职的功能在于"节制和保护灵魂营养部分的行为"(I. 5. 5)，从而保护公民身体的营养部分的和平；制造职的功能在于"缓和我们身体的行为和激情"(I. 5. 6)，从而保护公民的感官和平；军事职的功能在于为审判者的判决执行提供强制力，从而保护公民的生命和平(I. 5. 8)；财政职的功能在于"聚集和储存金钱、谷物、酒、油和其他必需品，到处获取和采购公利物品以满足未来之需，同时拥有从属于它的某些其他东西"(I. 5. 9)，从而保护公民身体的营养部分的长久和平；教士职的功能在于"缓和人类被认知和欲望命令的内在行为和及物行为，借此人类种族被规定朝向彼世的最好生活"(I. 6. 1)，从而保护公民的精神和平；司法职或议会职的功能在于"缓和那些从处所方面的运动能力（来自认知和欲求）中产生的过度行为（我们称之为

---

① Cary J. Nederman, *Community and Consent: The Secular Political Theory of Marsiglio of Padua's Defensor Pacis*, pp. 20–23.

及物的,并且它们可能会给今世状态的行动者以外的他者带来便利、不便或伤害)"(I.5.7),从而保护公民的身体和平,构成国家的统治部分。然而,正如马西留在公民和公民权问题上突破了亚里士多德政治哲学,马西留对国家各个部分或职权的划分同样突破了亚里士多德的划分:亚里士多德仅仅承认农民、手艺人和劳动阶层对于城邦来说是必要的,但是他否定它们是城邦的组成部分,因为它们是没有德性的阶层:

> 工匠就不是城邦的一部分,从事其他不能产生德性的行业的人员也一样。从我们立论的前提就可得知这一点,因为幸福必然离不开德性,一个城邦任何一部分不具备德性都不能称为幸福之邦,而必须以全体公民为准……农民、技师或工匠以及所有的雇工,它们都是城邦不可或缺的成分,但只有武装人员和议事人员才是城邦的部分。①

与亚里士多德否定大众阶层的公民权不同,马西留没有将承担农业、制造业和财政业职权的人民排除在公民之外,反而肯定它们是城邦的必要组成部分,所以群众或大众被马西留纳入了公民范畴之内,农业职、制造职和财政职构成了国家的组成部分。

问题在于,统治部分和教士部分在国家中具体发挥着什么功能呢,二者又是什么关系呢?为了回答这个问题,马西留引入了中世纪晚期的政治有机体(political organism)学说进行论证。② 简单来说,政治有机体学说认为政治共同体类似于有机体,即政治共同体各个部分发挥的功能类似于有机体各个部分发挥的功能,"它将政治共同体喻作人或动物的身体,把共同体内部的部门、阶层与身体的组成部分相对应,从导致身体健康或患病的原因中探求共同体出现良政或暴政的缘由"③。据此,奈德曼指出,马西留国家学说中的政治共同体诸部分是有机组合在一起的:"诸部分不是孤立地而是

---

① 亚里士多德:《政治学》,1329a20—37。
② 马西留的政治有机体比喻学说受到了中世纪医学和哲学家(比如阿维森纳和索尔兹伯里的约翰)的影响,参见 Serena Ferente, "Popolo and Law: Late Medieval Sovereignty in Marsilius and the Jurists", p. 98; Vasileios Syros, *Marsilius of Padua at the Intersection of Ancient and Medieval Traditions of Political Thought*, pp. 8, 27, 48, 62-63, 108-110, 112; Alexander Aichele, "Heart and Soul of the State: Some Remarks Concerning Aristotelian Ontology and Medieval Theory of Medicine in Marsilius of Padua's Defensor Pacis", in *The World of Marsilius of Padua*, p. 185。
③ 杨盛翔:"中世纪政治思想史上的有机体隐喻:修辞范式及其精神内核",《学术月刊》2017年第8期,第98页。

和国家共同体中的其他要素关联地发挥各自的功能。"①政治共同体的诸部分正是通过有机地组合在一起,从而构成了一个政治有机体。

马西留在《和平的保卫者》第1论第15章中指出,统治部分在国家中发挥着类似于动物心脏(cor)的功能,即统治部分是国家的"心脏"。在动物身体的各个部分中,心脏占据着核心部分,因为不仅动物首先形成的是心脏,而且心脏构成了动物诸器官中最高贵的部分,它引导和调节着动物的运动,动物一旦离开了它将面临立刻的死亡。

> 动物的某个有机部分在时间和自然上首先被赋形,自然的德能或潜能在它之中并且伴随着作为动原(activo principio)的某种热,我认为这种德能和热具有赋形和区分动物其余每一个部分的普遍主动因果力(universales activa causalitate)。那个首先被赋形的部分是心脏或某种类似于心脏的东西……这个首先被赋形的部分在禀赋和品质上比动物的其余部分更高贵、更完美。(I.15.5)②

与之相似,在国家的诸部分中,统治部分构成了国家的心脏部分,因为不仅国家首先形成的是统治部分,而且统治部分构成了国家诸部分中最完美的部分,它引导和调节着国家的行动,国家一旦离开了它将面临立刻的消亡。

> 我们应当以类似于这些[动物及其部分]的方式来考察根据理性恰当建立起来的城邦。因为从公民共体或其强力部分的灵魂中,一个类似于心的部分首先被赋形或必须被赋形,灵魂赋予了它某种德能或形式,使其具有建立城邦其余部分的动能(activa potencia)或权威。而这个部分就是统治部分,它在普遍因果力方面的德能是法律,并且它的动能是审判、命令和执行关乎城邦利益与正义之事的权威,基于此,亚里士多德在《政治学》第7卷第6章表明这个部分是城邦"所有"其他部分中"最必要的"。其原因在于,通过城邦其余部分或职权获得的充足

---

① Cary J. Nederman, *Community and Consent: The Secular Political Theory of Marsiglio of Padua's Defensor Pacis*, p.56.关于马西留对国家诸部分的功能性而非目的论式的解释,参见 Vasileios Syros, *Marsilius of Padua at the Intersection of Ancient and Medieval Traditions of Political Thought*, p.48。

② 马西留对于心脏器官的描述受到了盖伦医学和迈蒙尼德哲学的影响,关于盖伦和迈蒙尼德对心脏器官的论述,参见玛格丽特·J.奥斯勒:《重构世界:从中世纪到近代早期欧洲的自然、上帝和人类认识》,张卜天译,北京:商务印书馆,2019年,第35—37页;Moses Maimonides, *The Guide for the Perplexed*, translated from the original Arabic text by M. Friedlander, Skokie: Varda Books, 2002, pp.113-119。

性,在这些部分不存在的情况下,可以从其他地方充分地获得,即使这并不那么容易,例如从航海和其他形式的贸易中。但如果统治部分不存在,那么城邦共同体将不能维持或长久维持,因为"丑闻必然来临",正如《马太福音》所说。而这些[丑闻]就是人们彼此的斗争和伤害,如果它们没有通过正义规则即法律以及通过依法衡量它们的统治者得到惩罚或判定,那么将可能因此导致人民群众的战斗和分裂,从而最终[导致]城邦的毁灭和充足生活的剥夺。(I.15.6)

所以统治部分是国家最核心的部分,它起到了调节和引导国家行动的功能,并且国家的存在取决于它的存在。既然统治部分是国家最核心的部分并且决定了国家的政体性质,甚至国家一旦失去统治部分将不再存在,那么统治部分必须始终在场,"统治者的行动在城邦中绝不能停止,就好像心脏的活动在动物中不能停止一样"(I.15.13)。而这种在场性正是公民共体作为真理源泉的体现,用海德格尔的话来说就是:"在真正的真理之本质中存在着的,无非就是持久的、不折不扣的在场性。"①因为真理作为一种支配性的力量必须始终在场,以便支撑起生活世界的全部意义,所以统治部分作为执行公民共体意志的存在必须始终在场,以便表现公民共体的真理性力量。但是国家的其他部分不必始终存在(比如在和平时期,军事部分的行动将处在停滞状态),而且其他部分的一切行动都是指向统治部分的,即统治部分构成了国家的枢纽作用,一切权力从统治部分而来并且最终指向统治部分:

> 所有部分都是由统治者规定并且朝向统治者的,而统治者是今世状态中的首要部分。因为这个部分在公民共体中是所有部分中的首要部分,它必须在今世状态或尘世目的中和为了今世状态或尘世目的去建立、决定和保护所有其他部分……它是所有其他部分中的首要部分,而所有其他部分被规定朝向它。(I.15.14)

所以行使统治部分职权的统治者必须时刻彰显自己的存在,否则国家将立刻处在分裂之中。

马西留在《和平的保卫者》第1论第17章中进一步断定,统治部分应当在数量上为一(unmeralis unitas):

---

① 海德格尔:《论人的自由之本质——哲学的导论》,赵卫国译,北京:商务印书馆,2021年,第115页。

在一个城邦或一个国家中,应当只有一个统治部分,或者如果统治部分在数量或种类上为多(正如在大城邦中,这似乎是便利的,并且最重要的是,在国家中,这符合国家的第一种含义),那么其中必须有一个在数量上唯一且最高的统治部分,其余部分则可以被还原到该部分,受到它的规范,由它纠正其中发生的错误。(I.17.1)①

如前所述,但丁在《帝制论》中追求的是统治者的统一性,即一个国家只能有一个统治者,然而马西留区分了统治部分的统一性和统治者的统一性:只要一个国家的统治部分是单一的,那么一个国家允许存在多个统治者共同执行统治部分职权,"如果国家或城邦要得到正确安排的话,这个统治部分(即最高的部分)必须在数量上是一而非多。关于形式统治职权的统治者,我说了同样的话,即统治者在数量上是一,不是在人类主体方面,而是在职权方面。因为存在一个在数量上为一的最高的温和统治部分,其中不止一个人行使统治职权"(I.17.2)。

换句话说,马西留并不关心统治者是一个还是多个的数量问题,而是关心统治部分是否存在以及唯一的问题,"因为国家或城邦是一并且被称为是一,是由于统治部分的一"(I.17.7),所以对于马西留来说,统治者的数量问题引发的政体类型多样性问题仅仅是一个次要的问题,政治哲学的首要问题在于统治部分的有无问题,而非政体的好坏问题。

统治部分在数量上为一意味着统治部分是有序的,统治部分的有序性则决定了国家其他部分的有序性,因为国家其他部分的秩序是由统治部分安排的,如果统治部分是无序的,那么其他部分将陷入无序之中,国家最终也将陷入各自为政的混乱局面,"如果统治部分在城邦或国家之中是多个,并且不能还原到或受命于任何一个最高统治部分,那么就会缺乏对有利之事和正义之事的审判、命令和执行,而且由于无法报复人的不义行为,将会引发战斗、分裂乃至最终城邦或国家的毁灭"(I.17.3)。

---

① 自古希腊以降,这种对"一"的追求已经成为政治哲学的核心任务之一。例如,在《理想国》第5卷中,柏拉图城邦的善在于统一性,在于一($\dot{\varepsilon}\nu$)。与之相对,城邦的恶在于分裂,在于多($\pi o\lambda\dot{\upsilon}\varsigma$)(《理想国》,462b1—4)。因此,一个组织良善的城邦必然是整齐划一的城邦,在这样的城邦之中,不分你我,我为人人,人人为我,城邦就像一个个体一样,保持自我同一性:"任何城邦,凡是在一切方面最接近于一个单一的个人($\dot{\varepsilon}\nu\dot{o}\varsigma$ $\dot{\alpha}\nu\theta\rho\dot{\omega}\pi o\upsilon$)的,这就像是,在我们之中,如果有一个人,他的一个手指受伤了,那么那整个的共同体,那通过身体一直延伸到灵魂,并且在那里被那起统治作用的原则组成为一个单一的有机组织的共同体,就有所感觉了,然后在局部受损的同时,整个地一起感到疼痛了,并且正是这样,我们说:这个人手指痛……一个治理得最好的城邦,它的生活就是和那样的一个有机体最相近似的。"(《理想国》,462c8—d8)

　　需要注意的是,国家在数量上的一取决于构成国家单一部分(统治部分)的数量统一性而非取决于形式上的统一性:

> 城邦或国家在数量上为一在某种意义上是显而易见的;因为这是有秩序的一,不是简单意义上的一,而是多个事物所被称为的一;它们在数量上被称为一,不是因为它们通过某种形式而形式性地在数量上为一,而是因为它们被真正地称为数量上为一,基于此,它们关联于在数量上为一的东西,即统治部分,后者安排和治理它们。事实上,城邦或国家并不是通过某种单一的自然形式而成为一的事物,例如复合物或混合物,因为它[城邦或国家]的各个部分或职权以及这些部分中的个体或部分在现实[行动]上是多并且在形式上因处所和对象[的分离]而在数量上彼此分离。因此,它们[城邦各个部分]不是通过某种形式性地依附于其上的一而成为一,也不是像墙一样通过和它们接壤或包含它们[于其中的一而成为一]。因为罗马,和美因茨以及其他共同体一样,在数量上是一个国家或帝国,但这只是因为它们中的每一个都是凭借自己的意志被安排朝向数量上为一的最高统治部分。以几乎同样的方式,世界被称为数量上为一而非多的世界。所有存在被称为数量上为一的世界,不是因为某种数量上为一的形式(它形式性地依附于诸存在的宇宙之上),而是因为第一存在在数量上为一,因为每一个存在都自然地倾向于和依赖于第一存在。因此,对所有存在被称为数量上为一的世界的断言,不是对存在于它们所有之中的某种数量上的一的形式性[断言],也不是对根据一而被称为某种普遍的一的[断言],而是对特定的多被称为一的[断言],因为它是朝向一并且是为了一。同样地,任何一个城邦或省份的人被称为一个城邦或国家,是因为他们意愿一个在数量上为一的统治部分。(I.17.11)

因此,如果国家其他部分的行动都朝向统治部分、受到后者的规范和引导,而且统治部分保持数量统一性,那么国家在数量上就是一。国家的统一性内在于国家自身之中,并且马西留将其称为国家的首要存在或者第一因:只要首要存在是数量统一的,那么国家将是数量统一的。当然,这种统一性并没有消除差异性,在服从于唯一一个统治部分的前提下,每个人都承担着不同部分的职权,职权之间的统一性仅仅在于它们服从于同一个统治部分的命令,"每一个职权被称为数量上为一或者数量上为城邦的一个部分,尽管其中的个体数量众多,但这不是因为有某种数量上为一的东西依附于其上,而是因为它们根据法律的决定受制于统治者单一的主动命令"(I.17.12)。

综上,统治部分是国家以及其他各个部分运动的动力因;一旦国家失去了统治部分,那么国家将解体并且失去和平;统治部分的单一性决定了国家的统一性,一旦国家内部存在发挥统治部分功能的其他部分,那么国家将失去统一性并且从和平走向动乱。①

既然统治部分垄断了国家权力,即国家之中不能存在其他掌握强制性权力的部分,那么教士部分作为"绝对意义上的城邦部分"就不能掌握强制性权力,它仅仅是国家有机体中的非强制力部分。马西留在《和平的保卫者》第1论第15章中指出,统治者不仅行使统治部分职权,而且有权决定那些行使军事和教士职权的人事任免,"任何人都不应当也不可能随心所欲地行使军事或教士的职权,统治者也不应当允许这样做;因为这样做会导致城邦中其他职权[部门]所必须提供的物品的不充足[稀缺]。事实上,统治者应当根据人数、能力和其他诸如此类的东西来确定符合这些部分或职权的人员、数量和质量,这样诸部分就不会因为彼此的过度不节制而瓦解政体"(I.15.10)。也就是说,教士部分是由统治部分决定的,教士部分的人事任免取决于统治者的意志,所以教士部分应当服从于统治部分。②

瓦西利奥·西罗斯认为,之所以统治者管理构成国家高贵部分之职权的人事任免,是因为国家的健康发展取决于国家各部分处在一个恰当的比例之中,即各个部分的运动应当遵守一定比率,由此表现为一个有机体的健康运动,所以为了避免国家陷入分裂,公民共体需要赋予统治部分管理国家全部高贵部分的权力,由此确保国家所有部分都能够按照一定的比率发展

---

① 相较于统治部分在数量上为一,教士部分是否也需要在数量上为一,罗马主教是否因此成为教士部分的头? 马西留在《和平的保卫者》中给出了回应:"对于另一个推理,即按照使徒保罗在《以弗所书》第4章的观点,为了信仰的统一,我们可以推出只有一个教会和一位首席主教:我们应当说,教会在正确的含义下应被理解为信徒群体,由此才只有一个教会,正如只有一个信仰一样。因为不是在全体信徒方面数量为一,而是在种类或类型方面为一,因此不能推出,教会在任何其他方面都是一。对于该推理补充的说法,即教会不是一,除非凭借一位优越于任何其他主教的主教在数量上的统一性,我否认这一点;即使我承认它,我也否认它的其他推论及其证据,即罗马主教直接借着圣授成为这个首长或头。因为正如这一论上一章和第16章通过《圣经》所示,磐石(教会被建造在这上面)不是使徒彼得,而是基督。也因为罗马主教并不是以直接圣授的方式单独成为圣彼得或其他使徒的继任者(如上所示,这将意味着他应比其他主教拥有更大的权柄);而是如果有任何东西是他独有的,那么它就是借着人的规定或选举属于他的,正如我们在这一论第22章中充分说明的那样。"(II.28.13)

② Alan Gewirth, *Marsilius of Padua: The Defender of Peace, Vol. I: Marsilius of Padua and Medieval Political Philosophy*, p.99.

和运动。① 对此,马西留特别提到了教士部分分裂国家的危险:教权论者主张教士部分掌握强制性权力,即其发展和运动独立于统治部分的统治,进而使得其发展过快,这导致国家各个部分的比率失去了和平的秩序,从而造成国家的分裂。(I.15.10)

因此,教士部分和统治部分共同构成国家的两个有机组成部分,二者相互依赖,共同协作保证国家的和平:教士部分需要统治者提供尘世保护并且接受后者的尘世审判,"教士们从统治部分那里接受对他们的尘世行为的公正审判以及免于伤害的守卫,免得他们在今世状态中并为了彼世状态而伤害他人以及被他人伤害"(II.30.4);统治部分则需要教士部分提供关乎公民救赎的圣事的知识,以此确保公民在精神层面上的和平,"统治部分需要并依赖教士部分的行为;因为前者从后者那里接受教义和圣礼,即令此世的人朝向为了彼世状态的永恒救赎或荣福并消除与之相反的东西"(II.30.4)。这意味着,行使教士部分职权的神职人员不仅不具有对尘世统治者的强制性审判权,而且应当遵从基督的言行,服从尘世统治者的权威,"每一位主教、教士和神职人员都要在人法方面服从统治者的强制审判"(II.30.5)。即使尘世统治者犯了错,神职人员也无权对其审判,因为审判尘世统治者的权力只能来自公民共体:

> 主教或教士本身在此世并没有针对任何人的强制力,正如我们经常在先前的论述中确证和重申的那样。纠正和约束(如有必要,使用尘世的刑罚或惩罚)统治者逾越法律(就人法而言,正如我们在第1论第十章中所说的那样)的行为只属于人民立法者的权柄,或者属于人民立法者为此目的设立之人的权柄。(II.30.6)

那么,公民共体在政治有机体学说中扮演着什么角色呢? 如前所述,马西留认为统治者的权力来自公民共体的同意并且必须遵守公民共体制定的法律,即统治部分由公民共体建立并且接受后者(借着公民共体制定的尘世法)的规范,所以马西留将公民共体视为国家这一有机体中的"灵魂":"从公民共体或其强力部分的灵魂中,一个类似于心脏的部分首先被赋形或必须被赋形,灵魂赋予了它某种德能或形式,使其具有建立城邦其余部分的动能或权威。"(I.15.6)正如动物的灵魂控制着心脏的热度,从而使得热度为了动物健康的

---

① Vasileios Syros, *Marsilius of Padua at the Intersection of Ancient and Medieval Traditions of Political Thought*, p. 48.

目的而流向全身,公民共体借着尘世法同样规范着统治部分的政治行为,从而使得统治部分的权力为了国家和平的目的而合法地统治人民:

> 城邦的动原(principium factivum),即共体的灵魂,同样通过普遍因果力在这个首要部分中建立了某种德能,即法律,以及依据法律而非其他方式发布、命令和执行公民判决的权威或权力……授予某个人的统治权威以这种方式类似于作为主体的心中的热。他的武装或强制的工具性权力也以这种方式类似于我们称之为精气的热,该权力必须在审判、命令和执行关乎城邦正义和利益之事方面受到法律的规范。(I.15.7)

因此,公民共体、法律和统治部分分别是国家的灵魂、形式和质料,公民共体(灵魂)借着法律(形式)赋予了统治部分(作为质料的"心脏")以动能并且将统治部分的行动控制在维持国家和平的目的范围内。[①]

值得注意的是,中世纪晚期教权论者的政治有机体学说利用身体-灵魂的目的论解释思路来论述政教关系,将国家和教会的关系类比为身体和灵魂的关系,由此建立起准政治论证的政教理论。

马西留在《和平的保卫者》第2论第3章详细探讨了教权论者基于身体-灵魂的目的论解释思路的政教理论。在教权论者看来,正如身体从属于灵魂,身体的统治者应当从属于灵魂的统治者,"正如人的身体对应于灵魂,所以身体的统治者对应于灵魂的统治者。但是,就治理而言,身体从属于灵魂;所以身体的统治者(尘世的审判者)应当从属于灵魂的审判者或统治者(尤其是其中的首座,即罗马教皇)的治理"(II.3.10)。[②] 既然国家是身体,教会是灵魂,那么国家要服从于教会,尘世权力要服从于精神权力。之所以身体从属于灵魂,是因为灵魂比身体更高贵,而"苏格拉底认为,灵魂高于身体的地方恰恰在于,它可以无限地接近于静止不变的实在"[③]。既然教会比国家更高贵,而"当一物的行为在绝对的意义上更高贵时,该物也在绝对的意义上更高贵……更有尊严的人不应从属于而是管理较少尊严的人"(II.3.13),那么更高贵的教会在自然本性上应当统治较不高贵的国家。马西留

---

① 关于公民共体、法律和统治部分在马西留政治有机体学说中的位置,参见 Alan Gewirth, *Marsilius of Padua: The Defender of Peace, Vol. I: Marsilius of Padua and Medieval Political Philosophy*, p. 124。

② 相关讨论,参见 Giles of Rome, *Giles of Rome's On Ecclesiastical Power: A Medieval Theory of World Government*, I. 3-4。

③ 罗宾逊:《柏拉图的灵魂学》,张平译,北京:华夏出版社,2019年,第37页。

紧接着描述了教权论者的第二个准政治论证:"正如有形物对应于精神物,所以有形物的统治者对应于精神物的统治者。现在可以肯定的是,有形物就其本性而言不如精神物更有尊严,并且从属于精神物。因此,有形物的统治者(尘世的审判者)应当从属于精神物的统治者(教会的统治者)。"(II. 3.11)这个论证表明,无形物在目的论等级上高于有形物,并且目的越高越优越,所以"教会审判者(教士或主教)引导人朝向的目的、引导人所凭借的法律以及该法律的制定者,比尘世审判者引导人朝向的目的、引导人所凭借的法律以及该法律的制定者,更优越、更完美。因此,教会审判者(主教或教士,尤其是首座)比任何尘世审判者更优越"(II. 3. 12)。总而言之,教权论者利用目的论解释思路,论证统治上的层级性,即国家服从教会、尘世权力服从精神权力。但是这种政教理论既无法确保尘世权威的自足性,也无法实现马西留试图构造的国家和平与教会和平,政教合一的结果恰恰是西方中世纪近千年的政教冲突和宗教战争。①

针对上述准政治论证,马西留在《和平的保卫者》第 2 论第 30 章"论对同一论第 3 章中为了同一个目的而引入的推理的解决,以及罗马帝国和其他任何一个统治职的转移;根据正确推理,在多大程度上应当并且可以发生这种转移"中一一提出了解决方案。在马西留看来,身体-灵魂的目的论解释思路不可采取普遍形式,而是仅仅可以采取非特定形式,即

> 身体的统治者以隐喻的方式被理解为这样一个医生,他作为一个操作型专家对身体进行照料,处理非理性部分和营养部分的行为;灵魂的统治者被理解为这样一个医生,他是操作型专家或导师,处理理性部分和欲望部分的行为,无论在今世状态中并为了今世状态的行为(人文科学或学科的专家就是这样的),还是为了彼世状态的行为(牧者和教士就是这样的)。(II. 30.1)

完美性不应当就部分而言,而是应当就整体而言,因为真正的完美性体现在整体之中,整体之中的各个部分不是绝对意义上的统治关系,而是彼此依附、各司其职的交互关系,正如:

> 人体比每一个简单体或复合体(至少比生成体)更完美(在绝对的意义上),但它在某些方面是潜在的并且不比许多复合体和简单体更完

---

① 杨静:《莱布尼茨科学观研究》,北京:中国社会科学出版社,2021 年,第 86—87 页。

美。我们也可以在同一整体的诸部分中看到这一点。因为,尽管眼是比手或脚更完美的肢体或部分,因为它执行更完美的活动,但它必须依赖手或脚并从它们那里接受一些活动或动作;反之亦然,它们也依赖于眼,因为它们被它引导到它们移动或被移动指向的目标。(II.30.4)

所以身体和灵魂的统治者在国家之内各司其职,并且教士作为灵魂的统治者无权干预身体的统治者。此外,即使灵魂比身体更高贵、更完美,我们也不能因此推出灵魂应当统治身体,因为马西留并不承认任何自然正当的统治类型,他断定意志而非理性构成统治的唯一合法性来源,所以身体的统治者(尘世统治者)并不因自身的完美德性而天然地获得统治权,而是因公民共体的授权而获得统治权;同样地,灵魂的统治者(狭义上的教士)并不因自身掌握的福音知识而天然地获得教职,而是因信徒共体的拣选而成为管理信徒的教士。通过针对第二个准政治论证,马西留指出,教士并不是灵魂的强制性统治者,而仅仅是为灵魂提供救赎知识和劝诫的统治者,因为只有公民共体及其授权的尘世统治者在尘世拥有强制力,其他统治者或审判者都只是非强制力的专家,所以马西留说:

> 唯独基督是这样的审判者,此世的审判者在为了彼世状态的强制司法管辖权方面必须服从于他,我们过去和现在都没有否认过这一点……那时在天上,除了基督以外,没有任何新律中的使徒或教士。基于此,此世的审判者将仅由这位审判者用强制审判的方式加以审判,而那些不值得的人将受到强制力的约束,但这发生在彼世,按照彼世的法律。(II.30.2)

因此,根据尘世和天国的二分结构,政教呈现出分离态势,因为政权掌握在尘世统治者手中,教权掌握在基督手中,甚至教士的本质职权直接来自基督的授予,"就教士职权表示灵魂的某种习性(《圣经》圣师称之为品格)而言,它的直接动力因或制造者是上帝,他把这种品格印在灵魂上"(II.15.2)①,所以国家和教会分属于俗圣两个绝对分离的领域;根据天上教会和地上教会的

———————

① 马西留在《和平的保卫者》中表明教士拥有相同的本质职权:"所有教士都有这种相同的教士品格(无论一种还是多种),即我们所说的行圣餐礼、祝圣成基督的圣体和圣血的权力、捆绑和把人从罪恶中解救出来的权力以及我们称为对教士(就其为教士而言)来说本质的或不可分的权柄;无论罗马主教还是其他主教,都不比任何一般的教士拥有更充分的教士品格。因为主教和教士在这权柄(无论一种还是多种)上没有什么不同。"(II.15.4)

二分结构,政教则呈现出融合态势,因为不仅地上教会属于国家的一部分,而且教士的本质职权需要借着国家力量发挥效力,甚至教士的偶性职权直接来自地上教会的授予,"在使徒死后或在他们缺席的情况下,对主教和其他教会或精神执事的次级按立(institucio secundaria)由需要按立执事的地方或省份的信徒共体以尽可能适合人类生活的方式共同完成,而非由其他任何一个集体或个人完成"(Ⅱ.17.5)①,所以地上教会在国家之中,国家和教会是整体和部分的融合关系。

与传统的政教理论不同,在马西留的政治有机体学说中,中世纪晚期政治哲学中的国家和教会的二元实体关系转化为国家一元实体之中的统治部分和教士部分的部分—部分关系,即传统政教理论中的国家和教会不再是身体和灵魂的关系,而是转化为身体之中的心脏和其他部分(其他器官)的关系。这意味着,教会不再扮演传统政教关系中掌握着强制性精神权力的灵魂角色,而是仅仅成为国家身体中的教士部分,进而被纳入国家之中,并且传统政教关系中的灵魂角色被交给了公民共体,所以公民共体而非教会赋予了统治部分以尘世权力,统治部分借着公民共体的授权对包括教会在内的所有其他部分实行政治统治。

行文至此,科尔曼将马西留的这一政治有机体学说视为"中世纪法团理论"(medieval corporation theory)中的一种:尘世国家是一个由公民共体组成的法团,教会只是国家法团内部的一个非统治部分的团体(信仰团体),由此马西留将教会纳入国家之中,消解了教权论者主张的尘世强制性精神权力,确保了尘世权威的自足性。② 所以《和平的保卫者》被称为"第一本……将教会视为国家一部分的著作"③。

第三节　形质论问题:从柏拉图到奥古斯丁

让我们回到本书第2章第2节。既然马西留的整体大于部分原则突破了以柏拉图为代表的古典形质论,那么这是否意味着马西留同时突破了以

---

①　关于马西留的详细论述,参见 DP., Ⅱ.22。

②　Janet Coleman, *A History of Political Thought: From the Middle Ages to the Renaissance*, p. 137. 关于马西留政治哲学中的法团主义因素,参见 Alan Gewirth, *Marsilius of Padua: The Defender of Peace, Vol. I: Marsilius of Padua and Medieval Political Philosophy*, pp. 128, 315。

③　Charles Howard McIlwain, *The Growth of Political Thought in the West: From the Greeks to the End of the Middle Ages*, p. 313.

奥古斯丁为代表的基督教形质论？马西留的形质论如何平衡上帝和世界之间的关系，又如何在新中介的基础上筹备一种现代政教秩序？本章接下来将通过对比柏拉图和奥古斯丁对待原始质料(prima materia)概念的形质论态度，挖掘马西留笔下断裂与重建的形质论，表明马西留试图塑造出一个有助于诞生新中介和现代政教秩序的形质论。

一、柏拉图的二元创世论和形质论

柏拉图在《蒂迈欧篇》[①]27d—29b 通过"始终存在者"和"始终转变者"来解释宇宙的起源[②]，但是他后来认为这两种东西并不能满足其对宇宙起源的解释："我们以前没有区分出第三种东西，考虑到这两种东西将是充足的。但是当前的论证似乎要求我们的考察应当努力澄清这一困难而隐晦的东西。"[③]而"载体"就是"困难而隐晦"的第三种东西，它构成了德穆格创世活动不可或缺的因素。

柏拉图主要从质料(hyle)和空间(topos)两个角度来阐释载体。第一，柏拉图认为载体是德穆格创造宇宙所需要的材料[④]，德穆格能够利用永恒理念(作为一种"始终存在者")为无形式的载体赋形，从而创造出有秩序的宇宙。[⑤] 这里有两点值得注意，首先，就载体构成德穆格创世的材料而言，载体被称为柏拉图宇宙论中的质料[⑥]，"从其中而出的某种东西，即一种质料"[⑦]。

---

① Plato, *Timaeus and Critias*, translated by Robin Waterfield, with an Introduction and Notes by Andrew Gregory, New York：Oxford University Press, 2008. 以下引用，皆在此译本基础上译出。

② 关于《蒂迈欧篇》27d—29b 的详细解读，参见 Thomas Kjeller Johansen, "Why the Cosmos Needs a Craftsman：Plato,'Timaeus' 27d5-29b1", *Phronesis*, 2014（4）：pp. 297-320；R. Hackforth, "Plato's Cosmogony（Timaeus 27dff.）", *The Classical Quarterly*, 1959（1）：pp. 17-22。

③ Plato, *Timaeus and Critias*, 49a. 相关讨论，参见埃里克·沃格林：《秩序与历史（卷三）：柏拉图与亚里士多德》，刘曙辉译，南京：译林出版社，2014 年，第 219—252 页；埃里克·沃格林：《秩序与历史（卷五）：求索秩序》，徐志跃译，南京：译林出版社，2018 年，第 109—126 页。关于亚里士多德的质料学说，参见曹青云：《流变与持存——亚里士多德质料学说研究》，北京：北京大学出版社，2014 年。

④ Plato, *Timaeus and Critias*, 50c-d.

⑤ 德穆格的创造活动其实是为无序提供秩序的赋形活动，参见 Plato, *Timaeus and Critias*, 30a. 此外，虽然《蒂迈欧篇》41a—c 认为德穆格将创造可感物的任务交给了诸神，但是这并没有取消德穆格在创造可感物中的作用，因为诸神只是按照德穆格的意志参与了可感物的创造，德穆格才是创造可感物的真正动力因。

⑥ 柏拉图在《蒂迈欧篇》69a 明确提及质料一词，并且柏拉图将载体等同于空间，空间等同于质料，所以载体是一种质料的论述符合柏拉图的宇宙论学说。下文将具体阐释这一点。

⑦ Keimpe Algra, *Concepts of Space in Greek Thought*, Leiden · New York · Koln：Brill Academic Publishers, 1995, p. 77. 同样的论述，参见 Lesley Dean-Jones, "Aristotle's Understanding of Plato's Receptacle and Its Significance for Aristotle's Theory of Familial Resemblance", in *Reason and Necessity：Essays on Plato's Timaeus*, edited by M. R. Wright, London：Duckworth and the Classical Press of Wales, 2002, p. 102。

也就是说,载体构成了一切可感物的质料,一切可感物都是从载体中而出的;其次,就载体不具有任何的形式而言,载体不会经历生成和毁灭①,因为"始终转变者"是被德穆格利用永恒理论赋予了形式的个别可感事物②,而载体缺乏始终转变的形式,所以载体不在时间之中,它是除了永恒理念之外的另一种"始终存在者"。因此,载体是始终存在的无形式的质料。第二,柏拉图从作为空间的接受者的角度来理解载体:"它仅仅作为一切事物的接受者去活动,并且它绝不相似于任何进入其中的东西。"③所以载体作为"一切事物的接受者"不同于任何一种被赋予形式的可感物,恰恰相反,它本身是没有任何形式特征的④,并且它在整个创世活动中起到的是"母亲"的作用,即载体为赋形活动提供处所,正如母亲为生产孩子提供子宫。⑤ 这种承受者被柏拉图称为空间,"第三种东西是空间,它始终存在,不可朽坏,并且作为一切生成物的舞台去活动"⑥。一方面,不同于作为"始终转变者"的可感物,空间的无形式特征使其"始终存在,不可朽坏",即空间缺乏朽坏的形式规定性;另一方面,空间为德穆格的创世活动提供了一个处所,并且每一个可感物都必然占据一定的空间。因此,载体是始终存在的作为接受者的空间。

综上,柏拉图的载体既是质料也是空间。由于柏拉图的本原学说"把'一'和'不定的二'看做万物的两个最终本原,同时认为整个存在遵循着'具体事物-理念-数-二本原'这样一个基本结构"⑦,而且"'形式'指代着'一','空间'指代着'不定的二',亦即'质料',而'摹本'则是指那些通过形式与质料的结合而产生出来的具体事物"⑧,所以柏拉图持有一种二元论的创世论和形质论:载体和形式分别代表柏拉图的两个本原(一和不定的二),从而通过混合生成了一切可感物。⑨ 这意味着,作为"第三种东西"的

---

① Plato, *Timaeus and Critias*, 50a.

② Erik Nis Ostenfeld, *Forms, Matter and Mind: Three Strands in Plato's Metaphysics*, Leiden · Boston: Martinus Nuhoff Publishers, 1982, p. 124.

③ Plato, *Timaeus and Critias*, 50b-c.

④ Ibid., 50d-e.

⑤ Ibid., 50d.

⑥ Ibid., 52a-b.

⑦ 先刚:"柏拉图哲学中的'混合'问题",第 59 页。

⑧ 同上,第 66 页。

⑨ 柏拉图的混合概念类似于希腊化时期斯多亚学派的第三种混合概念:两个东西混合后发生了共同的扩张,二者存在于完全相同的处所,并且各自保持着自己原有的性质。比如一滴酒撒入整个大海,酒和海相互渗透但又彼此保持着各自的性质,并且我们仍然能够从大海中将一滴酒分离出来。关于斯多亚学派对三种混合概念的论述,参见 A. A. Long and D. N. Sedley, *Volume 1 of the Hellenistic Philosophers: Translations of the Principal Sources with Philosophical Commentary*, Cambridge: Cambridge University Press, 1987, 48b-c。

载体在柏拉图的宇宙论中居于本原的位置,它不是德穆格创造出来的,而是仅仅接受德穆格赋形的始终存在的质料或空间。

那么,从载体中而出的被赋形物将呈现出什么状态呢? 如前所述,柏拉图将德穆格的赋形活动理解为理性(理智,nous)说服必然性(anagke)的过程,"我们这个世界的被造物是理性[理智]和必然性的共同产物……理性通过说服来驾驭必然性,从而驱使大多数被造物朝向完美"①。这里的必然性是指无形式规定性的载体,所以德穆格只有说服载体接受形式才能完成赋形活动,而且作为必然性的载体越服从于理性,被赋形物越拥有理性,其完美程度越高。也就是说,被赋形物的完美状态取决于载体对形式的接受程度(即载体和形式的混合程度),当载体完全服从形式的规定时,被赋形物中的形式将能够控制住载体,从而接近充满形式的完美和善的状态;当载体抗拒形式的规定时,被赋形物中的形式将不能够完全控制住载体,从而接近缺乏形式的不完美和恶的状态。② 比如,柏拉图在《蒂迈欧篇》27d—29b认为宇宙不因其自身为"始终转变者"而经历朽坏,其中一个原因在于,德穆格在创造宇宙时赋予了其最接近神圣理念的形式,所以构成宇宙的载体能够完全服从形式的规定,从而接近完美的状态。

然而,载体的无形式性和本原的位置决定了一切从载体中而出的被赋形物都趋向于返回到载体状态之中,不论该赋形物接近完美而不朽还是缺乏完美而经历朽坏。首先,载体的无形式性意味着载体的无秩序的混乱状态,而载体接受形式的赋形过程正是从无序走向有序的过程,所以从载体中而出的被赋形物在根本上蕴含了载体的无形式性,一旦被赋形物缺乏形式,它必将趋向于无形式的载体状态;其次,载体的本原位置决定了载体必然构成被赋形物的一个不可或缺的部分,即任何一个被赋形物都必然是由形式和载体混合而成的,所以载体不可能因其自身对形式的接受而被完全取消掉,"世界理性秩序的形成,来自理性对必然性的征服,但理性并不能完全取消必然性"③。虽然宇宙本身是永恒模型的形象,从而分有了永恒模型的永恒性,但是柏拉图认为宇宙本身仍然是始终转变者,并且宇宙的永恒不变最终取决于德穆格的意志,"任何我[德穆格]创造的东西都是不朽的,除非我意愿它可朽"④。这意味着,从载体中而出的不朽宇宙是德穆格按照自己的

① Plato, *Timaeus and Critias*, 47e-48a.
② Thomas Kjeller Johansen, "Why the Cosmos Needs a Craftsman: Plato, 'Timaeus' 27d5 - 29b1", pp. 304-310.
③ Plato, *Timaeus and Critias*, 29a.
④ Ibid., 41a.

善意设计的结果,即德穆格是不朽宇宙的动力因。

因此,一个被形式规定的充满秩序的被赋形物无论多么完美,它在根本上蕴含着由载体带来的无形式性,而这一无形式性始终构成对被赋形物所拥有的形式及其理性秩序的挑战,由此决定了被赋形物本性上趋于无形式的必然性。

二、奥古斯丁的形质论阐释

奥古斯丁在《忏悔录》第 12 卷和第 13 卷中通过对《创世记》1:1—1:3 的解经论述了原始质料概念。① 正如柏拉图从形质论的角度阐释了载体概念及其对被赋形物性质的影响,奥古斯丁同样从形质论的角度阐释了原始质料的"载体"性质以及从其中而出的被赋形物的运动状态。第一,正如柏拉图将载体视为德穆格创世的材料,奥古斯丁同样将原始质料视为上帝创

---

① 在奥古斯丁看来,《圣经》的解释方法有两种:字义解经法(the literal meaning of hermeneutical method)和寓意解经法(the allegorical meaning of hermeneutical method)。字义解经法意味着"对历史事实的解释,不是就它们的将来维度而言,而是就它们的过去维度而言"(Saint Augustine, *On Genesis: A Refutation of the Manichees, Unfinished Literal Commentary on Genesis, The Literal Meaning of Genesis*, translation and notes by Edmund Hill, O. P, general introduction and other introductions by Michael Fiedrowicz and translated by Matthew O'Connell, edited by John E. Rotelle, O. S. A, London: New City Press, 2002, p. 159),所以字义解经法将《圣经》中记录的上帝创世、人类堕落、基督降临和基督死而复活等故事视为真实发生的历史事件,并且我们根据这些真实发生的事件的合理意义(从字义上)来解释《圣经》经文。但是字义解经法并不能充分地表达《圣经》所包含的丰富的含义,因为《圣经》作者借着圣灵的启示不仅记录了历史上发生的真实事件,而且通过这些事件向我们传达了上帝的隐秘的神意,并且上帝的隐秘的神意更多的是指向未来的,而字义解经法是从字面上解释过去发生的事件,所以字义解经法不能充分地阐发出上帝的隐秘的神意。为了弥补字义解经法在《圣经》解释上的不足,奥古斯丁引入另一种《圣经》解释法:寓意解经法。寓意解经法认为《圣经》中记录的故事除了是真实发生的历史事件外,还包含着某种寓意,奥古斯丁甚至认为当《圣经》作者记录历史故事时,"整个故事都是寓意式的(figurative),而不是具有寓意指称的实际发生的事情的故事"(Augustine, *On Genesis*, p. 352),所以寓意解经法是对《圣经》经文的寓意解释,借此发现隐藏在《圣经》故事背后的作者的意图,即上帝的意志。而且奥古斯丁认为寓意解经法可以很好地处理旧约和新约的关系,由于"整部《圣经》包含两重含义"(Augustine, *On Genesis*, p. 168),旧约预示着新约,所以运用寓意解经法,我们可以依据新约解释旧约,从旧约中引申出包含在新约中的内容,从而在旧约和新约之间建立起一种关系,解决旧约和新约不一致的地方。虽然寓意解经法是奥古斯丁解释《圣经》的主要方法,但是奥古斯丁仍然使用了字义解经法,然而字义解经法并不能脱离寓意解经法,事实上关于《圣经》经文的字义解经经常被视为寓意解释的结果,也就是说,字义解释是为了实现某种寓意解释而对经文所做的解释。从这一点可以看出,在《圣经》的解释方面,奥古斯丁关注的并不是经文的字义,而是经文的寓意。相关讨论,参见 Augustine, *Confessions*, 12. 18. 27-12. 28. 38; Saint Augustine, *On the Free Choice of the Will, On Grace and Free Choice, and Other Writings*, edited and translated by Peter King, Cambridge: Cambridge University Press, 2010, pp. 42-61; Carl G. Vaught, *Access to God in Augustine's Confessions: Books X - XIII*, New York: State University of New York Press, 2005, pp. 180-190; Robert J. O'Connell, *St. Augustine's Confessions: The Odyssey of Soul*, Cambridge: The Belknap Press of Harvard University Press, 1969, pp. 155-156.

世的材料,"从其中[质料],你造出了如此美妙的世界"①。原始质料是万物"从其中而出的东西",即天使、人和一切其他被造物都是从原始质料中而出的被造物。② 第二,原始质料延续了载体的无形式性和无时间性。③ 第三,原始质料延续了被赋形物本性趋向于质料状态的特征。

既然形式和质料分离的形质论会造成从原始质料中而出的被赋形物在本性上趋向于无序的必然性,为什么奥古斯丁还是采用柏拉图式的形质论而非采用形式和质料不可分的亚里士多德式的形质论来阐释原始质料呢? 或者说,基督教的创世神学为何采用能够带来如此大的困难的形质论来阐释原始质料呢? 如前所述,柏拉图的形质论是形式和质料可分离的形质论,即质料只有接受来自自身之外的形式才能产生形质结合物,这意味着一切形质结合物的形式都在质料之外,所以一旦存在物失去了形式,或者质料和形式发生了分离,那么存在物将走向解体,进而重新回到质料的无形式状态。然而,形式和质料的分离导致一切从质料中而出的存在物必须从质料之外才能获得形式,质料自身无法直接产生有形式的存在物,所以柏拉图的形质论确保了形式的优先性和质料对形式的依赖性。

奥古斯丁延续柏拉图的形质论的目的正是为了确保上帝的优先性和原始质料以及从其中而出的受造物对上帝的依赖性。这一形质论阐释恰恰有力地支持了基督教教义,即上帝是存在本身和一切受造物都不能离开上帝而存在。如果原始质料和形式是不可分离的,即形式在原始质料之中,那么原始质料的赋形活动将能够不依赖于上帝的光照活动而单独实现出来,这将导致一个不依赖于上帝的自足的受造物世界,所以奥古斯丁只有对原始质料进行柏拉图式的形质论阐释才能确保受造物对上帝的依赖性,由此建立起以上帝为核心的宇宙论。

因此,即使原始质料的形质论阐释会造成原始质料的自然本性不自足的困难,以奥古斯丁为代表的基督教创世神学也必须坚持这一形式论阐释,基督教教义只有在这种形质论中才能得到有力的辩护。正是为了维护基督教的正统教义,原始质料的形质论阐释使得一切从原始质料中而出的受造物的存在始终依赖于上帝,上帝的优先性要求原始质料和形式的分离,即形式必须外在于原始质料的自然本性,但是这一分离造成了原始质料本性上的不自足,进而造成了原始质料面临必须始终朝向上帝,否则其自然始终欠

① Augustine, *Confessions*, 12. 4. 4.

② Ibid., 11. 12. 14.

③ Ibid., 12. 3. 3, 12. 12. 14–15. 相关讨论,参见 Robert Jordan, "Time and Contingency in St. Augustine", *The Review of Metaphysics*, 1955 (3): p. 405。

缺的危险。一旦上帝远离受造物，或者上帝在受造物的创造活动中缺席，那么受造物将由于失去存在的根基而面临着自然缺乏形式的潜在危险，这一潜在的危险最终在中世纪晚期唯名论革命中得以真正展开。所以原始质料的形质论阐释既维护了基督教教义，也造成了基督教创世神学难以克服的困难。

三、原始质料的创造：从始终存在到无中造有

柏拉图的宇宙论是一种二元创世论：代表"一"的神圣理念和代表"不定的二"的载体通过混合形成了万物，德穆格只是混合始终存在的神圣理念和始终存在的载体从而创造万物的动力因，而非神圣理念和载体的创造者，所以神圣理念和载体在柏拉图的宇宙论中位于本原的存在位置，即二者不是德穆格创造的而是始终存在的。柏拉图形质论下的载体只是万物从其中而出但其自身不是从任何地方而出的东西，德穆格在整个创世宇宙论中仅仅是不创造原始材料的创世工匠。然而，奥古斯丁在《忏悔录》第 11 卷明确否定上帝仅仅是创世工匠，"你如何创造天地，你为了如此大的工程使用了什么工具？你不像一个根据自己心灵中的个人选择从一个物体中造另一个物体的工匠"①。奥古斯丁进一步认为这种工匠及其使用的材料都是上帝创造的②，所以上帝不像德穆格那样仅仅是混合形式和载体的动力因，而是一切存在物的动力因。上帝的这种创造性决定了万物都依赖于上帝而存在并且万物的存在都来自上帝的创造力量。

那么，原始质料是如何被创造的？奥古斯丁认为《创世记》1：1 描述了原始质料的创造过程："在起初，上帝创造天和地。"③也就是说，上帝在起初

① Augustine, *Confessions*, 11. 5. 7.

② Ibid., 11. 5. 7.

③ 奥古斯丁当时使用的拉丁本《圣经》原文为"In principio fecit Deus caelum et terram"，而七十士译本为"Ἐν ἀρχῇ ἐποίησεν ὁ θεὸς τὸν οὐρανὸν καὶ τὴν γῆν"。奥古斯丁当时使用的《圣经》版本是从七十士译本直接翻译而来，并且"奥古斯丁全力支持七十士译本这一希伯来《圣经》的希腊语译本，他相信这是神的启示，比希伯来原文更好"（斯蒂芬·米勒、罗伯特·休伯：《〈圣经〉的历史》，黄剑波、艾菊红译，北京：中央编译出版社，2008 年，第 177 页）。本节在一些《圣经》经文引用上，将从七十士译本中直接翻译过来。值得注意的是，奥古斯丁使用的拉丁本《圣经》中的"fecit"和七十士译本中的"ἐποίησεν"字面意思都是"制造"（made），而武加大本《圣经》则将"ἐποίησεν"翻译为"creavit"，即"创造"。"制造"的原初含义是利用已有的质料制造出一个东西来，而作为东西的质料本身不是被制造出来的，古典的神正是从制造的角度造世界的，因此柏拉图和亚里士多德都将神称为工匠神，并且人具有神的这种制造能力，人和神在制造能力方面的差别不是根本性的。而奥古斯丁使用的"创造"概念意味着从无中创造有，上帝不仅利用质料制造东西，而且从无中创造构成世界的原始质料，并且这种创造能力是上帝独有的，人只具有古典意义上的制造能力，并不具有这种创造能力，并且奥古斯丁在《上帝之城》11. 10. 1 部分谈论上帝的三位一体时也说："我说这是（转下页）

创造了作为原始质料的天和地①,但是这并不是说原始质料是从起初中而出的。因为奥古斯丁认为:"你[上帝]不是从自身中创造了天和地,否则它们将等同于你的独子和你自己"②,而起初就是上帝的独子,"他[圣子]是起初,因为除非他始终存在,否则将没有我们能够返回的稳固点"③,既然作为圣子的起初只是为作为圣父的上帝④提供了创造原始质料的稳固支点,那么起初并不构成原始质料从其中而出的原因,否则原始质料将与圣父和圣子永恒共存,但是"被造物[包括原始质料]确实不是他亲生的,而是他从无中制造的,不可以和他永恒共存"⑤,并且永恒共存的只有圣父、圣子和圣灵⑥,所以原始质料不是从起初而出的。那么,原始质料从哪里而出?由于在上帝之外只有虚无,所以原始质料只能是从虚无中被上帝创造出来的,"你[上帝]从虚无中创造了天和地"⑦。当然,从虚无中而出的原始质料"不是绝对的无"⑧,而是某种接近于虚无的东西,即无限接近于虚无但始终保持存在的东西,"被剥夺一切形式的东西[原始质料]……既不被赋予形式也不是虚无,而是无形式和接近于虚无"⑨。所以原始质料是上帝在起初"无中造有"(creatio ex nihilo)的产物。

原始质料的"无中造有"改变了原始质料以及被赋形物在形质论下的存在状态。首先,柏拉图认为载体不仅仅具有形质论下的无时间性特征,而且是代表不定的二的始终存在,所以载体既是无时间的又是无开端的"原始质料"。但是奥古斯丁将原始质料放在造物主和被造物的创造论关系中加以考察,从而为原始质料规定了一个创造意义上的开端,由此使得原始质料的无时间性只能被理解为有开端的无时间性。其次,载体的本原性位置决定

(接上页)创造(creata),也就是制造(facta),而不是诞生(genita)"(奥古斯丁:《上帝之城》(中),第88页)。所以虽然奥古斯丁和七十士译本使用的都是"制造"一词,但是我们不能从字面上理解这个词,其准确的含义应为武加大本使用的 creavit(创造)一词。当然,上述关于制造和创造关系的论述过于简单化,论述只是为了突出制造和创造的差异性,如果想要充分得出制造概念与创造概念的两极的结论,需要结合释经学者的具体讨论进行才比较合适。

① 这里的天和地应为精神质料和物质质料。关于奥古斯丁对天和地的多重解释,参见 Carl G. Vaught, *Access to God in Augustine's Confessions: Books X-XIII*, pp. 154-166。

② Augustine, *Confessions*, 12. 7. 7.

③ Ibid., 11. 8. 10.

④ Ibid., 13. 5. 6.

⑤ 奥古斯丁:《上帝之城》(中),12. 15. 3。

⑥ Augustine, *Confessions*, 13. 5. 6-13. 7. 8.

⑦ Ibid., 12. 7. 7.

⑧ Ibid., 12. 3. 3.

⑨ Ibid., 12. 5. 5. 相关讨论,参见 Jean-Luc Marion, *In the Self's Place: The Approach of Saint Augustine*, pp. 245-246。

了从载体中而出的被赋形物本性上趋向于无开端的始终存在的载体,所以柏拉图宇宙论中的被赋形物最终趋向的是质料意义上的存在而非绝对的无。但是奥古斯丁将原始质料视为从虚无中而出的东西,即虚无在起源方面优先于原始质料,那么不仅原始质料蕴含了载体所不具有的虚无特征,而且"无中造有"同样适用于被赋形物,所以原始质料以及从其中而出的被赋形物根本上趋向于虚无。这意味着,虚无构成了一切被造物的本性,被造物只有朝向作为存在本身的上帝才能获得存在,不论这种存在是形式意义上的还是质料意义上的存在。①

行文至此,一方面,奥古斯丁的原始质料概念继承了柏拉图载体概念的质料和空间特征以及从载体中而出的被赋形物的运动状态,由此奥古斯丁延续了柏拉图关于载体的形质论解释路径;另一方面,原始质料和载体的根本区别在于,奥古斯丁的原始质料是上帝从虚无中创造出来的被造物,而柏拉图的载体是德穆格用来创造万物的始终存在的质料性空间,这意味着奥古斯丁从根本上转变了柏拉图载体学说背后的二元宇宙论,由此塑造出基督教的一元宇宙论。借着奥古斯丁对柏拉图载体学说的延续和转变,我们能够更加全面地捕捉到奥古斯丁原始质料学说的关键所在,从而把握到基督教对古典宇宙论的继承和革命。

第四节　形质论视野下的政教新秩序

基于上述讨论,我们很容易在马西留身上看到柏拉图和奥古斯丁的影子,马西留所构造的政教新秩序同样利用了柏拉图和奥古斯丁的形质论。② 因此,本节将着力分析马西留如何在柏拉图和奥古斯丁形质论视野下述说政教秩序的"原始质料",进而澄清中世纪晚期政教秩序大变革背后的形质论革命,彰显马西留笔下分离与融合的政教新秩序。

在《和平的保卫者》第 1 论第 7 章"论城邦诸部分之存在和分离的其他原因类型,以及将每一种类型划分为与我们意图相关的两种模式",马西留讨论了国家诸部分的质料因、形式因和动力因。就质料因而言,人是国家诸

---

① 需要注意的是,原始质料要么通过朝向上帝获得更好的存在,要么通过背离上帝倾向于虚无,但是它绝不会彻底回到虚无之中。因为原始质料是被造物,而拥有了存在的东西都是好的,所以无论原始质料如何背离上帝都不会彻底失去存在。

② Vasileios Syros, *Marsilius of Padua at the Intersection of Ancient and Medieval Traditions of Political Thought*, pp. 5-6, 61-68.

部分的质料,人的自然禀赋决定了每个人适合不同的职权:

> 就职权表示灵魂的习性而言,不同职权的专属质料是那些在血统
> (generatio)或出生(nativitas)上就倾向不同技艺或学科的人……自然
> 不是让一个个体倾向于一种类型的技艺或学科,而是让多个人倾向于
> 同一种类型的技艺或学科,因为这是实现充足性的必要方式。所以自
> 然生出一些适合明智的人,因为城邦中的司法和议会部分必须由明智
> 之人组建;一些适合强壮和胆大的人,因为军事部分适合由这些人组
> 建。自然以同样的方式使得所有其他人适应各种实践习性和思辨习性
> (它们对于活着和活得好来说是必要的或适当的),以便通过各种自然
> 倾向于各种种类和类型的习性来系统满足城邦各个部分的需求。(I.
> 7.1)

马西留的形质论表明,人是职权的"原始质料",例如,明智的人构成统治职
权的质料,强壮和大胆的人构成军事职权的质料,"特定的有德且受认可的
公民"(I.5.13)构成教士职权的质料。因此,政教的分离,根源在于构成尘
世职权和精神职权的质料性差异,即人在自然禀赋上的差异性决定了政教
的分离性。一方面,尘世职权要求尘世美德,例如,统治职要求明智,军事职
要求勇敢,所以尘世美德是衡量一个人是否配得某个尘世职权的标准①;另
一方面,精神职权要求神学美德(例如信望爱),这意味着教士必须是圣洁
的、投身于信仰事业的人,并且教士要拥有关乎信仰与救赎的知识,所以神
学美德是衡量一个人是否配得某个精神职权的标准。与奥古斯丁关于物质
质料和精神质料的划分相似,马西留将职权的"原始质料"划分为尘世美德
的人和精神美德的人,二者分别构成尘世职权和精神职权的质料。

问题在于,这些职权质料的赋形者是谁? 既然柏拉图和奥古斯丁笔下
的赋形者是创世工匠德穆格和上帝,那么马西留国家学说中的质料是否也

---

① 马西留在此延续了柏拉图在《理想国》中关于美德和城邦阶层的关系的论述。就军事职要
求的勇敢而言,在《理想国》第3卷和第4卷中,军事勇敢主要指向的是护卫者在战争中面对敌人的
勇敢(386a—389a),而勇敢是指对于一个信念的保持:"勇敢是指一种保持(σωτηρίαν)……是对于
一个信念的(δόξης)保持,这个信念是在礼法的影响下由教育而获得的,它说明怎样一些以及怎样
性质的事物是属于恐怖的事物。而所谓在任何情形下都保持这个信念,我是指不论在痛苦中或是
在快乐中或是在欲望中或是在恐惧中都忠实地保持它而不背弃它。"(《理想国》,429c4—d2)护卫者
的勇敢美德决定了其自身要誓死保卫城邦,使得城邦免于外部伤害,而一个城邦的勇敢恰恰在于不
畏恐惧,不畏死亡。因此,柏拉图将这种勇敢界定为对于不畏恐惧和死亡的信念的保持,它是一种
恐惧和死亡不改其志的东西,就像军人必须坚定信仰,城邦才能得到最好的护卫。

由某个创世神赋形呢?《和平的保卫者》给出的答案是否定的。在马西留的形质论中,国家职权的形式因附属于动力因,因为"就诸职权是城邦的制度和部分而言,它们的形式因是动力因的命令,该命令被给予或施予城邦所委派执行特定任务的人"(I.7.2),所以一个人行使某项职权,除了他自身拥有该职权所需的禀赋以外,还需要获得"动力因的命令",否则他无权在事实上行使该职权。

那么,谁是动力因?很显然,这样的动力因正是公民共体,"就它们是城邦部分而言,它们的动力因常常且多数情况下是人民立法者,即使它们的直接动力因曾经很少且极少数情况下是无需人类决断[参与]的上帝"(I.7.3)。抛开上帝国这样的极少数情况不看,公民共体作为人民立法者才是马西留笔下的真正赋形者。这意味着,人民而非创世神是政教秩序的动力因和赋形者,尘世中的政权和教权都来自人民的授权或赋形。

一方面,马西留延续了柏拉图和奥古斯丁的形质论传统,强调质料需要通过赋形者得到成全,人的自然禀赋不会天然地走向成全,所以质料的成形来自质料之外的形式,一个人不会因自身的明智而自然正当地成为统治者,恰恰相反,明智者只有获得人民(公民共体)的授权才能成为真正意义上的统治者;另一方面,马西留在赋形者问题上引发了中世纪晚期的形质论革命,他将赋形者从理念世界或天国之中转移到了地上世界或尘世之中,将职权质料的动力因从个体转化为共体,所以人民代替创世工匠或上帝成为国家各个部分质料的新中介。

行文至此,马西留将理性和信仰之间的分离发挥到了极致,表明信仰无需证明。[1] 理性和信仰的分离意味着精神领域不再能够通过理性证明自己统治的合法性,进而造成尘世生活不再与神圣生活产生内在的关联,由此确保了尘世生活摆脱神圣生活的干预。所以马西留利用唯名论的基本原则将政教的分离发挥到了极致,教权作为信仰的产物被彻底排除在尘世之外,它不可被证明,只可被信仰,并且仅仅在天国之中发挥效力,政教分离原则借着理性和信仰的分离获得了理论证成。那么,这是否意味着理性和信仰无法达成一致呢?马西留指出,理性和信仰能够达成一致,并且信仰能够确认理性的结论,而这也正是《和平的保卫者》第2论的意图:利用信仰证明第1论的理性结论。在第2论第26章,马西留认为教廷通过混淆神《圣经》文和属人的文字,达到了迷惑信徒的邪恶意图:"许多信徒由于神圣的经文和属

---

① Alan Gewirth, *Marsilius of Padua: The Defender of Peace, Vol. I: Marsilius of Padua and Medieval Political Philosophy*, pp. 69-72.

人的文字的相互牵扯而产生了谬误推理,并且被诱导相信罗马主教及其神职人员(被称为枢机主教)可以随心所欲地对信徒们制定教令,所有信徒按照神法都必须遵守它们,而违反它们的人应受到永恒的诅咒……这并不是事实,也不接近事实,而是明显与真理相悖。"(Ⅱ.26.19)马西留的任务则是校正神圣的经文和属人的文字之间的关系,引导教廷走上真理之路,"我照着基督和使徒的教导,公开在众人面前谴责和责备他们是罪人;作为真理的传令官,我试图通过神圣的经文和属人的文字的和谐,召唤他们返回真理的道路上来"(Ⅱ.26.19)。因此,与教权论用理性确证信仰的信仰主义思路不同,马西留用信仰确证理性,所以马西留认为理性并不必然依靠信仰,其自身就能获得自身的确证性,甚至理性能够坚固信仰,因为"在信徒中间,一位强制审判者似乎比一位普世主教更为必要,因为一位普世君主比一位普世主教更能维护信仰的统一"(Ⅱ.28.15)。换句话说,在尘世领域,公民共体构造的尘世秩序居于支配性地位,一切围绕天国编织而成的地上神圣秩序必须依靠尘世秩序才能获得自身的稳定性。

第四编　现代道德与权利秩序的探索

第九章 道德秩序的双重真理根基

　　道德是灵魂的自然善好活动,还是在根基上完全属于任意的呢? 中世纪晚期的亚里士多德主义者与唯名论者曾对此表达过针锋相对的观点。出于维护上帝之造物主地位的需要,他们都认为道德来自上帝的创造活动。然而这一本原的创造在亚里士多德主义者看来是出于理性的原则,而唯名论者则认为其是出于意志的原则。

　　显然,这两种关于道德的立场很难调和:亚里士多德主义将道德视为根植于理性灵魂之中的自然善好活动;唯名论则否定道德的理性根基,将道德视为一种脱离理性根基的意志构造物。道德建立在理性之上还是意志之上,逐渐成为学界判分中世纪晚期道德哲学家的标准,学界甚至常常将亚里士多德主义和唯名论作对立的解读。亚里士多德主义和唯名论之争,不仅直观地展现出中世纪晚期道德世界观的巨变,而且深刻地影响着近代道德世界观的生成,构成了理解现当代道德世界观的关键性思想史线索。

　　帕多瓦的马西留正是亚里士多德主义和唯名论之争的直接参与者,但是在西方道德哲学史上,他对于道德的理解和态度一直是一个充满争议的问题。如前所述,在一些人眼里,马西留是一个不折不扣的亚里士多德主义者,甚至他的作品《和平的保卫者》被看成"我们所能期待的最完美的政治阿维罗伊主义的范例"[①],因此这些人认为他对于道德的态度是理性主义的。而在另一些人眼里,马西留则是一位彻头彻尾的唯名论者,因为他不仅强调道德的意志论特征,而且把意志看成道德的真正根基。这两种立场虽然看似极端对立,但似乎都能自圆其说,因为它们都声称能在《和平的保卫者》中找到非常充分的证据,并且这些表面上看似截然相反的证据似乎都能够对马西留的道德哲学给出合理的解释。

　　因此,道德这一主题的复杂性在微观的层次上恰恰反映了马西留道德

---

　　① Étienne Gilson, *La philosophie au Moyen Age: Des Origines Patristiques a la Fin du XIVe Siècle*, p. 692.

哲学作为一个思想整体的复杂性,同时在宏观的层次上展现了中世纪晚期道德世界观的复杂性,而所有这些都可以追溯到与马西留道德哲学相关的两个核心问题与争论:马西留究竟是一位亚里士多德主义者,还是一位唯名论者? 他究竟是一位理性主义者,还是一位意志论者? 对于研究者来说,澄清马西留笔下的道德的真实含义及其真理维度,或许正是回答这些问题的一个合适出发点,也是寻找马西留探索现代道德秩序的核心线索。

第一节　亚里士多德主义的道德解释思路

如前所述,从接受史的角度来看,马西留作为一个亚里士多德主义者的形象早已深入人心,并且在历史上长时间占据主流地位。自中世纪中晚期以降,学者们常常援引亚里士多德来为自己的道德哲学提供权威支持,这不足为奇。但是,马西留的道德哲学给道德提供的究竟是怎样的理性根基呢? 这才是问题的关键所在。

亚里士多德主义的思路在谈到马西留对于道德本性的认识时,通常首先都会援引《和平的保卫者》中论述统治者品质的几个章节,也就是第 1 论第 14 章和第 16 章。在第 1 论第 14 章,马西留利用亚里士多德《政治学》1277b25—27 和《尼各马可伦理学》1134b1—2 两处文本,表明:

> 未来的完美统治者拥有两种内在的、本质上不可分的习性,即明智和道德美德,尤其是正义。[未来的完美统治者拥有]一种习性,即明智,以便理智在统治方面受到它的引导。因此《政治学》第 3 卷第 2 章:"明智是统治者专属的美德;其他美德似乎是臣民和统治者共有的美德。"[未来的完美统治者拥有]另一种习性,即道德美德,尤其是其中的正义,借此情感显现为正确的[正直的]。因此亚里士多德在《尼各马可伦理学》第 4 卷论述正义时说:"统治者是正义的守护者。"(I. 14. 2)①

第一,就明智而言,明智"对人的善恶拥有主动理性"(I. 14. 4),它指引人对实践之事进行理性的慎虑,从而引导人做出合乎理性的正确行为,所以如果统治者仅仅拥有外部的武力,或者仅仅凭借血统而获得统治职权,却不

---

① 关于亚里士多德明智概念的研究,参见刘海川:"'我不知道怎样发现"适度"'——霍布斯对亚里士多德道德理论的批判和改造",《道德与文明》2021 年第 4 期,第 105—107 页。

具有明智,那么统治者将可能会犯错,"他若缺乏明智,则可能会在这些事情上犯错误"(I.14.3)。所以马西留通过描述西塞罗处理喀提林阴谋的事件,表明西塞罗作为执政官拥有明智,并且只有明智才能使得统治者有效解决突发事件,"西塞罗作为城市的执政官或统治者凭借自己的明智避免了这种危险,因为他将上述罪犯交给刽子手并且命令在关押地处死他们,这个地方也许因此而被称为图利亚奴斯。所以对实践事务的慎虑以这种方式受到明智的引导"(I.14.3—4)。第二,就道德美德而言,统治者必须是有道德的,否则政体将会遭受巨大危害:

> 如果他在道德上是败坏的,那么无论法律如何塑形政体,政体都将遭受他的巨大危害。事实上,我们已经说过,法律很难或不可能同时决定所有事情,反而必须将一些事情委托给统治者的决断,正是在这些事情上,他若具有败坏的情感,就可能会危害政体。这就是亚里士多德《政治学》第2卷第8章的观点,当他说:"事实上,那些统治者拥有极大的权力,如果他们是卑鄙的",即道德败坏的,"那么他们将造成巨大危害,并且已经危害了卡尔西顿人的城邦"。由于道德美德(尤其是其中的正义)使其免于这个[危害],所以适合的(如果允许一个人称必要的东西为适合的话)是,未来的统治者绝不可缺乏道德美德,尤其是其中的正义。(I.14.6)①

这意味着,道德对于政体来说是必要的,政体需要作为理性化身的统治者的塑形,否则将难以称为理想的政体。在第16章中,马西留同样强调统治者应具有善好道德,"未来的君主必须在道德美德(尤其是正义)方面明智而善良,并且几乎比所有其他公民都要卓越"(I.16.11)。因此,道德是灵魂的内在习性,它构成一个人完美性的内在根据,所以统治者的完美性在于其拥有道德层面的内在本性,即拥有灵魂的自然善好品格。

不仅如此,就神学美德而言,教士掌握的本质职权同样构成灵魂的善好品格,例如钥匙权:"教士的和钥匙的这个权柄,无论一个还是多个,都是由上帝的直接行动印(imprimo)在灵魂上的某个品格或形式"(I.19.5);祝圣权:"还存在一种属于教士的权柄,这就是在教士对着面包和酒说了某些话后,面包和酒通过教士的祈祷变体成基督的圣体。然而,这种权柄是灵魂的

---

① "卡尔西顿人的"(Calcedoniorum)在亚里士多德《政治学》对应文本中为"斯巴达人的"(Lacedemoniorum),马西留在此引用有误。

品格,正如钥匙的一样,它被称为行圣餐圣礼的权力"(Ⅱ.6.14)。所以马西留将品格视为灵魂的习性,"就教士职权表示灵魂的某种习性(《圣经》圣师称之为品格)而言,它的直接动力因或制造者是上帝,他把这种品格印在灵魂上"(Ⅱ.15.2)。正是因为教士拥有道德上的善好品格,所以他们才获得了立法者的诸多照顾:"立法者们注意到了教士品格的尊荣和崇敬(因为基督的职权在其中得到了真正展现),也注意到了那些当时侍奉福音并担任上述职位的人在道德上的严肃、质朴和无辜,所以他们在类似的行为上为这些人制定了不太严苛的法律,并授予他们很多特权,免得他们受到平信徒中诽谤者的骚扰或者受到神职的搅扰。"(Ⅱ.25.5)

考虑到马西留在《和平的保卫者》第1论中以亚里士多德为权威的立场和视角,亚里士多德主义的思路认为,他在这里所关心的不仅仅是完美统治者应具有何种品质的问题,而且更多地意味着道德的理性主义态度,即道德是灵魂的自然善好活动,并且他将这种善好道德称为美德,"道德善好,即美德"(Ⅰ.14.6)。所以马西留在第16章指出,一个完美之人因美德而非邪恶欲求统治权,"对于贤德和理当如此的人来说,适当地欲求统治职权不是野心、傲慢和妄自尊大,而是欲求崇高的和政治美德的事业"(Ⅰ.16.21)。

如前所述,人的自然禀赋是职权的质料,既然明智是人在自然本性上拥有统治潜能的禀赋,那么明智的人构成统治职权的质料,统治者必然要从明智的人中选出来,否则无法保证统治职权保卫和平的目的。因此,道德是根植于灵魂中的自然善好活动,它规定了明智的人适合行使统治职权,勇敢的人适合行使军事职权,圣洁的人适合行使教士职权。换句话说,职权的分配方式本质上不是基于意志的选择,而是基于灵魂的自然禀赋,所以如果没有灵魂的自然禀赋,那么国家的各种职权划分将失去形质论上的根据。正是基于亚里士多德主义的道德解释思路,马西留构造政教新秩序的形质论才能够获得证成。

事实上,《和平的保卫者》第1论第5章"论城邦诸部分的划分和设定,以及它们[城邦诸部分]为了人类发明所设定的可能目的而分离存在的必要性"(Ⅰ.5)中已经谈到了美德对于善好行为的必要性。他指出:"为了节制和实现所有行为和激情(因为自然不能产生它们),人们发明了不同种类的技艺和其他美德。"(Ⅰ.5.5)这里的美德恰好是指 virtus 的最初用法:德能,它是一种赋予事物以运动的力量,或者说,美德本身就是一种能够推动事物运动的力量。一旦一个人拥有了美德,那么他同时也拥有了相应美德的力量,从而能够被委以重任、行使适当的职权。正是因为美德本身有力量,罗马主教及其教会才能够在原初教会时代"由于其第一任主教圣彼得或圣保罗或二者的卓越信仰、仁爱、名声以及其余使徒献给他们的尊敬"(Ⅱ.22.8)而成为其余主教及其教会的头和首座。所以马西留在第2论第29章论述原初教会时代的教士权力时,强调教士借着自身的神学美德获得了立法者和统治者的授权,"在古代和上述圣徒时代,出于对祭司地位的崇敬、对他们道德或德能的信心以及我们在这一论第25章第5节中提到的其他原因,有信仰的立法者和统治者授予了主教和灵魂的首要牧者管理神职人员和尘世物的第三种含义的审判职权,使得他们免除来自神职的骚扰或搅扰,并且在尘世诉讼方面得到更体面的处理"(Ⅱ.29.9)。因此,在马西留的眼里,美德可以用来节制人的行为和激情,塑造良善的政治秩序和完美的政体。基于此,正如"亚里士多德的伦理学就是以政治学为归宿的伦理学,一切伦理的筹划最终都要指向政治共同体,都要在政治共同体中得以实现"①,马西留同样延续了亚里士多德伦理学的看法,将国家视为道德的最终归宿,道德要在良善的政治秩序中实现自身。

问题是,如果人是有原罪的,人还能在政治共同体中成全自己吗?当然不能。因为如前所述,一旦人有了原罪,那么以城邦为代表的一切政治共同体都将是原罪的产物。既然政治是霸欲的产物,而霸欲是罪的一种,那么政治的根基就是不义而非正义,不仅建立在不义之上的政治必然不能成全人,而且政治从一开始就违背了人的自然规定性。

但是,从亚里士多德主义的思路来看,《和平的保卫者》恰恰弱化了人的原罪,突出自然无辜的人性状态。理由在于,《和平的保卫者》通篇只有两处提及"原罪"一词(Ⅰ.6.2,Ⅰ.19.4),而这两处皆没有直接阐述人的原罪,反而试图塑造自然无辜的人性状态(Ⅰ.6.1—4)。也就是说,马西留弱化了天主教的原罪观,突出了人的无辜状态,为道德和政治的自然性提供条件。此外,他根据亚里士多德的城邦学说,表明城邦能够成全人,人只有在城邦之中才能活得好,"过着城邦生活的人不仅像野兽或奴隶那样活着,而且活得好,即拥有自由活动(产生于实践和思辨灵魂的美德)的闲暇"(Ⅰ.4.1),并且"建立城邦是出于活着和活得好的需要"(Ⅰ.5.8),所以道德能够在良善的国家之中得到实现,而良善的国家正是《和平的保卫者》第1论所试图建构的完美政体,完美政体下的公民同时是善好公民。

因此,按照亚里士多德主义的思路,马西留主张道德取决于灵魂的自然善好品格,强调道德出自理性的内在规定性,表明一个人只有在国家之中才

---

① 刘玮:"亚里士多德论最佳政体",载刘玮主编,《西方政治哲学史(第一卷):从古希腊到宗教改革》,北京:中国人民大学出版社,2019年,第153页。

能够成全自己。就此而言,马西留是一个彻彻底底的亚里士多德主义者,他对道德的看法在本质上是亚里士多德主义式的,即理性构成道德的真理根基。

第二节 唯名论的道德解释思路

虽然马西留在历史上一直被视为亚里士多德主义者,但是如前所述,自从格沃斯于 1951 年发表《帕多瓦的马西留和中世纪政治哲学》以来,国外学者通常沿着唯名论的思路,否定马西留的亚里士多德主义身份。以奈德曼、布雷特、坎宁为代表,他们认为马西留在很多关键问题上(比如城邦背后的人性论基础、道德的根基、道德的动力因等等)并没有遵循亚里士多德的教诲,反而彻底突破了亚里士多德哲学的框架,所以他根本不是一个亚里士多德主义者,"《和平的保卫者》不是一本亚里士多德主义著作"①。雅克·韦尔热则更加详细地点明了马西留和政治亚里士多德主义的诸多不同:

> 至少从 13 世纪以来,政治的亚里士多德主义就已广为人知……中世纪末期没有产生独创性的政治理论……尽管唯名论者的影响通常产生一些"民主"思想,如个人权利、国家只是个人的集合体、共同利益是个人利益的集合等,但其影响更多的是坚持社会等级制度的有机性和统治者制度并强制执行的法规的绝对必要性。无论如何,没有人再按照自然国家的纯理论进行思考了……帕多瓦的马西留尽管主张世俗国家王权和自然法优先,但他亦继承古代的政治传统,主张建立一个基督教帝国和一个纯粹精神的教会。②

格沃斯认为,《和平的保卫者》无意实现亚里士多德式的伦理目的,因为"马西留的学说整体上不是马基雅维里主义的非道德主义,但整体而言也不具有中世纪传统的终极伦理目的"③。此外,《和平的保卫者》第 1 论第 5 章第 4 节总是不加区分地谈论认知功能和欲求功能,并且马西留对人的行为

---

① Roberto Lambertini, "La Diffusione della *Politica* e la Definizione di un Linguaggio Politico Aristotelico", p. 680.

② 雅克·韦尔热:"不同的价值标准与权利机构",第 135 页。

③ Alan Gewirth, *Marsilius of Padua: The Defender of Peace, Vol. I: Marsilius of Padua and Medieval Political Philosophy*, p. 36.

的解释不是依据《尼各马可伦理学》1102b13 的道德区分,而是依据《论灵魂》432b5 的生物学区分。① 如前所述,马西留不是用道德的眼光看待人的行为,而是用生物学的眼光来看待人的行为,从而建立了有别于亚里士多德的人性论:自然欲求论。

更为重要的是,从唯名论的思路来看,马西留的自然欲求论是一种经济和政治维度的意志论考虑,而非道德和宗教维度的理性论考虑。对马西留来说,他关心的是实现趋利避害的手段而非目的,所以正义不是为了道德或神学目的而是为了人的自然欲求的满足。既然自然欲求而非理性是指引人走向政治共同体生活的动力因,那么政治权威不再专属于理性的人,反而拥有自然欲求的所有人成了立法者,道德则沦为立法行动的附属物。②

唯名论的思路否定了《和平的保卫者》中理性对于道德的建构作用。格沃斯指出,在《和平的保卫者》中,"理性只是工具性的;目标的设定以及实现该目标的手段都是由自然欲求规定的……理性是实现欲求对象的第二动力因(secondary efficient cause)"③。这意味着,马西留并没有延续亚里士多德的理性目的论,反而否定理性的第一动力因作用,即理性不能直接推动人类行为。格沃斯通过分析《和平的保卫者》第 1 论第 9 章第 5 到 9 节和第 1 论第 12 章第 3 到 5 节几处文本,进一步表明:马西留用动力因代替目的因,用意志代替理性的位置,使得意志构成人类行为的决定性要素,所以是意志,而非理性,构成道德的第一动力因。④ 此外,当马西留在第 1 论第 16 章论证选举出来的君主比血统继任的君主更好时,其中一个核心论证在于,选举更有助于产生贤德之人,因为人民立法者始终能够去伪存真,"君主绝对需要的、由世袭或出生继承而来的一切善好[品质],几乎总会通过新选举表现出来,尽管反之则不然。因为公民群众可以通过选举选立前任君主的继承人作为继任者,如果他是贤德的和明智的话;但如果他没有这样的品质,那么新的选举将产生其他贤德和明智的人,而世袭则无法产生这种人"(I.

---

① Alan Gewirth, *Marsilius of Padua: The Defender of Peace, Vol. I: Marsilius of Padua and Medieval Political Philosophy*, p. 64.

② Manuhuia Barcham, "Rule by Natural Reason: Late Medieval and Early Renaissance Conceptions of Political Corruption", in *Corruption: Expanding the Focus*, edited by Manuhuia Barcham, Barry Hindess and Peter Larmour, Australia: ANU Press, 2012, p. 61.

③ Alan Gewirth, *Marsilius of Padua: The Defender of Peace, Vol. I: Marsilius of Padua and Medieval Political Philosophy*, p. 60.

④ Ibid., pp. 60-61.

16.12)。① 所以马西留在绝对的意义上肯定了选举的优先地位,"选举总是能够选立通过世袭产生的贤德之人"(I. 16.14)。

虽然君主事实上总是来自世袭继任,因为贤德和明智的君主更容易产生贤德和明智的后代,"世袭产生更好的统治者,这是因为这样的统治者更倾向于美德,因为他们生自更强健的父母"(I. 16.4),但是这并不意味着世袭而非意志的选举更应当成为美德的产生方式,因为一个贤德和明智之人并没有在法权上自然地成为现实的君主,而且只有选举才能够始终产生善好的君主,"新选举比出生继任更能够在将选立的君主的品质方面给予这些东西,因为前者产生的不仅是一个倾向于明智和美德(例如出生继任带来的品质)的人,而且是一个已经完美并且按照美德主动行事的人;最好选立这种人(例如在主张潜能或行动方面的人)行使统治职权,而世袭并不经常产生这样的人"(I. 16.18)。这意味着,人民立法者能够通过选举甄别甚至构造出一个在道德上完美的统治者,道德的根据在于意志,而非理性。

不仅如此,虽然马西留将教士职权归为灵魂的神学品格,但是唯名论的思路指出,这种神学品格并不根植于灵魂的自然本性,而是来自上帝的意志抉择。

> 就教士职权表示灵魂的某种习性(《圣经》圣师称之为品格)而言,它的直接动力因或制造者是上帝,他把这种品格印在灵魂上,但是要借着人类的事先侍奉,好像是通过预备的方式。在新律中,这种操作来自基督;因为他是真神和真人,就他是人的祭司[教士]而言,他展示跟从他的教士现在所展示的侍奉;但就他是上帝而言,他把这种品格印在他立为教士之人的灵魂上;以这种方式,他首先立了使徒作为他的直接继任者,此后同样地立所有其他教士,但要通过使徒和其他在这职权上继任他的人的侍奉。因为当使徒或其他教士按手在别人头上并念出对此所需的恰当语词或句子时,基督作为上帝就把这种习性或教士的品格印在那些意愿领受的应得之人的灵魂上。我们应当对其他品级的授予持有相同的观点,因为从它们的授予中,某种品格被印在领受之人的灵魂上。(II. 15.2)

---

① 虽然马基雅维里和马西留的论证侧重点不同,但是马基雅维里在《君主论》也有类似的说法,例如"深深地认识君主的性质的人应属于人民"(尼科洛·马基雅维里:《君主论》,潘汉典译,北京:商务印书馆,2016年,第2页),同时参见《君主论》第9章"论市民的君主国"。

　　显然,教士职权所要求的神学品格是上帝印在人的灵魂上的受造习性,而非灵魂的自然习性,所以神学品格作为一种道德习性是上帝的意志构造物。更为重要的是,神学品格能够被印在一个人的灵魂上,除了上帝意愿将这种品格授予他之外,他还需要"意愿领受"上帝的恩赐,否则神学品格无法成为灵魂的习性,"他们全都服从于基督的权能和权柄,全都从基督那里领受他们作为教士和使徒的职权,而非从彼此那里[领受职权],正如《圣经》和跟从它的圣徒们到处公开宣告的那样"(II. 16. 10)。因此,上帝的意志恩赐与人的自愿领受构成了神学品格进入灵魂的双重环节,无论就上帝将神学品格注入灵魂中来说,还是就人自愿接受神学品格来说,神学品格都是建基在意志之上的。值得注意的是,马西留通过利用人与上帝之间的意志关系来解释神学品格,其意图在于破除教皇的中介作用。因为按照唯名论的思路,人对神学品格的领受是完全直接性的,即上帝直接将神学品格印在拣选之人的灵魂上,所以使徒们在教士的本质职权方面是平等的关系,彼得作为教权论者推崇的第一位罗马主教并没有因为首座地位而从上帝那里领受额外的权柄:

　　　　我们从《圣经》中没有发现圣彼得单独为自己领受对其余使徒的权柄,反而他保持了与他们之间的平等。因为他没有为自己领受决定[裁决]传福音方面的疑惑(这属于教义问题)的权柄;反而这方面的疑惑是通过使徒和其他更博学的信徒的共同慎虑得到决定的,而非通过使徒或其他任何一位使徒自己的决定。(II. 16. 5)
　　　　基督没有交给圣彼得任何本质的(我们称为教士的)权柄,也没有交给圣彼得某种超越其余使徒的偶性的牧职,而是从他和其他人身上移除了他们之间的这种权柄或牧职。(II. 28. 25)

　　就神学品格而言,教士与上帝之间并不存在任何中介,教皇并不因自身的完美性而从上帝那里获得更大的权柄,甚至教皇会因自身的局限性而犯下更大的异端错误。上帝与个体之间的直接意志关联才是把握神学品格的关键所在,所以正如个体之间不存在理性层面上的完美性等级,神学品格同样并不存在理性层面上的完美性等级,反而在上帝意志面前被彻底敉平了,进而成为上帝绝对的意志构造物。

　　在《和平的保卫者》中,立法者(神圣立法者和人民立法者)的授权理论,明确否定了脱离立法者意志的理性独立建构道德的可能。按照唯名论的思路,马西留在自然欲求论的基础上清除了道德的理性根基,道德成为脱离理性根据的意志构造物。这意味着,他将道德主体化,道德成为主体意志能力的产物。就此而言,道德一旦脱离开主体意志,将成为无力的东西:明智的人若无人民立法者授权,则无法成为现实的统治者;圣洁的人若无神圣立法者拣选,则无法拥有教士的本质职权。所以道德被抽空了内在的理性本性,它的全部力量来自意志,意志构成道德的真理根基。

第三节　道德双重真理根基论

唯名论的解释思路虽然不同程度地强调了意志在马西留道德哲学中的重要性,但本身也留下很多困难和疑问,因此遭到不少亚里士多德主义思路的质疑。其中一个最大的困难和疑问就是:马西留为什么在《和平的保卫者》第 1 论中大量引用亚里士多德文本来建构自己的道德哲学?[①] 更具体地说,既然意志成为道德全部力量的来源,那么为何《和平的保卫者》还要谈论统治者灵魂的内在品格? 而且,《和平的保卫者》中有一处文本同时涉及唯名论和亚里士多德主义的思路:

> 选举的和非选举的王政君主既相似又不相似,相似是因为二者都根据[臣民的]意志进行统治。不相似是因为非选举的君主常常更少根据臣民的意志进行统治,更少根据为了公利的政治法律来处置那些我们之前称为野蛮人的人。与之相反,选举的君主更多根据[臣民的]意志进行统治,更多根据上述为了公利而通过的政治法律来处置人。(I. 9.6)

这处文本表明,马西留在承认意志构成选举的决定性要素的同时,肯定了选举与善好(公共利益)之间的关系:选举比不选举好的原因不仅在于前者更多根据意志进行统治,而且在于前者依靠善好的法律进行统治,所以"帕多瓦的马西留提出了一个亚里士多德式的'节制'和'不节制'政体方案,以论证'坏'政体是指公权力受那些不受公共善好驱动或不能保护公共善好的人支配的政体"[②]。这意味着,亚里士多德式的道德善好仍然是马西留道德哲

---

① 参见本书导论对这个问题的处理。

② Bruce Buchan, "Changing Contours of Corruption in Western Political Thought, c. 1200—1700", in *Corruption: Expanding the Focus*, edited by Manuhuia Barcham, Barry Hindess and Peter Larmour, Australia: ANU Press, 2012, p. 77.

学关心的核心主题,马西留的道德哲学乃至于政治哲学离不开亚里士多德伦理学和政治学的基本框架。

实际上,无论是亚里士多德主义的思路还是唯名论的思路,都不能充分揭示出马西留对于道德本性之理解的复杂性和深刻性。就像《和平的保卫者》第1论所说,马西留从理性和意志的双重视角思考道德:他一方面站在理性的视角去理解道德的自然善好本性,另一方面也站在意志的视角去理解道德的人为构造性。从理性的视角看,道德根植于理性灵魂的内在本性之中,从而规定行为的自然善好特征,所以统治者的完美性是就理性层面的道德(例如明智和正义)而言的,即完美的统治者知道如何维持政体和培养好公民;相反,意志无法塑造道德者的完美性,善好只能从理性的角度去对待。而从意志的角度看,道德的全部力量根植于意志之上,道德力本质上是意志力;相反,理性无法为道德提供力量,一个在理性层面上完美的人不能自然正当地成为统治者,正当性/合法性取决于被统治者意志层面的同意。

因此,马西留的道德哲学融合了亚里士多德主义和唯名论两方面的思路,一方面保留道德的自然善好特征,另一方面将道德的全部力量建基于意志之上。所以理性和意志成为道德的双重真理根基,二者分别构成道德的质料和形式:理性为道德提供内容,意志为道德提供力量;道德无理性参与则沦为被抽空自然本性的任意存在,无意志参与则沦为缺乏强制力的劝诫论说。

如前所述,教阶论和二元论的道德学说都承认道德的理性根基并且主张道德的全部力量在于理性,而它的后果则是中世纪晚期的权力之争,也就是《和平的保卫者》第1论第19章标题所谓的"城邦或国家之安宁和不宁的发动因[动力因]以及以不同寻常方式搅扰国家的独特原因"(I. 19)。在马西留看来,上述道德学说为某些邪恶的教皇提供了作恶的理论根据,因为道德若仅仅立在理性之中,就将出现"理性的僭越",即教会在垄断道德和信仰知识的情况下,利用教权正当地侵入政治领域并干预政治生活:

> 罗马主教们逐步夺取了一个又一个的司法管辖权,尤其在帝位空缺(imperiali sede vacante)的时候,最终他们自称对同一个统治者拥有完全强制性的尘世司法管辖权。当今罗马主教最近明确写到,他不仅对意大利和德国诸省的罗马统治者,而且对上述诸省的所有统治者、共同体、集体和个人(无论他们的尊严和等级如何)以及他们所有的封建[采邑]财产和其他尘世财产,都拥有最高司法管辖权,他还将授予和转让他们统治职权的权力明确归于他自己,每个人都能够从这位主教的

某些他称为法令或判决的作品中清楚地看到这一点。(I. 19. 11)

有鉴于此,马西留的道德双重真理根基论正是要在理论上彻底解决中世纪晚期的权力之争。他指出,理性能够提供关于善好的知识,但是不能强迫人服从作为善好知识的道德,因为服从往往伴随着奖惩,而奖惩只能出于神圣立法者(上帝)或人民立法者的意志而非理性,"上帝制定这些教律并且命令人们遵守,[这些教律]对为善或作恶之人施加永罚、威胁或应许"(I. 5. 11),"[人民立法者]凭借尘世的处罚或惩罚,命令或决定在人类公民行为方面应做或不做某事"(I. 12. 3)。所以理性并不构成道德的强制力来源,道德不能也不应当从理性中获得强制力,否则这个世界将呈现为道德化的世界,一切尘世行为也将呈现为道德行为。罗马主教正是通过将世界道德化为自己攫取了大量非法权力,"罗马主教在强制性的或尘世的司法管辖权方面力争罗马统治者服从他,而罗马统治者在法权上不应当(我们随后将清楚表明这一点)也在这种司法管辖权上不愿意服从他"(I. 19. 12)。

马西留看到了亚里士多德主义伦理学的这一弊端,从而试图切断理性和强制力之间的关联,根除教权的强制力来源,将教权还原为缺乏强制力的精神劝诫力。那么,掌握道德知识的人可以去教导或说服他人,但不能强迫他人行道德之事,并且尘世之人若不道德,也不会直接在尘世中受到惩罚,因为单纯由理性塑造的道德本身是被抽空了强制力的道德,即无力的道德(II. 5. 6)。因此,教会所掌握的道德知识,需要获得立法者(无论神圣立法者还是人民立法者)的授权,否则无法直接产生服从的强制力。由于教会是国家的一部分,所以国家最终成为道德强制力的来源(I. 5. 1)。也只有这样,意大利国家的苦难才能够得到根绝:

> 正如我们在序言中所说,这也是意大利国家长期以来并且仍然处在苦难之中的原因,这个原因还拥有巨大的蔓延性,一点也不小,并且它倾向于渗入所有其他政体和国家。事实上,它已经在某种程度上感染了所有国家,最后它除非被阻止,否则将像感染意大利一样彻底感染它们。基于此,对所有统治者和民族来说有利的是,他们要通过公会议(应像我们前面所说的那样得到召集)禁行并绝对禁止罗马主教和任何其他主教使用该头衔,以防人民由于听取虚假观点的习惯而被诱惑;他授予并分配教职和尘世物或恩惠的权力也应被撤销;因为这位主教滥用这些东西,以便损耗天主教信徒的身体并且惩罚他们的灵魂。所有拥有司法管辖权的人,尤其是国王,都必须按照神法遵守这一点;因为

他们是为此目的（即行审判和正义）而被立的，他们此后若忽视了该目的，将不会得到宽恕，因为他们并非不知道这一疏忽将导致的丑闻。至于罗马主教及其上述宗座的继任者们，以及所有其他教士、执事和精神执事（我呼唤上帝给我的灵魂和身体作见证，以下这些话并不是将他们视为敌人，而是视为基督里的教父和弟兄们），让他们献身于模仿基督和使徒们，绝对地弃绝尘世的统治职权和尘世物的所有权。因为我照着基督和使徒的教导，公开在众人面前谴责和责备他们是罪人；作为真理的传令官，我试图通过神圣的经文和属人的文字的和谐，召唤他们返回真理的道路上来，以便他们（尤其是被视为更加远离正道的罗马主教）能够注意到"全能的上帝以及使徒彼得和保罗的愤怒"，而这种"愤怒"是他经常单独拿来威胁他人的。(II. 26. 19)

因此，马西留的道德双重真理根基论有两个根本考虑。一是防止道德沦为抽空自然本性的道德，从而维护道德的自然善好状态，满足尘世社会的伦理性；二是断绝教会利用道德和信仰知识将尘世行为道德化的企图，从而将教会纳入国家之中，确立尘世政治的自足性。也就是说，社会的伦理性和政治的自足性使得马西留建构出具有双重真理根基的善好道德，道德成为理性筹划和意志授权的共同产物，而这种道德塑造出来的社会已接近于黑格尔《精神现象学》中的伦理社会。①

综上，马西留既不是一个单纯的亚里士多德主义者，也不是一个单纯的唯名论者，而是选择了亚里士多德主义和唯名论的双重视角：一方面，他站在亚里士多德主义的立场上，维护理性作为道德善好根基的地位；另一方面，他站在唯名论的立场上，赋予意志以道德强制力根基的角色。道德的双重根基论使得马西留能够在应对中世纪晚期权力之争的时代背景下给出一条兼顾道德和政治生活的整全性道路。

行文至此，马西留的道德哲学试图在政治自足的国家法团中重建善好道德，进而塑造出一个应对中世纪晚期权力之争的道德世界。但是，人是否能够承担起对善好道德的重建？一个意志赋予强制力的道德世界如何应对虚无的危险？虽然马西留没有处理也无意回应这些问题，但是这些问题将伴随着马西留的道德双重真理根基论被纳入后世的思考视域，道德的双重真理根基论则构成我们理解理性论的古代道德哲学向理性论和意志论交织的近代道德世界观转变的不可或缺的一环，所以近代道德世界观的种种问

---

① 黑格尔：《精神现象学》，先刚译，北京：人民出版社，2013 年，第 269—295 页。

题和争论,都可以从马西留这里寻找到源头和启示。因此,马西留对社会的伦理性和政治的自足性的思考,昭示了文艺复兴时期的国家理性学说,深刻影响了以理性教化为特征的近代道德世界观的生成。

虽然我们并不同意,马西留在根本原则上完全追随亚里士多德主义和唯名论的道德解释思路,不过是在亚里士多德主义的原则上文饰了唯名论的措辞,或者用唯名论的原则彻底改造了亚里士多德主义,而是主张,通过这一融合,马西留将中世纪晚期道德哲学对社会和政治的洞察力更紧密地结合在一起,将原本在亚里士多德思想中就已经存在的社会与伦理性的内在关系,系统地纳入了唯名论的单义性原则和意志学说中,为近代主体的新道德世界提供了可能。但马西留通过融合亚里士多德主义和唯名论建立的这一新道德世界,这一同时满足社会伦理性和政治自足性的道德世界如何维持个体的权利呢? 对这一问题的回答,要求我们必须深入探讨他的权利学说。

第十章 马西留与贫困争论中的权利问题

奥卡姆曾一度被视为主观自然权利学说的出处,因为正是他把"ius"明确解释为个体的一种"权力"(potestas)。他对个体作为权利源头的强调被说成是他的形而上学唯名论在道德和政治领域的推论。然而,最近,随着早期方济各修会手册当中"ius"作为"potestas"的语言用法的发现,以及对教会法学家在使用"ius"这个术语时的主观用法的越来越多的关注,奥卡姆已经不再被视为这个方面的革新者,目前也没有在主观权利史中占据特殊的位置。本节笔者将为以下观点辩护:奥卡姆对权利概念的使用具有原创性。笔者将证明他把权利理解为一种权力,这与较早的方济各修会文献并不一样……不能因为奥卡姆在某个层面上是意志论者,就认为这点影响了他的主体权利观。①

布雷特的这一著名论断,代表着近年来学界的一些"共识":权利(ius)和事实(factum)的断裂是方济各会引发的贫困争论的产物,它在权利学说史上影响深远;奥卡姆则接续方济各会的贫困学说,直接催生了近代主体权利学说的诞生。法国著名学者米歇尔·维莱(Michel Villey)甚至称奥卡姆是"主体权利之父",国内一些学者同样赞同维莱的这一论断。他们作出该论断的理由主要有三个:第一,奥卡姆在贫困争论中第一次清晰而系统地阐述了主体权利;第二,奥卡姆基于唯名论的主张,凸显了作为主体权利学说基础的个人主义,强调权利学说中的意志论维度;第三,奥卡姆决定性地影响了从主体能力出发理解权利的基本思路。②

上述论断仍然存在着两处值得商榷的地方:一是该论断单纯从法哲学

---

① 布雷特:《在自由与自然之间:晚期经院主义思想中的个人权利》,杨天江译,上海:华东师范大学出版社,2020 年,第 69—71 页。中译文引用时,有所改动。

② 加里·赫伯特:《权利哲学史》,黄涛、王涛译,上海:华东师范大学出版社,2020 年,第 101 页;李猛:《自然社会:自然法与现代道德世界的形成》,第 243—245 页;李璐:"论奥卡姆的唯名论作为权利观念的起源",《世界哲学》2019 年第 2 期,第 91 页。

的角度衡量奥卡姆在贫困争论中的角色,忽视了奥卡姆的多重面向,甚至可能错判了奥卡姆的真正意图;二是该论断忽视了另一位更早直接参与贫困争论的政治哲学家,即帕多瓦的马西留,后者站在方济各会的立场上,系统诠释了权利和事实的断裂。

不过,抛开思想史研究中经常遭遇的"谁是学说开创者"的问题,政治哲学在这里面临的实质问题是,方济各会、奥卡姆和马西留在使用 ius 概念时,真正关切的问题是什么? 究竟是什么思想动力推动他们不断发展并改造具有悠久历史的 ius 学说? 只有初步把握了这一根本问题,我们才能解开布雷特在上述文本中认为的"时代误置":

> 关于主体权利的历史,近年以来人们已经在某些文本和文本的主体上倾注了大量的心血,它们都假定在拉丁文"dominium"(所有权)和"ius"(权利)之间存在着某种等值……通过对所涉文本的仔细检讨可以发现,把"ius"与"dominium"的等值说成是现代主体权利理论的开端,其实是一种时代误置。而且,"ius"与"dominium"等值似乎远非中世纪晚期道德理论的普遍看法,甚至这种等值在那些被说成持有一种"主体权利"观念的作家之间也不是共识。①

第一节　中世纪晚期的贫困争论及其意图

顾名思义,中世纪晚期的贫困争论是指 13—14 世纪方济各会和教皇之间就基督是否保持贫困状态的争论。方济各会自成立之日起就宣扬要效仿基督过一种贫困的生活方式,也就是说,像基督一样弃绝一切尘世物的所有权,并听从他让使徒们也不能拥有尘世物的所有权的告诫,所以贫困的生活方式符合基督和使徒的言行,由此方济各会声称他们只是在事实上使用了尘世物,而在权利(法权)上并不拥有尘世物的所有权。

起初,教皇并没有正面否定方济各会的贫困主张,但是到了 13 世纪中期,教皇逐步打压这一主张:教皇英诺森四世在 1245 年的教令 *Ordinem vestrum* 和 1247 年的教令 *Quanto studiosius* 中宣布方济各会使用之物的所有权属于教廷,教皇尼古拉三世在 1279 年的教令 *Exiit qui seminat* 中重申了这一点。面对教皇的打压,方济各会内部分化为修士(Conventuals)和圣灵两

---

①　布蕾特:《在自由与自然之间:晚期经院主义思想中的个人权利》,第 16—17 页。

派,前者主张福音贫困的本质是放弃一物的权利,后者不仅要求放弃一物的权利,而且要求在事实上保持贫困状态。虽然方济各会总执事切塞纳的米迦勒试图调和两派之间的矛盾,但是圣灵派仍然激烈反对教皇,这导致教皇约翰二十二世在 1317 年发布教令 Quorundam exigit,指出服从的重要性,并告诫圣灵派要服从教皇。[①] 随后,教皇约翰二十二世在 1322 年的教令 Ad conditorem canonum 和 1323 年的教令 Cum inter nonnullos 中主张基督并没有保持贫困状态,并宣布方济各会的贫困主张是异端邪说。

在奥卡姆研究者将基面贵巳(Takashi Shogimen)对于教皇约翰二十二世反贫困观点的细致分析之中,他提醒我们注意约翰二十二世对波纳文图拉关于贫困的三一结构主张的利用和改造。波纳文图拉认为,贫困的对立面是贪婪,而贪婪是恶之根本,根除贪婪则意味着寻求善,而善的基础是仁爱,并且仁爱意味着完美,所以贫困作为一种完美的德性是建立在仁爱基础之上的,由此波纳文图拉建立起"仁爱-贫困-完美"的三一结构。然而,由于该三一结构是从神学的角度论证贫困和仁爱、完美的关系,而且该三一结构的核心是仁爱和完美,所以波纳文图拉并不试图在贫困和权力之间搭建起某种联系。支持方济各会的反教权论者们也纷纷加入反对教皇教令的行列中来,而马西留和奥卡姆的直接参与,则在理论上将方济各会和教皇之间的贫困争论推到了顶峰。

正如将基面贵巳所说,虽然奥卡姆在 1332—1333 年间花了三个月的时间完成的《九十日作品》中使用了大量的法哲学术语(事实使用、合法使用、使用权、所有权等[②])来论证贫困主张,反驳教皇约翰二十二世,但是奥卡姆的目的并不在于讨论权利的法学意义,而在于区分法学定义和神学定义,从而表明教皇约翰二十二世在神学上的无知和错误,即教皇的错误恰恰在于他对《圣经》做了非神学的法学解释,所以奥卡姆是在神学意义而非法学意义上使用法哲学术语的。[③] 因此,奥卡姆对教皇约翰二十二世的反驳主要体现为对教皇的《圣经》解释的反驳,由此表明教皇在神学上对贫困问题的无知。[④] 将基面贵巳认为,奥卡姆的神学努力在于他对教会法(canon law)的批判:奥卡姆认为教规法学家对《圣经》的理解是无知和错误的,教令法学家从法学上讨论的贫困问题同样是错误的,所以为了反驳教会的无知和异端,

---

①　Takashi Shogimen, *Ockham and Political Discourse in the Late Middle Ages*, pp. 39-40.

②　William of Ockham, *A Letter to the Friars Minor and Other Writings*, pp. 21-32.

③　Takashi Shogimen, *Ockham and Political Discourse in the Late Middle Ages*, pp. 58-60.

④　关于奥卡姆和教皇约翰二十二世在贫困问题上的争论,参见 James Sullivan, "Marsiglio of Padua and William of Ockam II", *The American Historical Review*, 1897 (4): pp. 604-605。

奥卡姆必然要从神学上处理贫困争论,他的贫困论证是为反驳神学异端服务的。而且在奥卡姆看来,只有神学家而非教规法学家有权界定大公教会真理。因此,奥卡姆和教皇约翰二十二世的贫困争论实质上反映的是神学真理和异端错误的神学之争,奥卡姆参与贫困争论的真正意图是神学意图,"奥卡姆有别于他同时代的方济会成员,只有他试图从神学的角度反对异端教皇……除了奥卡姆以外,没有人从神学的角度严格审视教皇约翰二十二世的教令 Constitutions"①。

　　然而,奥卡姆的神学意图在贫困争论中并不是唯一的意图,甚至不是最重要的意图。中世纪晚期的贫困争论虽然起于教会内部就基督是否占有财产的一场神学之争,但实质上反映的仍然是教权和王权、精神权力和尘世权力之间的权力之争。因为罗马教廷在当时的欧洲各地不仅占有大量尘世财产,而且依赖"双剑说"等《圣经》典故为自己攫取了大量的尘世权力,所以方济各会的贫困主张不仅侵犯了罗马教廷的尘世财产,而且阻碍了罗马教廷对尘世权力的攫取。正如坎宁所说,贫困和无权(powerlessness)是一体的关系,"贫困包含着无权"②,一旦罗马教廷赞同方济各会的贫困主张,它将在尘世中失去权力,所以罗马教廷极力打压方济各会的贫困主张,反对权利和事实的断裂说,主张对一物的事实使用必然包含着对该物的权利。此外,参与贫困争论的主要方济各会辩士都认为这场争论"本质上是法学问题而非神学问题"③,而且方济各会在贫困争论中的抗争和妥协表明,这场争论并不单纯是教会内部的一场神学之争,而也是一场权力之争。

　　因此,一些研究者对奥卡姆在贫困争论中的角色产生了错位,忽视了奥卡姆真正的神学意图,进而误认为奥卡姆的贫困主张反映了中世纪晚期贫困争论的实质问题。事实上,马西留才是真正阐发中世纪晚期贫困争论之实质意图的人。

第二节　贫困和权利的主体性构造

　　马西留作为贫困争论的直接参与者,对贫困的看法似乎与奥卡姆的论述差别不大。他的权利学说之所以一直受到忽视,原因也在于此。但是,马

---

　　①　Takashi Shogimen, *Ockham and Political Discourse in the Late Middle Ages*, p. 74.

　　②　Joseph Canning, "Power and Powerlessness in the Political Thought of Marsilius of Padua", in *The World of Marsilius of Padua*, p. 224.

　　③　Takashi Shogimen, *Ockham and Political Discourse in the Late Middle Ages*, p. 49.

西留在《和平的保卫者》第 2 论对于贫困问题的讨论,切中了方济各会和教皇之间的贫困争论的实质,探索了一条通往现代权利秩序的道路。

在第 2 论第 11 章,马西留表明,教士职权和统治职权的区分符合基督来到这世上的意图:

> 基督区分开教士或主教的职权与统治者的职权……他(以绝对最好的方式安排所有事物)想要这些职权在各自对应的主体和理由上加以分化,这对于职权来说则是更有利的。因为基督来此世是为了教导谦卑和对此世的轻视(作为应得永恒救赎的道路),以至于他更多是用榜样而非言语教导谦卑和对此世或尘世事物的轻视。(II.11.2)

显然,基督来到这世上不是要当地上的王,而是要传播天国的福音,所以基督以自身的贫困状态教导世人,想要获得天国的永生生活,必须轻视尘世物,"基督想要带着极度谦卑和对尘世的轻视或贫困的形象出生,以便用他的榜样而非言语来教导我们"(II.11.2),并且"贫困对于永生来说是应得的"(II.13.12)。在这一点上,马西留继承了奥古斯丁的观点:基督的国在天上,不在地上,所以尘世物只可利用(uti),不可安享(frui)。① 也就是说,神职人员不可安享尘世物,即不可拥有对一切尘世物的权利,否则就违背了基督的诫命。此外,"贫困是天国的应得功绩"(II.13.14),并且"这种贫困本身在原初意义上是对尘世物的自愿弃绝"(II.13.20),所以贫困状态意味着完美状态,神职人员只有保持贫困状态才能成为完美的人。

如前所述,教皇约翰二十二世改变了贫困在波纳文图拉三一结构中的地位,强调完美本质上是由仁爱构成的,贫困不是衡量一个人是否完美的标志,由此他论证基督拥有财产。② 马西留则直接取消了波纳文图拉的三一结构,③虽然他同样认为贫困是贪婪的对立面,但是他并没有走向波纳文图拉的道路(将贫困建立在仁爱之上),而是主张贫困是独立于仁爱的神学德性:

> 这种美德不像有些人所想的那样是一种仁爱的习性或行为。因为贫困本身不是一种在原初意义上与上帝的憎恨行为或习性对立的习性或行为,因为几种事物在原初意义上会与一种事物对立。因为尽管与

---

① 孙帅:《自然与团契:奥古斯丁婚姻家庭学说研究》,第 307—313 页。
② Takashi Shogimen, *Ockham and Political Discourse in the Late Middle Ages*, pp. 43–46.
③ Ibid., pp. 50–51.

每一种神学美德对立的恶行都与仁爱相冲突,但这并不意味着每一种神学美德都是仁爱,因为这种恶行不是在原初意义上与仁爱相对立的。(II. 13. 18)

马西留在此回应的正是约翰二十二世 1322 年的教令 *Ad conditorem canonum*,与后者用仁爱统合贫困的做法不同,马西留坚决反对将贫困纳入仁爱之中,因为贫困在原初意义上不是"与上帝的憎恨行为或习性对立的习性或行为",而是一种自发弃绝(II. 13. 20),所以"应得的贫困本质上不是仁爱"(II. 13. 21)。

因此,马西留将贫困状态和完美状态结合在一起,表明一个人只有保持贫困状态,才是真正完美的人,"贫困状态和对世界的轻视适合所有完美的人,尤其适合基督的门徒及其牧者职权上的继任者,因为如果他想要成全自己的学说或说教,他几乎必然要说服别人轻视此世。因为,如果他教导他所召唤的人抛弃此世,而自己却掌握财富并拥有当统治者的野心,那么他的行为显然与他自己的布道相冲突"(II. 11. 3)。既然基督和他的使徒是尘世中的完美之人,那么他们必然是贫困的,否则难以说服世人跟随他们。所以贫困构成完美的必要条件,神职人员作为基督选中的福音传道者和使徒的继任者,同样必须保持贫困状态。

毋庸置疑,马西留支持方济各会贫困学说的目的在于反教权。在马西留看来,他那个时代的神职人员并没有遵守基督的教导,反而走向了基督的反面:

在当今时代,所有主教与其他神职人员做的和说的(他们布道说,每个人都要遵守福音的教导)几乎完全相反。因为他们为了愉悦、虚妄、尘世物和尘世统治而欲火中烧,以秘密的和公开的方式全力追求和占据不是靠法权而是靠不义得来的东西。但是,基督的真正模仿者使徒们弃绝所有这些东西,教导和命令其他人(尤其是那些应当传播轻视此世的福音的人)弃绝所有这些东西。(II. 11. 6)

因此,教权论的问题在于,教权概念本身意味着对基督福音的背离,因为教权必然要求神职人员在尘世中攫取针对一物的权利,神职人员正是借着教会财产逐步发展教权、侵蚀政权,所以教权论视野下的教廷不仅干预了尘世生活的自足性,而且弃绝了基督的贫困状态,违背了基督的完美性告诫。此外,马西留通过贫困和完美的结合,将贫困状态限定在那些追求福音的完美之人内,将行使统治职权的人排除在贫困状态之外,"外在贫困的弃绝状态不适合行使统治者职权的人,因为有助于统治者的状态是好人崇敬他、坏人恐惧他的状态,如果必要的话,他也能够通过这种状态遏制违反法律的反叛者;但是,如果他处在贫困的弃绝状态,他就不能恰当地做到这一点,基于此,传福音者的职权不适合他"(Ⅱ.11.7)。这意味着,尘世统治者不能将贫困作为自己的品格,反而要避免贫困。正如坎宁所说,财产和有权是一体的关系,所以统治者作为法律的执行者,必须是有力的,否则难以确保尘世的和平与正义。

在第 2 论第 13 章,马西留进一步指出,基督宣扬的贫困状态并不仅仅是一种外在的贫困状态,即在客观意义上的贫困或无力,而是在权利上的自愿贫困状态,即自愿放弃一物的权利或权力(有力),"应得的贫困是一种美德并且因此是自发的"(Ⅱ.13.14)。他甚至将这种贫困称为"最高贫困"(summa paupertas),它是一个羁旅者在尘世中所能达到的最高完美状态:

> 这种美德的最高模式或种类是一个羁旅者的明确誓言,通过这个誓言,他为了基督的缘故放弃并且意愿剥夺和缺乏上述任何合法获得的所有权或在强制审判者面前为自己要求并禁止他人使用人们称为财富的尘世物(无论个人的还是共同的)的权力。我还要说的是,通过这个誓言,他为了基督的缘故意愿剥夺和缺乏对这些尘世物(无论个人的还是共同的,它们对于当下在量和质上都充足的他来说是多余的)的所有权力、习性和处置或使用。他也不意愿同时拥有这些货物(不管这些货物是多么合法地被运到他那里的)来供给他将来的多次需要或需求,无论只是为了他自己还是在共有的关系中为了他自己和另一个人或另一些特定的人;相反,他意愿同时拥有它们,只为一个需求,例如当下对食物和衣物的几乎直接迫切的需求;但是,这只是一些额外的东西,发誓的人借此处在这样一个地方、时间和安排当中,即他可以在连续的单个日子里为自己再次寻找到可以供给上述需求的尘世物,但只是同时供给一次需求,而非多次。正是这种应得贫困的模式或种类,才是人们想要说的那种对福音的完美来说必要的状态……我们将称之为"最高贫困",并且按照神学家的习惯,我们将某个意愿以这种方式拥有物品的人称为"完美的"。(Ⅱ.13.22)①

---

① 关于马西留的最高贫困概念,参见 Riccardo Battocchio, *Ecclesiologia e Politica in Marsilio da Padova*, pp. 162–175。

显然,"最高贫困"的生活就是基督徒在尘世中的完美羁旅生活(Ⅱ.13.36),因为基督徒最终是属于天上的,所以一个追求天国完美的基督徒在尘世中羁旅时不应当安享尘世物,而是应当"为了基督的缘故"放弃一切权利,并且安享贫困。换句话说,一个追求完美生活的基督徒应当自愿将自己排除在尘世权利秩序之外,在使用一物的时候不应追求该物的权利,反而应甘心贫困,进而过着一种应得的完美生活。既然罗马教皇应是尘世中的完美信徒,那么他必须自愿保持贫困状态,否则无法证明自己是基督完美状态的继任者,"如果他寻求占有尘世物并对它们拥有所有权,那么他也许可以合法地这样做,甚至处在救赎的状态中,但不是以基督和使徒的形象来遵守最高贫困或完美的状态"(Ⅱ.14.25)。

因此,贫困和权利皆是人的意志抉择,它们都是主体自身的意志构造物,"依据人法和神法,任何一个正常人都可以合法地放弃他提出的权利……因此,一个人可以通过自己或他人的行为获得一物或其使用的所有权,同样也可以放弃这种所有权"(Ⅱ.13.3)。这意味着,一个人需要依据法的规定获得权利,但是权利出现在一个人的身上需要他的意志同意,一旦他不同意接受一物的权利,或者说,一旦放弃权利,他将对一物保持无权利的状态。进一步来说,一个基督徒可以选择贫困的完美生活,同样可以选择安享尘世物的尘世生活,其中前者是神职人员的完美生活,后者则是平信徒的羁旅生活。贫困和权利构成尘世中的两种生活态度,前者受到基督榜样的鼓舞,后者则受到基督的认可。因为虽然基督自身保持贫困状态,并且告诫他的完美模仿者必须保持贫困状态,否则无法获得完美的品格,进而成为他的完美继任者,但是他并没有否认平信徒的羁旅生活,反而肯定羁旅生活的自足性,表明贫困是一种超义务的(supererogacionis)行为,它无关乎救赎,只关乎完美。

> 他自己充分表达了出于救赎的必要而必须做或不做的命令或禁止的行为与不是出于救赎的必要而被圣徒称为"超义务的"行为之间的区别。当基督被问到关于永恒救赎所必要的行为时,他回答道:"你若要进入生命,就当遵守诫命。"但当他被再次问到关于超义务的行为时,他没有回答"你若要进入生命",而是说:"你若要完美[完全]。"(Ⅱ.13.37)

问题在于,一个人放弃一物的权利,是否意味着他必然同时放弃了对该物的事实使用？或者说,一个人使用一物的事实本身是否必然包含着对该物的权利？马西留通过对使用权(ius utendi)和单纯的事实使用(simplex facti usus）的细致区分表明：一个人放弃一物的使用权，并不意味着他必然同时放弃了对该物的事实使用，因为一个人可以在没有对一物的使用权利的情况下使用该物，"既然这个人（如果他意愿的话）获得了合法使用它的权力，他就可以合法地放弃为自己主张并禁止他人使用一物或其某个方面的权力，但不是放弃使用该物或其某个方面的权力；这种权力（potestas）属于上述第二种含义的权利（ius）。一些人通常称之为没有使用权的'单纯的事实使用'"（II. 13. 3）。那么，一个人能否弃绝单纯的事实使用呢？马西留的答案是否定的：

> 对一物或其使用的合法拥有或者单纯的使用事实，在任何时候都不能弃绝，因为任何神法禁止的东西都不可以合法地落在誓言之下；而这种弃绝为神法所禁止，因为这是一种谋杀。因为遵守这种誓言的人就会明知自己死于饥饿、寒冷或干渴，而这种誓言为神法所明确禁止。（II. 13. 5）

显然，一旦一个人弃绝了单纯的事实使用，那么他必然是在杀死自己，而自杀是违背神法诫命的行为，所以单纯的事实使用不得弃绝。

马西留看到，既然权利不是依附于物的某种属性，那么权利不是从事实中直接推出的，所以权利和事实之间存在着断裂，事实之中不必然包含着权利。借此，马西留认为任何反对断裂说的观点都是异端邪说："断言一物或其使用不可以与上述所有权相分离的学说是一种疯狂的异端邪说。因为这样声称的人无非认为基督的劝诫是不可能得到满足的，而这是一个公开的谎言，正如我们所说，我们应当将它视为败坏和异端的邪说而避开它。"（II. 13. 6）据此，教皇约翰二十二世反对贫困的观点才是异端邪说，因为教廷能够保留的只是一物的单纯事实使用，却不可保留一物的任何权利。

马西留通过对权利和事实的割裂，澄清了方济各会的贫困主张：基督弃绝一切尘世物的权利，但同时在事实上使用尘世物，即保持"单纯的事实使用"状态，而该状态正是方济各会所宣扬的贫困状态。因此，方济各会所主张的贫困不是一种事实上的贫困，而是一种权利上的贫困。基督不是不能拥有一物的权利，而是自愿放弃了权利，保持一种权利上的贫困状态。

那么，这是否意味着，基督和使徒们作为完美的人在事实上也没有任何尘世物的权利呢？在这个问题上，马西留的对手们正是利用福音书来论证完美的人在事实上拥有尘世物的所有权。例如，如果完美的人没有所有权，那么任何人都可以合法夺走他们身上的尘世物,"如果完美的人对任何物都没有所有权,那么结果将是,一个从他手中夺走了尘世物(即使他确实需要这个尘世物)的人就是在合法地夺走它,因为这符合权利。因为任何人都可以合法地或在权利上占有不属于任何人的东西"(II.14.4)。对此,马西留利用权利和事实的断裂说表明,完美的人在事实上所使用的尘世物,要么属于无主之物(res nullius)①,例如完美的人在无主之河中捕到的一条鱼,他可以在不宣布拥有对这条鱼的所有权的情况下吃掉他,并且"他仍然明确发誓,绝不在强制审判者面前以争辩的方式为自己要求上述这条鱼或任何其他尘世物"(II.14.20),所以任何人都可以合法地夺走完美的人所使用的无主之物,但这并不影响完美的人对该物没有所有权;要么属于他人之物,例如完美的人接受的信徒之物,既然他应保持权利上的贫困状态,那么他应拒绝所受之物的权利,从而在征得信徒同意的情况下仅仅保留了对它的单纯的事实使用,所以它在权利上仍然属于信徒本人,任何人都不可以合法地夺走它(但这并不意味着它的权利属于完美的人)。因此,事实的使用并不必然包含着对该物的权利,完美的人在权利上弃绝一切尘世物的权利,但仍然可以在事实上使用某物,他即使储存一物,也只能是为了仁爱的缘故:

> 一个完美的人不准许为了自己的缘故而把任何东西储存到明天,但这不能以如下方式来理解,即如果他每天合法获得的东西有剩余,他就应当扔掉并且一点也不储存;相反,他应当以这样一种方式来储存这些剩余物,即他要坚定地计划以一种适合于穷人、他遇到的任何穷人或比他更需要的人的方式来分配和分发它们。(II.13.28)

教会同样可以拥有财产,但前提也只能是为了仁爱的目的,"不要保存任何东西,除非是在合法的情况下,即在我们上述的意图和需要的情况下,例如为了无力养活自己的穷人,就像保罗所做的一样,或者在时间或地点和个人安排的需要紧迫的情况下"(II.13.36),所以教会表面上拥有财产,实质上是要为地上的穷人保管财产,也就是说,教会不可将任何尘世物据为己有,而只可用于仁爱的目的,"既侍奉福音又意愿保守完美状态的主教和教士不可保存任何东西来供给他们自己将来的需要,除非他们必须带着坚定的计划想要把它分给他们第一次遇到的一个或多个更需要得到帮助的穷

---

① 关于罗马法对无主之物的规定,参见梅因:《古代法》,第159—160页。

人"（Ⅱ.14.1）。因此，教会不得拥有任何形式的财产权，其所掌握的财富并不归属于自己，而是必须用于公益的目的。教会不是物品的拥有者，而是物品的保管者。问题在于，教会是在为谁保管这些物品呢？或者说，谁是教会保管的财富的拥有者呢？马西留的回答如下：

> 有人会问：上述这些尘世物（尤其不动产）的所有权或者在此世的强制审判者面前为自己要求这些尘世物的权力属于谁，既然根据上一章的结论，这种所有权不能属于作为完美之人的福音执事？我们的回答是，为维持侍奉福音的人而建立的尘世物的所有权属于立法者，或者属于立法者为此目的委派的人，或者属于捐赠这些尘世物的人，如果他们是从他们自己的货物中捐赠并指定上述尘世物用于上述用途的不同个体的话；这些人也是为保卫和维护教会的尘世物设立的，他们通常被称为"教会的赞助人"（ecclesiarum patroni）。因为在古代，圣徒和完美的福音执事，他们意愿模仿基督，不想在法庭上与任何人争论。因此，他们不领受任何尘世物的所有权，而是只领受对维持他们当下生活和无力养活自己的穷人来说必需之物的使用权。因为如果他们有能力转让尘世的不动产（他们甚至能够没有任何所有权或为自己主张的意图），却没有转让不动产以便立刻分配给他们遇到的穷人，那么他们绝不会保守基督的劝诫。（Ⅱ.14.8）

因此，完美的人有义务保管以合法的方式出现在他们面前的多余物（例如信徒们的奉献），"尽管完美的人不应当为了自己的缘故而有意寻求任何对他们当下或几乎当下的需要来说多余的东西；但是，如果多余物以合法的方式出现在他们面前，他们应当保管它或者把它交给他们认为更适合的人来保管和分发，而不是抛弃它"（Ⅱ.14.12）。

　　行文至此，权利蕴藏在人的能力之内，但是它若要成为人的能力，就必须得到人的意志同意；事实之中不必然包含着权利，一个人可以在没有权利的情况下保持单纯的事实使用状态，基督也用自己的言行为其继任者们树立了权利上的贫困榜样，即弃绝一切尘世物的权利，保持权利和事实的断裂状态。因此，贫困的无权状态与权利的有权状态都源自人的主体性构造，一个人可以为了追求基督的完美状态而意愿贫困的无权状态，同时可以为了追求尘世生活的自足性而意愿权利的有权状态，二者皆取决于人的意志抉择。马西留的权利学说一方面肯定了天国的完美性，强调基督徒在尘世中的生活实质上是一种羁旅生活，基督及其继任者为了追求完美而自愿放弃了尘世权利,进而在尘世中过着无权的灵性生活;另一方面确立了尘世生活的自足性,强调尘世生活的无罪性,利用主体性构造的权利秩序来弥补个体生活的不足性,进而表明个人只有生活在国家法团编织的权利世界之中,才能获得生活的稳固性。

第三节　现代权利秩序的探索

在阐述完马西留关于权利和事实的主体性构造后,我们仍然需要进一步追问:马西留如何在抽空教权根基的同时塑造出一个以人为中心的现代权利秩序?

由于财产和有权、贫困和无权之间是一体的关系,所以教会若要在尘世中掌握精神权力,就必然要在尘世中拥有与精神权力相对应的教会财产,否则将难以维持"教会-国家"的二元政教关系。一方面,由于教会财产无非是尘世财产,而尘世财产和尘世权力是一体的关系,所以教会对教会财产的攫取和对尘世权力的攫取是一回事,也就是说,教会放弃其中的任何一个(无论教会财产还是尘世权力),都意味着同时放弃另外一个;另一方面,二元政教关系不仅有利于教会对财产的合法占有,而且可以迫使国家承认教会对某些尘世物的合法占有,因为无论在教阶论还是在二元论的叙事逻辑中,教会始终承担着对信徒的强制性精神权力,所以二元政教关系使得教会成为地上的国家或国中之国。因此,教皇反驳方济各会贫困主张的意图正是维护自身攫取权力的合法性,即维护权利和事实的统一,以便教会在事实上使用一物的同时拥有该物的所有权。教皇之所以激烈反对方济各会的贫困主张,甚至将贫困主张斥为异端邪说,是因为贫困主张从权利上剥夺了教皇对尘世财富和权力的合法占有,进而威胁到罗马教廷在"教会-国家"二元政教关系中的优先地位。为此,教皇反对权利和事实的断裂,否定单纯的事实使用状态,从而为自身占有尘世财富和权力的事实提供权利上的保证。

然而,按照断裂说的逻辑,权利不是来自事实,而是来自人的规定,即人民是权利的规定者,一切尘世物的权利都取决于人民的意志决断。权利之所以需要获得人民的同意,是因为权利属于触及人民利益和伤害的东西,而"那些可能触及所有人的利益和伤害的东西必须被所有人知道和听取,以便他们能够追求有利的事情、抵制相反的事情。而这些东西就是法律,正如小前提所假设的那样。事实上,人类整体的和共同的充足很大一部分在于它们得到了正确的制定；而在不义的法律之下，则产生了公民无法忍受的奴役、压迫和苦难，其最终结果是政体的瓦解"(I. 12. 7)。也就是说，权利作为法律的规定内容应当得到人民的同意，否则将难以对人产生效力，甚至会造成不好的后果。因此，马西留将尘世中的一切强制性权力归于人民，剥夺了教会所宣称的教权，抽空了教会的教权根基。教权和权利一样，皆来自人民的意志决断。

然而，通过权利和事实的断裂，马西留不仅抽空了教会的教权根基，也抽空了尘世物的权利根基。断裂意味着抽空，权利和事实的断裂则意味着尘世物的权利根基被抽空，尘世物实质上成为去价值化的纯粹存在物，所以单纯的事实使用状态作为无权利的状态，是一种无规定性的状态。不仅教会在这种状态下被抽空了一切教权属性，沦为国家之中非强制性的劝诫部分，而且尘世物在这种状态下被抽空了一切价值属性，沦为一种没有任何内在价值的东西。这意味着，马西留的断裂说在抽空教权根基的同时，将塑造的权力纳入人的能力之内，从而塑造出一个以人为中心的权利世界：人是权利世界的立法者，同时是被抽空的世界的塑造者。因此，断裂说塑造了一个不断被抽空和塑造的世界，人成为这个世界的真正主宰。

一方面，马西留主张权利不是从事实中直接推出，而是来自法律的规定和意志的同意，从而表明对一物的单纯的事实使用并不必然预设对该物的权利，进而否定教会对一切尘世物的权利，由此主张教会应保持权利上的贫困状态；另一方面，相较于奥卡姆的神学意图，马西留基于政治哲学方面的考虑，断言只有人民才是一切尘世物之权利的制定者和分配者。马西留通过权利和事实的二分，不仅在权利上切断了教会和神职人员对尘世财富的占有，抽空了教会的教权根基，而且塑造出一个以人为中心的权利世界。

行文至此，马西留通过权利的断裂说，为方济各会的贫困主张奠基，并且试图彻底抽空教会的教权根基，塑造出一个权利世界，实现尘世政治的自足性。权利和事实的断裂所彰显的正是一个属人的权利世界的诞生，权利世界也是人为自己立法的自由世界，同时构成马西留对现代权利秩序的一次革命性探索。[1] 但是，断裂的权利和事实如何弥合？人是否能够承担起对权利世界的塑造？一个被抽空的世界如何应对虚无的危险？虽然马西留没有处理也无意回应这些问题，但是这些问题将伴随着马西留的断裂说被纳

---

[1]　Alan Gewirth, *Marsilius of Padua: The Defender of Peace, Vol. I: Marsilius of Padua and Medieval Political Philosophy*, p. 220.

入后世的思考视域。因为马西留的"抽空-塑造"逻辑昭示了文艺复兴时期关于人的尊严的哲学以及近代的主体性哲学，催生了近代主体权利学说，并且在笛卡尔、霍布斯、康德等现代哲人的思想中一步步展开，而马西留对于人民、权利与事实的思考及其困难也将在文艺复兴和近代政治哲学中一步步展开。

结语　帕多瓦的马西留与现代秩序的构造

　　作为全书的结语,接下来让我们对上述内容做一下简单的总结与补充。众所周知,中世纪晚期处在西方古代秩序向现代秩序过渡的关键环节,古希腊哲学、基督教哲学和阿拉伯亚里士多德主义哲学汇聚于此,进而为现代秩序的降临提供了丰富的思想资源。断裂与重建是马西留时代的主题,他的时代正处在从古代、中世纪向文艺复兴、近代的过渡中,他本人的思想则处在古今之争、传统秩序与现代秩序之争的焦点。他不仅面对着传统秩序的崩溃,而且自觉承担起构造新秩序的责任。正是在这一时代背景之下,马西留从全新的秩序构造出发,将唯名论的单义性原则和亚里士多德主义的类比原则的融合发挥到极致,一方面使得人与上帝之间发生了断裂,进而破除了传统目的论视域下的道德、权利、政治、神学和法律的旧秩序;另一方面重建了神人关系,进而构造出以人民为中心的尘世新秩序。因此,他在整合古代和基督教资源的基础上,将传统的法权、政教、道德和权利秩序纳入全新思想体系的新秩序之内,进而试图超越传统秩序,构造一种能够安顿尘世生活的新秩序。

　　正如本书前三编的讨论所证明的,马西留立足于公民共体论,试图彻底根除困扰中世纪千年的教权问题。其中,公民共体是指一切参与政治共同体的个体组成的合众为一的普世整体,并且公民共体作为普世整体是就量和质的双重维度而言的,即公民共体将国家之中各个阶层纳入自身之中,由此塑造出一个超越于任何特殊阶层之上的国家法团。公民共体作为国家法团反过来又构成国家权力的唯一直接来源,不断从内部瓦解教权的正当性。此外,根据整体大于部分原则,马西留主张所有公民个体组成的普遍整体是最完美的共体,即公民共体掌握着完整的真理,它也因此是最完美的立法者。基于此,马西留构造出中世纪晚期最具活力的反教权学说,他在公民共体是人民立法者的基础上构造出中世纪晚期最具特色的人民主权学说。因此,马西留以公民共体是人民立法者为中心,一方面将唯名论的单义性原则和亚里士多德主义的类比原则相融合,既为公民共体掌握立法权提供了真理性根基，又为破除"教皇无误论"、确立"公会议无误论"提供了理论根基；另一方面将中世纪晚期的国家和教会的二元实体关系转化为国家一元实体内部的统治部分和教士部分的部分-部分关系，从而将教会纳入国家之中，教会不再是独立的实体性存在，反而成为国家之中的非统治性部分，由此尘世生活的自足性得以真正确立。基于此，马西留实现了对但丁二元论的超越：一方面，马西留对公民共体的讨论明显延续了以但丁政治哲学为代表的二元论的基本视角，将尘世权力和精神权力视作两种不同的权力，其中公民共体掌握尘世权力，基督掌握精神权力；另一方面，与但丁不同的是，马西留不仅将公民共体视为尘世中强制性权力的唯一来源，而且将强制性精神权力严格限制在天国领域，进而将以教皇为首的神职人员掌握的强制性教权转变成非强制性的精神劝诫权，由此彻底排除了教权对尘世政治自主性的干预，构造了一种全新的政教关系。马西留一方面主张政治和宗教、精神权力和世俗权力的分离；另一方面创造性地将教会纳入国家之中，由此建立起"人民-国家/教会"的人民主权秩序。政教的分离与融合，成为马西留留给后世政教学说的重要思想资源。

虽然亚里士多德政治哲学的目的论模式构成了公民共体的完美性和"公会议无误论"的理性论证的基础，即亚里士多德政治哲学为马西留构建自足有序的政治和宗教制度提供了理论支持，但是马西留是借着唯名论的单义性原则和意志论因素实现了对中世纪晚期政教理论的超越，所以马西留是亚里士多德主义的唯名论者。也就是说，马西留与亚里士多德最根本的不同在于，他不是像亚里士多德那样强调目的因的优先性，而是站在唯名论的立场确立了动力因的优先性地位，从而论证了公民共体是人民立法者和尘世权力的唯一直接动力因这一公民共体理论的核心主张：一方面，基于中世纪的"人民的同意"理论，马西留提出"公民共体是立法者"这一核心命题，并且突出强制力而非正义是法的首要特征；另一方面，马西留不仅强调政治的和平目的而非亚里士多德的德性成全目的，而且强调人的自然欲求性而非亚里士多德的自然政治性，这意味着保卫国家免受动乱是马西留政治哲学关心的主题，所以关于国家和平和抵抗动乱的动力因的研究成为马西留政治哲学的核心关切，统治部分也成为了国家各个部分中最必要的部分，因为统治部分关乎着国家的生死存亡，但是统治部分由公民共体建立，并且其权力来自公民共体的意志同意和授权。

本书第四编的研究表明，在马西留这里，现代道德与权利秩序已经开始萌芽，他一方面提出道德秩序的双重真理根基论，试图在政治自足的国家法团中重建善好道德，进而构造出一个能够应对中世纪晚期权力之争的道德世界；另一方面利用权利和事实的断裂说为方济各会的贫困学说奠基，并且试图彻底抽空教会的教权根基，构造出一个以人为中心的权利世界，实现尘世政治的自足性。道德的双重真理根基论和权利的断裂说彰显的正是一个属人的世界的诞生，道德世界和权利世界同时是人为自己立法的自由世界。

尽管马西留的思想并没有取得完全的成功，但我们仍然有理由对他的努力抱有高度的敬意。同马基雅维里、霍布斯、洛克以及斯宾诺莎等伟大的现代性后辈一样，马西留也是生活在一个由政教冲突所导致的相互歧视、仇恨、冲突和战争的时代。他非常清醒地看到，宗教狂热、迷信和蒙昧主义永远是人类尘世生活的最大祸害和敌人。正因为如此，他才不断地提醒我们：尘世生活不可建基在非理性的启示信仰之上，而必须建基在理性和意志双重视域的公民共体之上。只有公民共体掌握着尘世生活的真理，也只有公民共体能够消除一切非理性的狂热、迷信和蒙昧。

因此对今天的我们来说，以人类理性的方式对马西留的现代秩序构造进行反思和批判，或许正是真正的现代性思考的开始。无论如何，在坚持秩序构造这一点上，马西留永远是我们的时代先驱。

参考文献

外文文献

Algra, Keimpe, *Concepts of Space in Greek Thought*, Leiden·New York·Koln: Brill Academic Publishers, 1995.

Andresen, Carl, *Logos und Nomos*, Berlin: De Gruyter, 1955.

Aristotle, *Nicomachean Ethics*, translated, with introduction, notes, and glossary, by Terence Irwin, Indianapolis: Hackett Publishing Company, 1999.

—— *Physics*, translated by R. P. Hardie and R. K. Gaye, in *The Complete Works of Aristotle*, edited by Jonathan Barnes, Princeton: Princeton University Press, 1984.

—— *Physics Books I and II*, translated with introduction, commentary, note on recent work, and revised bibliography by William Charlton, Oxford: Clarendon Press, 1992.

—— *Politics*, translated, with introduction and notes, by C. D. C. Reeve, Indianapolis: Hackett Publishing Company, 1998.

—— *Aristotle: Rhetoric, Volume I*, edited by Edward Meredith Cope and John Edwin Sandys, Cambridge: Cambridge University Press, 2009.

Avicenna, *The Metaphysics of the Healing*, a parallel English-Arabic text translated, introduced, and annotated by Michael E. Marmura, Provo: Brigham Young University Press, 2005.

Barcham, Manuhuia, Barry Hindess and Peter Larmour (eds.), *Corruption: Expanding the Focus*, Australia: ANU Press, 2012.

Battaglia, Felice, *Marsilio da Padova e la Filosofia Politica del Medio Evo*, Firenze: Felice Le Monnier, 1928.

Battocchio, Riccardo, *Ecclesiologia e Politica in Marsilio da Padova*, prefazione di Gregorio Piaia, Padova: Istituto per la Storia Ecclesiastica Padovana, 2005.

Blythe, James M., *Ideal Government and the Mixed Constitution in the Middle Ages*, Princeton: Princeton University Press, 1992.

Bourke, Richard and Quentin Skinner (eds.), *Popular Sovereignty in Historical Perspective*, Cambridge: Cambridge University Press, 2016.

Brampton, C. Kenneth, "Marsiglio of Padua: Part I. Life", *The English Historical Review*,

1992 (148).

Canning, Joseph, *A History of Medieval Political Thought, 300－1450*, London · New York: Routledge, 1996.

-— *Ideas of Power in the Late Middle Ages, 1296－1417*, Cambridge: Cambridge University Press, 2011.

—— "Ideas of the State in Thirteenth and Fourteenth-Century Commentators on the Roman Law", *Transactions of the Royal Historical Society*, 1983 (33).

—— "The Role of Power in the Political Thought of Marsilius of Padua", *History of Political Thought*, 1999 (1).

Cassirer, Ernst, "Giovanni Pico Mirandola: A Study in the History of Renaissance Ideas", *Journal of the History of Ideas*, 1942 (3).

Celsus, *Der Ἀληθὴς Λόγος*, ed. Robert Bader, Stuttgart/Berlin, 1940.

Coleman, Janet, *A History of Political Thought: From the Middle Ages to the Renaissance*, Oxford: Blackwell Publishers, 2000.

Colle, F. M., *Storia Scientifico-letteraria dello Studio di Padova*, vol. 1, Padova: Minerva, 1824.

Condren, Conal, *The Status and Appraisal of Classic Texts: An Essay on Political Theory, Its Inheritance, and the History of Ideas*, Princeton: Princeton University Press, 1985.

Couliano, Ioan P., *Eros and Magic in the Renaissance*, translated by Margaret Cook, with a Foreword by Mircea Eliade, Chicago: The University of Chicago Press, 1987.

Dante, *Monarchy*, translated and edited by Prue Shaw, Cambridge: Cambridge University Press, 1996.

De Lubac, Henri, *The Splendor of The Church*, translated by Michael Mason, San Francisco: Ignatius Press, 1956.

D'Entrèves, Alessandro Passerin, "La fortuna di Marsilio da Padova in Inghilterra", *Giornale degli Economisti e Annali di Economia*, 1940 (3/4).

Doolan, Gregory T., *Aquinas on the Divine Ideas as Exemplar Causes*, Washington: The Catholic University of America Press, 2008.

Fortin, Ernest L. and Peter D. O'Neill (trans.), *Condemnation of 219 Propositions*, in *Medieval Political Philosophy: A Sourcebook*, edited by Ralph Lerner and Muhsin Mahdi, New York: The Free Press, 1963.

Gagarin, Michael, "Did the Sophists Aim to Persuade?", *Rhetorica: A Journal of the History of Rhetoric*, 2001 (3).

Garin, Eugenio, *History of Italian Philosophy*, edited by Giorgio Pinton, Amsterdam: Amsterdam University Press, 2008.

Garnett, George, *Marsilius of Padua and 'the Truth of History'*, Oxford: Oxford University Press, 2006.

Gewirth, Alan, *Marsilius of Padua: The Defender of Peace, Vol. I: Marsilius of Padua and Medieval Political Philosophy*, New York: Columbia University Press, 1951.

——"John of Jandun and the *Defensor Pacis*", *Speculum*, 1948 (2).

Gierke, Otto Friedrich von, *Political Theories of the Middle Age*, translated with an introduction by Frederic William Maitland, Cambridge: Cambridge University Press, 1900.

Giles of Rome, *Giles of Rome's On Ecclesiastical Power: A Medieval Theory of World Government*, a critical edition and translation by R. W. Dyson, New York: Columbia University Press, 2004.

Gilson, Étienne, *La philosophie au Moyen Age: Des Origines Patristiques a la Fin du XIVe Siècle*, Paris: Payot, 1944.

Grieco, Allen J., Michael Rocke and Fiorella Gioffredi Superbi (eds.), *The Italian Renaissance in the Twentieth Century: Acts of an International Conference (Florence Villa I Tatti, June 9—11, 1999)*, Florence: Leo S. Olschki, 2002.

Grotius, Hugo, *De Iure Belli Ac Pacis*, Amsterdam: Blaeu, 1646.

Hackforth, R., "Plato's Cosmogony (Timaeus 27dff.)", *The Classical Quarterly*, 1959(1).

Hankins, James, *The Cambridge Companion to Renaissance Philosophy*, Cambridge: Cambridge University Press, 2007.

Hobbes, Thomas, *Leviathan: With Selected Variants from the Latin Edition of 1668*, edited with introduction by Edwin Curley, Indianapolis: Hackett Publishing Company, 1994.

Hoffman, R. Joseph, *Celsus, On the True Doctrine. A Defense Against the Christians*, Oxford: Oxford University Press, 1987.

Johansen, Thomas Kjeller, "Why the Cosmos Needs a Craftsman: Plato, 'Timaeus' 27d5 – 29b1", *Phronesis*, 2014 (4).

John XXII, *Iohannis XXII. Papae Declaratio haereseos Ludewici (Oct. 23, 1327)*, in *Constitutiones et acta publica imperatorum et regum (Tomus VI, Pars I: 1325 – 1330)*, edited by Jacobus Schwalm, Hannoverae Impensis Bibliopolii Haniani, 1914 – 1927, Nr. 361.

Jordan, Robert, "Time and Contingency in St. Augustine", *The Review of Metaphysics*, 1955 (3).

Kaufhold, Martin (hrsg.) *Politische Reflexion in der Welt des Spaten Mittelalters/Political Thought in the Age of Scholasticism: Essays in Honour of Jurgen Miethke*, Leiden: Brill, 2004.

Kaye, Sharon, "Against a Straussian Interpretation of Marsilius of Padua's Poverty Thesis", *History of Philosophy Quarterly*, 1994 (3).

Korsten, Frans-Willem, *A Dutch Republican Baroque: Theatricality, Dramatization, Moment, and Event*, Amsterdam: Amsterdam University Press, 2017.

—— *La Filosofia nel Medioevo dale Origini Patristiche alla Fine del XIV Secolo*, presentazione di Mario dal Pra, Firenze: La Nuova Italia Editrice, 1973.

Labanca, Baldassare, *Marsilio da Padova: Riformatore Politico e Religioso del Secolo XIV*, Padova: Fratelli Salmin, 1882.

Lambertini, Roberto, "La Diffusione della *Politica* e la Definizione di un Linguaggio Politico Aristotelico", *Quaderni storici*, Nuova Serie, 1999 (34).

—— "Ockham and Marsilius on an Ecclesiological Fallacy", *Franciscan Studies*, 1986 (46).

—— "Poverty and Power: Franciscans in Later Medieval Political Thought", in *Moral Philosophy on the Threshold of Modernity*, edited by Jill Kraye and Risto Saarinen, Berlin: Springer, 2005.

Lansing, Richard (ed.), *The Dante Encyclopedia*, London·New York: Routledge, 2010.

Lee, Alexander, "Roman Law and Human Liberty: Marsilius of Padua on Property Rights", *Journal of the History of Ideas*, 2009 (1).

Lewis, Ewart, "The 'Positivism' of Marsiglio of Padua", *Speculum*, 1963 (4).

Long, A. A. and D. N. Sedley, *Volume 1 of the Hellenistic Philosophers: Translations of the Principal Sources with Philosophical Commentary*, Cambridge: Cambridge University Press, 1987.

Luscombe, D. E., "The State of Nature and the Origin of the State", in *The Cambridge History of Later Medieval Philosophy: From the Rediscovery of Aristotle to the Disintegration of Scholasticism 1100–1600*, edited by Norman Kretzmann, Anthony Kenny and Jan Pinborg, Cambridge: Cambridge University Press, 1982.

Maimonides, Moses, *The Guide for the Perplexed*, translated from the original Arabic text by M. Friedlander, Skokie: Varda Books, 2002.

Maiolo, Francesco, *Medieval Sovereignty: Marsilius of Padua and Bartolus of Saxoferrato*, Groningen: Eburon Delft, 2007.

Marion, Jean-Luc, *In the Self's Place: The Approach of Saint Augustine*, translated by Jeffrey L. Kosky, Palo Alto: Stanford University Press, 2012.

Markus, "Two Conceptions of Political Authority: Augustine, 'De Civitate Dei', XIX. 14–15, And Some Thirteenth-century Interpretations", *The Journal of Theological Studies*, 1965 (1).

Marsilius of Padua, *Writings on the Empire: Defensor minor and De translatione Imperii*, edited by Cary J. Nederman, Cambridge: Cambridge University Press, 1993.

—— *Il Difensore della Pace*, a cura di Cesare Vasoli, Torino: Unione Tipografico-Editrice Torinese, 1960.

—— *Defensor Pacis*, herausgegeben von Richard Scholz, Hannover: Hahnsche Buchhandlung, 1933.

—— *The Defender of the Peace*, translated by Annabel Brett, Cambridge: Cambridge University Press, 2005.

—— *Defensor Pacis*, translated with an introduction by Alan Gewirth, Toronto: University of Toronto Press, 1992.

Mcllwain, Charles Howard, *The Growth of Political Thought in the West: From the Greeks to the End of the Middle Ages*, New York: The Macmillan Company, 1932.

Miller, Fred D., Jr., "Aristotle and the Origins of Natural Rights", *The Review of Metaphysics*, 1996 (4).

Mondin, Battista, *The Principle of Analogy in Prostestant and Catholic Theology*, Hague: Martinus Nijhoff, 1963.

Moreno-Riano, Gerson and Cary J. Nederman (eds.), *A Companion to Marsilius of Padua*, Leiden: Brill, 2012.

Moreno-Riano, Gerson (ed.), *The World of Marsilius of Padua*, Turnhout: Brepols Publishers, 2006.

Morrow, Glenn R., "Necessity and Persuasion in Plato's Timaeus", *The Philosophical Review*, 1950 (2).

—— "Plato's Conception of Persuasion", *The Philosophical Review*, 1953 (2).

Nederman, Cary J., *Community and Consent: The Secular Political Theory of Marsiglio of Padua's Defensor Pacis*, Washington: Rowman & Littlefield Publishers, 1995.

—— "From *Defensor pacis* to *Defensor minor*: The Problem of Empire in Marsiglio of Padua", *History of Political Thought*, 1995 (3).

—— "Private Will, Public Justice: Household, Community and Consent in Marsiglio of Padua's Defensor Pacis", *The Western Political Quarterly*, 1990 (4).

—— "The Meaning of 'Aristotelianism' in Medieval Moral and Political Thought", *Journal of the History of Ideas*, 1996 (4).

O'Connell, Robert J., *St. Augustine's Confessions: The Odyssey of Soul*, Cambridge: The Belknap Press of Harvard University Press, 1969.

Olivieri, Luigi, "Il Tutto e la Parte nel 'Defensor pacis' di Marsilio da Padova", *Rivista Critica di Storia della Filosofia*, 1982 (1).

Origen, *Contra Celsum*, translated by Henry Chadwick, Cambridge: Cambridge University Press, 1953.

—— *Contra Celsum Libri VIII*, edited by M. Marcovichi, Leiden: Brill, 2011.

Ostenfeld, Erik Nis, *Forms, Matter and Mind: Three Strands in Plato's Metaphysics*, Leiden·Boston: Martinus Nuhoff Publishers, 1982.

Pico della Mirandola, *New Essays*, edited by M. V. Dougherty, Cambridge: Cambridge University Press, 2007.

—— *On the Dignity of Man, On Being and the One, Heptaplus*, translated by Charles Wallis, Paul Miller, Indianapolis: Hackett Publishing Company, 1998.

Plato, *Phaedrus*, translated with an introduction and notes by Robin Waterfield, Oxford:

Oxford University Press, 2002.

—— *Platonis Rempublicam*, recognovit brevique adnotatione critica instruxit by S. R. Slings, Oxford: Oxford University Press, 2003.

—— *The Republic, Books I – V*, with an English translation by Paul Shorey, Cambridge: Harvard University Press, 1930.

—— *The Republic, Books VI – X*, with an English translation by Paul Shorey, Cambridge: Harvard University Press, 1935.

—— *The Republic of Plato*, translated with notes and an interpretive essay by Allan Bloom, New York: Basic Books, 1968.

—— *Timaeus and Critias*, translated by Robin Waterfield, with an introduction and notes by Andrew Gregory, Oxford: Oxford University Press, 2008.

Plotinus, *Ennead V*, with an English translation by A. H. Armstrong, Cambridge: Harvard University Press, 1984.

Popper, Karl, *The Open Society and Its Enemies*, with a new introduction by Alan Ryan and an essay by E. H. Gombrich, Princeton: Princeton University Press, 2013.

Previte-Orton, C. W., "Marsilius of Padua and the Visconti", *The English Historical Review*, 1929 (174).

Roest, Bert, "Representative Bodies in Medieval Religious Orders: A Discarded Legacy?", in *New Perspectives on Power and Political Representation from Ancient History to the Present Day: Repertoires of Representation*, edited by Harm Kaal and Daniëlle Slootjes, Leiden: Brill, 2019.

Rowe, C. J., "Aims and Methods in Aristotle's *Politics*", *The Classical Quarterly*, 1977 (1).

Saint Augustine, *Confessions*, translated by Henry Chadwick, Oxford: Oxford University Press, 1991.

—— *De Bono Coniugali*, PL 40 of *S. Aurelii Augustini Opera Omnia* (http://www. augustinus. it/latino/).

—— *De mendacio*, PL 40 of *S. Aurelii Augustini Opera Omnia* (http://www. augustinus. it/latino/).

—— *De Vera Religione*, PL 34 of *S. Aurelii Augustini Opera Omnia* (http://www. augustinus. it/latino/).

—— *Epistolae*, edited by Goldbacher, *Corp. SS. Eccl. Lat.* Vol. 34 (= Migne 22, in Hieronymi *Epistolae*).

—— *On Genesis: A Refutation of the Manichees, Unfinished Literal Commentary on Genesis, The Literal Meaning of Genesis*, translation and notes by Edmund Hill, O. P, general introduction and other introductions by Michael Fiedrowicz and translated by Matthew O'Connell, edited by John E. Rotelle, O. S. A, London: New City Press, 2002.

—— *On the Free Choice of the Will, On Grace and Free Choice, and Other Writings*, edited and translated by Peter King, Cambridge: Cambridge University Press, 2010.

—— *The Works of Saint Augustine: Part III (Volume 15: Expositions of the Psalms)*, trans. Maria Boulding, O. S. B, New York: New City Press, 2000.

Schiera, Pierangelo, "Legitimacy, Discipline, and Institutions: Three Necessary Conditions for the Birth of the Modern State", *The Journal of Modern History*, 1995 (67).

Schofield, M., "The Noble Lie", in *The Cambridge Companion to Plato's Republic*, edited by G. R. F. Ferrari, Cambridge: Cambridge University Press, 2007.

Scholz, Richard, "Marsilius von Padua und die Genesis des Modernen Staatsbewußtseins", *Historische Zeitschrift*, 1937 (1).

Shogimen, Takashi, *Ockham and Political Discourse in the Late Middle Ages*, Cambridge: Cambridge University Press, 2007.

Skinner, Quentin, *The Foundations of Modern Political Thought, Vol. I: The Renaissance*, Cambridge: Cambridge University Press, 1978.

Strauss, Leo, "Marsilius of Padua", in *History of Political Philosophy (Third Edition)*, edited by Leo Strauss and Joseph Cropsey, Chicago: The University of Chicago Press, 1987.

Sullivan, James, "Marsiglio of Padua and William of Ockam I", *The American Historical Review*, 1897 (3).

—— "Marsiglio of Padua and William of Ockam II", *The American Historical Review*, 1897 (4).

Syros, Vasileios, *Marsilius of Padua at the Intersection of Ancient and Medieval Traditions of Political Thought*, Toronto: University of Toronto Press, 2012.

Tierney, Brian, "A Conciliar Theory of the Thirteenth Century", *The Catholic Historical Review*, 1951 (4).

—— "Hierarchy, Consent, and the ' Western Tradition' ", *Political Theory*, 1987 (4).

—— "Marsilius on Rights", *Journal of the History of Ideas*, 1991 (1).

Vaught, Carl G., *Access to God in Augustine's Confessions: Books X−XIII*, New York: State University of New York Press, 2005.

Watt, J. A., "Spiritual and Temporal Powers", in *The Cambridge History of Medieval Political Thought: c. 350−c. 1450*, edited by J. H. Burns, Cambridge: Cambridge University Press, 1988.

Wilks, M. J., *The Problem of Sovereignty in the Later Middle Ages*, Cambridge: Cambridge University Press, 2008.

William of Ockham, *A Letter to the Friars Minor and Other Writings*, edited by Arthur Stephen McGrade and John Kilcullen, translated by John Kilcullen, Cambridge: Cambridge University Press, 1995.

Williams, David Lay, "Plato's Noble Lie: From Kallipolis to Magnesia", *History of Political Thought*, 2013 (3).

Wippel, John F., *Metaphysical Themes in Thomas Aquinas II*, Washington: The Catholic University of America Press, 2007.

—— *The Metaphysical Thought of Thomas Aquinas: From Finite Being to Uncreated Being*, Washington: The Catholic University of America Press, 2000.

Wood, James E., Jr., "Christianity and State", *Journal of the American Academy of Religion*, 1967 (3).

Workman, Herbert B., *Christian Thought to the Reformation*, New York: Charles Scribner's Sons, 1922.

Wright, M. R., *Reason and Necessity: Essays on Plato's Timaeus*, London: Duckworth and the Classical Press of Wales, 2002.

中文文献

阿奎那,托马斯:《论存在者与本质》,段德智译,北京:商务印书馆,2013 年。

——《神学大全》(第六册),刘俊余译,台湾:中华道明会、碧岳学社联合出版,2008 年。

奥古斯丁:《论三位一体》,周伟驰译,北京:商务印书馆,2018 年。

——《论原罪与恩典:驳佩拉纠派》,周伟驰译,北京:商务印书馆,2012 年。

——《上帝之城》(中),吴飞译,上海:上海三联书店,2008 年。

——《上帝之城》(下),吴飞译,上海:上海三联书店,2009 年。

奥利金:《驳塞尔修斯》,石敏敏译,北京:生活·读书·新知三联书店,2013 年。

奥斯勒,玛格丽特:《重构世界:从中世纪到近代早期欧洲的自然、上帝和人类认识》,张卜天译,北京:商务印书馆,2019 年。

柏拉图:《理想国》,顾寿观译,长沙:岳麓书社,2010 年。

波特,简:《自然作为理性——托马斯主义自然法理论》,杨天江译,上海:华东师范大学出版社,2018 年。

布蕾特:《在自由与自然之间:晚期经院主义思想中的个人权利》,杨天江译,上海:华东师范大学出版社,2020 年。

曹青云:《流变与持存——亚里士多德质料学说研究》,北京:北京大学出版社,2014 年。

陈天一:"中世纪'和平的保卫者'——马西略的'教俗'权力斗争思想",《宗教学研究》2017 年第 4 期。

戴克斯特霍伊斯:《世界图景的机械化》,张卜天译,长沙:湖南科学技术出版社,2010 年。

德勒兹,吉尔:《差异与重复》,安靖、张子岳译,上海:华东师范大学出版社,2019 年。

登特列夫:《自然法:法律哲学导论》,李日章、梁捷、王利译,北京:新星出版社,2008 年。

多恩,诺曼:《中世纪晚期英国法中的最高权威》,杨尚东译,北京:中国政法大学出版社,2018 年。

菲尼斯,约翰:《自然法理论》,吴彦编译,北京:商务印书馆,2016 年。

——《自然法与自然权利》,董娇娇、杨奕、梁晓晖译,北京:中国政法大学出版社,2005 年。

斐洛:《论摩西的生平》,石敏敏译,北京:中国社会科学出版社,2017 年。

福西耶,罗伯特主编:《剑桥插图中世纪史:下册(1250—1520 年)》,李桂芝等译,济南:
　　山东画报出版社,2018 年。

戈耶特,约翰·马克·拉特科维奇·理查德·迈尔斯编:《圣托马斯·阿奎那与自然法传
　　统——当代视角》,杨天江译,北京:商务印书馆,2015 年。

格兰特,爱德华:《近代科学在中世纪的基础:其宗教、体制和思想背景》,张卜天译,北
　　京:商务印书馆,2020 年。

哈里森,彼得:《人的堕落与科学的基础》,张卜天译,北京:商务印书馆,2021 年。

海德格尔:《论人的自由之本质——哲学的导论》,赵卫国译,北京:商务印书馆,2021 年。

赫伯特,加里:《权利哲学史》,黄涛、王涛译,上海:华东师范大学出版社,2020 年。

黑格尔:《精神现象学》,先刚译,北京:人民出版社,2013 年。

——《小逻辑》,贺麟译,北京:商务印书馆,1980 年。

霍金斯:《但丁的圣约书:圣经式想象论集》,朱振宇译,北京:华夏出版社,2011 年。

吉尔松:《中世纪哲学精神》,沈清松译,上海:上海人民出版社,2008 年。

吉莱斯皮,米歇尔:《现代性的神学起源》,张卜天译,长沙:湖南科学技术出版社,2012 年。

康德:《康德著作全集》(第四卷),李秋零主编,北京:中国人民大学出版社,2005 年。

——《康德著作全集》(第六卷),李秋零主编,北京:中国人民大学出版社,2007 年。

康托洛维茨,恩内斯特:《国王的两个身体》,徐震宇译,上海:华东师范大学出版社,2018
　　年。

科克伦:《信仰与古典文明:从奥古斯都到奥古斯丁》,石鹏译,北京:东方出版社,2020 年。

库朗热:《古代城邦——古希腊罗马祭祀、权利和政制研究》,谭立铸等译,上海:华东师
　　范大学出版社,2006 年。

雷思温:《粉碎与破裂:邓·司各脱论形而上学与上帝超越性》,北京:生活·读书·新知
　　三联书店,2020 年。

——"邓·司各脱论一与多的粉碎化",《云南大学学报(社会科学版)》2020 年第 3 期。

——"失控的无限性:邓·司各脱论无限存在者",《哲学动态》2020 年第 2 期。

梁中和编著:《古典柏拉图主义哲学导论》,上海:华东师范大学出版社,2019 年。

李璐:"论奥卡姆的唯名论作为权利观念的起源",《世界哲学》2019 年第 2 期。

李猛:《自然社会:自然法与现代道德世界的形成》,北京:生活·读书·新知三联书店,
　　2015 年。

李猛主编:《奥古斯丁的新世界》(《思想与社会》第九辑),上海:上海三联书店,2016 年。

李涛:"从美德伦理学到幸福伦理学——亚里士多德论幸福、美德与运气",《道德与文
　　明》2021 年第 2 期。

——"自由与美德的双重政治——亚里士多德的政治概念",《世界哲学》2020 年第 2 期。

刘海川:"'我不知道怎样发现"适度"'——霍布斯对亚里士多德道德理论的批判和改
　　造",《道德与文明》2021 年第 4 期。

刘玮主编:《西方政治哲学史(第一卷):从古希腊到宗教改革》,北京:中国人民大学出版
　　社,2019 年。

刘小枫选编:《西方民主与文明危机》,北京:华夏出版社,2018 年。

娄林主编:《马西利乌斯的帝国》,北京:华夏出版社,2020 年。

罗宾逊:《柏拉图的灵魂学》,张平译,北京:华夏出版社,2019 年。

洛夫乔伊,阿瑟:《存在巨链——对一个观念的历史的研究》,张传友、高秉江译,北京:商务印书馆,2015 年。

洛克:《政府论》(下篇),叶启芳、瞿菊农译,北京:商务印书馆,1964 年。

洛维特,卡尔:《世界历史与救赎历史:历史哲学的神学前提》,李秋零、田薇译,上海:上海人民出版社,2006 年。

马基雅维里,尼科洛:《君主论》,潘汉典译,北京:商务印书馆,2016 年。

梅因:《古代法》,沈景一译,北京:商务印书馆,1959 年。

孟德斯鸠:《论法的精神》(上卷),许明龙译,北京:商务印书馆,2012 年。

米兰多拉,皮科:《论人的尊严》,顾超一、樊虹谷译,北京:北京大学出版社,2010 年。

米勒,斯蒂芬、罗伯特·休伯:《〈圣经〉的历史》,黄剑波、艾菊红译,北京:中央编译出版社,2008 年。

聂敏里:《西方思想的起源——古希腊哲学史论》,北京:中国人民大学出版社, 2017 年。

帕多瓦的马西利乌斯:《和平的保卫者(小卷)》,殷冬水、曾水英、李安平译,长春:吉林人民出版社,2011 年。

潘戈,托马斯:《亚里士多德〈政治学〉中的教海》,李小均译,北京:华夏出版社,2017 年。

潘诺夫斯基,欧文:《图像学研究:文艺复兴时期艺术的人文主题》,戚印平、范景中译,上海:上海三联书店,2011 年。

施特劳斯,列奥、约瑟夫·克罗波西主编:《政治哲学史》,李洪润等译,北京:法律出版社,2009 年。

施特劳斯,列奥:《自然权利与历史》,北京:生活·读书·新知三联书店,2016 年。

孙帅:《抽空:加尔文与现代秩序的兴起》,北京:商务印书馆,2021 年。

——《自然与团契:奥古斯丁婚姻家庭学说研究》,上海:上海三联书店,2014 年。

王晨:"伦理视野下的中世纪亚里士多德主义",《伦理学术》2019 年第 2 期。

沃格林,埃里克:《政治观念史稿(卷三):中世纪晚期》(修订版),段保良译,上海:华东师范大学出版社,2019 年。

——《秩序与历史(卷三):柏拉图与亚里士多德》,刘曙辉,南京:译林出版社,2014 年。

——《秩序与历史(卷五):求索秩序》,徐志跃译,南京:译林出版社,2018 年。

吴飞:《心灵秩序与世界历史:奥古斯丁对西方古典文明的终结》,北京:生活·读书·新知三联书店,2013 年。

吴功青:"驳斥星相学:从奥古斯丁到皮科",《中国社会科学报》2015 年 7 月 7 日。

——"帝国、教会与上帝——但丁的'二元论'及其理论困境",《学海》2016 年第 5 期。

——"内在与超越:奥古斯丁的宇宙目的论",《哲学研究》2020 年第 11 期。

——《上帝与罗马:奥利金与早期基督教的宗教-政治革命》,上海:上海三联书店,2018 年。

——"文艺复兴魔法:沉思抑或操作?——从皮科·米兰多拉的魔法理论透视耶茨论

题",《基督教文化学刊》2020 年第 2 期。

夏洞奇:《尘世的权威:奥古斯丁的社会政治思想》,上海:上海三联书店,2007 年。

先刚:"柏拉图哲学中的'混合'问题",《北京大学学报(哲学社会科学版)》2013 年第 4 期。

西塞罗:《图斯库路姆论辩集》,顾枝鹰译注,上海:华东师范大学出版社,2022 年。

亚里士多德:《尼各马可伦理学》,廖申白译注,北京:商务印书馆,2003 年。

——《政治学》,颜一、秦典华译,载苗力田主编:《亚里士多德全集》(第九卷),北京:中
    国人民大学出版社,1994 年。

杨静:《莱布尼茨科学观研究》,北京:中国社会科学出版社,2021 年。

杨蒙:"和平的保卫者——浅议马西利乌斯的反教权观念",《前沿》2013 年第 18 期。

杨盛翔:"中世纪政治思想史上的有机体隐喻:修辞范式及其精神内核",《学术月刊》
    2017 年第 8 期。

优士丁尼主编:《法学阶梯》,徐国栋译,北京:商务印书馆,2021 年。

扎卡,伊夫-夏尔:《霍布斯的形而上学决断:政治学的条件》,董皓、谢清露、王茜茜译,北
    京:生活·读书·新知三联书店,2020 年。

张云秋:"马西留政治思想初探",《世界历史》1987 年第 4 期。

赵卓然:"《和平的保卫者》中的医学与有机体论",《文化研究》2017 年第 4 期。

后　记

本书的写作主要基于两个原因：一是本人于 2021 年 10 月翻译完成《和平的保卫者》(已于 2023 年 6 月份在商务印书馆出版)，有必要写一部针对《和平的保卫者》的研究专著，以此作为译著的辅助材料；二是迫于考核与职称的压力，不得不写作这部拙作用以满足申请项目，完成考核与评选职称的要求。本书的写作还有一点需要说明：本人在《和平的保卫者》译著中将 Marsilius 译为"马西利乌斯"，在本专著中则译为"马西留"，这两个译名各有道理，前者基于 Marsilius 的拉丁名读法以及国内学界的流行用法，后者基于 Marsilius 的意大利名读法(Marsilio)以及本人的习惯用法，但由于一些客观原因和条件，目前只能以译名不统一的方式呈现在读者面前，还望各位专家学者和师友见谅。

随着本人的学术关注点逐渐转向早期近代哲学，尤其是目前以及接下来几年主要集中精力翻译和注释格劳秀斯《战争与和平的法权》(三卷本，共计约 140 万字)，所以除了根据项目评审专家的意见进行修改以外(在此特别感谢立项和结项过程中的评审专家)，本人对这部一年前完成的书稿并没有做大的改动。因此，本书仍然有很多地方是不完善的，还望各位专家学者和师友多多批评指正。

本书的写作离不开诸多师友的指导和支持。我首先要特别感谢我的博导吴增定教授。吴老师清晰有力的写作风格和深入浅出的讲课风格给我留下了很深的印象。读博之前，我从未想到自己会和帕多瓦的马西留结缘。直到第一次见到吴老师，吴老师告诉我，马西留是西方政治哲学史上极其重要又极其特殊的人物，而且国内学界极少有人研究他，所以马西留值得研究。随着第一次交谈结束，我从博士一开始就确立起了研究马西留的信心，这份信心最终以这部拙作的方式呈现出来。

我还要感谢在读书期间给过我巨大帮助的张志伟、周枫、张旭、吴功青、孙帅等老师，以及李涛、雷思温(雷师兄同时也是我的老师)、孙铁根、文晗、韩骁、袁恬、林丽娟等师兄师姐。我还要感谢骆宣庆、吴亚女、王一健、王代靖、付侗、赵培楠、陈兰薰、雷阳、宋天祥、线伟华、柳世琦、张勇、葛红、王禹、张燕玲、赵璧、万岱、康美慧、李磊、张宇杰、林昆杰、孙悦、郝韵等朋友，还有很多不能一一致谢的朋友，感谢他们在我的学习和生活中给我的帮助。

　　本书的写作离不开苏州大学哲学系全体同事的帮助和支持，如果没有苏大哲学系的支持，本书很难这么快完成。此外，我要感谢商务印书馆在出版拙作以及译著的过程中的帮助和支持。

　　最后，我要感谢我的父母和妻子，感谢他们对我的支持、理解和鼓励。

2023 年 10 月写于苏州大学独墅湖校区 606-6313